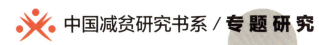
中国社会科学院创新工程学术出版资助项目

中国减贫研究书系／专题研究

"十三五"国家重点图书出版规划项目

贫困的复杂图景与
反贫困的多元路径

The Complexity of Poverty and

the Diversity of Anti-Poverty Programs

刘小珉 / 著

社会科学文献出版社
SOCIAL SCIENCES ACADEMIC PRESS (CHINA)

此书得到

中国社会科学院哲学社会科学创新工程学术出版资助
2015 年度国家民族事务委员会民族问题研究后期资助

《中国减贫研究书系》
出版说明

　　消除贫困是人类自古以来的理想，是人类的共同使命，也是当今世界面临的最大全球性挑战。中国的消除贫困行动取得了举世瞩目的成就，为全球减贫事业作出了重大贡献。党的十八大以来，新一届中央领导集体高度重视扶贫开发工作，明确了"到 2020 年现行标准下农村贫困人口全部脱贫，贫困县全部摘帽，解决区域性整体贫困"的目标，召开中央扶贫开发工作会议，对打赢脱贫攻坚战进行了全面部署。目前，全国上下全面实施精准扶贫、精准脱贫方略，中国迎来了与贫困作战的新一轮浪潮。

　　在这种大背景下，社会科学文献出版社希望通过减贫与发展主题作品的出版，搭建减贫研究的资源共享和传播平台，向社会和政策界传递学界的思考和分析，探索和完善中国减贫和发展的模式，并通过学术成果"走出去"，丰富国际减贫经验，为人类消除贫困贡献中国模式。

　　《中国减贫研究书系》和"中国减贫数据库"是社会科学文献出版社自主策划的出版项目，项目策划之初就获得了中国社会科学院李培林副院长、蔡昉副院长的肯定和支持。图书项目目前已被列入"十三五"国家重点图书出版规划。依托于该书系以及社会科学文献出版社历史上已出版图书的"中国减贫数据库"业已入选"十三五"重点电子出版物出版规划。

　　中文版书系将全面梳理新中国成立以来，特别是改革开放 30 多年来我国减贫政策演变进程及历史经验；系统分析现阶段我国减贫工作所面临的突出问题并探索相应的解决方式与途径，为减贫工作提供理论资源和智识支持；总结政府、社会、市场协同推进的大扶贫格局，跨地区、跨部门、跨单位、全社会共同参与的多元主体社会扶贫体系的优势；探索区域合作、国际合作在减贫问题上的实践路径，为全球减贫视野贡献中国智慧。

"中国减贫数据库"旨在全面整合社会科学文献出版社 30 年来出版的减贫研究学术成果，数据库设有减贫理论、政府减贫、市场减贫、国际减贫、区域减贫、金融减贫、社会救助、城市减贫、减贫政策（战略）、社会减贫、减贫案例等栏目。我们希望以此为基点，全面整合国内外相关学术资源，为中国减贫事业的开展、学术研究、国际合作提供数据平台支持。

基于中文版书系及数据库资源而成的"走出去"项目，将以多语种展现中国学术界在贫困研究领域的最新成果，展现减贫领域的中国模式并为其他国家的减贫事业提供中国镜鉴，增强中国发展模式的国际话语权。

作为人文社会科学专业学术出版机构，社会科学文献出版社长期关注国内外贫困研究，致力于推动中外减贫研究领域的学术交流与对话，出版了大批以减贫与发展为主题的学术著作。在新时期中央有关减贫战略思想的指导下，我们希望通过《中国减贫研究书系》这个平台，多维度、多层次展现中国减贫研究的优秀学术成果和成功的中国经验，为中国减贫事业、为全面实现小康贡献出版界的力量。

序　言
为民族地区反贫困与全面建成小康社会
提供学术支撑

　　贫困与反贫困是世界各国的永恒话题，是国际社会关注的重大问题。反贫困事业是民族地区经济社会发展的重要组成部分，事关民族地区城乡居民的福祉与切身利益，事关全面建成小康社会目标能否如期实现。消除贫困，改善民生，实现共同富裕，是社会主义的本质要求。20世纪90年代中期以来，我国深入推进大规模的扶贫开发工作，绝对贫困人口大幅减少，城乡居民生活水平整体改善。21世纪以来，党和政府高度重视民生建设，将反贫困作为全面建设小康社会的重要任务。党的十八大提出到2020年实现全面建成小康社会的宏伟目标，习近平总书记提出了"精准扶贫"的战略思想，将扶贫开发作为全面建成小康社会的重要抓手和重要的政治任务。习近平总书记尤其重视少数民族和民族地区的扶贫开发与反贫困工作，提出"决不让一个少数民族、地区掉队"。

　　贫困是复杂的社会现象。致贫的原因也是多方面的，既有个人、家庭的原因，也有社会、制度、政策的原因。民族地区的贫困致因更有其复杂性，自然因素与社会因素交织、历史因素与现实因素并存，多重因素的叠加影响使得民族地区存在明显的贫困脆弱性。具体来看，民族地区贫困面广，贫困发生率高，贫困程度深，脱贫难度大，多维贫困状态较为普遍。民族地区是我国反贫困的主战场，是全面建成小康社会的重点和难点所在，由于民族地区贫困的多样性、复杂性和特殊性，民族地区反贫困的任务十分艰巨。

　　民族地区反贫困应该多元并举、多管齐下，打出民族地区脱贫致富的组合拳。发展是硬道理，实现民族地区的经济发展、增加城乡居民收入是解决民族地区贫困问题的基础和重要保障。受各种因素的制约，民族地区经济发展的基础比较薄弱，经济发展方式比较粗放，经济发展的动力不强。未来需要结合民族地区各自的资源特色，调整产业结构，加强基础设施建设，优化经济发展方式，推进供给侧结构性改革，培育新的经济增长点。通过经济发展来创造更多的就业岗位，增加城乡居民收入。当然，经济发展并不能保证部分贫困人口自动脱贫和社会公平，甚至可能产生更多的相对贫困人口，这就需要通过经济手段之外的其他措施来实现民族地区反贫困。

需要进一步落实和完善开发式扶贫战略，加强政府、市场与社会的有效合作，在强调政府作用的同时，调动市场与社会的积极性，充分运用市场资源与社会资源，坚持专项扶贫、行业扶贫、社会扶贫等多方力量、多种举措有机结合的扶贫格局。创新扶贫工作体制机制，借助互联网和移动网络技术，建立统一的扶贫开发工作信息分享与交流平台。进一步落实"精准扶贫"战略，建立和完善精准扶贫工作机制，真正做到扶持对象精准、项目安排精准、资金使用精准、措施到户精准、因村派人精准、脱贫成效精准。通过多种方式和手段加强贫困人口的识别，根据不同的贫困类型及需求实施不同的帮扶措施，使之精准有效。加强扶贫资金管理，提高扶贫资金的安全性和使用效率。

实现民族地区全面建成小康社会的目标，要充分发挥社会保障与公共服务体系在反贫困方面的积极作用，加强扶贫开发与社会保障的衔接。21世纪以来，民族地区社会保障体系日益完善，财政性社会保障投入快速增长，民族地区社会救助、社会保险、社会福利、教育、医疗、住房等社会保障与公共服务体系不断完善，社会保障与公共服务的反贫困作用日益凸显，为保障和改善各族居民的基本生活水平，维护民族团结与社会稳定和谐发挥了积极的作用。根据调研了解到，民族地区城乡居民对社会保障制度的满意度和反贫困效果的总体评价较高。但是，由于种种原因，民族地区社会保障反贫困还存在不少问题，社会保障反贫困的效果有待进一步提升，民族地区社会保障的覆盖范围仍然不足，城乡差距依然较大，社会福利与社会救助发展相对滞后，社会保障的再分配功能不足。需要进一步完善民族地区的社会保障事业，加大民族地区社会保障的财政投入，努力实现民族地区基本社会保障的人群全覆盖，加强社会保障的城乡统筹发展，重点推进社会福利与社会救助事业的发展，完善基本社会保障的收入再分配机制，增强少数民族居民的现代社会保障意识。

民族地区反贫困事业的未来发展，应该从贫困治理走向贫困预防，从被动型反贫困走向积极型反贫困，从生存保障型反贫困走向促进发展型反贫困。应该完善民族地区的公共服务事业，提升民族地区城乡居民的人力资本水平，增强城乡劳动者的自我发展能力。大力发展民族地区教育事业，特别是要加强对民族地区义务教育和职业教育的投入，提升民族地区劳动者的教育水平和素质技能。完善民族地区的医疗卫生事业，健全基本医疗卫生服务体系，提高民族地区人口的健康水平。

近年来，随着扶贫开发与反贫困实践的深入推进，较多的学者在关注贫困与反贫困的议题，产出了较多的研究成果，为国家的反贫困事业提供了参考。我所民族经济研究室的刘小珉同志是其中的学者之一，她开展了大量的调查研究工作，完成并发表了一批涉及民族地区贫困与反贫困的高水平学术成果。自 2010 年以来，刘小珉同志一直关注民族地区的贫困与反贫困问题，主持和参与了多项关于民族地区贫困、减贫、社会保障、经济社会发展等方面的重要课题。难能可贵的是，在课题研究过程中，该同志组织课题组先后赴多个民族地区开展了深入、扎实的田野调查，获得了全面、翔实的一手资料。尤其是以青海省玉树州治多县为例分析了典型牧区的贫困状况及致贫因素，以新疆乌恰县为例介绍了半农半牧地区的扶贫开发实践，以景宁畲族自治县为例介绍了民族自治地区精准扶贫的东部模式。

在对田野调查资料整理分析的基础上，该著作宏观研究与微观研究相结合，定性研究与定量研究相结合，理论研究与实证研究相结合，全面梳理了贫困与反贫困的相关理论与文献，以多维视角深入剖析了民族地区农村贫困的原因与致贫机理，准确把握了民族地区贫困与反贫困的现实状况，总结了民族地区反贫困存在的主要问题及其原因，分析了民族地区反贫困存在的困难与挑战，提出了完善民族地区反贫困的具体政策措施，对民族地区反贫困事业的发展具有重要的现实意义与参考价值。在民族地区反贫困的进程中，还存在若干需要明确和解决的重要理论与现实问题，值得学术界进一步研究探讨。我们期待更多的学者来关注民族地区的贫困与反贫困问题，推出更多高质量的研究成果；期待民族地区早日脱贫，民族地区的居民早日过上更加幸福美好的生活！

王延中

中国社会科学院民族学与人类学研究所所长

2017 年 3 月 23 日

内容提要

本书的研究以第一手资料为主。笔者于 2010 年主持中国社会科学院国情调研重点项目"西南少数民族地区的贫困和社会保障状况的调查",2013 年主持中国社会科学院国情调研重大项目"长江源牧区的贫困和社会保障状况调查——以治多县为例",2013~2014 年参加国家社会科学基金重点项目"我国少数民族地区的贫困与反贫困研究——基于社会保障反贫困的视角",并自 2013 年起,开始参加国家社科基金特别委托项目"21 世纪初中国少数民族地区经济社会发展综合调查",多次到民族地区调研。本书在实地田野调研的基础上,通过宏观、微观角度考察民族地区农村贫困的复杂图景及致贫机理,准确把握当前我国民族地区的贫困和反贫困出现的新情况,寻找各种反贫困政策措施在民族地区反贫困中存在的不足,并分析其中的原因,提出未来完善民族地区反贫困政策措施、促进民族地区反贫困的参考建议,供有关部门进行参考。

本书的主要结论是,民族地区与中国其他地区一样,在中央统一部署下,实施了一系列反贫困战略,缓解了贫困。虽然民族地区的贫困与其他地区存有共性,但是由于自然地理条件、历史、文化等与其他地区的差异,其贫困呈现多元图景,且有着自己的特殊性,如明显的贫困脆弱性、多维贫困及部分民族地区呈现族群型贫困等特征。民族地区多年的反贫困实践,一方面积累了许多经验,取得了显著的成绩;另一方面,也存在许多问题,包括贫困人口识别问题,贫困多样性与反贫困路径选择问题,扶贫资金不足的问题,扶贫项目不能有效抵达贫困和低收入人口的问题,宏观反贫困战略难以顾及贫困的微观复杂性的问题,其他相关扶持政策不到位的问题,这些问题影响了减贫效果。另外,近年来中国经济进入新常态，包括民族地区在内的全国整体出现经济增速放缓趋势，给民族地区通过经济快速发展来缓解贫困地区及贫困人口的贫困状况带来严峻挑战。正如习近平总书记指出的，现在"脱贫攻坚已经到了啃硬骨头、攻坚拔寨的冲刺阶段"。有鉴于此，民族地区一方面要进一步更新发展理念，真正把减贫纳入经济社会发展战略，逐渐实现包容共享发展，让贫困和低收入人口有更加平等的机会参与经济社会发展；另一方面要创新脱贫工作机制，深入贯彻落实精准扶贫战略，确保民族地区贫困人口能够全部如期脱贫。

目　录

上篇　方法与理论

下篇　实践与案例

◉上篇　方法与理论 ▶▶▶

第一章　反贫困与全面小康

一　研究背景

贫困问题一直是国际社会关注的重大问题。减少贫困是促进社会正义、公正、平等的重要途径和标志。2015 年 9 月 25 日，联合国可持续发展峰会发布《2030 年可持续发展议程》，确定了 17 类可持续发展目标，其中第一个目标是到 2030 年"在全世界消除一切形式的贫困"。中国是世界上最大的发展中国家，一直致力于减少贫困的工作。2015 年 11 月 3 日，《中共中央关于制定国民经济和社会发展第十三个五年规划的建议》（以下简称《建议》）正式公布。《建议》明确提出要在已经确定的全面建成小康社会目标要求的基础上，努力实现到 2020 年，在我国现行标准下的农村贫困人口脱贫，贫困县全部摘帽，解决区域性整体贫困的目标。贫困与反贫困问题，将继续成为人类社会普遍关注的重点、热点问题。

1978 年以来，中国的反贫困事业进程大致经历了五个阶段，即体制减贫阶段、大规模开发式扶贫阶段、扶贫攻坚阶段、扶贫新开发阶段、精准扶贫和全面建成小康社会阶段。[①]

从时间上看，1978～1985 年是第一阶段。在这一阶段，农村经济体制改革极大地解放和发展了农村社会生产力，农村经济社会快速发展，使

---

① 李培林、魏后凯：《中国扶贫开发报告（2016）》，社会科学文献出版社，2016；鹿心社：《精准扶贫是全面建成小康社会的重要抓手》，《老区建设》2016 年第 1 期。

得农村贫困现象大幅度减少，按照国家"1978 年贫困标准"，① 全国农村贫困人口总量从 2.5 亿人减少到 1.25 亿人。

1986～1993 年是第二阶段。在这一阶段，中国的经济社会体制改革不断深化，改革重心从农村转向城市，并从 1992 年起正式启动建立社会主义市场经济体制的新一轮改革。在这个过程中，由于种种历史的和现实的原因，中国经济社会发展的城乡间差距和区域间差距开始扩大，东部和城镇地区发展更快，中西部和农村地区的发展相对滞后。在主要通过经济发展来带动农村减贫的时代，农村减贫的速度不可避免地出现了下降趋势，有效减少乃至最终消灭农村贫困，已经难以单纯依靠普遍的经济增长而实现。有鉴于此，中国政府正式把农村扶贫工作纳入政府工作范畴，制定全国性农村扶贫开发计划。1986 年，国务院成立贫困地区经济开发领导小组，按照一定的标准划定贫困县，实施有针对性的区域扶贫战略。这些措施显著促进了贫困农村地区的反贫困工作，按照国家"1978 年贫困标准"，农村贫困人口从 1.25 亿人减少到了 8000 万人。

1994～2000 年是第三阶段。1994 年，中国政府出台"八七扶贫攻坚计划"，将扶贫工作聚焦到中西部贫困人口集中的地区。在国家"八七扶贫攻坚计划"的支撑下，政府重新划定贫困县的标准，扩大了国定贫困县的范围，其数量从 1992 年底的 331 个增加到 1994 年的 592 个；较大规模地增加农村扶贫投入，整个时期各项扶贫资金累计达到 1130 亿元。因此，相对于上一阶段，本阶段全国农村地区的减贫工作进展显著，减贫速度再次加快，按照国家"1978 年贫困标准"，全国农村贫困人口从 8000万人减少到了 3000 万人。

2001～2010 年是第四阶段。进入 21 世纪以后，中国农村反贫困的难度进一步加大，通过此前几个阶段的经济社会发展和国家反贫困战略实施，大多数相对易于摆脱贫困困扰的农村人口都顺利实现脱贫，剩下的贫困人口多半集中在各种贫困深度更大、生态更加脆弱、可及性的资源和服务更加贫乏的地区，尤其是集中在西部民族地区（以及一些革命老区和

---

① 1978 年以来，中国先后采用过三种收入贫困标准，即"1978 年标准""2008 年标准"与"2010 年标准"。根据国民经济和社会发展的实际情况，中国用来界定贫困（扶贫）标准的"贫困线"逐步提高。参见国家统计局编《中国统计年鉴（2015）》。

边境地区）；另外，他们在摆脱贫困的过程中面临的自身禀赋不足的困难也相对更大。因此，在这一阶段，国家必须调整扶贫战略。2001 年，国家出台了《中国农村扶贫开发纲要（2001 – 2010 年）》，提出"整村推进"式扶贫战略，即把扶贫的焦点从以往的贫困县进一步聚集到贫困村，希望通过实施以村为单位的扶贫规划，帮助剩余的贫困人口脱贫。整村推进扶贫战略实施数年，取得了一定的成效。据统计，按照国家"2008 年贫困标准"，中国农村贫困人口数从 2000 年的 9422 万人下降到 2010 年的 2688 万人，占农村居民总人口的比重从 10.2% 下降到 2.8%。[①] 但是，正如世界银行所认为的那样，中国的扶贫开发战略可以适用于 98% 的有劳动能力的贫困家庭。[②] 这意味着还有 2% 的农村贫困人口很难依靠扶贫开发摆脱贫困，因为疾病、残障、年老体弱、丧失劳动能力等是造成这一部分农村人口的生活常年困难的主要原因。针对这种情况，2007 年，国务院发出《关于在全国建立农村最低生活保障制度的通知》，在全国农村建立最低生活保障制度，以政策托底的方式解决这一部分农村贫困人口的贫困问题。

2011～2020 年是第五阶段。关于这一阶段的反贫困工作，国家出台了两项重大的战略举措。一是在 2011 年制定颁布了《中国农村扶贫开发纲要（2011 – 2020 年）》（以下简称《纲要》），确定把主要位于西部的"集中连片特困地区"[③] 当作 2011～2020 年中国农村扶贫开发的主战场，国家在这些集中连片特困地区投入大量资源，开展针对性更强的扶贫开发。全国 14 个集中连片特困地区基本覆盖了全国绝大部分贫困地区和深度贫困群体，一般意义上的经济增长无法有效带动这些地区的发展，常规的扶贫手段也难以奏效，扶贫开发工作任务异常艰巨。因此，必须加大力度，强化手段，实施集中连片特困地区扶贫攻坚工程，以区域发展带动扶贫开发，以扶贫开发促进区域发展，帮助这些地区实现经济又好又快发展，帮助贫困群众

---

① 国家统计局住户调查办公室：《中国农村贫困监测报告·2011 年》，中国统计出版社，2012。

② 世界银行：《从贫困地区到贫困人群：中国扶贫议程的演进》，2009。

③ 即六盘山区、秦巴山区、武陵山区、乌蒙山区、滇桂黔石漠化区、滇西边境山区、大兴安岭南麓山区、燕山—太行山区、吕梁山区、大别山区、罗霄山区、西藏、四省（甘、青、滇、川）藏族聚居区、新疆南疆三地州，共 14 个片区，680 个县。

增加收入和提高自我发展能力。①《纲要》要求，加大对集中连片特困地区的投入和支持力度，中央财政专项扶贫资金的新增部分主要用于集中连片特困地区。国务院各部门、地方各级政府要加大统筹协调力度，集中实施一批民生工程，大力改善生产生活条件，培育壮大一批特色优势产业，加快区域性重要基础设施建设步伐，加强生态建设和环境保护，着力解决制约发展的瓶颈问题，促进基本公共服务均等化，从根本上改变连片特困地区面貌。各省（自治区、直辖市）可自行确定若干连片特困地区，统筹资源给予重点扶持。《纲要》把调整重点县的权限下放到省一级地方政府，同时承诺，"原定重点县支持政策不变"。为鼓励各省切实按照经济社会发展水平对重点县进行调整，实现重点县数量逐步减少，促进扶贫资源科学配置，新《纲要》明确提出，"重点县减少的省份，国家的支持力度不减"。

二是中共十八大以来，中央把扶贫开发纳入全面建成小康社会的战略布局，提出实施精准扶贫、精准脱贫新战略。2013年11月3日，习近平总书记在湘西土家族苗族自治州调研扶贫攻坚时提出了"精准扶贫"理念，强调要"实事求是、因地制宜、分类指导、精准扶贫"，并指出"抓扶贫开发，既要整体联动、有共性要求和措施，又要突出重点、加强对特困村和特困户帮扶"。2014年1月，中共中央办公厅、国务院办公厅发布《关于创新机制扎实推进农村扶贫开发工作的意见》，对中国扶贫开发工作做出战略性创新部署，正式要求在全国建立精准扶贫工作机制。国家制定统一的扶贫对象识别办法，各省（自治区、直辖市）在已有工作基础上，坚持扶贫开发和农村最低生活保障制度有效衔接，按照以县为单位、规模控制、分级负责、精准识别、动态管理的原则，对每个贫困村、贫困户建档立卡，建设全国扶贫信息网络系统。各项扶贫措施要与贫困识别结果相衔接，深入分析致贫原因，逐村逐户制定帮扶措施，集中力量予以扶持，切实做到扶真贫、真扶贫，确保在规定时间内达到稳定脱贫目标。2015年，习近平总书记强调，"要把扶贫攻坚抓紧抓准抓到位，坚持精准扶贫，倒排工期，算好明细账，决不让一个少数民族、一个地区掉队"，

---

① 中共中央、国务院印发《中国农村扶贫开发纲要（2011－2020年）》，载国家统计局住户调查办公室编《中国农村贫困监测报告·2011年》，中国统计出版社，2012。

"要采取超常举措，拿出过硬办法，按照精准扶贫、精准脱贫要求，用一套政策组合拳，确保在既定时间节点打赢扶贫开发攻坚战"。在指导制定《国民经济和社会发展第十三个五年规划》时，习近平总书记再次指出，要切实做到精准扶贫。扶贫开发贵在精准，重在精准，成败之举在于精准。各地都要在扶持对象精准、项目安排精准、资金使用精准、措施到户精准、因村派人（第一书记）精准、脱贫成效精准上想办法、出实招、见真效。要坚持因人因地施策，因贫困原因施策，因贫困类型施策，区别不同情况，做到"对症下药、精准滴灌、靶向治疗，不搞大水漫灌、走马观花、大而化之"。要因地制宜研究实施"四个一批"的扶贫攻坚行动计划，即通过扶持生产和就业发展一批，通过移民搬迁安置一批，通过低保政策兜底一批，通过医疗救助扶持一批，实现贫困人口精准脱贫。可以看到，现阶段中国的国家扶贫工作发生了两个重要转变：一是扶贫瞄准对象从贫困地区、贫困村推进到贫困户和贫困人口，并且高度重视不同贫困农户和人口的特殊性，强调扶贫工作的精细化；二是扶贫开发目标从帮助贫困人口解决温饱问题，转向加快贫困地区发展、贫困人口脱贫致富并实现与全国各族人民同步建成全面小康社会。

总结三十多年来中国反贫困事业走过的历程，可以看到，中国的反贫困实践是一个逐渐推进的过程。从国家层面来看，中国的反贫困事业主要依赖三大途径。一是普遍的经济增长和社会发展，通过经济社会发展带动具备参与条件和能力的贫困人口脱贫；二是扶贫开发战略，通过这些战略的实施，帮助贫困地区和贫困人口获得脱贫和发展的机会，从而实现脱贫乃至致富；三是社会保障体系和相关政策体系，尤其是以最低生活保障制度为主的社会救助体系，这些制度安排起着政策托底的作用，帮助那些至少暂时不具备通过参与普遍的经济社会发展甚至扶贫开发项目实施而脱贫的条件和能力的农村贫困人口获得起码的生活保障。在这三十多年的时间里，在国民经济和社会快速发展的带动下，在政府主导的开发式扶贫战略和国家建构的社会保障体系的帮助下，中国农村贫困人口持续较快减少，剩余贫困人口的贫困状况也得到有效缓解。

当然，我们也要看到，一方面，在国民经济和社会较快发展的过程中，中国地区、城乡、社会阶层之间的经济社会差距在一个相当长的时期里不断扩大，削弱了一般意义上的经济社会发展的减贫效应，使其呈现出一种边际递减的趋势。① 另一方面，政府主导的开发式扶贫战略在具体实施的过程中往往存在瞄准偏差，许多重要的扶贫开发项目，包括一些基于地区的扶贫开发项目（如贫困县摘帽项目、整村推进扶贫项目），以及一些基于贫困人口的扶贫开发项目（如产业化扶贫项目、扶贫贴息贷款项目、科技扶贫项目、劳动力培训转移扶贫项目等），普遍面临的挑战都是抵达贫困人口和低收入群体的能力不足，因而其扶助贫困人口的具体成效与项目实施的预期目标之间存在程度不同的偏差。在不少情况下，这样的扶贫开发项目的受益者往往是贫困地区的非贫困人口或贫困程度轻的群体，真正的贫困人口尤其是极端贫困人口反而难以从扶贫开发项目中直接受益，这就降低了扶贫开发项目的减贫效果。② 同时，我们注意到，在大多数地区，总是有一部分人由于自身禀赋不足等原因而陷入长期性贫困，需要持久的社会救助；或者由于受经济结构变迁、周期波动等因素的影响而陷入暂时性贫困，需要临时性的社会救助。针对不同时期农村贫困问题的种种变化，中央及地方各级政府需要适时调整反贫困战略和政策——这也是我们看到不同时期国家会实施不同反贫困战略的原因所在。

受资源禀赋、地理环境、区位条件和历史文化等因素的制约，少数民族地区③一直是经济社会发展相对滞后的地区。1949 年中华人民共和国成立后，根据中国多民族的基本国情和民族地区经济发展较为滞后的客观实

---

① 郑长德：《中国少数民族地区经济发展报告（2013）》，中国经济出版社，2013。

② 例如，2009 年，在有劳动能力的贫困户当中，获得扶贫资金的还不到 3%。国家统计局住户调查办公室：《中国农村贫困监测报告·2010 年》，中国统计出版社，2011。究其原因，一是贫困农户自身经济参与能力较弱，二是扶贫项目分配方式存在问题。由于扶贫开发投入资金不足，扶贫项目补助资金的比例过低，导致贫困户难以获得扶贫项目的支持。帅传敏：《中国农村扶贫开发模式与效率研究》，人民出版社，2010；刘小珉：《滇桂黔石漠化区扶贫开发成效研究——以贵州黔东南凯里为例》，《云南农业大学学报》2014 年第 8 期。

③ 中华人民共和国国家民族事务委员会（SEAC）规定，少数民族地区是指非汉族的少数民族人口聚集的地区。也就是说，民族地区应该包括所有除汉族以外的少数民族居住的地区，大到民族自治区，小到民族自治州、自治县（旗），民族乡（镇），甚至是少数民族居住的村落。由于民族地区绝大部分都位于西部，所以又叫"西部民族地区"。目前学界将新疆、宁夏、广西、内蒙古、西藏五个自治区和云南、贵州、青海三个多民族省份称为"民族八省区"。

际，中央人民政府决定对民族地区实行特殊的帮扶政策，包括财税政策、对外开放政策、产业政策、扶贫政策、生态环境政策和区域性扶持政策等。[1] 通过扶持西部民族地区的经济社会发展，各少数民族人民的生活水平都得到大大提高，但由于制约民族地区发展的各种因素并未彻底改变，贫困人口规模大、贫困程度深的问题仍相当突出。为了解决这个问题，国家加大了对西部民族地区的支持力度。

特别是 2000 年以来，中国开始实施西部大开发战略，国家将全国 5 个自治区、30 个自治州，以及 120 个自治县中的绝大多数都纳入西部大开发战略实施范围。对于那些未被列入西部大开发战略实施范围的自治县，国家也比照西部大开发政策予以扶持。2005 年，中共中央召开了 21 世纪第一次中央民族工作会议，做出了关于进一步加强民族工作加快少数民族和民族地区经济社会发展的决定，之后又陆续出台了一系列支持少数民族和民族地区经济社会发展的政策文件，如促进西藏、新疆、宁夏、广西、贵州、云南边境地区以及青海等省藏区发展的政策文件，扶持民族贸易和民族特需商品生产的优惠政策，等等。[2] 这些政策措施覆盖面宽、针对性强、含金量高，对民族地区经济社会发展和贫困人口脱贫起到了很好的带动作用。与此同时，中国政府更是把西部民族地区的扶贫开发工作当作重中之重，明确规定"国家把贫困人口集中的中西部少数民族地区、革命老区、边疆地区和特困地区作为扶贫开发的重点"，[3] 并且为此出台和实施了一系列重点扶持民族地区的扶贫规划。另外，国家开展的劳动力转移培训、东西部协作扶贫等项工作，也坚持向民族地区倾斜的政策导向，动员东部发达地区、各大企业和社会机构向民族地区进行对口支援。

在国家一系列扶持政策的支持下，民族地区经济社会全面发展，减贫行动成绩斐然。国家统计局农村贫困监测结果显示，按国家"2008 年贫困标准"，2000～2010 年，民族八省区农村贫困人口从 3144 万人减少到

---

[1]　魏后凯、成艾华、张冬梅：《关于中央扶持民族地区发展政策的研究》，《中南民族大学学报（人文社会科学版）》2012 年第 1 期。

[2]　杨晶：《国务院关于加快少数民族和民族聚居区经济社会发展工作情况的报告》，《全国人民代表大会常务委员会公报》2011 年第 1 期。

[3]　《中国农村扶贫开发纲要（2001－2010 年）》。

1034 万人，农村贫困发生率从 23% 下降到 7%，其与全国平均水平的差距从 2000 年的 12.8 个百分点降低到 2010 年的 5.9 个百分点。[①] 按国家"2010 年贫困标准"，（年人均收入 2300 元，2010 年不变价）测算，2011～2015 年，民族八省区贫困人口数量从 3917 万人下降到 1813 万人，贫困发生率从 26.5% 下降到 12.1%，贫困发生率与全国的差距从 2011 年的 13.8 个百分点下降到 2015 年的 6.4 个百分点。

虽然西部民族地区的经济社会发展和减贫事业都取得了巨大的成就，但西部民族地区与东部地区以及全国平均水平的差距依然不可小觑，贫困人口主要分布于西部民族地区的格局还没有根本改变，西部地区农村贫困人口占全国农村贫困人口的比重不断提高的趋势还未根本扭转。据统计，按照当年的扶贫标准，民族八省区贫困人口占全国的比重从 2000 年的 33.4% 上升到 2010 年的 38.5%，[②] 增加了 5.1 个百分点。另外，按新的国家农村扶贫标准（年人均收入低于 2300 元，2010 年不变价）测算，2011～2015 年，民族八省区农村贫困人口占全国农村贫困人口的比重从 32% 小幅上升到 32.5%，后者比当年全国农村贫困发生率的平均水平高出 7.5 个百分点，并且几乎是当年民族八省区农村人口占全国农村人口的比重的两倍。相应的，2012～2015 年，民族八省区农村减贫率分别为 20.3%、17.9%、13.9%、17.8%，同期全国农村减贫率分别为 19.1%、16.7%、14.9%、20.6%。比较而言，2012～2013 年民族八省区农村减贫速度快于全国减贫速度，2014～2015 年的减贫速度低于全国减贫速度。总的来说，近年来，由于各种原因，西部民族地区农村减贫速度呈现波动中放缓的趋势，减贫难度也在加大，反贫困面临新挑战。

二 民族地区反贫困与中国全面建成小康社会

中国共产党第十八次全国代表大会提出了到 2020 年实现全面建成小

---

① 国家统计局住户调查办公室：《中国农村贫困监测报告·2011 年》，中国统计出版社，2012。

② 国家统计局住户调查办公室：《中国农村贫困监测报告·2011 年》，中国统计出版社，2012。

康社会的宏伟目标。习近平总书记围绕"全面建成小康社会"提出了一系列新思想、新论断、新要求，科学回答了中国全面建成小康社会面临的诸多重大问题。针对中国农村贫困的新特点和农村反贫困面临的新问题和新挑战，习近平强调，"全面建成小康社会，最艰巨最繁重的任务在农村，特别是在贫困地区。没有农村的小康，特别是没有贫困地区的小康，就没有全面建成小康社会"，全国各民族同步实现全面建成小康社会的目标同样重要，全面实现小康，一个民族都不能少。在 2015 年 11 月召开的中央扶贫开发工作会议上，习近平再次就扶贫工作与全面建成小康社会的关系发表重要讲话，他强调："消除贫困、改善民生、逐步实现共同富裕，是社会主义的本质要求，是我们党的重要使命。全面建成小康社会，是我们对全国人民的庄严承诺。脱贫攻坚战的冲锋号已经吹响。我们要立下愚公移山志，咬定目标、苦干实干，坚决打赢脱贫攻坚战，确保到 2020 年所有贫困地区和贫困人口一道迈入全面小康社会。"① 这些论断一方面表明国家有决心将包括西部民族地区各族贫困人口在内的 13 亿多人全部带入全面小康社会；另一方面也表明，贫困地区（特别是西部民族地区的贫困农村）的贫困在很大程度上影响、制约着全国 2020 年全面建成小康社会的宏伟目标的实现。

国家统计局发布的数据显示，2000～2010 年，全国全面建成小康社会的目标实现程度从 59.6% 提高到 80.1%，东部地区从 64.3% 上升到 88.0%，总计提高 23.7 个百分点；中部地区从 55.6% 上升到 77.7%，总计提高 22.1 个百分点；西部地区从 53.2% 上升到 71.4%，总计提高 18.2 个百分点。② 对以上数据略加分析可知，首先，从 2000 年的情况看，西部地区全面建成小康社会的起点相对较低，其全面建成小康社会的目标实现程度比全国平均水平低 6.4 个百分点，比东部地区低 11.1 个百分点，比中部地区也低了 2.4 个百分点。其次，从 2000～2010 年全面建设小康

---

① 《习近平：脱贫攻坚战冲锋号已经吹响，全党全国咬定目标苦干实干》，http://news. xinhuanet. com/politics/2015－11/28/c_ 1117292150. htm，最后访问日期：2017 年 3 月 9 日。

② 《中国全面建设小康社会进程统计监测报告·2011》，最后访问日期：2017 年 3 月 15 日。http://www. stats. gov. cn/ztjc/ztfx/fxbg/201112/t20111219_ 16151. html，最后访问日期：2017 年 3 月 9 日。

社会目标实现程度的年均增幅来看，西部地区的年均增幅也是最低的，分别比东部、中部的增幅低 0. 55 个和 0. 39 个百分点。最后，随着时间的推移，西部地区全面建设小康社会的目标实现程度与东部、中部的目标实现程度的差距也在扩大，分别从 2000 年的 11. 1 个百分点和 2. 4 个百分点，扩大到 2010 年的 16. 6 个百分点和 6. 3 个百分点。近五年来，中央政府加大了对西部地区的扶持力度，西部各省区全面建设小康社会的实现程度均不同程度上升，但与其他地区的差距仍然不可忽视。中国是否能在 2020 年如期实现全面建成小康社会的宏伟目标，重点和难点无疑仍然还在西部地区。

民族地区绝大部分位于西部地区。据研究，民族地区的全面建成小康社会的进程相当于西部平均水平。[①] 因此，民族地区农村尽快实现脱贫致富，是西部地区的全面小康社会建设缩小与全国总体进程的差距的一个重要标志。可以说，民族地区农村贫困问题已成为影响全国 2020 年实现全面建成小康社会宏伟目标的短板，成为制约民族地区经济社会发展实现历史性跨越的主要矛盾。

民族地区三十多年的反贫困实践，一方面积累了许多经验，形成了多元反贫困路径，取得了显著的成绩；另一方面，也存在许多问题，包括贫困瞄准问题、贫困多样性与路径选择适用性问题、扶贫项目抵达贫困人口和低收入群体的能力不足问题、贫困的微观复杂性制约宏观反贫困战略实施绩效的问题、扶持政策不到位及其实施存在偏差的问题以及扶贫资金不足问题，等等。正是这些问题的不同程度的存在，影响了民族地区反贫困战略和措施的实际减贫效果。另外，近年来中国经济进入新常态，全国经济增长速度放缓，给民族地区经济社会发展实现后发赶超、贫困地区和贫困人口脱贫带来严峻挑战。民族地区要适应经济新常态，继续加快推进减贫进程，实现与全国同步建成全面小康社会的目标，必须创新发展理念，转变发展方式，加快建设和完善现代社会保障体系，构建多维度、多渠道、多层次的更加有效的反贫困战略和体制机制。在这个过程中，我们不

---

① 丁赛、刘小珉、龙远蔚：《全面建成小康社会指标体系与民族地区发展》，《民族研究》2014 年第 4 期。

仅需要充分考虑民族地区农村贫困呈现出来的多元图景，深切体察民族地区农村贫困的特殊性、复杂性以及民族地区内部的区域异质性，还要深入分析以往民族地区反贫困实践中存在的问题，准确把握当前民族地区农村贫困状况和反贫困实践面临的新问题新挑战，并有针对性地调整、完善民族地区反贫困战略和体制机制。有鉴于此，进一步深入研究民族地区贫困及反贫困问题，具有十分重要的学术价值和实践意义。

三　数据来源与研究方法

（一）数据、资料来源

本书所采用的数据、资料主要有如下四个来源。

一是中国社会科学院国情调研重点项目"西南少数民族地区的贫困和社会保障状况的调查"课题组分别于 2011 年 10 月和 2012 年 6 ~ 7 月在云南、广西、湖南、贵州开展的调研所采集的官方统计数据、文献资料和访谈资料。在访谈资料采集过程中，该课题组分别对调研地区的县乡政府和相关部门的负责人、农牧民家庭和农村专业合作社进行访谈，深入了解调研地区的经济社会发展状况、反贫困战略和实践、社会保障体系建设和水平、农牧民家庭贫困和脱贫情况，总计访谈（座谈）人数超过 200 人，总体上具有较为充分的代表性。

二是中国社会科学院国情调研重大项目"长江源牧区的贫困和社会保障状况调查——以治多县为例"课题组于 2010 ~ 2013 年在青海省玉树藏族自治州治多县调研所采集的统计数据、文献资料和访谈材料，以及该课题组在青海省玉树藏族自治州治多县多彩乡某畜牧专业合作社的支持、合作下所做的问卷调查。访谈调查方式与前述课题组在云、桂、湘、黔四省（区）所做相同，访谈（座谈）人数超过 60 人。问卷调查在治多县进行，第一步是基于经济社会发展水平从该县所属乡镇中抽取四个乡镇作为调查实施点，在这些样本乡镇，根据农牧民住户分布的特殊情况，采取集中座谈和寻访的方式实施问卷调查，总计调查 200 户。该项调查的实施十分艰难，牧户居住极为分散，并且往往前往夏季牧场放牧，寻访十分不易。

三是中国社会科学院民族学与人类学研究所、中央民族大学经济学院"西部民族地区经济社会状况家庭调查"（Chinese Household of Ethnicity Survey，简称CHES 2011）课题组于2012年完成的新疆、内蒙古、宁夏、青海、广西、湖南、贵州黔东南七个地区的经济社会综合调查。这是一项问卷调查，采用国家统计局的农村住户调查抽样方法，在这七个地区随机抽取了81个县、757个行政村的7257个样本户（31671人）。分析表明，该样本具有代表性（参见本书第七章的样本分析）。

四是国家社科基金特别委托项目暨中国社会科学院创新工程重大专项"21世纪初中国少数民族地区经济社会发展综合调查"课题组于2014年在内蒙古、吉林、浙江、湖北、广西、四川、西藏、青海、宁夏和新疆10个省区的18个市县进行的城乡问卷调查（简称2014年"民族地区大调查"）。该项调查采用分层随机抽样方法抽取调查样本住户。在18个调查市县内，参照城乡不同经济发展状况（高、中、低）和民族人口分布状况，分别选取调查的城镇社区和乡村社区，根据当地的城镇化率确定被调查住户的城乡划分，在确定的社区或行政村随机抽取调查样本住户，每县市抽取样本住户400～500个，在18个县市共计抽取样本住户7341个。调查问卷内容包括样本住户的基本情况，以及被访人对地区经济发展、社会事业、民族文化、民族政策、民族关系、社会安全与社会和谐等的认知和评价。

（二）研究方法

以上述调研资料和数据为基础，本研究选取和应用适合本研究的计量分析方法和计量模型，对问卷调查数据进行全面、深入的分析。本研究运用定性研究和文献研究方法，对官方统计资料、地方文献资料和深度访谈资料进行整理、分析和综合，对有关政策与措施及其实施效果进行评估，对定量研究结果进行进一步的阐释。总的来说，本研究运用这些研究方法，对现阶段中国民族地区农村贫困状况、特征以及影响民族地区农村贫困的主要经济社会文化因素进行系统考察，对民族地区扶贫开发战略和实践成效，对民族地区农村社会保障制度和相关政策的反贫困效应进行比较系统的评估分析。在此基础上，本研究致力于探寻在新的形势下，民族地区进一步推进经济社会发展、更好地实施反贫困战略和措施、与全国同步实现全面建成小康社会伟大目标的新思路、新策略、新模式。

四　主要内容及研究框架

本书的主要研究目的是通过考察民族地区农村贫困的复杂图景，定量分析民族地区农村贫困的微观机理，准确把握当前中国民族地区农村贫困的新情况和反贫困面临的新问题、新挑战，寻找各种反贫困政策措施在民族地区反贫困中存在的不足，并分析其中的原因，提出未来完善民族地区反贫困政策措施、促进民族地区反贫困的参考建议，供有关部门参考。针对以上研究目的，本书研究框架和研究内容如图1-1所示。

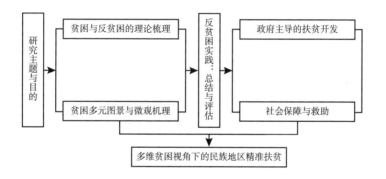

图1-1　本书研究框架和研究内容

本书将用十章的篇幅阐述民族地区农村贫困状况和反贫困实践。其中，第一章对民族地区贫困与反贫困背景进行了描述，阐明本书的研究主题与目的，分析民族地区反贫困与中国全面建成小康社会的关系，说明本书研究资料主要来源、研究方法和研究框架。

第二章对贫困与反贫困的理论进行梳理。本章在梳理了众多国内外有关贫困与反贫困的文献后，将其概括为三个方面。其一是关于贫困的内涵、类型、成因及测量的研究；其二是关于贫困与反贫困实践的评估；其三是反贫困战略研究。基于简要的文献梳理可以发现，目前，学术界对农村贫困现象已经有了很多比较深入的研究，对中国西部民族地区农村贫困问题也越来越关注，但大多数研究还停留在考察局部地区农民贫困状况及其成因、分析反贫困实践存在的问题以及相应对策等方面。在研究方法上，或是从宏观角度定性分析西部民族地区的农村贫困问题，缺乏对民族地区农村贫困的量化测量以及对致贫机理等的系统微观分析，也缺少对民族地区间农村贫困与反贫困问题的对比分析，更缺少对民族地区贫困现象的多维性、多样性和复杂性的深入研究。因此，本书基于大量第一手调查资料、数据，借鉴国内外贫困理论，实证研究民族地区农村贫困与反贫困问题，期望能够更加全面地认识民族地区贫困的严重性和复杂性，阐明民族地区反贫困战略和政策的独特性以及应当具有的全面性、系统性和适用性，为政府及相关部门制定有效的减贫政策提供依据。

第三章主要描述、分析民族地区贫困的多元图景与致贫机理。首先，本章考察了民族地区经济社会发展基础，从民族地区的自然地理、生态环境、自然资源、民族人口分布、经济发展与经济结构、工业化和城镇化进程、农民收入变化、反贫困进程等方面入手，综合论述民族地区现在的发展水平和发展能力状况。概言之，民族地区是中国的面积大区、水系源头区、生态屏障区、文化特色区、资源富集区、战略重点地区、经济社会欠发达地区、贫困大区。[①] 其次，本章从宏观视角考察民族地区农村贫困的多元图景。民族地区农村贫困表现出多样的特征，贫困人口量大面广，贫困人口分布与生态脆弱区高度耦合，少数民族贫困人口量大比重高，贫困家庭面对各种风险呈现出明显的脆弱性，部分民族地区农村呈现族群性集体贫困，等等。加上当前国际、国内经济增长放缓等因素的影响，可以预期，在未来一段时间，民族地区农村贫困还将具有整体性、长期性特征。最后，本章还从微观视角考察了民族地区农村贫困人口的复杂图景与致贫机理。概言之，影响被调查民族地区农户贫困的因素是多元的，主要有自然地理、社会、文化、家庭、政策和体制等因素，其中一些因素像贫困农户外部生存环境在短时间内难以改变，一些因素通过外部及贫困农户自身

---

① 《中央民族工作会议创新观点面对面》，http://www.seac.gov.cn/art/2015/6/1/art_143_228925.html，最后访问日期：2017年3月9日。

努力可以改进。

第四章从宏观视角评估"十一五"规划实施以来民族地区扶贫开发实践的效果。首先，本章考察了民族地区实施的以整村推进为主体、以产业扶贫和贫困劳动力培训为两翼的"一体两翼"专项扶贫战略及其实施成效。其次，本章研究了民族地区的行业扶贫和社会扶贫问题，对相关的一系列扶贫工程和扶贫开发工作的成效进行了考察，并分析了这些扶贫行动面临的制约因素和挑战，以及这些扶贫行动自身存在的各种问题及其成因。在此基础上，提出了一些对策思考。

第五章从微观视角考察民族地区扶贫开发的成效。本章以关于民族地区农村扶贫开发满意度调查数据为依据，考察不同扶贫开发项目的目标人群满意度，分析其中的影响因素，构建满意度研究的学理性框架，对民族地区农村扶贫开发政策实施绩效进行评价。运用路径分析模型考察扶贫工作总体满意度评价的影响因素，对这些因素影响扶贫工作总体满意度评价的方式和机理进行了分析和阐释。

第六章主要研究民族地区农村最低生活保障制度的反贫困效应。首先，本章分析了民族地区农村最低生活保障制度的总体减贫效应及其主要表现。其次，本章对不同民族地区农村最低生活保障制度的减贫效应进行了比较分析，力图发现农村最低生活保障制度的减贫效应的地区差异及其主要成因。再次，本章进一步以民族地区农村住户的不同类型和族群为基础，更加微观地考察了最低生活保障制度对不同类型和族群的民族地区农村贫困户的减贫效果及其差异，力图发现影响最低生活保障制度的减贫效应的微观因素和机理。复次，本章也探究了民族地区农村贫困户获得最低生活保障的差异和影响因素，力图为减少和消除民族地区农村最低生活保障制度在实践中存在的种种偏差寻求解决办法。最后，本章考察了最低生活保障制度在民族地区农村的收入分配改善效应，重点是分析其在缩小各种收入差距方面的作用。

第七章将在多维贫困的视角下考察民族地区农村的精准扶贫战略和实施状况。从前述6章的研究结果出发，本章基于前面提到的调查数据，运用阿玛蒂亚·森领导的牛津大学贫困研究中心提出的多维贫困理论和分析模型，对民族地区农村多维贫困图景进行总体分析，力图就民族地区贫困的总体状况和真实贫困程度（实际严重性）得出更加精准、精细的结果和判断，并据此提出相应的政策建议。

基于以上的理论和实证研究，第八章至第十章，本书还将以三个县为例，深入研究民族地区农村贫困的主要成因以及具有特色的地方反贫困实践，力图发现比较有效的、适合民族地区各地农村贫困的独特特征的反贫困实践模式和机制，评估它们的实际成效。其中，第八章以青海省治多县为案例，考察典型农村牧区贫困状况及致贫因素；第九章以新疆维吾尔自治区乌恰县为案例，深入研究半农半牧区扶贫开发的实践及其成效；第十章以浙江省景宁畲族自治县为案例，考察民族自治地方农村精准扶贫的东部模式及其成效，景宁县在精准扶贫、精准脱贫实践中，取得了显著的成效，形成了一些具有推广意义的经验，其中有些做法和经验对其他民族地区农村在今后的扶贫开发工作具有重要的借鉴意义和参考价值。总的来说，这些专题的目的，是对不同类型民族地区农村的贫困问题和反贫困实践进行深度分析，更好地揭示民族地区农村贫困的独特性、多样性和复杂性，加深我们对于民族地区农村反贫困战略和措施应当具有多样性、多维性的认识。

第二章　贫困与反贫困的理论

贫困问题是困扰世界各国特别是发展中国家的主要发展问题之一。[①]解决贫困问题是当今的世界性的难题。因此，贫困和反贫困问题，成为近代国际、国内学者研究的热点。既有文献对贫困和反贫困问题的研究可谓汗牛充栋，笔者在梳理了众多的文献后将其概括为三个方面。其一是关于贫困的内涵、类型、成因及测量的研究，其二是关于贫困与反贫困评估，其三是反贫困战略研究。

一　贫困的内涵、成因及测量

（一）贫困的定义

贫困问题是一个世界性难题。中外学者有关贫困的定义有很多种，梳理既有研究，贫困的定义大概分为五种。

第一种定义主要为低收入。最开始系统研究贫困的英国经济学家 Seebohm Rowntree 就是从低收入的角度定义了贫困：家庭收入未能满足家庭成员最基本的生存要求。[②]中国政府公布的贫困线也是基于这样的定义

[①]　陈光金：《中国农村贫困的程度、特征与影响因素分析》，《中国农村观察》2008 年第 9 期。

[②]　Seebohm Rowntree, *Poverty*: *A Study of Town Life*（Thomas Nelson and Sons, 1902）, pp. 169 – 172.

制定出来的。

第二种定义主要关注缺乏，最开始是物质的缺乏，如食物、住房等的缺乏，[①] 到后来扩展到社会的、精神的、文化的缺乏。[②] 例如，世界银行在《2000/2001 年世界发展报告》中对人类贫困的解释指出，贫困包括三个特征，即缺少机会参与经济活动；在一些关系到自己命运的重要决策上没有发言权；容易受到经济以及其他冲击的影响，即脆弱性高。

第三种是从"社会排斥"的角度对贫困进行了定义。社会排斥强调的是个体与社会整体的断裂。[③] 桑德斯（Saunders）认为，社会排斥是指某些人或地区受到诸如失业、技能缺乏、收入低下、住房困难、罪案高发的环境、丧失健康以及家庭破裂等交织在一起的综合性问题时所发生的现象。[④] 世界银行认为贫困是由于贫困者资源有限，以致他们被排除在所在国可以接受的最低限度的生活方式之外。[⑤]

第四种定义主要来自诺贝尔经济学奖获得者阿玛蒂亚·森（Amartya Sen）的"能力贫困理论"。森认为贫困是一种基本能力被剥夺的现象，而不仅仅是满足基本需要的收入不足。[⑥]

第五种定义是多维贫困（Multidimensional Poverty）。综合考察前四种定义可以发现，贫困又可以概括为两大类。一类是收入贫困，即第一种贫困定义。另一类是多维贫困。多维贫困以阿玛蒂亚·森的能力贫困理论为基础，森认为除了收入和物质不足以外，贫困主要体现为基本能力被剥夺。基本能力被剥夺的表现是多维度的，如过早的死亡、营养不良、持续

---

① 世界银行：《1980 年世界发展报告》，中国财政经济出版社，1980。

② 白人朴：《关于贫困标准及其定量指标的研究》，《农业经济问题》1990 年第 8 期；汪三贵：《贫困问题与经济发展政策》，农村读物出版社，1994；童星、林闽钢：《中国农村贫困标准线研究》，《中国社会科学》1993 年第 3 期；康晓光：《中国贫困与反贫困理论》，广西人民出版社，1995。

③ 王小林、Sabina Alkire：《中国多维贫困测量：估计和政策含义》，《中国农村经济》2009 年第 12 期。

④ Peter Saunders："Can Social Exclusion Provide a New Framework for Measuring Poverty?" *SPRC Discussion Paper* No. 127 (2003)；郭熙保、罗知：《贸易自由化、经济增长与减轻贫困——基于中国省际数据的经验研究》，《管理世界》2008 年第 2 期。

⑤ 世界银行：《2000/2001 年世界发展报告》，中国财政经济出版社，2001。

⑥ Amartya Sen："Poverty: An Ordinal Approach to Measurement"，*Econometrica* 2 (1976): 219 - 231.

的疾病、普遍的文盲以及其他能力不足。森的结论是通过教育和医疗可以提高人们的基本能力。① 联合国开发计划署在《1997 年人类发展报告》中认为，贫困是指"除缺乏物质福利的必需品外，还不能得到对于人类发展来说最基本的机会和选择过长期、健康、有创造性的生活，达到体面的生活标准，有尊严、满足自尊并受到他人的尊重以及得到人们在生活中重要的东西"。② 显然，联合国开发计划署界定的"人类贫困"也是多维贫困，其不仅仅是缺乏收入的问题，也包含对人类发展的机会、权利、长寿、知识、尊严和体面生活标准等多方面的剥夺，是从生活质量、基本权利和发展机会等有关人的发展的多方面内容来定义贫困，比收入贫困认定的内涵更丰富和更全面，更能够较全面地反映贫困群体的经济水准和生存状况。

从以上对贫困界定的历史演变来看，有如下几个特征。③ 第一，贫困内涵发展的动态性。贫困的内涵随着社会经济发展水平的进步而不断发展变化，经历了一个从物质层面扩大到能力、权利再到人类发展层面的过程。第二，贫困内容的扩展性。人们对贫困内容的认识经历了一个不断扩展的过程。早期主要是基于经济意义上的认识，贫困被视为是物质和收入的匮乏与绝对数量的不足，后来人们更倾向于运用更多更全面的指标来测量贫困，其表现也不仅仅是收入指标，还包括教育、健康、生活环境等社会指标。第三，需求的递进性。随着经济社会发展水平的提高，贫困表现为个人需求层次相对应的动态递进过程。也就是说，社会越向前发展，贫困就越表现为较高层次需求的匮乏或缺失。从最初的收入贫困到能力、权利贫困以及多维贫困，这一发展明显表现为层层递进的演进过程。即使是收入贫困，世界各国的收入贫困线也随着经济发展水平的提高而稳步提高。第四，贫困致因的复杂性。早期人们认为贫困产生的原因是物质匮乏，但随着生产力的发展、物质的丰富，贫困现象仍然存在。因此，有人

① 阿玛蒂亚·森：《贫困与饥荒》，王宇、王文玉译，商务印书馆，2011；阿玛蒂亚·森：《以自由看待发展》，任赜、于真译，中国人民大学出版社，2012。
② 金峰峰：《在发展中反贫困——相对发达地区农村反贫困财政政策选择》，上海三联书店，2005。
③ 朱霞梅：《反贫困的理论与实践研究——基于人的发展视角》，博士学位论文，复旦大学，2010。

认为，物质匮乏或收入贫困通常只是贫困的表现形式或者说是贫困的结果，贫困乃是能力缺失、权利被剥夺等多方面原因所导致的。当然，也有人认为，人们会由于收入贫困而没钱上学、看病、改善居住条件……进而陷入能力缺失、权利被剥夺等多维贫困之中。显然，收入贫困与能力缺失、权利被剥夺往往相互影响，互为因果。下面主要从收入贫困问题出发，讨论贫困的类型、成因等议题。

（二）贫困的类型

基于不同的视角或根据不同的标准，可以把贫困划分为不同的类型。

其一，根据贫困的内涵，可以分为广义的贫困和狭义的贫困。狭义的贫困是指在一定的社会生产方式下，不能满足最基本的生存需要，生命的延续受到威胁。这主要是从满足人的生理需要的意义上来讲的，缺乏维持生理需要的最低生活标准就是贫困。广义的贫困除了包括不能满足最基本的生存需要之外，还包括社会、文化、环境等方面需求，比如文化教育状况、医疗卫生状况、生活环境状况和人口预期寿命。广义的贫困大大扩展了狭义贫困的内涵。世界银行在《2000/2001 年世界发展报告》中对贫困的理解就是广义的。该报告认为，贫困除了物质上的匮乏、低水平的教育和健康外，还包括风险和面临风险时的脆弱性，以及不能表达自身的需求和缺乏影响力。

其二，从贫困的程度来讲，可以把贫困区分为绝对贫困和相对贫困，这也是贫困最基本最普遍的划分。绝对贫困又叫生存贫困，指缺乏维持生存的最低需求品，不能维持最基本的生存需求。相对贫困也叫相对低收入型贫困，主要是指在基本生存需求解决后，与其他社会成员相比或维持当时社会通行的某种生活标准而言的一种相对缺乏或不足的状态。显然，相对贫困标准会随着经济的发展、收入水平以及社会环境的变化而变化，表现出动态性的特点。通常是把一定比例的人口确定为生活在相对贫困之中。比如，有些国家把低于平均收入 40% 的人口归于相对贫困组别；世界银行的看法是收入等于或少于平均收入 1/3 的社会成员属于相对贫困。①

---

① 程丹峰：《中国反贫困——经济分析与机制设计》，北京经济科学出版社，2000；朱霞梅：《反贫困的理论与实践研究——基于人的发展视角》，博士学位论文，复旦大学，2010 年。

其三，基于动态的角度，可以将贫困分为长期性贫困（或持久性贫困）与暂时性贫困。一定时间段内自始至终经历贫困的家庭或个人属于长期性贫困，而一定时间段内只有部分时间处于贫困的家庭或个人属于暂时性贫困。[①] 具体来说，一般将 5 年时间作为长期性贫困和短期性贫困的分界点。[②] 例如，世界银行在《1990 年世界发展报告》中指出："长期性贫困是指有些人口长期处于贫困状态（至少持续 5 年以上），虽经扶助也难以脱贫的状态；暂时性贫困则是指在一定时期（通常是 5 年）内入贫与脱贫这一现象。"[③]

其四，基于贫困的成因，可以分为普遍性贫困、制度性贫困、区域发展障碍型贫困、先天缺乏型贫困、可行能力不足型贫困和族群型贫困。普遍性贫困是由于经济和社会的发展水平低下而形成的贫困。比如中华人民共和国成立初期，由于社会生产力发展水平低，食物短缺，人们处于一种普遍贫困的状态之中。制度性贫困，是由于政治、经济、社会、文化制度供给不足而引致的贫困。比如说，由土地制度、收入分配制度、医疗卫生制度、金融与信贷制度、公共财政制度、社会保障制度等所决定的生活资源在不同区域、社会群体和个人之间的不平等分配，有可能会造成某些区域、社会群体、个人处于贫困状态。这些制度的缺失，是导致贫困的基础性原因。区域性贫困是由于某些地区自然生态条件恶劣和社会发展水平（交通、通信、市场设施）低下所引致的贫困现象。就中国西部民族地区而言，六盘山片区、新疆南疆三地州、吕梁山片区长期存在资源性缺水问题。乌蒙山区、武陵山区和滇桂黔石漠化区大多为喀斯特地貌，这些地区水土流失严重，生产、生活缺水问题比较突出。[④] 这些地区由于自然条件恶劣而导致整个区域发生普遍性的贫困。目前，区域发展障碍型贫困是最主要的贫困类型。因此，《中国农村扶贫开发纲要（2011 - 2020 年）》确定把主要位于西部地区的"集中连片特困地区"当作 2011～2020 年中国

---

① Martin Ravallion："Expected poverty under risk-induced welfare variability"，*The Economic Journal*（1988）：1171 - 1182.
② 何晓琦：《长期性贫困的定义与特征》，《贵州财经学院学报》2004 年第 6 期。
③ 《1990 年世界银行发展报告》，中国财政经济出版社，1990，第 71～76 页。
④ 王小林：《消除一切形式的贫困：内涵和政策取向》，《地方财政研究》2016 年第 8 期。

农村扶贫开发的主战场。先天缺乏型贫困，是由贫困者个体在智力或体力上的先天缺陷导致的生产能力完全或部分缺失而引发的贫困。先天缺乏型贫困的原因一般是不可消除或不可逆转的，如残疾人，其身体残缺在现有的医疗条件下很难甚至不可能被修复，这些人群的贫困也很难通过提升其可行能力来解决，一般只能对其实施社会救助。可行能力不足型贫困，是因为贫困者个体的可行能力不足引致的贫困。与先天缺乏型贫困不同的是，可行能力不足型贫困不是先天的身体或智力的缺陷。可行能力不足可能与制度设计和制度安排有关，但是大部分可行能力不足的原因却是个体性的，如由于受教育程度低而引致的人力资本不足。又如，由于农民的自组织能力不足，导致农民在市场竞争中难以获得较好的谈判地位，从而使农民生产的规模收益和抗风险能力较低。对于这些可行能力不足的贫困人群，有针对性地提升其可行能力是促使其脱贫的关键。族群型贫困，即在某些少数民族地区，由于整个族群在生存环境、生产方式、生活方式、文化、习俗等方面的原因而造成的贫困，在中国部分边远少数民族地区存在这种类型的贫困。现实中，族群型贫困与区域发展障碍型贫困、可行能力不足型贫困重合的概率较高。族群型贫困主要分布在边境地区、高寒山区。目前，总体上民族地区农村的贫困发生率高于非民族地区、农村少数民族的贫困发生率高于汉族成为共识。①

（三）贫困的成因

作为普遍的经济社会现象，贫困一直伴随人类社会的历史进程。当然，导致贫困的原因，也是各国政府、研究人员关注的重要内容。贫困的成因可以从宏观和微观两个层面分析。宏观分析涉及国家或地区层面的贫困问题，研究对象是国家或地区。既有研究从经济、社会、文化、自然环境和制度等多个视角对贫困地区贫困成因进行了积极探索，形成了比较丰富的成果。微观分析涉及农户层面的贫困问题，以农户为研究对象，把内

---

① 张立群：《连片特困地区贫困的类型及对策》，《红旗文稿》2012 年第 22 期；王曙光：《"向贫困宣战"——中国的贫困与反贫困》，http://econ.pku.edu.cn/displaynews2.php? id=15381，最后访问日期为 2017 年 3 月 15 日。

容缩小到直接构成农户贫困的原因上来，针对农户"收入要素"展开分析。[①]

1. 宏观视角的贫困成因理论

（1）经济视角的贫困成因理论

1953 年，美国哥伦比亚大学教授纳克斯（R. Nurks）在《不发达国家的资本形成问题》一书中系统地提出了"贫困恶性循环"理论，这是经济学家解释发展中国家贫困问题的最早尝试之一。他认为，发展中国家之所以长期存在贫困，无法实现经济发展，是由于这些国家的经济中存在若干个相互联系、相互作用的恶性循环系列。其中，资本缺乏是产生"贫困恶性循环"的根本原因，"一国穷是因为它穷"。[②] 1956 年，美国经济学家理查德·纳尔逊（Richard R. Nelson）以纳克斯的"贫困恶性循环"理论为基础，利用数学模型分别考察了发展中国家人均资本、人口增长、人均收入增长之间的关系，并综合分析了资本稀缺、人口过快增长对经济增长的障碍，指出了关于贫困自我维系的另一种循环过程和机制。他认为，从最低人均收入水平增长到与人口增长率相齐的人均收入水平之间，有一个"低水平均衡陷阱"，在这个陷阱中，任何超过最低水平的人均国民收入的增长都将为人口增长所抵消，如果其他条件不变，这种低水平均衡也是稳定的。[③]

1957 年，美国经济学家哈维·莱宾斯坦（Harvey Leeibenstein）提出了经济发展的"临界最小努力"理论。他主要从供给和需求两个方面分析发展中国家贫困的成因。按照他的理解，在供给方面，一国的经济不发达，导致人均收入低；低收入导致人们将要把大部分收入用于消费，很少用于储蓄，从而导致了储蓄水平低，储蓄能力差；低储蓄能力会造成资本形成不足，资本形成不足又会导致生产规模难以扩大，劳动生产率难以提高；低劳动生产率造成低产出，低产出又造成低收入，从而形成一个"低收入—低资本形成—低收入"的恶性循环。在需求方面，发展中国家的人均收入水平低下意味着低购买力和低消费能力，低购买力导致投资引

---

① 杨国涛：《宁夏农村贫困的演进与分布研究》，博士学位论文，南京农业大学，2006。

② 纳克斯：《不发达国家的资本形成问题》，谨斋译，商务印书馆，1966。

③ 叶普万：《贫困经济学研究》，中国社会科学出版社，2004，第 151～162 页。

诱不足，投资引诱不足又会造成资本形成不足，低资本形成使生产规模难以扩大，生产率低下，低生产率带来低产出，同样低产出又造成低收入。这样就又形成一个"低收入—低资本形成—低收入"的恶性循环。也就是说，资本匮乏是阻碍发展中国家发展的关键因素，要打破这种困境，必须在经济发展初始阶段实行大规模投资，使投资水平或投资率大到足以达到国民收入的增长超过人口增长、人均收入大幅度提高的水平，从而产生一个"临界最小努力"。① 在中国，不少学者认同这种观点，指出中国部分农村正面临着贫困恶性循环的困境。②

同一年，瑞典著名经济学家缪尔达尔（Gunnar Myrdal）提出"循环积累因果关系"理论来解释发展中国家贫穷日趋加剧的困境。他认为，在发展中国家，居民收入普遍低下，收入水平低导致居民生活水平也低，从而使得劳动力素质低下；劳动力素质低下的结果是他们的劳动生产率低下，劳动产出水平低，从而导致新一轮的居民低收入，这样就形成了"低收入—低生活水平—低劳动力素质—低劳动生产率—低产出—低收入"的"循环积累因果关系"，发展中国家就这样陷入持续贫困状态而难以自拔。③ 在中国，也有部分学者运用缪尔达尔的"循环积累因果关系"理论，来解释中国农村贫困的综合成因。④

（2）社会视角的贫困成因理论

英国人口学家托马斯·马尔萨斯（Thomas Robert Malthus）是最早从

---

① 王稚文、华小琴：《低水平均衡陷阱与临界最小努力理论模型探析》，《西北成人教育学报》2012 年第 3 期。

② 钱彦敏：《贫困山区农村经济的启动与发展研究——浙江泰顺县仙稔乡经济考察》，《中国农村观察》1991 年第 4 期；杜宝虎：《西北农村贫困恶性循环的结构分析与依法治理》，《开发研究》1998 年第 4 期；丁士军、陈传波：《贫困农户的能源使用及其对缓解贫困的影响》，《中国农村经济》2002 年第 12 期；黄敬宝：《从根本上解决农村贫困问题——以人力资本投资打破我国农村贫困的恶性循环怪圈》，《财经问题研究》2004 年第 5 期。

③ 缪尔达尔：《世界贫困的挑战：世界反贫困大纲》，顾朝阳等译，北京经济学院出版社，1991。

④ 辜胜阻：《贫困地区发展的特征及其反贫的战略思考》，《经济评论》1991 年第 5 期；安树伟：《秦巴山区贫困与反贫困问题研究——以陕西省柞水县为例》，《经济地理》1999 年第 10 期；许飞琼：《中国贫困问题研究》，《经济评论》2000 年第 1 期；庄天慧：《西南少数民族贫困县的贫困和反贫困调查与评估》，中国农业出版社，2011。

社会角度来研究人类贫困问题的，他的《人口原理》一书提出了著名的"人口剩余致贫论"。他认为，在对人口增长不加限制的情况下，生活资料以算术级数增长，而社会人口则按几何级数增加，因人口的增长速度快于食物供应的增长速度，食物增长永远没法满足人口增长造成的需求，随着时间推移，出现贫困问题是必然的。① 在中国，也有一些学者基本上是从所谓的"马尔萨斯陷阱"来解释中国农村贫困的成因的，他们认为，人口过快增长制约着农村可持续发展，人口繁衍自律自控能力缺乏是导致某些农村地区贫困的原因之一。②

人口数量无限增长造成贫困的解释，并不是所有学者都接受的，一些学者转而从人口质量角度解释贫困成因。美国经济学家西奥多·舒尔茨（Theodore Schultz）1960 年发表《人力资本的投资——教育和研究的作用》一书，他在该部重要著作中首次提出了人力资本理论，在解释贫困成因时，他认为，贫困的根本原因不在于物质匮乏，而在于人力资本的匮乏和对人力投资的轻视。在中国，一些学者从不同视角分析了中国贫困地区劳动力素质低下与地区贫困的关系，认为前者是导致农村贫困的主要原因之一；③ 还有一些学者通过实证研究证明，中国农村的贫困与农村人力资本投入不足有着相当密切的关系。④

（3）文化视角的贫困成因理论

早在 20 世纪 50 年代，已经有学者从一个地区的道德或伦理困境来理

---

① 托马斯·马尔萨斯：《人口原理》，陈小白译，华夏出版社，2012。

② 李周、孙若梅：《生态敏感地带与贫困地的相关性研究》，《农村经济与社会》1994 年第5 期；魏众、古斯塔夫森：《中国农村贫困机率的变动分析——经济改革和快速增长时期的经验》，《中国农村观察》2000 年第 2 期；赵文甫：《贫困山区农村经济发展缓慢的原因及对策》，《农村经济》2007 年第 10 期；殷洁、章京祥：《贫困循环理论与三峡库区经济发展态势》，《经济地理》2008 年第 7 期。

③ 辜胜阻：《贫困地区发展的特征及其反贫的战略思考》，《经济评论》1991 年第 5 期；安树伟：《秦巴山区贫困与反贫困问题研究——以陕西省柞水县为例》，《经济地理》1999 年第 10 期；郭伶俐：《贫困村贫困原因及对策研究》，《农村经济》2003 年第 7 期。

④ 陈光金：《中国农村贫困的程度、特征与影响因素分析》，《中国农村观察》2008 年第 9 期；陈全功、李忠斌：《少数民族地区农户持续性贫困探究》，《中国农村观察》2009 年第 5 期；章元、万广华：《市场化与经济增长成果的分享：来自中国和印度尼西亚的微观证据》，《农业技术经济》2010 年第 1 期；刘小珉：《民族视角下的民族地区农村贫困问题比较研究——以广西、贵州、湖南为例》，《民族研究》2013 年第 4 期；庄天慧：《西南少数民族贫困县的贫困和反贫困调查与评估》，中国农业出版社，2011。

解这个地区的贫困问题。美国政治学者爱德华·班费尔德（Edword C. Banfield）曾经深入研究过意大利南部一个落后村落，并写成《一个落后社会的伦理基础》一书，描述了该村落存在的各种社会伦理以及这种社会伦理对村落联合起来共同发展的制约性影响。他认为，这个村落中存在的利己、家庭本位、排斥集体合作的观念和行为，是"非道德性家庭主义"的伦理樊篱，这样的伦理樊篱使得乡村社会难以走出贫困，或者说是乡村社会贫困的一个重要原因。[①] 在某种程度上，班费尔德的这项研究可以说是贫困文化理论的滥觞。

明确的贫困文化（Culture of Poverty）概念最早是由美国的社会学家、人类学家刘易斯（Oscar Lewis）提出，他认为，贫困人口之所以贫困与其所拥有的文化（贫困文化）有关。贫困文化是贫困人口阶层所具有的"一种比较固定的、持久不变的、代代相传的生活方式。贫困文化对它的成员有独特的形态和明显的社会心理影响"。[②]

在刘易斯的"贫困文化"理论的基础上，莫伊尼汉（D. P. Moynihan）在《认识贫困》（On Understanding Poverty）一书中曾提出贫困和贫困文化恶性循环的理论，在他看来，生活于贫困地区处于贫困境况中的人们，由于从小就受到贫困文化的熏陶，缺少向上流动的动力，也缺少较高的成就动机；低水平成就动机会导致低水平的社会流动，受教育的机会少，层次较低，导致他们的就业竞争力弱；较低的教育水平和较弱的竞争力，自然导致他们只能进入低收入职业，处于较低的社会经济地位；低收入的职业和较低的社会经济地位使他们更为贫困。莫伊尼汉认为，以上四个方面纠结在一起，就会形成一种周而复始的循环模式，即"低成就动机—低社会流动—低教育水平和低竞争力—低收入和低社会地位—贫困程度越来越深"，从而使得贫困者很难摆脱贫困的纠缠。[③]

在中国，从 20 世纪 80 年代起，就不断有学者从所谓贫困文化的视角

---

① Edward C. Banfield：*The Moral Basis of a Backward Society*, with the assistance of Laura Fasano Banfield.（Illinois：The Free Press, 1958）.

② Oscar Lewis, *Five families：Mexican Case Studies in the Culture of Poverty*.（New York：Basic Books, 1959）.

③ Daniel P. Moynihan（eds.）：*On Understanding Poverty：Perspectives from the Social Sciences*.（New York：Basic Books, Inc., 1969）.

分析农村地区贫困的产生原因。1986 年，王小强、白南风发表《富饶的贫困》一书，他们在该书中认为，人口素质低是贫困地区之所以贫困的一个重要原因。[①] 但他们似乎还没有在人口低素质与贫困文化之间画等号。1989 年，李强发文认为，在社会主义条件下，贫困更多地与贫困人口没有文化、没有技术以及懒惰、愚昧、落后、自暴自弃等因素相关。[②] 如果说，没有文化（即受教育程度低）和没有技术还是指劳动力素质状况，那么，懒惰等就与刘易斯的贫困文化理论所论相似了。20 世纪 90 年代以后，陆陆续续有不少学者把贫困与贫困文化联系起来进行研究。[③] 总体上，这些学者认为，所谓贫困文化，是一部分处于贫困状态的人拥有的一套使得贫困本身自我维持的特定文化体系。尽管不同的学者论述贫困文化时有不同的侧重，有的学者从贫困者个人的人生态度方面寻找所谓的贫困文化，有的学者则从历史文化传统、传统社会习俗方面论述贫困文化，还有的学者从思想文化教育方面讨论贫困文化，但把贫困归因于贫困地区的文化习俗或个人的人生态度，则是他们的论说的共同之处。在我们看来，固然贫困文化理论提到的一些"文化的"因素对贫困地区或贫困人口群体摆脱贫困有一定的负面影响，但不能把这种影响夸大化，否则就落入了"责备受害者"（victim blaming）的窠臼。无论如何，所谓的贫困文化绝不是致贫的关键因素。[④]

（4）自然环境视角的贫困成因理论

国内外研究表明，贫困经常是与生态环境脆弱相伴随的。19 世纪德

[①] 王小强、白南风：《富饶的贫困》，四川人民出版社，1986。

[②] 李强：《论贫困的文化》，《高校社会科学》1989 年第 4 期。

[③] 罗先成：《贫困山区冲破"贫困恶性循环"的思路——湘西凤凰县经济发展的启示》，《经济评论》1994 年第 5 期；倪虹：《中国贫困文化初探》，《社会》1995 年第 5 期；陈冬季：《地域文化与经济贫困》，《乌鲁木齐职业大学学报（汉文版）》1995 年第 2 期；高长江：《文化脱贫与中国乡村脱贫致富及现代化进程》，《人文杂志》1996 年第 6 期；赵秋成：《对贫困地区人口文化贫困的研究》，《西北人口》1997 年第 3 期；章国卿：《贫困、贫困文化与价值观念的转型》，《唯实》1998 年第 4 期；贾俊民：《贫困文化：贫困的贫困》，《社会科学论坛》1999 年第 Z1 期；程厚思、邱文达、赵德文：《边缘与"孤岛"——关于云南少数民族地区贫困成因的一种解释》，《中国农村观察》1999 年第 6 期；熊丽英：《中国贫困文化研究》，《湖南农业大学学报（社会科学版）》2000 年第 2 期；吴理财：《论贫困文化》，《社会》2001 年第 8～9 期；庄天慧：《西南少数民族贫困县的贫困和反贫困调查与评估》，中国农业出版社，2011。

[④] 郑长德：《中国少数民族地区经济发展报告（2014）》，中国经济出版社，2014。

国地理学家拉采尔（F. Ratzel）在他的著作《人类地理学》中，强调人类活动受地理环境的多方面的控制。1911 年，拉采尔的学生，美国地理学家辛普尔（E. C. Semple）的著作《地理环境的影响》继承和深化了该观点。与辛普尔同时代的美国地理学家亨廷顿（E. Huntington）在 1915 年出版了《文明与气候》，创立了人类文化只有在刺激性气候地区才能发展的假说。1920 年，他又出版了《人文地理学原理》一书，进一步强调自然环境对人类的政治、经济、社会等起绝对支配作用，是社会发展的决定因素。[①] 英国学者戴维·皮尔斯、杰瑞米·沃福德同样认为，世界上"最贫困的人口生活在世界上生态恢复能力最差、环境破坏最严重的地区"。[②]

一般而言，贫困人口除了拥有自身的人力资源，只拥有很少的物质资源和社会资源，他们比富人更加依赖于自然资源。如果他们没有得到其他资源的途径的话，他们或许会更快地消耗自然资源。从某种意义上说，贫困问题和生态环境问题紧密相关，贫困状况的发生和贫困程度的高低与生态环境状况存在极为密切的关系。据统计，目前中国 592 个国定重点扶贫县中，70% 以上的贫困人口集中在生态环境脆弱区，76% 的贫困人口分布在中西部地区的深山区、石山区、荒漠区、高寒山区、黄土高原区、地方病高发区以及水库库区。[③] 许多学者的研究也都印证着贫困与脆弱的生态环境和匮乏的自然资源之间的重要联系。[④]

总之，中国农村贫困人口往往分布在生态环境恶劣的偏远区域，形成

① 白光润：《地理科学导论》，高等教育出版社，2006。
② 戴维·皮尔斯、杰瑞米·沃福德：《世界无末日——经济学·环境与可持续发展》，张世秋等译，中国环境科学出版社，1996。
③ 曲玮、涂勤等：《贫困与地理环境关系的相关研究述评》，《甘肃社会科学》2010 年第 1 期。
④ 辜胜阻：《贫困地区发展的特征及其反贫的战略思考》，《经济评论》1991 年第 5 期；钱彦敏：《贫困山区农村经济的启动与发展研究——浙江泰顺县仙稔乡经济考察》，《中国农村观察》1991 年第 4 期；许飞琼：《中国贫困问题研究》，《经济评论》2000 年第 1 期；阿卜杜伟力：《和田地区贫困与反贫困调查研究》，《中国软科学》2000 年第 7 期；韩林芝、邓强：《我国农村贫困主要影响因子的灰色关联分析》，《中国人口资源与环境》2009 年第 4 期；庄天慧：《西南少数民族贫困县的贫困和反贫困调查与评估》，中国农业出版社，2011；李瑞华：《贫困与反贫困的经济学研究——以内蒙古为例》，中央编译出版社，2014；郑长德：《中国少数民族地区经济发展报告（2014）》，中国经济出版社，2014。

生态环境区域分布与贫困地区分布高度耦合的现象。这些地区脆弱的生态环境以及对自然资源的不合理开发，是导致农民贫困的非常重要的原因。[1] 例如，有研究表明，在中国西部地区土地退化与该地区普遍存在的贫困现象之间存在较大的相关性，土地退化通过影响土地生产力来影响人均农业总产值进而影响农民人均纯收入。[2]

（5）制度视角的贫困成因理论

制度视角的贫困成因分析将焦点集中在群体贫困和结构性贫困上，认为贫困与社会制度密不可分。马克思、恩格斯在 19 世纪中叶便开始对资本主义社会的贫困问题进行深入分析，他们从制度上阐述了资本主义贫困产生的原因及反贫困的道路，为世界反贫困的研究做出了一定的贡献。他们认为，在资本主义经济中，"劳动为富人生产了奇迹般的东西，但是为工人生产了赤贫。劳动创造了宫殿，但是给工人创造了贫民窟"。[3] 而且在私有制度下，资本积累就是资本在少数人手中的积聚，因此，资本积累的后果必然是"在一极是财富的积累，同时在另一极，即在把自己的产品作为资本来生产的阶级方面，是贫困、劳动折磨、受奴役无知、粗野和道德堕落的积累。"[4] 尽管马克思和恩格斯对贫困的制度成因的分析主要反映了资本主义社会中的贫困问题发生的本质，但在一定程度上，我们仍然不能忽视，在其他社会制度条件下，制度层面的问题对于贫困发生的重要影响。在社会主义的中国，也仍然存在一些不利于贫困地区、贫困人口发展和减贫脱贫的制度性问题，需要我们下大力气通过不断深化改革来加以解决。

进入 20 世纪以来，从制度层面分析贫困的成因，仍然是学术界的一个重要传统和分析路径。美国学者彼得·汤森（Peter Townsend）是其中的一个代表。他认为，制度本身、制度缺失、制度和政策的失误或不当的

---

[1] 魏小文，朱新林：《环境资源视角下西藏农牧民反贫困研究》，《技术经济与管理研究》2012 年第 2 期。

[2] 王建武：《土地退化与贫困相关性研究》，博士学位论文，中国社会科学院研究生院，2003。

[3] 《马克思恩格斯全集》第 42 卷，人民出版社，1979，第 93 页。

[4] 《马克思恩格斯选集》第 2 卷，人民出版社，2012，第 289 页。

政策导向等都会形成不平等，进而导致贫困。① 在中国，也不断有学者分析制度问题对贫困发生和减贫脱贫的种种影响。例如，著名社会学家陆学艺认为，中国农村的贫困问题在很大程度上是一些不适应时代发展要求的制度造成的，包括亟待改革的户籍制度、土地制度等。他认为，中国贫困地区特别是农村贫困地区减贫的根本，就在于打破传统的户籍制度、土地制度等一系列制度性障碍。② 还有学者从许多维度和视角出发，分析了各种相关制度安排和政策对农村地区和农村人口的贫困形成与减贫脱贫的影响，土地制度与征地制度问题、户籍制度问题、城乡关系的制度安排问题、区域关系的制度相关问题、收入分配制度问题、反贫困相关政策和制度安排中的不足和实施中的缺陷等，都在不同程度或不同维度上制约着中国农村贫困地区（包括民族地区贫困农村）减贫和贫困农村人口脱贫，需要系统地深化相关制度的改革，不断创新相关政策。③

2. 农户贫困的成因分析

一般而言，农户贫困决定因素不仅与宏观层面的贫困成因紧密相关，而且与农户的外部环境有关，与农户家庭内部特征相关。④

（1）外部环境影响因素分析

生存环境对人类的生存和发展起着至关重要的作用。因此，农户外部生存环境因素成为农户最基本、最强烈也是最不可忽视的致贫因素。一般而言，影响贫困农户生存的外部环境包括气候、地形地貌、地理位置等自然因素，还包括农户生存地区公共服务、经济发展水平等经济、社会因素。气候条件的变化直接影响农业生产，如气候剧变和各种自然灾害，将导致受灾地区的农、牧产品减产甚至绝收，从而引发受灾地区农户饥饿和

① Peter Townsend：*The International Analysis of Poverty*. New York，Harvester Wheatsheaf，1993.
② 陆学艺：《"三农论"：当代中国农业、农村、农民研究》，社会科学文献出版社，2002；《"三农"续论：当代中国农业、农村、农民问题研究》，重庆出版集团，2013。
③ 刘明宇：《分工抑制与农民的制度性贫困》，《农业经济问题》2004 年第 4 期；程厚思、邱文达、赵德文：《边缘与"孤岛"——关于云南少数民族地区贫困成因的一种解释》，《中国农村观察》1999 年第 6 期；杨军昌：《略论贵州农村的贫困与反贫困问题》，《农村经济》2000 年第 10 期；李世平、江美丽、孙寒冰：《失地农民贫困现状缘于中国农民权利贫困——换个角度谈征地补偿制度》，《农村经济》2006 年第 1 期；赵玉亮、邓宏图：《制度与贫困：以中国农村贫困的制度成因为例》，《经济科学》2009 年第 1 期。
④ 杨国涛：《宁夏农村贫困的演进与分布研究》，博士学位论文，南京农业大学，2006。

贫困；地形地貌主要指农户生活的地区是山区、丘陵或平原。不同的地形地貌，决定了农户用于农业生产的土地的性质。一般而言，水田地、干旱土地、坡耕地等是粮食生产的一个主要变量；地理区位主要指农户生产、生活地距离商业区和城市中心地带的位置以及交通状况。偏僻的地理位置推高了农业生产和流通的成本，由于信息不畅通，在农业技术的改进方面可能滞后于发达地区。研究表明，中国贫困人口的分布具有典型的区域特征，主要集中在中西部自然条件恶劣的深山区、石山区、高山区、黄土高原区。这些地区偏远、生态环境恶化，农业生产长期处在一种低而不稳的状况。① 从世界范围的经济发展状况来看，大多数的第三世界国家都位于热带或亚热带地区，而历史事实是，现代经济增长一切成功的范例几乎都发生在温带国家。这样一种差异应该不是巧合，而是与不同的气候环境直接或间接引起的某些特殊困难有关。②

（2）内部特征影响因素分析

农户拥有的各种能够影响收入获得的资本或资源，同时也是影响其家庭是否陷入贫困的重要因素。一般而言，决定农户贫困的因素包括农户拥有的人力资本、物质资本与社会资本。当然，在现实生活中，影响收入获得从而影响贫困发生的因素组成比较复杂，其中不仅包括家庭所占有对收入获得具有正向作用的相关资源的多寡，也包括家庭劳动力的劳动参与的结构等因素。③

相关学者在进行实证研究时，一般把人力资本的存量和人力资本的使用模式作为主要的人力资本变量纳入分析模型。人力资本存量主要包括农户家庭内人口的数量和质量。通常意义上，家庭内人口的数量和质量决定

① 国家统计局住户调查办公室：《中国农村贫困监测报告·2011年》，中国统计出版社，2012；庄天慧：《西南少数民族贫困县的贫困和反贫困调查与评估》，中国农业出版社，2011，第264页；李瑞华：《贫困与反贫困的经济学研究——以内蒙古为例》，中央编译出版社，2014；郑长德：《中国少数民族地区经济发展报告（2014）》，中国经济出版社，2014。

② 杨国涛：《宁夏农村贫困的演进与分布研究》，博士学位论文，南京农业大学，2006；刘小珉：《民族视角下的民族地区农村贫困问题比较研究——以广西、贵州、湖南为例》，《民族研究》2013年第4期；陈光金：《中国农村贫困的程度、特征与影响因素分析》，《中国农村经济》2008年第9期。

③ 刘小珉：《民族视角下的民族地区农村贫困问题比较研究——以广西、贵州、湖南为例》，《民族研究》2013年第4期；陈光金：《中国农村贫困的程度、特征与影响因素分析》，《中国农村经济》2008年第9期。

了农户获得收入的多少，从而决定该农户是不是容易陷入贫困。人口的数量主要指家庭规模，当家庭规模较大，劳动力负担较重时，农户陷入贫困的风险较大。关于人口的质量涉及的内容比较宽泛，一般与人们获得收入的能力因素有关。实证研究中，人口的质量一般用农户家庭成员健康状况、劳动力年龄和受教育年限来表示。一般而言，农户家庭成员健康状况越差，生产就业能力越低，获得收入的能力越低，就医费用越高，家庭陷入贫困的风险就越高；农户劳动力受教育年限越多，家庭收入水平会越高，陷入贫困的概率就越小；与此相反，户主年龄越高，其适应市场的能力可能性越低，从而会对家庭收入产生负面影响。所谓人力资本的使用模式，主要是指劳动力参与生产经营活动的结构性特征。一般而言，一个农村家庭的劳动力从事的非农经济活动越多，其收入获得也会越多，因此通常把家庭劳动力全年从事非农业经济活动（即务工、经商、办厂）的时间，作为表现家庭劳动力使用模式的指标来使用。家庭劳动力从事非农经济活动时间越多，家庭工资性收入或非农经营性收入应当更多，从而推高家庭收入水平，降低其陷入贫困的概率。

所谓经济资本，包括家庭拥有的土地、生产资料、生产投资以及包括银行存款、有价证券等在内的金融资本等。一般而言，一个家庭占有的经济资本越多，其收入水平应当会越高，从而其陷入贫困的风险也会越小。而所谓社会资本，从既有相关研究来看，家庭成员中是否有中共党员、家中是否有人当干部（包括村干部和乡镇干部）、家庭的社会支持网络状况，往往被认为是影响较为突出的变量。[①]

从现有相关研究来看，上述各种影响因素的辨析，以及对这些因素的影响的实证考察都表明，微观上它们确实构成了研究农户贫困成因的主要变量体系，为我们更加全面地考察农户贫困提供了很好的理论和方法基础。当然，在研究民族地区农村贫困问题时，可能还需要考虑其他一些与当地民族经济社会发展状况相关的因素的影响。

---

① 刘小珉：《民族视角下的民族地区农村贫困问题比较研究——以广西、贵州、湖南为例》，《民族研究》2013 年第 4 期；陈光金：《中国农村贫困的程度、特征与影响因素分析》，《中国农村经济》2008 年第 9 期。

二　贫困与反贫困评估的研究

（一）贫困评估

贫困评估，一般包括贫困识别与贫困测量。

贫困识别主要指贫困线的合理确定，最关键的是计算方法的选择。在实际操作中一般都是用一个或若干个与贫困高度相关又可观察、可测量和可比较的社会、经济指标来界定贫困线。目前，计算贫困线的方法有直接方法和收入法两大类十几种，如热量支出法、恩格尔系数法、市场菜篮法、收入比例法、生活形态法、马丁法、综合法等。[①]

识别出贫困后，为了研究贫困发生的广度和深度、贫困的变化趋势、贫困的地区间分布特点等，需要构建一系列度量贫困的指标对贫困进行度量。既有研究中，贫困的测量指标主要有 FGT 贫困指数、Sen 贫困指数、Watts 指数、SST 指数、Atkinson 指数等多维度的贫困度量指标。[②] FGT 指数由贫困发生率、贫困差距率和平方贫困距三个指数组成，与其他贫困指数相比，FGT 指数的优点在于其具有综合性和可分解性。通过对 FGT 指数的分解，我们可以清楚了解到影响贫困变化的各因素究竟在多大程度上对贫困产生影响，从而采取有针对性的减贫措施来调节各影响因素，以期实现减贫目标。因此，目前 FGT 指数比较常用。

阿玛蒂亚·森提出多维贫困理论后，撒比娜·阿尔基尔（Sabina Alkire）和詹姆斯·福斯特（James Foster）根据森的基本能力理论，提出了多维贫困的识别、加总和分解方法，即用 AF 方法测算多维贫困指数（Multidimensional Poverty Index，MPI）来评价多维贫困状况。[③] 联合国开

[①]　庄天慧：《西南少数民族贫困县的贫困和反贫困调查与评估》，中国农业出版社，2011。

[②]　Sen 指数和 Watts 指数是贫困的分配敏感性指标。Sen 指数把贫困人口的数量、收入及收入分布结合在一起，它的特点是关注贫困者之间的收入分配。Watts 指数的特点是能反映社会福利状况的变化。这两个指数都表示，收入分配恶化会引起贫困问题的恶化。参见杨国涛、王广金《中国农村贫困的测度与模拟：1995－2003》，《中国人口·资源与环境》2005 年第 6 期。

[③]　S. Alkire、J. E. Foster：“Counting and Multidimensional Poverty Measures”，OPHI Working Paper 7, *Oxford Poverty and Human Development Initiative*（University of Oxford，2007）.

发计划署采纳了阿尔基尔和福斯特用 AF 测算的全球多维贫困结果，并于 2010 年开始，在每年的《人类发展报告》中公布全球多维贫困状况。全球多维贫困指数，包括教育、健康、生活水平 3 个贫困维度，共 10 个指标。

显而易见，相对于单纯从收入状况来测量评估贫困状况，多维贫困测量模型更加全面、科学，但在实践中与贫困测量相关的因素应该包含哪些项目以及相关因素的贫困阈值应该如何确定，还没形成定论，因而影响了多维贫困的可操作性和其在实际贫困测量中的应用。值得一提的是，中国学界对多维贫困的关注热度在上升，部分学者已经开始探索、建立适应中国国情的多维贫困指标，并进行实证研究。[①] 本研究也将就此做一尝试。

（二）反贫困评估

1. 反贫困定义

反贫困（Anti-Poverty）的概念，最早是瑞典经济学家冈纳·缪尔达尔提出的。[②] 目前，从反贫困的过程来看，对于反贫困概念，学术上有以下三种表述。一是减少贫困（Poverty reduction），通过保障贫困人口的基本生活水平使其能够生存下去来减少贫困人口的数量。这一表述强调反贫困的过程性。二是减缓贫困（Poverty alleviation），通过一系列手段实现收入公平分配，缩小贫富差距，缓解贫困深度。三是消除贫困（Poverty eradication），通过提高贫困人口的生存与发展能力，保证其应有的权利，维护贫困者的人格尊严。消除物质贫困和精神贫困，反映了反贫困的最终

① 王小林、Sabina Alkire：《中国多维贫困测量：估计和政策含义》，《中国农村经济》2009 年第 12 期；冯贺霞、王小林、夏庆杰：《收入贫困与多维贫困关系分析》，《劳动经济研究》2015 年第 3 卷第 6 期；王小林：《贫困测量：理论与方法》，社会科学文献出版社，2012；邹薇、方迎风：《关于中国贫困的动态多维度研究》，《中国人口科学》2011 年第 6 期；郭建宇、吴国宝：《基于不同指标及权重选择的多维贫困测量——以山西省贫困县为例》，《中国农村经济》2012 年第 2 期；杨龙、汪三贵：《贫困地区农户的多维贫困测量与分解——基于 2010 年中国农村贫困监测的农户数据》，《人口学刊》2015 年第 2 期；张全红：《中国多维贫困的动态变化：1991 - 2011》，《财经研究》2015 年第 4 期；胡鞍钢、童旭光、诸丹丹：《四类贫困的测量：以青海省减贫为例（1978 - 2007）》，《湖南社会科学》2009 年第 5 期。

② 缪尔达尔：《世界贫困的挑战：世界反贫困大纲》，顾朝阳等译，北京经济学院出版社，2010。

任务与目的。显然，在一定时期内，通过政府和社会各种力量以及贫困者自己的努力，一些暂时贫困、绝对贫困是能被消除的，但相对贫困始终存在，消除贫困是全人类共同的愿望和奋斗目标。

需要说明的是，在中国的反贫困实践中，广泛运用"扶贫"（Support the Poor，简称扶贫）来表示反贫困的一种具体行为，即扶持农村贫困人口（贫困地区）通过发展摆脱贫困。因此，"扶贫"是反贫困的一种具体方法和路径。

2. 反贫困评估

从目前国际上对反贫困的通行理解来看，对反贫困效果的测度早已超出简单的资金和物质维度。基于人类福祉标准的反贫困效果测量更多地考量超出当期物质收入以外的福利增加。根据英国苏萨克斯大学阿里斯特·麦克格里戈尔（Allister Mcgregor）教授的研究，对反贫困效果的测度可以分为三个层次。第一个层次即物质收入，即反贫困项目的资金流入对接受者物质生活的直接改善，是所有反贫困项目的"一阶"效果。第二个层次为社会关系收入，也即反贫困投入对接受者在其社会（或者社区）关系中所处地位、在社会中获取福利效用的能力的改善，比如对失业者甚至行乞者的职业培训，对融资困难、处于濒临破产家庭的金融援助，对失学儿童家庭进行补助，都可以在社会关系层面改善其家庭福祉。第三个层次则是主观或者心理收入，也即反贫困投入对接受者主观和心理层面的福利的改善，这既可以是反贫困接受者对物质收入的主观感受，即反贫困项目的"二阶"效果，也可以是他们对于其社会关系收入的主观感受，相当于反贫困项目的"三阶"或更高阶效果。[①] 所有这些收入和福利效用的改善都可能改变目标社区的社会动态，并且对政府政策制定和实施反贫困战略和政策有着反馈作用，对反贫困目标社区、群体的经济社会生活质量的进步发挥长期作用。

在实证研究中，主要是从以下三方面开展反贫困效应评估。

（1）经济增长的反贫困效应评估

《2000/2001 年世界发展报告》指出，经济增长是减少贫困的主要手

---

① J. A. McGregor："Researching Human Wellbeing: From Concepts to Methodology", in I. Gough and J. A. McGregor (eds.), *Well-Being in Developing Countries: New Approaches and Research Strategies.* (Cambridge University Press, 2007).

段。在过去 20 年各国收入贫困状况的变化，大多是由各国经济增长的差异引起的。印度尼西亚在 20 世纪 70 ~ 80 年代由于经济高速发展，生活水平普遍提高，贫困发生率从 20 世纪 70 年代的 60% 降至 90 年代初的 20%以下；撒哈拉以南非洲地区经济长期缓慢发展，是造成贫困程度加重的主要根源之一。[①] 此后，国内外对经济增长与减少贫困之间的研究越来越多，研究者发现，不是只有经济增长本身对贫困有影响，经济增长的性质和模式（即不同群体从经济增长中的受益程度）以及初始不平等程度也是影响经济增长的减贫效果的重要因素。[②] 在过去的三十多年里，在国民经济高速增长的驱动下，在政府主导的开发式扶贫战略推进下，中国农村贫困人口显著减少，贫困人口的贫困程度得到有效缓解。但是，在高速经济增长过程中，中国地区、城乡、阶层之间的经济社会发展差距在一个相当长的时期里不断扩大，这种日益扩大的不平等越来越影响经济增长的减贫效应，使得近年来中国农村经济增长的减贫效应呈现边际递减趋势。[③]

（2）扶贫开发的反贫困效应评估

世界银行曾在 2009 年对中国的扶贫开发战略进行了全面的考察和评估，其评估结论是，在过去 25 年里，中国减少绝对贫困的成就极为显著，但中国的扶贫重任仍将继续，在某些方面任务甚至更加艰难、艰巨。这是因为，按照国际标准衡量，中国贫困人口的数量仍然巨大，而且随着中国扶贫的进一步推进，贫困人口的分布将更加分散，它将大大削弱地区瞄准相对于家庭瞄准方法的扶贫优势。人类发展领域的不平等加剧，农村家庭的教育和卫生支出的负担越来越重，因此贫困地区的持续发展能力建设应该成为国家政策的长远目标。[④] 国内研究普遍认为，在以政府为主导的扶

---

① 余芳东：《发展中国家"治贫"之策》，《中国国情国力》2002 年第 3 期。
② 鲁溪：《增长未必能减少贫困——驳 2001 年世界发展报告》，《国外理论动态》2001 年第 5 期；陈绍华、王燕：《中国经济的增长和贫困的减少——1990 ~ 1999 年的趋势研究》，《财经研究》2001 年第 9 期；冯素洁、陈朔：《论经济高速增长中的相对贫困》，《现代财经》2006 年第 1 期；胡鞍钢、胡琳琳、常志霄：《中国经济增长与减少贫困（1978 ~ 2004 年）》，《清华大学学报（哲学社会科学版）》2006 年第 5 期；胡兵、胡宝娣、赖景生：《经济增长、收入分配对农村贫困变动的影响》，《财经研究》2005 年第 8 期；林毅夫：《贫困、增长与平等中国的经验与挑战》，《中国国情国力》2004 年第 8 期。
③ 郑长德：《中国少数民族地区经济发展报告（2013）》，中国经济出版社，2013。
④ 世界银行：《从贫困地区到贫困人群：中国扶贫议程的演进》，2009。

贫开发政策支持下，农村贫困地区经济社会全面发展，减贫成绩斐然。但是，近年来，扶贫开发战略和政策在实施的过程中存在瞄准偏差等问题，扶贫开发受益者，往往是贫困地区非贫困人口或贫困程度轻的群体，贫困人口尤其是极端贫困人口难以从扶贫开发项目中直接受益，从而降低了扶贫开发的减贫效果。[①]

（3）社会保障的反贫困效应评估

国内外有关社会保障减贫效应的评估众多。从 20 世纪 90 年代末期开始，拉丁美洲和加勒比海地区引入了"有条件的现金转移"（Conditional Cash Transfers，CCT）社会救助项目，例如墨西哥的"教育、卫生和营养方案"，哥伦比亚的"家庭行动方案"，洪都拉斯的"家庭设计方案"，牙买加的"卫生、教育促进方案"，尼加拉瓜的"社会保护网络"，以及巴西的"家庭津贴方案"，等等。CCT 项目的基本内容是为贫困的低收入家庭提供现金援助，条件是接受援助的家庭必须做出可证实的人力资本投资，包括经常性的儿童学校出勤率或使用基本的医疗服务等。各种评估结果均表明，CCT 项目的实施有效地减少了这些国家的贫困。[②]

德菲纳（R. H. DeFina）和圣纳瓦拉（K. Thanawala）运用卢森堡收入调查（LIS）数据对 17 个 OECD 国家的公共救助支出的减贫效果进行了研

[①] 这样的问题，在扶贫开发的整村推进、产业化扶贫、扶贫贴息贷款、科技扶贫、劳动力培训转移等项目中都存在。例如，2009 年，在有劳动能力的贫困户当中，获得扶贫资金的还不到 3%（国家统计局住户调查办公室：《中国农村贫困监测报告·2010 年》，中国统计出版社，2011）。究其原因，一是贫困农户自身经济参与能力较弱，二是扶贫项目分配方式存在问题。由于扶贫开发投入资金不足，扶贫项目补助资金的比例过低，贫困户难以获得扶贫项目的支持。帅传敏：《中国农村扶贫开发模式与效率研究》，人民出版社，2010；刘小珉：《滇桂黔石漠化区扶贫开发成效研究——以贵州黔东南凯里为例》，《云南农业大学学报》2014 年第 8 期。

[②] See J. Hoddinott：*Conditional Cash Transfer Programs.* Washington，DC：International Food Policy Research Institute，2000；L. B. Rawlings："A new Approach to Social Assistance：Latin America's Experience with Conditional Cash Transfer Programmes"，*International Social Security Review* 58（2005）：133 – 161；S. Parker，E. Skoufias：*The Impact of PROGRESA on Work，Leisure，and Time Allocation*，Washington，DC：International Food Policy Research Institute10（2000）；Y. T. Yap，G. Sedlacek，P. Orazem：*Limiting Child Labor through Behavior-based Income Transfers：Anexperimental Evaluation of the PETI Program in Rural Brazil*，Washington，DC：World Bank，2001；P. J. Gertler：*The impact of PROGRESA on Health*，Washington，DC：International Food Policy Research Institute，2000.

究，他们除了使用贫困率、贫困距等贫困指标外，还使用"贫困者间收入不平等"指标进行分析，其研究结果显示，实施对低收入者的公共救助政策后，17 个 OECD 国家的贫困发生率平均下降 61%，其中，美国下降 29.5%，加拿大下降 56.1%，瑞典下降 85.6%。而且，这种面向低收入群体的社会救助制度，不仅有减贫效果，还具有宏观分配效果，特别是社会成员间的横向收入再分配效果。[①]

中国学者对中国农村最低生活保障制度的反贫困效应和改善社会公平状况的效应也有所关注，相关的研究结论大体可以分为四类。其一，农村低保制度实施效果明显，最大限度地实现了"应保尽保"，在一定程度上减缓了贫困，改善了农村内部收入分配状况，缩小了农村贫困群体与其他群体之间收入差距。[②] 其二，农村低保制度的运行绩效存在较为明显的省区间差异和层次性，制度绩效整体水平有所提高，但离"应保尽保"的目标还存在一定差距。[③] 其三，农村最低生活保障制度的运行过程仍存在瞄准偏差和瞄准遗漏现象，且由于严重偏低的贫困线标准与更低的低保标准，农村贫困人口获得低保金后的总收入仍然较低，这既造成了受助比率过低以及将需要救助的低收入家庭排除在外的问题，也使得受助对象的需求满足程度过低，缓解贫困的效果有限。尤其是在贫困问题严峻的西部农村地区，一些地方政府财力有限，往往采取总量控制的办法来实施农村低保制度，以致无法将符合低保制度标准的农村贫困人口全部纳入低保范围，概括地说，就是存在保障标准低、人均补差少以及贫困人口覆盖面不

---

① See R. H. DeFina, K. Thanawala: "*International Evidence on the Impact of Transfers and Taxes on Alternative Poverty Indexes*", *Luxembourg Income Study Working Paper Series* No. 325 (2002); S. Allegrezza, G. Heinrich & D. Jesuit: "Poverty and Income Inequality in Luxemburg and the Grande Région in Comparative Perspective", *Socio-Economic Review* 2 (2004): 263 – 283; K. Hölsch, M. Kraus: "European Schemes of Social Assistance: An Empirical Analysis of Set-ups and Distributive Impacts", *International Journal of Social Welfare* 5 (2006): 50 – 62.

② 童万亨：《福建省全面实施农村居民最低生活保障制度的调查与思考》，《农业经济问题》2005 年第 1 期；谢东梅：《农村最低生活保障制度分配效果与瞄准效率研究》，中国农业出版社，2010；戴卫东：《农村最低生活保障制度的财政支出分析——基于负所得税法和差额补助法的比较》，《河南社会科学》2010 年第 5 期；国家统计局住户调查办公室：《中国农村贫困监测报告·2011 年》，中国统计出版社，2012，第 36 页。

③ 何晖、邓大松：《中国农村最低生活保障制度运行绩效评价》，《江西社会科学》2010 年第 11 期。

够等问题。[1] 其四，政府财政为实施农村低保制度付出了较大的代价，但是没有完全达到预期的减贫效果，甚至产生了"负向激励效应"即福利依赖问题。[2]

三　反贫困战略研究

在反贫困战略方面，发展经济学中的哈罗德－多马模型和罗斯托的起飞理论都强调资本对发展中国家经济发展的决定作用，并指出发展中国家农村贫困的根源是资本的稀缺。[3] 西奥多·舒尔茨将资本划分为"常规资本"和"人力资本"，并认为摆脱贫困的关键在于提高人力资本。[4] 随着新制度经济学的兴起，学者们对农村贫困的研究开始转向制度方面。研究制度贫困的代表人物英国学者彼得·汤森认为贫困是政治资源缺失的结果。瑞典经济学家冈纳·缪尔达尔则从经济、政治和社会等不同角度全面系统地探讨了南亚、东南亚国家贫困的原因，提出"循环积累因果关系"理论（见前文），认为制度因素是发展中国家陷于贫困的内在机理，而政府进行干预是十分必要的，由此构成缪尔达尔的反贫困模式，为世界反贫困战略理论与模式的研究提供了全新视角和领域。因以独特的视角研究贫困问题而荣获诺贝经济学奖的阿玛蒂亚·森，突破传统流行的将贫困等同于低收入的狭隘界限，提出用能力和收入来衡量贫困的新思维，拓宽了对贫困理解的视野。森认为，贫穷是基本能力的被剥夺和机会的丧失，而不仅仅是低收入；收入是获得能力的重要手段，能力的提高会使个人获得

---

① 李小云、董强、刘启明：《农村最低生活保障政策实施过程及瞄准分析》，《农业经济问题》2006 年第 11 期；王增文：《农村最低生活保障制度的济贫效果实证分析》，《贵州社会科学》2009 年第 12 期；牛勤：《论我国西部地区农村最低生活保障问题与对策》，《安徽农业科学》2011 年第 10 期；王丽华、孟湘泓：《反贫困视觉下的我国社会救助制度安排》，《甘肃社会科学》2012 年第 2 期。

② 王增文：《农村最低生活保障制度的济贫效果实证分析》，《贵州社会科学》2009 年第 12 期；李盛基、吕康银、朱金霞：《农村最低生活保障制度的减贫效果分析》，《税务与经济》2014 年第 3 期。

③ M. P. 托达罗：《第三世界的经济发展》，于同申等译，中国人民大学出版社，1988；速水佑次郎：《发展经济学：从贫困到富裕》，李周译，社会科学文献出版社，2009。

④ 西奥多·W. 舒尔茨：《论人力资本投资》，吴珠华等译，北京经济学院出版社，1990。

更多的收入；良好的教育和健康的身体不仅能直接提高生活质量，而且还能提高个人获得更多收入及摆脱贫困的能力；提出用人们能够获得的生活和人们能够得到的自由来理解贫困和剥夺。森的贫困理论的落脚点是：通过重建个人能力来避免和消除贫困。[1]

以往的中国反贫困战略一直都是针对持久性贫困。随着中国经济发展及多年的扶贫开发，持久性贫困已经大为减少。但是农村经济非常脆弱，农村社会保障体系又不健全，农民抗风险能力差导致暂时性贫困更为突出，遇到天灾人祸农民很容易又陷入贫困的泥潭。因此，在注重持久性贫困的同时，也要关注暂时性贫困，暂时性贫困解决不好会影响持久性贫困的解决效果。朱兰（Jalan）和马丁·瑞沃林（Martin Ravalion）认为，解决暂时性贫困需要完善的社会保障体系，来帮助农民克服暂时性的收入波动；解决持久性贫困则需要增加资本积累、人力资本投资、基础设施和公共服务，来长期地减少贫困。[2] 阿曼多·巴瑞恩托斯（Armando Barrientos）等人则认为，不仅暂时性贫困会遇到风险和具有脆弱性，持久性贫困具有脆弱性，也会遇到风险，所以他认为社会保障是解决贫困的核心，发展中国家应采用更宽泛意义的社会保障来解决持久性贫困和暂时性贫困。[3]

国内外学者对中国西部地区的反贫困政策和模式进行了深入的分析，并从不同的视角提出了反贫困战略创新的建议。杨晓光、王传胜、盛科荣等基于县级地域单元将西部贫困地区划分为青藏高原东北缘江河上游区、青藏高原腹地江河源区、雅鲁藏布江上中游区、黄土高原沟壑区、新疆区、西南石灰岩区和横断山脉及滇南边境区7个地域类型，然后从国家制定不同的区域政策的角度出发，提出了四种发展模式，即以生态移民为主

---

[1] 阿玛蒂亚·森：《贫困与饥荒》，王宇、王文玉译，商务印书馆，2011；阿玛蒂亚·森：《以自由看待发展》，任赜、于真译，中国人民大学出版社，2012。

[2] Jyosna Jalan and Martin Ravallion: "Transient Poverty in Post Reform Rural China", *Journal of Comparative Economics*, No. 26（1998）：338 - 357; "Is Transient Poverty Different? Evidence for Rural China", *Economic Mobility and Poverty in Development Countries*, No. 3（2002）：82 - 100.

[3] Armando Barrientos、David Hulme and Andrew Shepherd: "Can Social Protection Tackle Chomic Poverty", *The European Journal of Development's Research*, No. 3（2005）：8 - 23.

要方式的发展模式；以生态保护为主，适度集中发展的模式；国家扶持进行基础设施建设，改善发展条件的区域开发模式及国家扶持和增强自身发展能力相结合的发展模式。[①] 斯科特·罗泽尔（Scott Rozelle）等一批学者则认为，扶贫投资对于贫困地区经济增长具有较大的推动作用，但对农民人均纯收入增加的贡献不大，因为大部分的扶贫资金投向了乡镇企业和国有企业，因此瞄准贫困农户的扶贫开发项目对于增加农民收入是最有效的。另外，他们还发现，各种公共投资当中，政府教育投资的回报率最高，同时对促进增产也有显著影响；教育对减贫和缩小地区差距的作用主要是通过增加非农就业机会来实现的；农业科技投资对减贫的贡献率居第二位，农村基础设施投资对减贫的影响主要是通过增加非农就业机会和提高农民的工资收入；灌溉投资对促进农业生产增长的作用不是很大，对减贫和缩小地区差距的作用更小。[②] 汪三贵认为，扶贫投资效率的提高需要制度创新，包括建立基层农业发展银行，完善农业政策性银行体系，完善贫困的监测和监督系统，强化地方政府的权力，协调扶贫投资的使用，精简政府机构，加强对贫困县的教育和农业补贴。[③] 张新伟的研究结论是，现阶段市场化反贫困政策应该围绕促进贫困地区分工水平这一中心，以降低交易费用水平并提高交易效率为战略方向，努力培育和发展贫困地区市场体系和市场组织，以农产品市场化带动贫困地区传统产业改造，追求贫困地区经济持续增长，缓解并解决贫困问题。[④]

近年来，许多学者在考察中国的多维贫困后，从不同层面提出反贫困的政策建议。郭建宇、吴国宝利用山西省贫困县的住户数据，考察了山西的多维贫困。他们的结论及政策建议是，为了更好地反映中国农村贫困的多元性及其程度，应在传统收入贫困识别的基础上，结合使用多维贫困测

① 杨晓光、王传胜、盛科荣：《基于自然和人文因素的中国欠发达地区类型划分和发展模式研究》，《中国科学院研究生院学报》2006年第1期。

② Scott Rozelle、Albert Park、Vincent Benziger、Changqing Ren："Targeted Poverty Investments and Economic Growth in China", *World Development* 12（1998）：2137－2152；张新伟：《市场化与反贫困路径选择》，中国社会科学出版社，2001；樊胜根、张林秀、张晓波：《经济增长、地区差距与贫困——中国农村公共投资研究》，中国农业出版社，2002。

③ 汪三贵：《扶贫投资效率的提高需要制度创新》，《林业经济》1997年第4期。

④ 张新伟：《市场化与反贫困路径选择》，中国社会科学出版社，2001。

量方法；应根据区域特征选择合适的贫困指标和权重，以便更全面准确地反映区域多维贫困现状，为提高扶贫工作的针对性和改善扶贫政策的实施效果提供客观基础；各地应根据本地区多维贫困的特点和状况，选择有针对性的扶贫政策和措施。[①] 冯贺霞、王小林、夏庆杰基于"2011 年中国健康与营养调查（CHNS）数据"和 AF 多维贫困测量方法，分析了收入贫困与多维度贫困的关联和差异。他们根据文章的研究结论，建议中国制定收入贫困与多维度贫困互补的贫困标准，以弥补收入贫困测量的不足，从而更好地反映贫困的全面性、复杂性，使得贫困群体在收入、教育、健康及生活质量等方面得到改善，利于政府部门更有效地开展精准扶贫。[②] 杨龙、汪三贵利用中国农村贫困监测调查数据对中国农村贫困地区多维贫困状况进行了测量，并对多维贫困指数进行分解。研究发现，低收入农户经受着更为严重的多维贫困状况，中国农村贫困地区农户面临的饮水问题比增收问题更严重。因此，作者建议在新时期农村扶贫开发工作中，要通过人力资本、卫生、基础设施建设等降低绝对贫困人口的多维贫困程度；应增加农村贫困地区中小型水利建设的投资，改善贫困农户的饮水条件。[③]

综上所述，可以看到，基于收入贫困概念的公共政策更倾向用单一的收入支持政策实现减贫目标，而基于多维贫困的社会政策则倾向通过复合的社会政策来实现减贫目标。从政策角度看，如果在消除收入贫困的同时，没有配套以旨在人类基本能力建设的社会政策，那么脱离贫困的人口较容易再返贫困。相反，如果在消除收入贫困的同时也实施强调人类基本能力建设的公共社会政策，如提高教育、医疗等公共服务建设，那么脱离贫困且拥有了较高人力资本等基本能力的人口再次陷入贫困的概率就会减小。因此，未来中国在反贫困实施过程中，应注重从多维贫困视角来认识和解决贫困问题，尤其是民族地区农村的贫困问题。

我们还可以看到，目前，国内外学者对农村贫困现象已经有很多非常

---

① 郭建宇、吴国宝：《基于不同指标及权重选择的多维贫困测量——以山西省贫困县为例》，《中国农村经济》2012 年第 2 期。
② 冯贺霞、王小林、夏庆杰：《收入贫困与多维贫困关系分析》，《劳动经济研究》2015 年第 6 期。
③ 杨龙、汪三贵：《贫困地区农户的多维贫困测量与分解——基于 2010 年中国农村贫困监测的农户数据》，《人口学刊》2015 年第 2 期。

深入的研究，对中国西部民族地区农村贫困问题也越来越关注，但大多数研究要么还停留在局部地区农民贫困状况、形成原因、存在问题及对策等方面，要么用定性研究宏观分析西部民族地区的贫困问题，缺乏对民族地区农村的贫困测量、致贫机理等的系统微观分析，也缺少民族地区之间贫困及反贫困问题的对比分析，更缺少对民族地区多维贫困的研究。究其原因，可能是缺乏民族地区比较全面的微观数据。正是基于这样的原因，我们于 2011 年、2013 年先后两次申请中国社会科学院国情项目，多次到西南民族地区、西北民族地区调研贫困及反贫困问题，并获得了大量个案材料及问卷调查数据，其中包括涉及新疆、内蒙古、宁夏、青海、广西、湖南湘西、贵州黔东南七个地区 81 个县、757 个行政村的 7257 个样本户 31671 人的大样本经济社会综合调查数据（Chinese Household of Ethnicity Survey，简称 CHES 2011 数据）。本书的研究将基于大量第一手调查资料、数据，在借鉴国际、国内贫困理论基础上，实证研究近期民族地区贫困与反贫困问题，促使人们较全面地认识民族地区贫困的严重性，以及提高对实施针对民族地区特殊反贫困政策必要性的认识，为政府及相关部门制定有效的减贫政策提供依据。

第三章 民族地区贫困的多元
图景与致贫机理

中国是统一的多民族国家，有 56 个民族，据第六次全国人口普查，55 个少数民族总人口为 13379.22 万人，占中国大陆总人口的比重为 8.49%。民族自治地方占国土总面积的 64%，西部和边疆大多数地区都是少数民族聚居区。这一基本国情决定了少数民族和民族地区的发展在我国经济社会发展全局中占有极其重要的地位。

受自然生态、历史、文化、人口分布等方面因素的影响，民族地区是中国的欠发达地区，是中国扶贫攻坚的主战场。新中国成立以来，特别是 2000 年以来，中央政府根据民族地区的实际情况，制定和实施了一系列特殊的政策措施扶持民族地区经济社会发展，中央政府在扶贫政策、项目资金上也一直向民族地区倾斜。2006～2013 年，中央财政投入民族八省区的扶贫资金从 51.5 亿元增加到 166 亿元，八年累计投入 758.4 亿元，占全国总投入的 40.6%。① 在各级政府与社会各界的大力支持下，在民族地区广大干部群众的艰苦努力下，民族地区农村经济全面发展、农村居民生存和温饱问题基本解决，贫困人口大幅减少。按照当年的贫困标准，民族八省区贫困人口从 2000 年的 3144 万人，减少到 2015 年的 1813 万人。但是，民族地区脱贫攻坚形势依然严峻。2015 年末，民族八省区农村贫困人口占全国农村贫困人口的比重为 32.5%，是其乡村人口占全国比重

---

① 国家民委民族政策理论研究室：《中央民族工作会议精神学习辅导读本》，http://www.seac.gov.cn/art/2015/6/1/art_ 143_ 228926_ 51.html，最后访问日期：2017 年 3 月 15 日。

的近两倍；民族八省区农村贫困发生率为 12.1% ，高于全国农村 6.4 个百分点。[①]

党的十八届五中全会从实现全面建成小康社会奋斗目标出发，明确到 2020 年要实现在中国现行标准下农村贫困人口全部脱贫，贫困县全部摘帽，并解决区域性整体贫困问题。这说明，农村贫困人口脱贫是民族地区全面建成小康社会的最大短板，也在很大程度上影响、制约着全国 2020 年实现全面建成小康社会的宏伟目标。如何确保民族地区贫困人口到 2020 年全部如期脱贫呢？这正是本书的研究主题。考察民族地区农村贫困呈现出来的多元图景，体察民族地区贫困的特殊性、复杂性，以及民族地区内部的区域异质性，分析致贫机理，评估反贫困政策在民族地区实施的成效，准确把握目前民族地区的贫困和反贫困出现的新挑战，以寻求民族地区贫困人口实现如期脱贫的对策，因此具有十分重要的学术价值和实践意义。下面，主要从宏观、微观的视角考察民族地区农村贫困的多元图景及致贫机理。

一　民族地区现状

一般，可将民族地区分为西南民族地区与西北民族地区。西南民族地区，包括广西、贵州、云南及西藏，该地区山多且多为喀斯特地貌，地形结构十分复杂，自然资源丰富，人口稠密，农村以山地农业为主，农村贫困问题严峻。西北民族地区包括宁夏、青海、新疆、内蒙古，地形以高原、盆地和山地为主，区域面积广大，地广人稀。中国大江大河的源头大都位于该地区，但降雨少，干旱是该地区的主要自然特征。区域内的内蒙古、新疆、青海草原牧区是中国六大牧区中最重要的三大牧区，是中国重要的畜牧业基地。从西南、西北民族地区内部看，其自然条件相似，生态环境、自然资源及产业也有一定相似性，因此也面临着相似的发展困境，包括很多共同的致贫因素。

---

① 国家统计局编《中国统计年鉴（2015）》；国家民委经济发展司编《国家民委发布：2014 年少数民族地区农村贫困监测结果》，http://www.seac.gov.cn/art/2015/4/15/art_ 31_ 225897.html，最后访问日期：2017 年 3 月 9 日，并根据相关数据计算得出。

从民族地区总体看，民族地区具有如下特征。

第一，民族地区的地形地貌复杂，中国的大盆地、大沙漠、大峡谷、"大水塔"、国家生态脆弱带均分布在这里，因此生态环境十分脆弱，是中国重要的生态屏障区。民族八省区土地面积567万平方公里，占全国国土面积的59.1%，高原和山地面积占总面积的80%以上。

第二，民族地区少数民族占比较高，民族文化丰富多彩。据第六次人口普查，民族地区有汉族、蒙古族、壮族、回族、藏族、维吾尔族、土家族、苗族、柯尔克孜族等56个民族，少数民族占民族八省区总人口的37.5%。其中蒙古族占2.4%、壮族占8.4%、回族占2.7%、藏族占2.3%、维吾尔族占5.3%、土家族占0.4%。

第三，民族地区自然资源丰富，既有农田，也有草原。矿产资源尤其丰富，其中煤、石油、稀土、铁、镍、黄金、盐、宝石等储量很大，是国家长期发展的战略储备区。

第四，民族地区国境线漫长，具有重要的战略地位。民族地区分别与俄罗斯、蒙古、哈萨克斯坦、吉尔吉斯斯坦、塔吉克斯坦、越南、老挝、缅甸、印度、尼泊尔、巴基斯坦、阿富汗相邻，是中国连接中亚、西亚、东盟的纽带和对外开放的桥头堡。全国2.2万公里边境线有1.9万公里在少数民族地区。在全国136个边境县（旗、市、市辖区）中，民族自治地方有107个，在2200万的边境总人口中，少数民族人口占48%。

第五，21世纪以来，民族地区经济发展保持较快增速，但由于起点低，经济总量仍很小。据统计，2000~2015年，民族八省区生产总值从8700.33亿元增长到74736.36亿元，按可比价计算，年均增长11.72%，高于同期全国平均增速2.2个百分点。① 特别是在2011~2015年（"十三五"时期），民族八省区生产总值从51664.24亿元增长到74736.36亿元，

---

① 本文所有图、表及文中数据，如果没有特殊说明，均为作者根据国家统计局网站"国家数据"、《中国统计年鉴》（2005－2015年）、《中国统计摘要》（2006－2015年）、《中国农村贫困监测报告·2015年》、《中国扶贫开发年鉴》（2011－2015年）、《国家民委发布：2011年少数民族地区农村贫困监测结果》及2015年各省区及全国经济社会统计公报的相关数据计算整理。另外，本文中，如果没有注明，绝对数按现价计算，增速按可比价格计算。还有，如果没有注明，"民族地区"的指标值是民族八省区相应指标值经过加权计算得出的。

按可比价计算,年均增长 10.66%,高于同期全国平均增速 2.84 个百分点。但由于起点低,2015 年民族八省区 GDP 在全国的比重仅为 11.04%,只比广东省的 GDP（72813 亿元）高 1923.36 亿元。其中,西藏、青海、宁夏的 GDP 均在 3000 亿元以下,位列 31 省区中倒数第一、第二、第三名。

第六,随着民族地区经济的发展以及自我发展能力的提高,地方财政收入、地方财政支出逐年提高,财政自给率波动小幅提高,但财政自给能力仍然很低。2001～2014 年,民族地区地方财政收入、地方财政支出分别从 717.72 亿元、2005.31 亿元增长到 8328.83 亿元、22191.73 亿元。财政自给率从 35.79% 波动上升到 37.53%。

第七,民族地区工业化、城镇化进程落后,制约着农村剩余劳动力转移到第二、第三产业就业,从而制约着农村居民增收渠道的拓宽。2014 年,民族八省区有人口 19341.73 万人,其中农业人口 10507.37 万人,占总人口的 54.33%,非农业人口 8834.36 万人,占总人口的 45.67%,比全国非农人口占总人口的比重（54.77%）低 9.1 个百分点。也就是说,民族地区城镇化率比全国平均水平低 9.1 个百分点。另外,据研究,2010 年全国处于工业化后期的前半阶段,民族地区中只有内蒙古与全国的工业化平均水平相当,青海、宁夏、广西、云南、贵州处于工业化中期阶段,西藏、新疆工业化水平最低,仍然处于工业化初期后半阶段。全国城镇化进入中期阶段,绝大部分民族省区仅仅处于城镇化起步阶段。[①]

第八,随着经济的快速发展,民族地区农牧民收入水平大大提高,与全国的相对差距有所缩小,但收入水平仍然很低。2006～2013 年,民族地区农村居民人均纯收入从 2504.2 元增长到 6561.9 元,年均增长 9.95%,高于全国平均增幅 0.49 个百分点;占全国的比重从 69.81% 上升到 73.76%。

第九,民族地区农村贫困面广,贫困问题严峻。贫困地区包括 592 个

---

① 黄群慧:《中国的工业化进程：阶段、特征与前景》,《经济与管理》2013 年第 7 期。

国家扶贫开发重点县与 14 个集中连片特困地区。[①] 在 592 个国家扶贫开发重点县中，有 232 个分布在民族八省区，有 341 个分布在民族自治地方。另外，进入全国 14 个集中连片特困地区的县共有 680 个，其中 330 个分布在民族八省区，371 个分布在民族自治县。2014 年，按国家现行贫困标准（农村居民家庭人均纯收入 2300 元/年，2010 年价格水平），民族八省区农村贫困人口为 2205 万人，占全国农村贫困人口的 31.42%，贫困发生率为 14.7%，比全国平均水平高 7.5 个百分点。

经济社会欠发达表现在，一方面虽然近年来经济发展速度较高，但由于经济发展起点低，经济总量小；另一方面，民族地区财政自给能力很低，工业化、城镇化进程落后，农村居民收入水平较低。贫困大区不仅表现为民族地区农村贫困面广、贫困程度深、难脱贫，还表现为贫困脆弱性强、易返贫。目前，农村贫困人口脱贫成为民族地区全面建成小康社会的最大短板，也在很大程度上影响、制约着全国 2020 年实现全面建成小康社会的宏伟目标。

民族地区是中国的水系源头区，生态屏障区，文化特色区，资源富集区，战略重点地区，经济、社会欠发达地区，贫困大区。[②] 民族地区虽然地域辽阔，但耕地稀少，土壤贫瘠，草原退化严重，自然生态环境十分脆弱，灾害频繁。民族地区资源虽富，但由于担负着中国生物多样性保护以及生态屏障的职能，资源开发受到现有生态、环境条件的诸多制约。

一是水系源头区的影响。虽然中国大江大河的源头大都位于该地区，但民族地区很多省区干旱缺水，严重影响当地居民的生产、生活。

二是文化特色区的影响。主要表现为少数民族众多，民族文化丰富。但是，部分少数民族不符合现代社会的习俗、行为规范和惯例经过长期内

---

① 贫困地区，包括集中连片特困地区和片区外的国家扶贫开发工作重点县，共 832 个县。其中集中连片特困地区覆盖 680 个县，国家扶贫开发工作重点县共计 592 个，集中连片特困地区包含 440 个国家扶贫开发工作重点县。国家统计局：《居民收入快速增长人民生活全面提高——十八大以来居民收入及生活状况》，http://www.stats.gov.cn/tjsj/sjjd/201603/t20160308_ 1328214.html，最后访问日期：2017 年 3 月 9 日。

② 国家民族事务委员会政策研究室：《中央民族工作会议创新观点面对面》，http://www.seac.gov.cn/art/2015/6/1/art_ 143_ 228925.html，最后访问日期：2017 年 3 月 9 日。

化形成了一种特有的"贫困文化"，进而从深层次影响其生产、生活水平的提高。①

三是战略重点地区的影响。民族地区国境线漫长，是我国连接中亚、西亚、东盟的纽带和对外开放的桥头堡，但还肩负着保卫和巩固边防的重要任务。

二　民族地区农村贫困的特征

如上所述，民族地区是我国的资源富集区、水系源头区、生态屏障区、文化特色区、边疆地区、经济社会欠发达地区、脱贫主战场。那么，民族地区农村贫困分布状况及特征又是什么呢？下面对此进行简要分析。

（一）贫困标准比全国平均水平略高

2000 年以来，中国的农村贫困标准有两条，其一为绝对贫困标准，也被称为生存标准或极端贫困标准；其二为低收入标准，也只是一种温饱标准。这两条贫困标准均代表了特定的生活水平。当然，从相对与绝对的概念看，这两条贫困标准都属于绝对贫困范畴。在中国政府主导的扶贫实践中，2007 年以前，中央政府一直采用绝对贫困标准作为扶贫工作标准，以此来确定扶贫对象、分配扶贫资金，低收入标准只是在一些较发达地区作为地区扶贫工作的参考依据。2008 年，根据中共十七大关于"逐步提高扶贫标准"的精神，中国正式采用低收入标准作为正式扶贫工作标准，用低收入标准衡量的贫困规模和程度成为分配中央扶贫资金及低保资金的重要依据。②

2011 年底，根据《中国农村扶贫开发纲要（2011－2020 年）》提出的"两不愁、三保障"的扶贫目标，经国家统计局测算、各部门共同研究、国务院确定，2011～2020 年的农村贫困标准为"按 2010 年价格水平

---

① 向玲凛、邓翔：《西部少数民族地区反贫困动态评估》，《贵州民族研究》2013 年第 1 期。

② 国家统计局住户调查办公室：《中国农村贫困监测报告·2011 年》，中国统计出版社，2012。

每人每年2300元"。① 并且，在实际测算贫困人口时，对高寒地区农村每年采用1.1倍贫困线。由于部分民族地区属于高寒地区，故其贫困线也被定为国家贫困线的1.1倍。另外，部分民族地区在测算扶贫对象时，会提高扶贫标准。例如，2011年，内蒙古确定的扶贫标准是，农区2600元，牧区3100元的自治区扶贫新标准，② 比当年国家标准2536元（2300元，2010年不变价）分别高64元、564元。2000年，新疆根据本地区农牧民的饮食结构、冬季时间长等因素，将贫困线调整到比全国标准略高，如农村绝对贫困标准高于国家标准35元，低收入标准高于国家标准5元，为870元。③ 这体现了政府对民族地区扶贫政策的倾斜、优惠。

图3-1表示的是国家贫困标准变化分布情况。从图3-1可以看出，2000~2010年，中国农村贫困标准从865元平稳上升到1274元，但在2010~2011年，从1274元大幅提升到2536元，标准提高了99%。相应地，民族地区农村的贫困标准也会随着国家贫困标准的调整而调整。

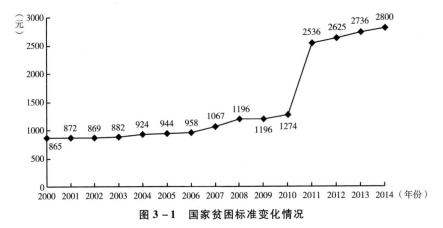

图3-1 国家贫困标准变化情况

说明：其中2000~2007年报告的是低收入标准。

---

① 国家统计局根据贫困监测调查数据等资料进行测算分析，按照世界银行方法换算得出，中国农村现行贫困标准约等于每天1.6美元，介于两个常用的国际贫困标准即每天1.25美元和2美元之间。并且，在"三保障（保障义务教育、基本医疗和住房）"的基础上，中国农村现行贫困标准代表了"不愁吃、不愁穿"的稳定温饱生活水平，即达到小康生活要求的稳定温饱水平。王萍萍、徐鑫、郝彦宏：《中国农村贫困标准问题研究》，《调研世界》2015年第8期。

② 《中国扶贫开发年鉴·2012》，团结出版社，2012。

③ 阿班·毛力提汗等：《新疆农村贫困问题研究》，新疆人民出版社，2006，第23~26页。

（二）民族地区贫困人口量大面广

由于受资源禀赋、地理环境、区位条件和历史文化等因素的制约，民族地区经济、社会欠发达，贫困问题严峻。据统计，2000 年，按当年农村贫困标准，民族地区有贫困人口 3144 万人（见表 3 - 1），贫困发生率为 23.0%，比全国平均水平高 12.8 个百分点。2015 年，按当年农村贫困标准，民族地区有贫困人口 1813 万人，贫困发生率为 12.1%，比全国平均水平高 6.4 个百分点。显然，通过国家多年的大力扶持，民族地区贫困问题得到较大缓解，但相对全国来说，民族地区贫困人口仍然是量大面广。

表 3 - 1　2000 ~ 2015 年民族八省区与全国贫困人口及贫困发生率

年份	贫困标准*（元）	贫困人口			贫困发生率		
		民族八省区（万人）	全国（万人）	八省区占全国比重（%）	民族八省区（%）	全国（%）	八省区比全国高（百分点）
2000	865	3144	9422	33.4	23.0	10.2	12.8
2001	872	3077	9029	34.1	22.2	9.7	12.5
2002	869	2986	8645	34.5	21.5	9.2	12.3
2003	882	2771	8517	32.5	19.8	9.1	10.7
2004	924	2601	7587	34.3	18.5	8.1	10.4
2005	944	2338	6432	36.3	16.4	6.8	9.6
2006	958	2090	5698	36.7	14.6	6.0	8.6
2007	1067	1695	4320	39.2	11.8	4.6	7.2
2008	1196	1585	4007	39.6	11.0	4.2	6.8
2009	1196	1451	3597	40.3	12.0	3.6	8.4
2010	1274	1034	2688	38.5	8.7	2.8	5.9
2011	2536	3917	12238	32.0	26.5	12.7	13.8
2012	2625	3121	9899	31.5	20.8	10.2	10.6
2013	2736	2562	8249	31.1	17.1	8.5	8.6
2014	2800	2205	7017	31.4	14.7	7.2	7.5
2015	2855	1813	5575	32.5	12.1	5.7	6.4

　　* 自 1978 年以来，中国共采用过三条贫困标准，分别是"1978 年标准""2008 年标准"和"2010 年标准"，三条标准所代表的生活水平各不相同，同一标准在年度之间的变化主要体现的是物价水平的变化。本文中，2000 ~ 2010 年贫困标准为"2008 年标准"，2011 ~ 2014 年贫困标准为"2010 年标准"。《中国农村贫困监测报告·2015 年》，中国统计出版社，2015。

　　资料来源：2000 ~ 2008 年数据根据《中国农村贫困监测报告·2011 年》的相关数据整理、计算。2009 ~ 2015 年数据来自国家民委经济发展司《国家民委发布：2014 年少数民族地区农村贫困监测结果》，http://www.seac.gov.cn/art/2015/4/15/art_ 31_ 225897.html，最后访问日期：2017 年 3 月 9 日；《国家民委发布：2015 年民族地区农村贫困情况》，2016 年 4 月 11 日，http://www.seac.gov.cn/art/2016/4/11/art_ 31_ 251389.html，最后访问日期：2017 年 3 月 9 日。

根据表3-1的数据，我们做了图3-2、图3-3，以进一步分析民族地区农村贫困的变化特征。2000~2015年民族地区农村贫困人口、贫困发生率变化情况可以分两段看。

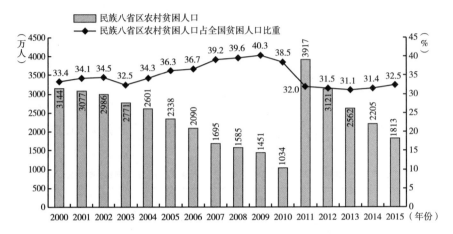

图3-2 民族地区农村贫困人口及与全国比较

资料来源：同表3-1。

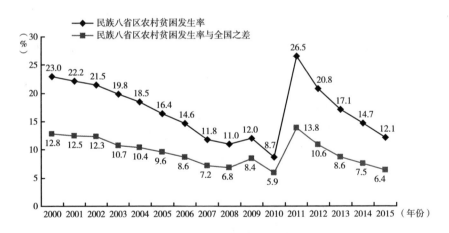

图3-3 民族地区农村贫困发生率及与全国比较

资料来源：同表3-1。

其一，2000~2010年，民族地区农村贫困人口从3144万人减少到1034万人，减少了2110万人，贫困人口占全国农村贫困人口的比重从33.4%上升到38.5%，上升了5.1个百分点。贫困发生率从23%下降到

8.7%，下降了14.3个百分点，贫困发生率与全国平均水平的差从12.8个百分点，下降到5.9个百分点。说明这一阶段民族地区贫困人口逐年减少，贫困发生率逐年降低，贫困发生率与全国的差距也在逐年缩小，贫困程度缓解的速度快于全国平均水平。但同时，民族地区贫困人口占全国贫困人口的比重呈现增加趋势。

其二，2011～2015年，由于2011年中央政府决定大幅提高农村贫困标准，包括民族地区在内的全国农村的贫困人口与贫困发生率都大幅提高。2011年全国农村平均贫困发生率为12.7%，比2010年提高了9.9个百分点。民族地区贫困发生率为26.5%，比2010年提高17.8个百分点，比全国提高的幅度高7.9个百分点，说明民族地区不仅贫困人口多，接近贫困线的低收入人口也较多，贫困线提高，贫困人口增加的幅度大大提高了全国平均水平。另外，2011～2015年，民族地区农村贫困人口从3917万人，逐年减少到1813万人，减少了2104万人，贫困人口占全国贫困人口的比重从2011年的32%小幅下降到2013年的31.1%，然后又小幅上升到2015年的32.5%；贫困发生率从26.5%下降到12.1%，贫困发生率与全国平均水平的差距从13.8%逐年下降到6.4%。说明这一阶段，在中央及地方各级政府的大力扶持下，民族地区农村减贫效果稳定。从其贫困发生率与全国差距缩小的情况看，这一阶段贫困程度缓解的速度快于全国平均水平，民族地区贫困人口比重不断上升的趋势有望得到扭转。

（三）民族地区贫困分布与生态脆弱区高度耦合

国内外相关研究表明，贫困与脆弱的生态环境经常是相伴随的。在中国，贫困人口往往分布在生态环境恶劣的偏远区域，出现生态环境区域分布与贫困区耦合的现象。[1] 如上文所述，民族地区的地形地貌复杂，中国的大盆地、大沙漠、大峡谷、"大水塔"、国家生态脆弱带均分布在这里，因此生态环境十分脆弱，是中国重要的生态屏障区，也是自然灾害高发区，地震、冰雹、大风、霜冻、暴雨、干旱、泥石流、滑坡等频繁发生。

---

[1]　戴维·皮尔斯、杰瑞米·沃福德：《世界无末日——经济学·环境与可持续发展》，张世秋等译，中国环境科学出版社，1996；魏小文、朱新林：《环境资源视角下西藏农牧民反贫困研究》，《技术经济与管理研究》2012年第2期。

如属于四大生态脆弱带之一的西南石山岩溶地区分布在贵州、广西等地区，北方黄土地区分布在宁夏、青海等地区，西北荒漠化地区分布在新疆、内蒙古、青海等地区。这些地区自然条件比较恶劣，地势高而陡峭，山地比重大，易于发生大面积的水土流失。众所周知，地理、自然条件直接影响农业劳动生产率和产出水平，对农村贫困的发生有很大影响。因此，可以得出，民族地区贫困分布与生态脆弱地区高度耦合。

（四）民族地区农村贫困人口向少数民族集中

由上文可知，民族地区是我国少数民族分布集中的区域，也是农村贫困分布集中的区域。据第六次人口普查显示，少数民族占民族八省区总人口的37.5%。2014年，民族八省区农村贫困人口为2205万人，占全国农村贫困人口的31.4%；贫困发生率是14.7%，比全国平均水平高7.5个百分点。另外，据研究，在民族地区内部，不仅少数民族的贫困面大于汉族，而且少数民族贫困农户的贫困深度和贫困强度也大于汉族贫困户的贫困深度和贫困强度。[1] 例如，贵州贫困人口中有80%为少数民族，极贫人口几乎全部是少数民族。宁夏南部山区90%以上的贫困人口是少数民族。云南全省23个边境县有20个是贫困县，贫困人口绝大多数是少数民族。西藏23万人均纯收入低于1300元的贫困人口中，有90%以上是藏族。[2]因此，可以说，民族地区农村贫困人口集中于少数民族，少数民族人口和贫困人口在空间分布相互重合。还有，由上文可知，民族地区贫困分布与生态脆弱区高度耦合，而少数民族人口和贫困人口在空间分布又相互重合。综上所述，相对于汉族，少数民族比较贫困的很大原因，与少数民族多分布在生存环境欠佳的生态脆弱区有很大关系。也就是说，民族地区农村贫困的民族差异很大程度来自地域差异。

（五）民族地区农村贫困呈现明显的脆弱性

由于自然地理、区位环境、社会经济发展水平等因素的影响，民族地

---

① 刘小珉：《民族视角下的农村居民贫困问题比较研究——以广西、贵州、湖南为例》，《民族研究》2013年第4期。

② 李俊杰、李海鹏：《民族地区农村扶贫开发政策回顾与展望》，《民族论坛》2013年第5期。

区农村居民不得不直接面对各种各样的风险，包括自然风险、疾病风险、经济风险、国际经济局势动荡风险等，由于贫困人口各种能力的缺失，应对风险能力很弱，其贫困脆弱性明显。

首先，由上文可知，民族地区的地形地貌复杂，因此生态环境十分脆弱。有些地方干旱、水灾、水土流失、雪灾、风灾、冻害等自然灾害频发，如西北的新疆南疆三地州、宁夏西海固地区等长期存在资源性缺水问题。西南的武陵山区、滇桂黔石漠化区等大多属于喀斯特地区，这些地区土层薄，水土流失严重，工程性缺水问题非常突出。而贫困人口面对自然灾害带来的风险往往十分脆弱，难以应对。其主要的原因是贫困人口大都靠天吃饭，缺乏抵御自然灾害的能力，丰年温饱，灾年返贫，循环往复。例如，一旦遇到自然灾害，西南、西北民族地区农村返贫率高达60%以上，西北有个别地区甚至出现过返贫人口超过脱贫人口的情况。[1]

其次，由于民族地区生存环境较恶劣，使得部分民族地区地方病高发，疾病风险相当高，因病致贫、因病返贫现象严重。如结核病、肝包虫、关节炎、代偿性心室肥大等循环和呼吸系统疾病都是青海省农牧区的常见病，疾病死亡率和传染病发病率高。由于青海省农牧区医疗卫生条件差，农牧民收入有限，疾病已经成为农牧民致贫、返贫的重要因素。2003年青海省因病致贫、返贫率为56%，近年来在政府大力支持农牧区医疗卫生事业建设，以及新型农村合作医疗保险的普及，农牧民因病致贫、返贫的现象有所缓解。2011年青海省因病致贫、返贫率下降为24.2%。[2]

最后，在国际经济一体化的背景下，国际国内市场价格的波动，都会影响到民族地区贫困户，而贫困户往往缺乏应对经济风险的能力。不仅如此，脆弱的贫困群体，不仅抵抗各种风险冲击的能力很低，而且在冲击过后从冲击的影响中恢复的能力也很低。如2008年的国际金融危机，世界经济陷入二战以来最严重的衰退，受到冲击的中国沿海地区经济增速放

---

① 黄颂文：《西部民族地区反贫困的思路》，《学术论坛》2004年第4期。

② 刘小珉：《青海省农村贫困及反贫困——基于农村低保反贫困的视角》，《青海民族研究》2015年第4期；青海省卫生和计划生育委员会办公室编《青海省实施新型农村合作医疗制度10年历程》。

缓，大量劳动力密集型的产业受到出口减少的冲击而收缩，大量农民工不得不返乡。大量研究表明，农村贫困家庭脱贫致富的一个重要途径是家庭中劳动力外出务工。相对而言，农村贫困家庭劳动力的文化素质、就业能力比较低，他们外出务工大多也是从事低技术要求、低工资收入的行业和工种，东部沿海发达地区产业收缩导致的农民工工作机会的减少，首先减少的是他们的工作机会。因为对于那些家庭经济状况较好的农村劳动力，他们本身所拥有的较强的经济资本、人力资本、社会资本，增强了他们抵御风险冲击的能力，会使他们即使失去了沿海东部发达地区的工作机会，也会在返乡后自主创业或发展特色农牧业等。而对于那些农村贫困家庭，外出务工机会的失去，回乡后又苦于没有经济条件自主创业，家庭收入就会大大减少，贫困家庭（或已经脱贫的边缘群体）很快就会陷入更加贫困（或重回贫困）的境地。我们 2011 年在贵州黔东南凯里凯棠乡白水村调研时，就了解到部分农民工是在 2008～2009 年因为国际金融危机的影响从广东深圳返乡的，他们中部分有经济基础、有头脑的，回乡后自主创业，很快做得风生水起。而部分贫困家庭的打工者，返乡后家庭重回贫困甚至陷入更加贫困的境地。当然，经过这么多年，尤其是目前凯里正处于经济快速发展时期，各种用工需求很多，这部分返乡农民工大多又加入到当地的务工、经商队伍，家庭经济状况得到一定改善。

正是由于民族地区农村贫困脆弱性高，返贫现象十分严重。据报道，2008 年全国农村贫困人口中有 66.2% 在 2009 年脱贫，但 2009 年贫困人口中则有 62.3% 是返贫人口。[①] 由于民族地区贫困人口比较集中，可部分说明 2009 年民族地区农村返贫率很高。

（六）部分民族地区农村呈现族群型贫困

有学者在贫困的分类中对族群型贫困做出了这样的界定：在某些少数民族地区，由于整个族群在生存环境、生产方式、生活方式、文化、习俗等方面的历史原因而造成的贫困为族群型贫困。在中国部分

---

① 范小建：《2001 年以来我国减贫趋势呈现明显显马鞍形》，http：//news. xinhuanet. com/politics/2010－10/17/c_ 12668774. htm，最后访问日期：2017 年 3 月 9 日。

少数民族地区存在这种类型的贫困。族群型贫困主要分布在边境地区、高寒山区。现实中,族群型贫困与区域发展障碍型贫困、可行能力不足型贫困重合的概率较高,其特征主要在于该民族特有的生活方式或文化习俗。[①]

另外,有研究认为,由于习俗、文化等方面的固有约束,民族贫困地区在其历史发展过程中逐渐形成了相对独立的生活圈、社会圈和经济圈,少数民族固有的行为规范和惯例导致了民族地区落后的思想观念,并经过长期内化形成了一种特有的贫困文化,进而从深层次影响着民族地区的经济发展和人民生活水平的提高。[②]

例如,历史上青海省治多县牧区基本是单一的游牧经济,牧民们只能依靠扩大牲畜规模,即通过外延扩大再生产的道路来满足新增人口的生产和生活需求。这种低水平在人的生产和牲畜的生产上表现为高出生率、高死亡率以及人口及牲畜的低速增长,甚至停滞发展。

(七) 民族贫困地区贫困呈整体性、长期性特征

按照国务院扶贫办的界定,贫困地区包括集中连片特困地区和片区外的国家扶贫开发工作重点县。在 14 个集中连片特困地区及国家扶贫开发工作重点县中,属于民族地区的县基本呈整体性、长期性贫困特征。

从国务院扶贫开发领导小组发布的《国家扶贫开发工作重点县名单》及《全国连片特困地区分县名单》看,全国共有国家扶贫开发工作重点县 666 个,包括国家"新时期扶贫工作重点县"所列 592 个国定贫困县以及第四次西藏工作会议确定西藏为整体连片贫困区后产生的 74 个县。其中,民族八省区有 306 个,占全国扶贫开发工作重点县总数的 45%。全国 14 个连片特困地区共有 680 个县,其中民族八省区有 330 个,占 48.53%。西南民族地区的贵州黔东南州,是全国贫困问题

---

① 王曙光:《"向贫困宣战"——中国的贫困与反贫困》,http://econ.pku.edu.cn/displaynews2.php? id=15381,最后访问日期:2017 年 3 月 9 日。

② 向玲凛、邓翔:《西部少数民族地区反贫困动态评估》,《贵州民族研究》2013 年第 1 期。

较严重的贵州省的最贫困的自治州之一。由于自然、历史等因素，黔东南州绝大部分县一直陷入深度贫困，因此 1986 年国家第一次确定国家重点扶持贫困县（331 个）以来，黔东南州 16 个县中的绝大部分就被认定为国家重点扶持贫困县。目前，除了凯里市外的其他 15 个县，均被认定为国家扶贫开发重点县或属于滇黔桂石漠化连片特困地区。这说明，黔东南州基本处于整体贫困、长期贫困状态。同样，主要包括民族地区县的 14 个集中连片特困地区及国家扶贫开发工作重点县，基本上都具有整体性、长期性贫困的特征。换句话说，民族地区农村贫困区域固化凸显。

综上所述，从宏观层面看，民族地区农村贫困表现出量大面广，贫困分布与生态脆弱区高度耦合，贫困人口向少数民族集中，贫困呈现明显的脆弱性，部分民族地区农村呈现族群型贫困等特征。基于这些因素及当前国际、国内经济放缓等因素的影响，在未来一段时间，民族地区农村贫困还将呈整体性、长期性特征。为打破民族地区整体、长期贫困的陷阱，目前，中央及地方各级政府高度重视包括民族地区在内的中西部贫困地区的脱贫，调动一切能调动的力量，给予前所未有的支持力度来脱贫攻坚。可以预期，在 2020 年前，通过种种有力政策措施的有效实施，民族地区整体性、长期性贫困问题将得到解决。

三 民族地区农村贫困人口的复杂图景与微观机理

综上所述，民族地区经济、社会欠发达仍是其主要区情，贫困人口量大面广、贫困分布与生态脆弱区高度耦合、贫困人口向少数民族集中、脱贫难度大仍是目前民族地区农村贫困的特征。那么，民族地区农村贫困人口又呈现什么样的贫困图景呢？什么原因导致了民族地区农村贫困人口的贫困？显然，民族地区农村贫困人口既有一般地区贫困人口的共性，也有自身贫困的特殊性。以下基于课题组的调研资料及 CHES 大样本微观数据，分析民族地区农村贫困人口的微观致贫机理，以此探索加快民族地区农村反贫困进程的基本路径。

（一）研究方法及策略

世界银行在《2000～2001年世界发展报告》中对人类贫困的解释中指出，贫困包括三个特征，即缺少机会参与经济活动；在一些关系到自己命运的重要决策上没有发言权；容易受到经济以及其他冲击的影响，即脆弱性高。脆弱性是指个人或家庭面临某些风险的可能性，并且由于遭遇风险而导致财富损失或生活质量下降到某一社会公认的水平之下的可能性。导致的风险种类很多，几乎包括了社会、经济、政治等各方面。对于某一地区来说，最常见的有自然灾害、环境危机、经济波动、政策改变、种族冲突等。对于家庭和个人，除上述风险会产生直接影响外，疾病、失业、突发事故等都可能导致家庭财富的损失和生活水平的下降。脆弱性的概念还包含是否具有从冲击的影响中恢复的能力。对于贫困人口来说，不仅在冲击发生时会由于自身的脆弱而成为冲击的受害者，同时，在冲击过后，比如水灾等自然灾害过后，如果没有外界的帮助，很难恢复到原来的生活水平。特别是冲击导致的福利水平下降导致家庭对子女的投入减少，使下一代的健康和教育都受到严重影响，因而陷入脆弱—贫困—更脆弱—更贫困的恶性循环中。[1]

国内外相关研究表明，贫困与生态环境脆弱经常是相伴随的。在中国，贫困人口往往分布在生态环境恶劣的偏远区域，出现生态环境区域分布与贫困区耦合的现象。当然，造成一个地区贫困是多种因素相互作用的结果，西部民族地区农村的贫困不仅与生态环境脆弱交织在一起，还与特定的民族背景及区域特征交织在一起。杨栋会、樊胜根和沈素平基于云南勐海县布朗山乡农户调查数据，对布朗族"直过区"的贫困问题进行了实证研究，发现西南边疆少数民族农村居民收入不平等程度较大，贫困问题较为严峻。[2] 王小林以对阿坝州13个县开展的农户调查数据为基础，

① 韩峥：《脆弱性与农村贫困》，《农业经济问题》2004年第10期。
② 杨栋会、樊胜根、沈素平：《民族"直过区"收入差距和贫困研究——基于云南勐海县布朗山乡农户调查数据的分析》，载樊胜根、邢鹂、陈志刚主编《中国西部公共政策和农村贫困研究》，科学出版社，2010；杨栋会：《少数民族地区农村收入差距和贫困研究——以云南布朗山乡住户调查数据为例》，博士学位论文，中国农业科学院，2009。

从民族、性别、教育等多个视角对藏族、羌族、回族和汉族的贫困状况进行了比较分析，其结果为少数民族陷于贫困的概率比汉族高2.5%。① 庄天慧系统分析了西南少数民族贫困县的贫困现状和特征，指出少数民族地区的贫困县具有特殊性，这类区域贫困发生率相对较高，贫困问题往往与生态环境脆弱并存、与民族文化类型多样并存、与边疆民族关系复杂并存、与高返贫率并存。因此，作者提出应结合生态保护、民族文化传承发展、维护民族团结和边疆稳定，走适合区域民族特色的反贫困发展之路的建议。② 陈全功、程蹊把少数民族山区作为一个特殊区域单元进行研究，他们认为，少数民族山区的贫困主要是长期贫困。相对其他地区和汉族群众，少数民族山区和少数民族群众的贫困程度更深，减贫难度更大。少数民族山区的贫困是多方面因素，如自然地理条件恶劣、制度变革不利、市场冲击及个体自我发展能力不足的综合作用的结果。③

从以上简要的文献回顾可以发现，目前，研究者对西部民族地区农村贫困问题已经有很多深入研究，但大多数研究主要还是针对民族地区局部贫困状况、形成原因、存在问题及对策等方面，或宏观定性分析西部民族地区的贫困问题，缺乏对民族地区农村比较全面、系统的微观分析，也缺少民族地区之间贫困及反贫困问题的对比分析。究其原因，可能是缺乏民族地区比较全面的微观数据。以下基于CHES 2011大样本微观数据及笔者多次到西部民族地区调研所获得大量个案材料，借鉴国际、国内贫困理论基础，实证研究民族地区农村贫困人口的特征及影响因素，以此探索加快民族地区农村反贫困进程的基本路径。

基于前文的理论回顾，我们在定量分析中，采用以下策略。

1. 贫困测量

本章以收入标准对贫困进行测量。在测量时，重点运用 *FGT* 指数。与其他贫困指数相比，*FGT* 指数的优点在于其具有综合性和可分解性。通过对 *FGT* 指数的分解，我们可以清楚了解到影响贫困变化的各因素究竟在多大程度上对贫困产生影响，从而采取有针对性的减贫措施来调节各影

① 王小林：《贫困测量理论与方法》，社会科学文献出版社，2012。
② 庄天慧：《西南少数民族贫困县的贫困和反贫困调查与评估》，中国农业出版社，2011。
③ 陈全功、程蹊：《少数民族山区长期贫困与发展型减贫政策研究》，科学出版社，2014。

响因素，以期实现减贫目标。FGT 指数由贫困发生率、贫困差距率和平方贫困距三个指数组成，其具体形式为[①]：

$$P\alpha = \frac{1}{N} \sum_{i=1}^{q} \left(\frac{z - y_i}{z} \right)^{\alpha} \tag{1}$$

式（1）中，P 代表贫困指数，α（$\alpha > = 0$）为社会贫困厌恶系数，N 为人口总数，z 是贫困线，y_i 为第 i 个人的收入，q 代表人均收入在贫困线以下的人口总数。

当 $\alpha = 0$ 时，$P\alpha$ 为贫困发生率指数 H，贫困发生率是指一个国家或地区的贫困人口占总人口的比率，反映的是贫困发生的广度。

当 $\alpha = 1$ 时，$P\alpha$ 为贫困距指数 PG，度量的是贫困人口的平均收入相对于贫困线的距离，反映的是贫困发生的深度。当 PG 较小时，说明大多数贫困人口都处于贫困线附近，此时，减贫工作在短期内将会有显著的效果，付出的减贫代价相对较小。当 PG 较大时，说明大多数贫困人口离贫困线的距离较远，减贫工作的短期效果不显著，可能要付出较大的代价才能实现减贫目标，且时间也相对较长。

当 $\alpha = 2$ 时，P_{α} 为平方贫困距指数 SPG，反映的是贫困发生强度。该指标由贫困距指数加权取平均值得到，给贫困人口赋予更高的权重，以便更好地反映贫困人口内部的收入不平等程度。

2. 不平等测量

本章用目前学界常用的基尼系数（$Gini$）来测量不平等的整体情况，用泰尔指数及其分解来分析不平等的构成。$Gini$ 系数的具体形式为：

$$Gini = 1 - \frac{1}{N} \sum_{i=1}^{N} (x_i - x_{i-1})(y_i + y_{i-1}) \tag{2}$$

式（2）中，x_i 表示人口的累计百分比，y_i 表示收入（消费）的累计百分比。基尼系数来源于洛伦兹曲线，取值范围为 0 ~ 1，值越小，表示收入分配越公平。泰尔指数计算公式为：

---

① James Foster、Joel Greer、Erik Thorbecke："A Class of Decomposable Poverty Measures"．*Econometrical*3（1984）：761 - 766．

$$GE(\alpha) = \frac{1}{\alpha(\alpha-1)}\left[\frac{1}{N}\sum_{i=1}^{N}\left(\frac{y_i}{\bar{y}}\right)^{\alpha}\right] - 1 \tag{3}$$

式（3）中，y_i 是每个个体的收入（或消费），$\bar{y}$ 是人均收入（或人均消费）的均值。α 为权重，通常取值 0、1，用于给人均收入或消费偏离分布进行赋权。当 $\alpha=0$ 时，为泰尔 L 指数。当 $\alpha=1$ 时，为泰尔 T 指数。当 GE 为 0 时，表示收入分布绝对公平，GE 值越大，表示收入分布越不平等。泰尔指数可以分解为组内不平等与组间不平等两个部分，可据以测量组内不平等和组间不平等对总体不平等的贡献。

3. 贫困决定模型

本章使用二分因变量 Probit 模型为贫困决定模型,[①] 进入模型的变量包括上述三组资本的全部变量。模型的基本形式为：

$$P(\text{poverty}=1|\text{x}) = G(\beta_0 + \beta_c X_c + \beta_h X_h + \beta_e X_e + \beta_s X_s) \tag{4}$$

式（4）中，poverty 表示贫困，取值 1 为贫困户，取值 0 为非贫困户。X 是农户特征向量，X_h 表示家庭拥有的人力资本（及其使用模式）。X_e 表示家庭占有的经济资本。X_s 表示家庭占有的社会资本。另外，X_c 是控制变量，包括户主的民族身份、被调查户所在地区以及家庭居住地的自然、经济社会特征。

（二）被调查地区农村贫困分布

2012 年，中国社会科学院民族学与人类学研究所与中央民族大学经济学院合作，开展了"西部民族地区经济社会状况家庭调查"（简称 CHES 2011）。该项调查在新疆、内蒙古、宁夏、广西、青海、贵州和湖南等七个省区进行，调查对象涵盖了这些省区的城乡社区以及城乡住户。调查样本的抽样采用国家统计局的城乡分层随机抽样方法，强调对各个地区主体民族的家庭调查，同时综合考虑了民族聚居区和非民族聚居区、自然地理条件以及经济社会发展水平等方面的差异。最后，在农村住户调查方面，该项调查从七个省区总共抽取了 81 个县、757 个行政村的 7257 个

----

① Probit 模型可以使用于因变量出现选择性偏倚而部分无法观察的情况，这是社会科学研究者喜好 Probit 模型的原因之一，这也是本文选择 probit 模型做贫困决定模型的原因。

样本户（31671 人），对样本户 2011 年的收入状况等进行了调查。本章中的农村居民家庭人均纯收入，在国家统计局界定的农村家庭人均纯收入基础上，按照国际惯例，增加了人均自有房屋的估算租金价值。[1]

下面，基于 CHES 2011 农村数据，来分析被调查地区的贫困人口分布状况。由于贫困是一个家庭现象，本章以下部分主要以家庭为研究对象，在分民族的数据中，都是指这个民族的家庭。本章将家庭中少数民族人口占 50% 及以上的界定为少数民族家庭，其他的为汉族家庭。在少数民族家庭中，某一少数民族人口占 50% 及以上的，为该少数民族家庭。

为更为客观全面地评估被调查地区农村贫困人口状况，选取多条贫困线是必要的。这部分分别采用三条绝对标准线和一条相对贫困线[2]作为农村贫困标准线。其一是 2011 年全国农村低保标准。其二是使用世界银行 1985 年的"1 天 1.5 美元"的标准，先将 1985 年的 1 美元（或 1 年 365 美元）按平价购买力（Purchasing Power Parity，或简称 PPP）转换成 1985 年以人民币计的价值，接着按以 1985 年为基准的全国农村消费物价指数（CPI），将该价值调整到 2011 年的水平，得到 2011 年"1 天 1.5 美元"的贫困标准。其三是 2011 年中国政府确定的新贫困线 2300 元（2010 年不变价）。[3] 其四是相对贫困线，是被调查者接受低保救助前家庭人均纯

---

[1] 本次问卷调查包括内蒙古、宁夏、新疆、青海、广西、湖南、贵州七个省区，其中内蒙古、宁夏、新疆、青海、广西、贵州都属于西部民族地区，湖南的调查点有湘西土家族苗族自治州、邵阳市、永州市和怀化市，大部分是民族地区。为了简便，本文将被调查的这七个省区简称为"被调查民族地区"，将内蒙古、宁夏、新疆、青海简称为"西北四省区"，将广西、湖南、贵州简称为"西南三省区"（虽然湖南属于中南，不属于西南）。根据课题组对农村家庭人均纯收入的界定，本研究计算农村家庭人均纯收入时，经过了一些数据处理。CHES 数据库具体情况及数据处理方法详见李克强、龙远蔚、刘小珉主编《中国少数民族地区经济社会住户调查（2013）》，社会科学文献出版社，2014。另外，本文中所有数据，凡是没有特殊注明出处的，均来自 CHES 数据。

[2] 绝对贫困线是指在一定的生产生活方式下，不同地区具有不同消费模式的个体维持一个固定的，并被社会普遍接受的最低生活水平所需的一篮子特定食品和非食品的费用。相对贫困线是在绝对贫困基本消除以后，为了解决低收入群体的发展问题而提出的贫困标准。它主要通过个体收入与社会平均收入或中位收入的比较来判断个体的贫困程度，避开了绝对贫困线中的基本需求概念。通常将相对贫困线设定为居民平均收入（中位收入）的 50%。

[3] 新的国家扶贫标准是 2300 元（2010 年不变价）。根据农村居民生活消费价格指数推算，2010 年不变价的农民人均纯收入 2300 元相当于 2011 年的 2536 元。《国家民委发布：2011 年少数民族地区农村贫困监测结果》，www.seac.gov.cn/art/2012/11/28/art_144_171801.html，最后访问日期：2017 年 3 月 15 日。

收入均值的 50% 。为方便我们对不同地区的贫困状况进行统一的比较，我们各地采取统一的贫困线。

表 3 - 2、表 3 - 3 是分别按照 2011 年全国农村低保线、1 天 1.5 美元国际贫困线、2011 年全国农村贫困线、相对贫困线测度的被调查民族地区农村家庭的 *FGT* 贫困指数。[①]

表 3 - 2　按照低保线、1 天 1.5 美元线测度的被调查民族地区农村家庭 *FGT* 贫困指数

类别	低保线			1 天 1.5 美元线		
	贫困发生率 $H \times 100$	贫困差距率 $PG \times 100$	平方贫困距 $SPG \times 100$	贫困发生率 $H \times 100$	贫困差距率 $PG \times 100$	平方贫困距 $SPG \times 100$
西南三省区	11.67	4.39	2.43	21.98	8.07	4.40
其中:湖南	21.41	8.43	4.47	36.26	14.43	8.10
广西	12.38	5.01	3.13	21.25	8.58	5.05
贵州	2.92	0.49	0.14	10.67	2.30	0.74
西北四省区	5.46	2.43	1.54	11.07	4.13	2.42
其中:宁夏	4.27	1.57	0.85	11.97	3.42	1.65
青海	3.71	1.26	0.70	9.52	2.74	1.34
新疆	10.65	5.91	4.08	16.28	8.21	5.63
内蒙古	3.27	1.03	0.56	6.74	2.23	1.11
被调查民族地区总体	8.24	3.31	1.94	15.91	5.90	3.31
汉族	4.03	1.51	0.84	8.39	2.87	1.52
蒙古族	5.58	1.34	0.54	8.37	3.01	1.42
回族	4.94	1.53	0.67	14.00	3.80	1.66
藏族	2.27	1.05	0.65	8.09	2.20	1.11
维吾尔族	21.65	11.66	7.89	31.30	16.16	11.04
苗族	11.60	4.26	2.22	23.20	8.10	4.25
壮族	18.61	8.27	5.59	27.65	12.76	8.21
侗族	6.24	2.06	0.95	16.40	4.66	2.15
瑶族	7.32	1.27	0.40	21.95	5.37	1.86
土家族	20.34	8.71	4.69	35.59	14.85	8.39
哈萨克族	4.10	2.42	1.71	4.92	2.99	2.23
撒拉族	13.43	2.73	0.77	31.34	8.64	3.24
其他民族	15.82	5.51	3.50	28.25	10.57	5.88

---

① 本文中农村居民人均纯收入是在国家统计局界定的农村家庭人均纯收入基础上，按照国际惯例增加了人均自有房屋的估算租金价值。也就是说，农村家庭总收入包括工资性收入、家庭经营收入、财产性收入、转移性收入、自有房屋的估算租金价值和杂项收入。如果调查户本身未能提供自有房屋的估算租金价值，则按照农户自有住房净值的 6% 计算得到租金价值。因此，本文中利用 CHES 数据基于收入计算的贫困发生率，与国家统计局公布的有一定差异。

表 3 - 3　按照国家贫困线、相对贫困线测度的被调查
民族地区农村家庭 *FGT* 贫困指数

类别	国家贫困线			相对贫困线		
	贫困发生率 $H \times 100$	贫困差距率 $PG \times 100$	平方贫困距 $SPG \times 100$	贫困发生率 $H \times 100$	贫困差距率 $PG \times 100$	平方贫困距 $SPG \times 100$
西南三省区	23.68	8.49	4.62	37.99	13.54	7.21
其中:湖南	39.04	15.10	8.47	55.78	22.53	12.70
广西	22.52	8.97	5.26	34.80	13.35	7.66
贵州	11.83	2.56	0.84	25.83	6.19	2.23
西北四省区	11.60	4.34	2.53	19.41	6.87	3.77
其中:宁夏	12.80	3.68	1.76	24.87	7.08	3.20
青海	10.12	2.94	1.42	19.14	5.58	2.56
新疆	16.48	8.45	5.78	22.11	10.99	7.39
内蒙古	7.22	2.37	1.18	12.03	3.97	1.99
被调查民族地区总体	16.98	6.20	3.47	27.61	9.84	5.31
汉族	8.96	3.04	1.61	15.20	5.05	2.59
蒙古族	8.84	3.17	1.51	13.49	4.97	2.56
回族	14.83	4.10	1.79	28.67	8.09	3.51
藏族	9.06	2.39	1.18	19.74	5.03	2.17
维吾尔族	31.69	16.60	11.35	41.34	21.22	14.43
苗族	25.30	8.58	4.48	41.00	14.16	7.26
壮族	29.20	13.21	8.48	43.67	18.40	11.46
侗族	18.36	5.03	2.30	37.08	10.15	4.41
瑶族	22.56	5.86	2.07	36.59	10.93	4.64
土家族	40.11	15.53	8.78	54.80	23.02	13.09
哈萨克族	4.92	3.05	2.28	8.20	3.92	2.77
撒拉族	32.84	9.32	3.57	44.78	15.99	7.30
其他民族	28.81	11.09	6.16	42.37	17.00	9.37

1. 基于低保线的贫困测量

从表 3 - 2 可以看出，被调查地区农村家庭的贫困发生率存在地区、民族差异。在以低保线作为贫困线时，被调查民族地区农村家庭贫困发生率为 8.24%；分西南、西北看，西南三省区农村家庭贫困发生率为 11.67%，高于被调查民族地区总体 3.43 个百分点。西北四省区农村家庭贫困发生率为 5.46%，比被调查民族地区总体低 2.78 个百分点，比西南三省区低 6.21 个百分点。分省区看，农村家庭贫困发生率最高的省区是湖

南（21.41%），次高是广西（12.38%）。贫困发生率较低的省区是贵州、内蒙古与青海，其贫困发生率分别为 2.92%、3.27% 与 3.71%；分民族看，家庭贫困发生率较高的民族是维吾尔族、土家族与壮族，其贫困发生率分别为 21.65%、20.34% 与 18.61%。家庭贫困发生率较低的民族是藏族、哈萨克族与汉族，其贫困发生率分别为 2.27%、4.1% 及 4.03%。

从表 3 - 2 还可以发现，不仅被调查地区农村家庭的贫困发生率存在地区、民族差异，贫困差距率、平方贫困距也均存在地区、民族差异，而且贫困差距率、平方贫困距的地区、民族差异与贫困发生率地区、民族差异相同，即贫困面相对较高的省区、民族，其贫困深度、贫困强度也较高。

2. 基于 1 天 1.5 美元贫困线的贫困测量

从表 3-2 可以发现，在 1 天 1.5 美元贫困线下，被调查民族地区农村家庭贫困发生率为 15.91%；分西南、西北看，西南三省区农村家庭贫困发生率为 21.98%，高于被调查民族地区总体 6.07 个百分点。西北四省区农村家庭贫困发生率为 11.07%，比被调查民族地区总体低 4.84 个百分点，比西南三省区低 10.91 个百分点。分省区看，农村家庭贫困发生率较高的省区是湖南、广西与新疆，其贫困发生率分别为 36.26%、21.25% 与 16.28%。贫困发生率较低的省区是内蒙古、青海与贵州，其贫困发生率分别为 6.74%、9.52% 与 10.67%；分民族看，家庭贫困发生率较高的民族是土家族、撒拉族、维吾尔族与壮族，其贫困发生率分别为 35.59%、31.34%、31.30% 与 27.65%。家庭贫困发生率较低的民族是哈萨克族、藏族、蒙古族与汉族，其贫困发生率分别为 4.92%、8.09%、8.37% 与 8.39%。

与低保线作为贫困线相似，1 天 1.5 美元贫困线下，被调查地区农村家庭的贫困发生率、贫困差距率、平方贫困距均存在地区、民族差异。

3. 基于国定农村贫困线的贫困测量

从表 3-3 可以发现，在国家贫困线下，被调查民族地区农村家庭贫困发生率为 16.98%；分西南、西北看，西南三省区农村家庭贫困发生率为 23.68%，高于被调查民族地区总体 6.70 个百分点。西北四省区农村家庭贫困发生率为 11.60%，比被调查民族地区总体低 5.38 个百分点，比西南三省区低 12.08 个百分点。分省区看，农村家庭贫困发生率较高的省区是湖南、广西与新疆，其贫困发生率分别为 39.04%、22.52% 与 16.48%。贫困发生率较低的省区是内蒙古、青海与贵州，其贫困发生率分别为 7.22%、10.12% 与 11.83%；分民族看，家庭贫困发生率较高的民族是土家族、撒拉族与维吾尔族，其贫困发生率分别为 40.11%、32.84% 与 31.69%。家庭贫困发生率较低的民族是哈萨克族、蒙古族、汉族与藏族，其贫困发生率分别为 4.92%、8.84%、8.96% 与 9.06%。

与低保线作为贫困线进行测量的结果相似，用国定贫困线来测量，被调查地区农村家庭的贫困发生率、贫困差距率、平方贫困距均存在地区差异、民族差异。

4. 基于相对贫困线的贫困测量

从表 3-3 可以看出，在相对贫困线下，被调查民族地区农村家庭贫困发生率为 27.61%；分西南、西北看，西南三省区农村家庭贫困发生率为 37.99%，高于被调查民族地区总体 10.38 个百分点。西北四省区农村家庭贫困发生率为 19.41%，比被调查民族地区总体低 8.20 个百分点，比西南三省区低 18.58 个百分点。分省区看，农村家庭贫困发生率较高的省区是湖南、广西与贵州，其贫困发生率分别为 55.78%、34.80% 与 25.83%。贫困发生率较低的省区是内蒙古、青海，其贫困发生率分别为 12.03% 与 19.14%；分民族看，家庭贫困发生率较高的民族是土家族、撒拉族与壮族，其贫困发生率分别为 54.80%、44.78% 与 43.67%。家庭贫困发生率较低的民族是哈萨克族、蒙古族与汉族，其贫困发生率分别为 8.20%、13.49% 与 15.20%。

可见，用相对贫困线来测量贫困的结果同样表明，被调查地区农村家庭的贫困发生率、贫困差距率、平方贫困距均存在地区差异、民族差异。

综上可以得出如下结论。第一，总体而言，被调查民族地区农村家庭的贫困发生率、贫困差距率、平方贫困距均存在地区、民族差异，且贫困面相对较高的省区、民族，其贫困深度、贫困强度也较高。第二，在相对贫困线下，总体及各省区、各民族贫困广度、贫困深度与贫困强度都高于绝对贫困线（包括农村低保线、1 天 1.5 美元国际贫困线、2011 年全国农村贫困线）下的情况。第三，在不同的绝对贫困线下，总体、各省区及各民族的贫困指数也有差异。低保线下的贫困指数明显偏低，1 天 1.5 美元国际贫困线与 2011 年全国农村贫困线这两种贫困线下，总体及各省区、各民族贫困指数差异较小。也就是说，被调查民族地区农村收入贫困程度对贫困标准的变化有一定的敏感性。各种指数都随着贫困标准的提高而增长。比较起来，多数指数对相对贫困线的敏感性最突出。如果不考虑相对贫困线及以上贫困标准，则平方贫困距、贫困差距率对国家贫困线比较敏感，表明贫困标准提高之后，较多的新增贫困人口集中在国家贫困线附近；当然，低保线以下的贫困人口的贫困深度和强度都是最大的，脱贫难度也最大。减贫工作首先要关注这一部分贫困人口，同时还要充分注意收入介于低保线与 1 天 1.5 美元线之间的贫困人口。

（三）民族地区农村贫困家庭的复杂图景

在分析、比较了被调查民族地区贫困家庭分布状况后，基于第二章贫困理论文献回顾，下面对被调查民族地区农村贫困住户的各项经济社会特征进行描述。考虑到国家的扶贫实践是以国家贫困线作为扶贫标准的，本章以下部分，将以国家贫困线为标准，把被调查住户分为贫困户与非贫困户两组。[①] 为了更好地反映贫困户的经济社会特征，这里把非贫困户作为参照一并考察。另外，为了分析贫困的民族差异，这里也将少数民族家庭与汉族家庭的相关经济社会特征进行对比分析。

1. 被民族地区农村贫困家庭的自然地理、社会环境特征

根据 CHES 2011 问卷分析，总体而言，被调查农户居住在山区的比例最高，达 56.79%；住在平原的其次，为 24.73%；住在丘陵的较小，为 18.48%（见表 3 - 4）。相对而言，居住在山区的少数民族家庭比例远高于汉族家庭（高 32.09 个百分点），居住在平原的少数民族家庭比例远低于汉族家庭（低 11.61 个百分点）；居住在山区的贫困家庭比例远高于非贫困家庭（高 14.92 个百分点），居住在平原的贫困家庭比例远低于非贫困家庭（低 9.74 个百分点）。

---

① 凡是家庭人均纯收入低于国家贫困线的就界定为贫困家庭，否则就为非贫困家庭。2010年国家确定的贫困线为人均纯收入 2300 元，折算成 2011 年不变价为 2536 元。

表3-4　被调查民族地区农村家庭居住环境状况

单位：%

类　别		所在村地势			所在村是否郊区		所在村是否少数民族地区	
		平原	丘陵	山区	是	否	是	否
总体	总体	24.73	18.48	56.79	7.89	92.11	68.59	31.41
	贫困家庭	16.61	14.17	69.22	5.28	94.72	81.08	18.92
	非贫困家庭	26.35	19.35	54.30	8.42	91.58	66.08	33.92
	汉族家庭	32.04	30.88	37.08	8.74	91.26	27.62	72.38
	少数民族家庭	20.43	10.40	69.17	7.31	92.69	94.78	5.22
西南	西南三省区	1.57	17.72	80.71	8.15	91.85	82.84	17.16
	贫困家庭	0.13	12.72	87.15	6.02	93.98	85.27	14.73
	非贫困家庭	2.00	19.25	78.75	8.79	91.21	82.10	17.90
	汉族家庭	6.73	35.94	57.34	10.91	89.09	43.88	56.12
	少数民族家庭	0	11.97	88.03	7.18	92.82	94.83	5.17
西北	西北四省区	43.63	19.11	37.27	7.69	92.31	56.96	43.04
	贫困家庭	44.65	16.63	38.72	4.05	95.95	73.98	26.02
	非贫困家庭	43.50	19.42	37.08	8.15	91.85	54.79	45.21
	汉族家庭	41.38	29.01	29.61	7.95	92.05	21.60	78.40
	少数民族家庭	46.73	8.38	44.89	7.47	92.53	94.72	5.28

　　注：本章对数据库进行统计描述时，没有对数据库的缺失值进行处理。由于有些样本的民族、户口、男女、年龄、受教育程度等变量存在不同的缺失，因此分民族、城乡、性别、年龄、受教育程度等的汇总样本与总体样本有不一致的现象。但这并不影响我们对被调查民族地区总体情况的分析。本章以下数据表格可能都存在类似问题，不一一解释。

　　从西南三省区看，超过80%的被调查农村家庭居住在山区，不到2%的农村家庭居住在平原。分民族家庭看，被调查的少数民族家庭全部居住在山区或丘陵，没有居住在平原的。其中居住在山区的少数民族家庭比例高达88.03%，比汉族家庭居住在山区的比例高30.69个百分点；贫困家庭居住在山区的比例比非贫困家庭居住在山区的比例高8.40个百分点，贫困家庭居住在平原的比例比非贫困家庭居住在平原的比例低1.87个百分点。

　　从西北四省区看，超过4成的被调查农村家庭居住在平原，不到4成的农村家庭居住在山区。相对汉族家庭，少数民族家庭更多地居住在山区、平原，更少地居住在丘陵；相对于非贫困家庭，贫困家庭更多地居住在山区、平原，更少地居住在丘陵。

从表3-4还可以看出，被调查民族地区农村家庭中，相对于汉族家庭，少数民族家庭更多地居住在远离郊区的少数民族地区；相对于非贫困家庭，贫困家庭更多地居住在远离郊区的少数民族地区。

综上，从被调查的农村家庭居住环境看，相对于西北四省区，西南三省区被调查农村家庭居住在山区、远离郊区、少数民族地区的比例较大；相对于汉族，少数民族农村家庭居住在山区、远离郊区、少数民族地区的比例较大；相对于非贫困家庭，贫困家庭居住在山区、远离郊区、少数民族地区的比例较大。显然，这个结论与上文中贫困分布的结论存在耦合：相对于西北四省区，西南三省区被调查农村家庭贫困面更广、贫困程度更深、贫困强度更大；相对于汉族，少数民族农村家庭贫困面更广、贫困程度更深、贫困强度更大。在这里，一定程度上佐证了农村贫困分布与农村地理环境紧密相关。

农村贫困分布与农村地理环境有关，主要原因有三点。其一，自然地理条件直接影响农业劳动生产率和产出水平，对贫困的发生有很大影响。其二，生态脆弱山区，缺乏从事大规模产业化经营必要的基础，而且会面临巨大的生态风险，因此也一般是限制开发区，这就会大大制约当地的经济发展和扶贫效果。其三，生态环境脆弱易引发自然灾害。频发的自然灾害会形成"遭灾—恢复—再遭灾"的恶性循环。按照上述贫困脆弱性及贫困动态理论，自然灾害因素不仅是导致民族地区家庭暂时性贫困的主要诱因，也是造成长期贫困人口难以脱贫的重要原因。尤其是，近年来在全球气候变化的总体背景下，灾害天气和极端气候现象比以往更多，而且常常是几十年一遇甚至百年一遇的灾害，这就加强了贫困人口的脆弱性，使得贫困人口更不易脱贫或更容易陷于深度贫困。

经济地理因素比单纯的地理因素对贫困的发生影响更大。[①] 从表3-5可以发现，相对于非贫困家庭，贫困家庭远离城镇、车站，并比较集中分布在经济状况不太好的村庄。也就是说，贫困家庭更集中分布在基础设施薄弱、基本生产生活条件差的地区，这些都构成了贫困家庭不易脱贫的现实因素。其一，贫困家庭远离公共服务机构，无法享受更多的公共物品和

---

① 中国发展研究基金会：《在发展中消除贫困》，中国发展出版社，2007。

公共服务，造成多元贫困。其二，贫困家庭因为与市场经济体系隔离的状态，贫困进一步被固化，从而长期处于贫困之中。其三，恶劣自然生态条件的改变和落后的社会经济面貌的改变是个相对缓慢的过程，这就形成了贫困区域的稳定性。[①]

表 3 - 5　被调查民族地区农村家庭居住地经济、地理环境状况

类别		村农民人均年纯收入（元）	本乡镇内打零工工钱（元/天）	村贫困家庭率（%）	村距最近县城的距离（公里）	村距最近乡镇政府的距离（公里）	村距最近车站(码头)距离(公里)
总体	总体	4501.35	83.45	16	31.52	7.00	10.03
	贫困家庭	3711.75	79.58	48	35.73	7.01	10.25
	非贫困家庭	4662.03	84.24	9	30.67	7.00	9.99
	汉族家庭	5293.27	87.65	8	30.60	6.72	8.39
	少数民族家庭	4002.28	80.90	20	32.25	7.18	11.10
西南	西南三省区	3446.34	74.12	21	33.63	6.96	10.97
	贫困家庭	3363.49	72.76	52	36.73	7.33	11.50
	非贫困家庭	3472.30	74.55	12	32.69	6.85	10.81
	汉族家庭	3512.09	75.73	14	30.84	5.17	8.58
	少数民族家庭	3420.85	73.69	24	34.75	7.51	11.70
西北	西北四省区	5350.89	90.97	11	29.79	7.03	9.25
	贫困家庭	4303.63	90.90	41	34.05	6.48	9.40
	非贫困家庭	5484.40	90.98	7	29.24	7.09	8.14
	汉族家庭	5943.20	91.98	6	30.51	7.29	8.31
	少数民族家庭	4736.34	90.12	16	29.04	6.76	10.31

在这里，少数民族家庭与贫困家庭在经济、自然、地理条件方面存在一定的耦合。也就是说，相对于汉族家庭，少数民族家庭比较贫困的很大原因，与少数民族家庭多分布在生存环境欠佳，经济、社会欠发展的地方有很大关系，即贫困的民族差异，在一定程度上来自地域的差异。

2. 民族地区农村贫困家庭的人力资本特征

根据我们的问卷分析，总体看，被调查民族地区农村家庭平均家庭户

---

① 华中师范大学、中国国际扶贫中心：《中国反贫困发展报告·2012》，华中科技大学出版社，2013。

规模为 4.88 人（见表 3 – 6），是全国平均水平（3.02 人/户）[①] 的 1.62 倍。被调查民族地区农村家庭平均老年抚养比是 9.48%，少年儿童抚养比是 25.23%，总抚养比是 34.72%，其中老年抚养比比全国平均水平低 2.79 个百分点，少儿抚养比比全国平均水平高 3.22 个百分点，总抚养比略高于全国平均水平。[②]

表 3 – 6　被调查民族地区家庭的基本人口特征（1）

单位：人，%

类别	家庭平均规模	家庭人口年龄结构					
		0 ~ 14 岁人口比重	15 ~ 64 岁人口比重	65 岁及以上年龄人口比重	少儿抚养比 *	老年抚养比 **	总抚养比 ***
被调查民族地区总体	4.88	18.73	74.23	7.04	25.23	9.48	34.72
西南三省区	5.01	17.48	74.46	8.06	23.48	10.82	34.31
西北四省区	4.76	19.83	74.03	6.14	26.79	8.29	35.08
贫困家庭	5.55	22.03	69.12	8.86	31.88	12.82	44.69
非贫困家庭	4.71	17.90	75.52	6.58	23.71	8.71	32.42
汉族	4.52	16.22	77.27	6.49	20.99	8.40	29.39
少数民族	5.09	20.19	72.59	7.24	27.81	9.97	37.79

注：*少年抚养比是指人口中非劳动年龄人口数中少年部分对劳动年龄人口数之比，用以表明每100名劳动年龄人口要负担多少名少年儿童。也称为少年儿童抚养系数。

**老年抚养比是指人口中非劳动年龄人口数中老年部分对劳动年龄人口数之比，用以表明每100名劳动年龄人口要负担多少名老年人。老年抚养比是从经济角度反映人口老龄化社会后果的指标之一，也称为老龄人口抚养系数，简称老年系数。

***总抚养比就是指非劳动年龄人口数与劳动年龄人口数之比，它度量了劳动年龄人口人均负担的非劳动年龄人口的数量。

从表 3 – 6 可以得出，分家庭是否贫困看，无论是家庭规模还是少儿抚养比、老年抚养比、总抚养比，贫困家庭都大于被调查户总体平均水平，更是远远大于非贫困家庭。分民族看，无论是家庭规模还是各种抚养比，汉族家庭都小于少数民族家庭。

进一步，从被调查家庭的规模分组、孩子个数、户主的健康状况、户主年龄、户主受教育年限进行考察，可以发现（见表 3 – 7、表 3 – 8、

① 《中国统计年鉴（2012）》，中国统计出版社，2012。
② 《中国统计年鉴（2012）》，中国统计出版社，2012。

表3-9），相对于非贫困家庭，贫困家庭多人户、家里孩子个数均比较多，户主的健康状况较差，户主年龄较大，户主受教育年限较少。相对于汉族家庭，少数民族家庭多人户、家里孩子个数均比较多，户主的健康状况较差，户主年龄较大，户主受教育年限较少。

表3-7　被调查民族地区家庭的基本人口特征（2）

单位：%

类别		家庭规模				孩子个数				
		1人户	2人户	3人户	多人户	0	1个	2个	3个	4个及以上
总体	总体	0.54	8.59	18.37	72.50	46.93	29.74	18.90	3.73	0.69
	贫困家庭	—	3.30	8.99	87.72	33.64	31.16	26.13	7.42	1.65
	非贫困家庭	0.65	9.66	20.27	69.42	49.62	29.46	17.43	2.99	0.50
	汉族家庭	0.75	13.85	24.23	61.17	55.07	28.09	14.20	2.25	0.39
	少数民族家庭	0.42	5.12	14.70	79.76	41.81	30.59	21.99	4.70	0.91
西南	西南三省区	0.47	5.09	14.73	79.71	46.71	30.80	19.04	2.73	0.71
	贫困家庭	—	1.45	8.30	90.25	36.89	32.54	24.90	4.74	0.92
	非贫困家庭	0.61	6.21	16.71	76.47	49.74	30.26	17.24	2.11	0.65
	汉族家庭	0.54	5.52	16.69	77.25	46.66	30.82	19.58	2.32	0.62
	少数民族家庭	0.46	4.89	14.27	80.38	47.64	30.01	17.09	4.17	1.08
西北	西北四省区	0.60	11.42	21.31	66.67	47.11	28.89	18.78	4.54	0.68
	贫困家庭	—	6.39	10.13	83.48	28.19	28.85	28.19	11.89	2.86
	非贫困家庭	0.68	12.07	22.75	64.50	49.55	28.90	17.56	3.60	0.40
	汉族家庭	0.83	16.85	26.95	55.37	57.75	27.39	13.16	1.55	0.15
	少数民族家庭	0.37	5.41	15.26	78.96	35.55	30.30	25.11	7.76	1.28

注："儿童"是指0~14岁人口。

表3-8　被调查民族地区家庭的基本人口特征（3）

单位：%

类别		户主健康状况		
		没有残疾	有残疾但不影响工作学习生活	有残疾且影响工作学习生活
总体	总体	94.87	3.53	1.60
	贫困家庭	94.07	3.76	2.17
	非贫困家庭	95.03	3.48	1.49
	汉族家庭	94.65	3.69	1.66
	少数民族家庭	95.05	3.36	1.59

续表

类别		户主健康状况		
		没有残疾	有残疾但不影响工作学习生活	有残疾且影响工作学习生活
西南	西南三省区	94.94	3.58	1.48
	贫困家庭	94.39	4.01	1.60
	非贫困家庭	95.11	3.45	1.44
	汉族家庭	93.07	4.48	2.45
	少数民族家庭	95.54	3.24	1.22
西北	西北四省区	94.81	3.48	1.70
	贫困家庭	93.54	3.34	3.12
	非贫困家庭	94.98	3.50	1.52
	汉族家庭	95.22	3.40	1.38
	少数民族家庭	94.42	3.52	2.06

表 3-9 被调查民族地区家庭的基本人口特征 (4)

单位：%

类别		年龄			受教育年限				
		青年户	中年户	老年户	0~2年	3~6年	7~9年	10年及以上	总体
总体	总体	24.19	59.65	16.16	10.13	34.73	43.80	11.34	10.13
	贫困家庭	21.45	54.79	23.76	12.06	37.47	41.04	9.43	12.06
	非贫困家庭	24.75	60.64	14.62	9.75	34.18	44.35	11.72	9.75
	汉族家庭	22.04	63.14	14.82	7.65	30.10	50.24	12.01	7.65
	少数民族家庭	25.61	57.35	17.04	11.71	37.88	39.63	10.78	11.71
西南	西南三省区	20.14	60.34	19.52	6.07	36.01	46.81	11.11	6.07
	贫困家庭	15.17	59.10	25.73	8.02	37.09	45.92	8.97	8.02
	非贫困家庭	21.67	60.71	17.61	5.47	35.68	47.08	11.77	5.47
	汉族家庭	17.54	59.11	23.35	5.23	37.15	48.45	9.18	5.23
	少数民族家庭	20.82	60.85	18.33	6.19	35.90	46.31	11.59	6.19
西北	西北四省区	27.47	59.10	13.43	13.40	33.70	41.38	11.51	13.40
	贫困家庭	31.94	47.58	20.48	18.82	38.10	32.88	10.20	18.82
	非贫困家庭	26.89	60.58	12.52	12.72	33.14	42.46	11.68	12.72
	汉族家庭	23.65	64.59	11.75	8.50	27.63	50.87	13.00	8.50
	少数民族家庭	31.80	52.84	15.36	18.82	40.42	31.01	9.74	18.82

注：户主年龄大于 60 岁为"老年户"，户主年龄大于 40 岁且小于 60 岁为"中年户"，户主年龄小于 40 岁为"青年户"。

　　总体而言，贫困家庭具有家庭人口多、孩子多、家庭负担重、户主健康状况较差、户主年龄较大、户主受教育程度较低的特征。在这里，少数民族家庭与贫困家庭在家庭人口条件方面存在一定的耦合。也就是说，相对于汉族家庭，少数民族家庭比较贫困的很大原因与少数民族家庭人口多、孩子多、家庭负担重、户主健康状况较差、户主年龄较大、户主受教育程度较低等家庭人口条件有很大关系。

3. 民族地区农村贫困家庭的经济资本占有特征

　　根据问卷分析结果，总体而言，2011 年，被调查民族地区家庭人均生产性固定资产原值 4596.75 元（见表 3-10），家庭人均实际经营土地 17.39 亩，家庭经济作物面积占实际经营土地面积比 19.67%，人均家庭金融资产余额 3578.60 元，家庭劳均非农从业时间占家庭总劳动时间之比为 27.31%，这些指标基本比全国平均水平低。

表 3-10　被调查农户的经济资本占有及劳动力经济活动结构状况

类别		人均生产性固定资产原值（元）	家庭人均实际经营土地（亩）	家庭经济作物面积占实际经营土地面积比例（%）	人均家庭金融资产余额（元）	家庭劳均非农从业时间占家庭总劳动时间比例（%）
总体	总体	4596.75	17.39	19.67	3578.60	27.31
	贫困家庭	2217.61	5.00	17.69	1715.11	25.06
	非贫困家庭	5033.40	19.90	20.07	3916.23	27.75
	汉族家庭	6762.49	17.60	20.54	4748.23	28.00
	少数民族家庭	3130.93	17.55	19.31	2733.41	27.88
西南	西南三省区	1832.57	3.28	17.81	2497.22	26.66
	贫困家庭	1329.44	3.12	18.80	1603.36	24.38
	非贫困家庭	1981.17	3.33	17.51	2772.02	27.33
	汉族家庭	2419.90	2.87	17.00	3312.51	26.37
	少数民族家庭	1671.97	3.40	18.20	2271.24	26.70
西北	西北四省区	6885.53	28.81	21.24	4445.30	27.86
	贫困家庭	3988.70	8.15	15.76	1954.79	26.23
	非贫困家庭	7188.48	31.47	21.95	4685.23	28.06
	汉族家庭	8209.27	22.91	21.87	5184.73	28.59
	少数民族家庭	5214.63	35.80	20.82	3404.26	27.03

　　相对于西北四省区，西南三省区被调查家庭的人均生产性固定资产原值、家庭人均实际经营土地、家庭经济作物面积占实际经营土地面积比、人均家庭金融资产余额及家庭劳均非农从业时间占家庭总劳动时间之比等家庭经济资本占有均比西北四省区被调查农户的相应家庭经济资本占有指标要低；相对于汉族家庭，少数民族家庭的人均生产性固定资产原值、家庭人均实际经营土地、家庭经济作物面积占实际经营土地面积比、人均家庭金融资产余额及家庭劳均非农从业时间占家庭总劳动时间之比等家庭经济资本占有均比汉族相应家庭经济资本占有指标要低；相对于非贫困家庭，贫困家庭的人均生产性固定资产原值、家庭人均实际经营土地、家庭经济作物面积占实际经营土地面积比、人均家庭金融资产余额及家庭劳均非农从业时间占家庭总劳动时间之比等家庭经济资本占有均比非贫困相应家庭经济资本占有指标要低。

　　可以说，相对于非贫困家庭，贫困家庭具有人均土地不足、生产性固定资产缺乏、种植业结构不优、劳动力非农就业相对不足等家庭经济资本占有不够的特征。另外，相对于汉族家庭，少数民族家庭也具有家庭经济资本占有不够的特征。

4. 民族地区农村贫困家庭的社会资源特征

　　从表3–11可以看出，被调查民族地区被调查农村家庭的中共党员、团员户比重，乡、村干部户比重分别为14.4%、9.7%。相对于非贫困家庭，贫困家庭的中共党员、团员户比重，乡、村干部户比重均低于非贫困家庭。可以说，被调查农村地区贫困家庭具有社会资源短缺的特征。

表3–11　被调查民族地区家庭社会资源情况

单位：%

类别		中共党员、团员户比重	非中共党员、团员户比重	乡、村干部户比重	非乡、村干部户比重
总体	总体	14.4	85.6	9.7	90.3
	贫困家庭	12.6	87.4	7.3	92.7
	非贫困家庭	14.8	85.2	10.2	89.8
	汉族家庭	14.8	85.2	8.8	91.2
	少数民族家庭	14.1	85.9	10.2	89.8

类别		中共党员、团员户比重	非中共党员、团员户比重	乡、村干部户比重	非乡、村干部户比重
西南	西南三省区	14.0	86.0	9.4	90.6
	贫困家庭	11.9	88.1	7.1	92.9
	非贫困家庭	14.7	85.3	10.2	89.8
	汉族家庭	14.2	85.8	8.4	91.6
	少数民族家庭	13.2	86.8	9.7	90.3
西北	西北四省区	14.8	85.2	10.0	90.0
	贫困家庭	13.7	86.3	7.8	92.2
	非贫困家庭	14.9	85.1	10.3	89.7
	汉族家庭	15.0	85.0	8.9	91.1
	少数民族家庭	14.5	85.5	10.8	89.2

（四）民族地区农村贫困的致贫机理

上文关于被调查农村贫困住户的主要经济社会特征的描述和分析，显示出在大多数情况下农村贫困住户与农村非贫困住户之间存在较为明显的差异。而从前文对相关理论的回顾看，这些差异与贫困本身的产生应该是相关的。确实，家庭人力资本状况，经济资源占有状况，社会、经济、政治上的结构性地位以及是否遭遇任何社会排斥，对任何住户的经济社会发展都会产生不同程度的影响。因此，可以把这一部分据以描述被调查农村贫困住户主要经济社会特征的指标作为自变量，对被调查农村住户陷入贫困的可能性或风险进行影响因素分析。

为此，基于前文及第一章的理论回顾，我们构造了二分因变量 Probit 模型为贫困决定模型，分析被调查民族地区农户贫困发生的影响因素。进入模型的变量包括上述三组资本的全部变量。模型的基本形式为：

$$P(\text{poverty} = 1 \mid x) = G(\beta_0 + \beta_c X_c + \beta_h X_h + \beta_e X_e + \beta_s X_s) \qquad (4)$$

式（4）中，poverty 表示贫困，取值 1 为贫困户，取值 0 为非贫困户。X 是农户特征向量，X_h 表示家庭拥有的人力资本（及其使用模式），包括农户户主年龄、户主身体状况、家庭成员最长受正规教育年限、家庭人口规模、家庭劳均非农从业时间占家庭总劳动时间之比和家庭非劳动年龄人口比等六个变量。X_e 表示家庭占有的经济资本，包括家庭人均实际经营土地面积、人均生产性固定资产原值、家庭人均年底金融资产余额以及家庭人均退耕还林面积等四个变量。X_s 表示家庭占有的社会资本，包括家庭成员中是否有中共党员和家庭成员中是否有干部两个变量。另外，X_c 是控制变量，包括农户的民族身份、被调查户所在地区以及家庭居住地的自然、经济社会特征。

　　表 3 – 12 是该模型的输出结果，表 3 – 13 是模型估计的边际效果。该模型总体上显著。结合表 3 – 12 和表 3 – 13 的结果，可以得到如下研究发现。

表 3 – 12　被调查民族地区家庭贫困决定因素：Probit 模型估计结果（系数）

变量	系数	标准差	z	p > z
西北(1 = 西北,西南为参照)	– 0.18328	0.05361	– 3.42000	0.00100
所在村距最近县城的距离	0.00305	0.00093	3.29000	0.00100
所在村是否属郊区(1 = 是)	– 0.14029	0.09404	– 1.49000	0.13600
所在村农民人均纯收入	– 0.00004	0.00002	– 2.78000	0.00500
所在村近 5 年有几年遭遇过自然灾害	– 0.05479	0.01292	– 4.24000	0.00000
所在村低保救助率	– 0.00809	0.00227	– 3.57000	0.00000
所在村新农合参合率	– 0.00386	0.00181	– 2.13000	0.03300
家庭人口规模	0.10314	0.02253	4.58000	0.00000
户主年龄	0.01057	0.00228	4.64000	0.00000
少数民族家庭(1 = 汉族家庭)	– 0.37349	0.05460	– 6.84000	0.00000
中共党员户(1 = 中共党员)	– 0.03067	0.07507	– 0.41000	0.68300
干部户(1 = 干部)	– 0.30588	0.09293	– 3.29000	0.00100
户主身体状况(1 = 有残疾,且影响正常工作、学习和生活)	0.25932	0.20313	1.28000	0.20200
家庭成员最长受正规教育年限	0.00292	0.00891	0.33000	0.74300
家庭非劳动年龄人口比重	0.01053	0.00168	6.26000	0.00000
人均家庭金融资产余额	– 0.00005	0.00001	– 5.45000	0.00000
人均生产性固定资产原值	– 0.00001	0.00001	– 2.49000	0.01300
人均实际经营土地面积	– 0.00039	0.00071	– 0.55000	0.58200
人均退耕还林面积	– 0.00672	0.00618	– 1.09000	0.27700
家庭劳均非农从业时间占家庭总劳动时间之比	– 1.19353	0.35482	– 3.36000	0.00100
_cons	– 0.94425	0.26887	– 3.51000	0.00000
	观察值 = 5189　chi2（20）= 641.83 Prob > chi2 = 0.0000 Pseudo　R^2 = 0.1426			

表3－13　被调查民族地区家庭贫困决定因素：**Probit**模型估计结果（边际效果）

变量	系数	标准差	z	p＞z
西北（1＝西北,西南为参照）	－0.03390	0.01016	－3.34000	0.00100
所在村距最近县城的距离	0.00056	0.00017	3.30000	0.00100
所在村是否属郊区（1＝是）	－0.02382	0.01477	－1.61000	0.10700
所在村农民人均纯收入	－0.00001	0.00000	－2.78000	0.00500
所在村近5年有几年遭遇过自然灾害	－0.01002	0.00239	－4.20000	0.00000
所在村低保救助率	－0.00148	0.00042	－3.56000	0.00000
所在村新农合参合率	－0.00071	0.00033	－2.12000	0.03400
家庭人口规模	0.01887	0.00418	4.51000	0.00000
户主年龄	0.00193	0.00042	4.60000	0.00000
少数民族家庭（1＝汉族家庭）	－0.06508	0.00915	－7.11000	0.00000
中共党员户（1＝中共党员）	－0.00553	0.01336	－0.41000	0.67900
干部户（1＝干部）	－0.04776	0.01223	－3.91000	0.00000
户主身体状况（1＝有残疾,且影响正常工作、学习和生活）	0.05517	0.04944	1.12000	0.26400
家庭成员最长受正规教育年限	0.00053	0.00163	0.33000	0.74300
家庭非劳动年龄人口比重	0.00193	0.00031	6.21000	0.00000
人均家庭金融资产余额	－0.00001	0.00000	－5.73000	0.00000
人均生产性固定资产原值	0.00000	0.00000	－2.50000	0.01200
人均实际经营土地面积	－0.00007	0.00013	－0.55000	0.58100
人均退耕还林面积	－0.00123	0.00111	－1.11000	0.26800
家庭劳均非农从业时间占家庭总劳动时间之比	－0.21834	0.06485	－3.37000	0.00100

　　注：边际效应（df/dx），表示自变量一个单位的变化，或者相对于参照类而言发生比的变化。

　　第一，在其他条件给定的情况下，相对于汉族被调查家庭，少数民族被调查家庭陷入贫困的概率高出6.51%，且具有统计显著性（p≤0.01）；相对于西北四省区的被调查农户，西南三省区被调查农户陷入贫困的概率高出3.39%，且具有统计显著性（p≤0.01）。

　　第二，被调查家庭的家庭人力资本状况对他们陷入贫困的风险的影响，在方向上大部分都与我们的经验相同，但显著性有差异。在其他条件给定的情况下，家庭每增加1人，其家庭陷入贫困的概率增加1.89%，且具有统计显著性（p≤0.01）。家庭户主的年龄每增加1岁，其家庭陷入贫困的概率增加 0.19%，且具有统计显著性（p≤0.01）。家庭成员中最长受正规教育年限每增加 1 年，家庭陷于贫困的概率增加 0.05%，但它的影响效果在统计上不显著（p＞0.1）。家庭非劳动年龄人口比重每增加 1%，家庭陷于贫困的概率增大 0.19%，且具有统计显著性（p≤0.01）。相对于户主没有身体残疾的家庭，户主有身体残疾的家庭陷入贫困的概率增大 5.52%，它的影响效果在统计上不显著（p＞0.1）。

第三，被调查农户的社会资本占有状况对贫困发生率的影响，在方向上与我们的经验相同，但显著性有差异。具体而言，相对于非干部户，干部户陷于贫困的概率降低 4.78%，且具有统计显著性（p≤0.01）。相对于非党员户，中共党员户陷于贫困的概率降低 0.55%，但它的影响效果不显著（p＞0.1）。应当说明的是，中共党员户与干部户有一定程度的重叠，重叠率为 33.5%，基本可接受，不会带来太大的共线性问题。

第四，被调查家庭的经济资本占有状况对贫困发生率的影响，也与我们的经验的方向一致，但显著性有差异。在其他条件给定的情况下，人均家庭金融资产余额每增加 1 万元，家庭陷于贫困的概率减小 9.01%，且具有统计显著性（p≤0.01）；人均生产型固定资产原值每增加 1 万元，家庭陷于贫困的概率减小 2.67%，且具有统计显著性（0.05≥p＞0.01）；家庭劳均非农从业时间占家庭总劳动时间之比每增加 1%，农户陷入贫困的概率减小 21.83%，且具有统计显著性（p≤0.01）；另外，家庭人均实际经营土地面积每增加 1 亩，农户陷入贫困的概率减小 0.007%，家庭人均退耕还林面积每增加 1 亩，家庭陷入贫困的概率可减小 0.12%，不过这两个结果仅仅适用于被调查农户，而不具有统计推论性（p＞0.1）。

第五，进入模型的控制变量对被调查家庭的贫困发生均产生了一定的影响，但显著性有差异。其中，在其他条件不变的情况下，家庭居住的村距最近县城的距离每增加 1 公里，家庭陷入贫困的概率就提高 0.56%，且具有统计显著性（p≤0.01）；相对于居住在郊区的家庭，居住在非郊区的家庭陷入贫困的概率就提高 2.38%，但它的影响效果不显著（p＞0.1）；家庭所在村最近 5 年遭受自然灾害次数每增加 1 次，家庭陷入贫困的概率就降低 1.0%，且具有统计显著性（p≤0.01）；家庭所在村农民人均纯收入每增加 1 元，家庭陷入贫困的概率就降低 0.001%，且具有统计显著性（$p \leqslant 0.01$）；家庭所在村低保救助率①每提高 1%，家庭陷入贫困的概率就降低 0.15%，且具有统计显著性（$p \leqslant 0.01$）；家庭所在村新农合参合率每提高 1%，农户陷入贫困的概率就降低 0.07%，且具有统计显著性（$0.05 \geqslant p > 0.01$）。

（五）主要结论与讨论

综上所述，我们可以得到几个主要结论。

第一，据国家统计局监测的数据分析，被调查民族地区减贫呈现向好趋势，但相比较全国，被调查民族地区贫困状况仍十分严峻。

第二，从 CHES 数据分析看，总体而言，被调查民族地区农村家庭的贫困发生率、贫困差距率、平方贫困距均存在地区、民族差异，且贫困面相对较高的省区、民族，其贫困深度、贫困强度也较高。具体而言，被调查民族地区中，西南三省区农村家庭贫困问题比西北四省区农村家庭贫困问题严重；相对其他省区，湖南、广西农村家庭贫困问题比较严重，内蒙古、贵州、青海农村家庭贫困问题较轻；相对其他民族，土家族、维吾尔族、撒拉族被调查家庭更贫困，哈萨克族、蒙古族、汉族与藏族被调查家庭贫困程度较低。而且，被调查民族地区农村收入贫困程度对贫困标准的变化有一定的敏感性，三类贫困指数都随着贫困标准的提高而增长。

第三，少数民族家庭与贫困家庭在经济、自然、地理条件方面存在一定的耦合。也就是说，相对于汉族家庭，少数民族家庭比较贫困的很大原因，与少数民族家庭多分布在生存环境欠佳，经济、社会欠发展的地方有很大关系。即贫困分布的民族差异，在一定程度上源自各民族家庭所处地域的差异。

第四，贫困家庭具有家庭人口多、孩子多、家庭负担重、健康状况较差、户主年龄较大、户主受教育程度较低的特征。在这里，少数民族家庭与贫困家庭在家庭人口条件方面存在一定的耦合。也就是说，相对于汉族家庭，少数民族家庭比较贫困的很大原因，与少数民族家庭人口多、孩子

---

① 在这里，所在村低保救助率＝所在村享受低保救助人数/全村总人口×100%；所在村新农合参合率＝所在村参加新农合人数/全村总人口×100%。

多、家庭负担重、户主健康状况较差、户主年龄较大、户主受教育程度较低等家庭人口条件有很大关系。

第五，相对于非贫困家庭，贫困家庭具有人均土地不足、生产性固定资产缺乏、种植业结构不优、劳动力非农就业相对不足等家庭经济资本占有不够的特征。另外，相对于汉族家庭，少数民族家庭也具有家庭经济资本占有不够的特征。

第六，被调查农村地区贫困家庭具有社会资源短缺的特征。

对照被调查民族地区家庭的主要贫困特征及贫困决定因素，可以发现这些因素既是贫困的表征，又是致贫的要素。概言之，影响被调查民族地区家庭贫困的因素是多元的，主要有自然地理、社会、文化、家庭、政策和体制等因素，其中像贫困家庭外部生存环境中一些因素在短时间内难以改变，一些因素通过外部及贫困家庭自身努力可以改进。

因此，我们在反贫困行动中，要针对这些因素，制定合适的反贫困应对政策。如针对生态环境脆弱、公共服务短缺等因素不仅是导致被调查民族地区家庭暂时性贫困的主要诱因，也是造成长期贫困人口难以脱贫的重要原因这一特征，政府在扶贫决策中，可优先考虑在贫困群体自愿的基础上实施生态移民。另外，在实施扶贫开发时，努力改善项目地的生态环境和基础设施建设，并与防灾避灾相结合，从根本上改善贫困家庭的生产、生活条件，尽量减少导致家庭陷入贫困的各种风险，让贫困家庭进入稳定脱贫的轨道。

第四章　民族地区农村扶贫开发

——宏观视角的考察

自 20 世纪 80 年代初以来，中国通过农村改革解放社会生产力，释放政策活力，贫困人口逐步减少。此后，从"三西"① 建设起步，在全中国范围开始组织政府主导的大规模、有计划的开发式扶贫，接着，连续实施国家"八七扶贫攻坚计划"和《中国农村扶贫开发纲要（2001－2010年)》与《中国农村扶贫开发纲要（2011－2020 年)》，基本解决了农村居民的温饱问题。党的十八大以来，继续向贫困宣战，中央把扶贫开发纳入"四个全面"战略布局，扶贫开发进入新的历史阶段，并强调实施精准扶贫，扶贫开发已由解决温饱问题转向加快贫困地区发展、贫困人口脱贫致富并实现与全国各族人民同步建成全面小康社会。

民族地区与中国其他地区一样，在中央统一部署下，实施了一系列扶贫开发措施，通过不断完善、实施扶贫战略缓解了贫困。由上文分析可知，虽然民族地区的贫困与其他地区存有共性，但由于自然地理条件、历史、文化等与其他地区的差异，其贫困呈现多元图景，从而有着自己的特殊性，如明显的脆弱性、多维特征。因此，民族地区农村反贫困一直是政府的重要工作内容，民族地区农村脱贫也成了 2020 年中国全面建成小康社会的重要基础。那么，对民族地区以往实施的反贫困政策措施进行分析，评估其实施效果，找出其存在的问题，有十分重要的理论和现实意

---

① 宁夏南部的西海固地区与甘肃的河西、定西并称为"三西"，是中国贫困程度最高的连片贫困地区之一。从 20 世纪 80 年代开始，"三西"地区的扶贫就得到了国家的高度重视，国家专门启动"三西"扶贫规划。

义。本章着重从宏观视角评估"十一五"规划实施以来民族地区的扶贫工作实践，以期为民族地区完善扶贫政策，实现更科学更有效的扶贫，补好全面建成小康社会的短板奉献一定的智力支持。

一 民族地区扶贫开发实践

"十一五"以来，民族地区由专项扶贫、行业扶贫、社会扶贫组成的"三位一体"扶贫工作格局逐渐清晰。首先，在专项扶贫方面，民族地区实施以整村推进为主体、以产业扶贫和贫困劳动力培训为两翼的"一体两翼"扶贫战略，贫困地区农村基础设施得到改善，贫困人口综合素质得到提高，脱贫能力进一步增强。其次，在行业扶贫和社会扶贫方面，民族地区得到各级政府、各行业、东部发达地区、各社会机构等的政策倾斜，实施了一系列扶贫工程，扶贫开发工作取得了显著成果。

（一）整村推进扶贫工程

进入 21 世纪以后，中共中央、国务院出台了《中国农村扶贫开发纲要（2001－2010 年）》（以下简称《纲要》），该《纲要》确定"国家把贫困人口集中的中西部少数民族地区、革命老区、边疆地区和特困地区作为扶贫开发的重点"，并以贫困乡、村为单位，加强基本农田、基础设施、环境改造和公共服务设施建设作为扶贫的主要内容和途径。经过几年的实践，2008 年 5 月，国务院明确指出"整村推进"是新阶段扶贫开发工作的重要举措。此后，国家以贫困村整村扶贫为切入点，在包括民族地区在内的全国贫困地区农村逐步开展了"整村推进扶贫"工作。2010 年底，全国有 12.6 万个贫困村实施了整村推进，占贫困村总数的 84%，整村推进扶贫开发的成效显著。①

2011 年底，国家颁布《中国农村扶贫开发纲要（2011－2020 年）》，

---

① 丁子铖、谷佳：《新时期扶贫开发整村推进的认识与思考》，《经济视角》2012 年第 6 期。

该《纲要》重申"整村推进"是专项扶贫的重要内容，"整村推进扶贫"及"整村推进回头看"工作在以民族地区为主的全国贫困地区农村全面展开。

2011～2015年，新疆共有2000多个贫困村实施了"整村推进扶贫"工程。通过"整村推进扶贫"工程，210万贫困人口得到有效扶持，174万贫困人口解决温饱问题。① "十二五"期间，青海368个贫困村实施整村推进产业发展项目，全面完成1972个"十二五"规划贫困村的整村推进任务。② 2014～2017年，内蒙古计划对2834个贫困嘎查（村）开展"三到村三到户"帮扶工作，即"规划到村到户、项目到村到户、干部到村到户"，帮助贫困村、贫困户定规划、定措施、保脱贫。内蒙古在2014～2015年两年为贫困嘎查（村）投入26亿元的财政扶贫资金，根据不同的致贫原因，因地制宜分类扶持，取得良好效果。③ 为加快贫困村民脱贫，近年来宁夏继续大力实施"整村推进扶贫"工作。2014年是宁夏开展整村推进扶贫以来投资规模最大的一年，全区向500个重点贫困村投入资金37亿多元，村均投入740万元，是原计划的7.4倍，是"十一五"期间村均投资的2.5倍。2014年底，有100个重点贫困村达到了脱贫的标准，11个乡整乡推进、20个整村推进示范村建设的任务均如期完成。④

由于目前西藏是全国贫困问题最突出的省区，西藏采取特殊政策，实施"整乡推进扶贫"工程，其扶持力度相较其他省区更大。⑤ 2011～2015年，西藏共实施269个整乡推进扶贫任务，投入财政扶贫资金13.79亿元，安排整乡推进扶贫项目2436个，受益人口46.5万人，年人均增加收

①　新疆维吾尔自治区财政厅：《扶贫攻坚成效显　天山南北展新颜——财政推动新疆扶贫开发》，《中国财政》2015年第18期。

②　《青海"十二五"减贫100万人，16年11万人将脱贫》，http：//news. ifeng. com/a/20160123/47200104_0. shtml，最后访问日期：2017年3月9日。

③　富丽娟：　《"十二五"内蒙古减贫178万人　扶贫开发工作成效显著》，http：//nm. people. com. cn/n2/2016/0224/c196689 - 27803017. html，最后访问日期：2017年3月9日。

④　《宁夏精准扶贫和整村推进工作综述》，《宁夏日报》2015年1月11日。

⑤　达瓦次仁、次仁、由元元、仓木啦、旦增、方晓玲：《略论西藏扶贫搬迁与生态移民间的关系》，《西藏研究》2014年第5期。

入 1050 元，整乡推进成效显著。2015 年，按照精准扶贫要求，西藏还在 74 个县（区）148 个贫困村开展整村推进（含旅游扶贫）试点工作，在日喀则市桑珠孜区和山南地区贡嘎县、扎囊县安排了扶贫攻坚试点项目，均取得了一定实效。[①]

（二）产业扶贫工程

产业扶贫是中国专项扶贫工作的重要组成部分，是提高贫困人口自我发展能力，实现脱贫致富的主要途径。

贵州省的产业扶贫稳步推进。"十二五"以来，贵州累计投入产业扶贫项目财政专项资金 66.5 亿元，实施到村产业扶持项目 4 万多个，实现总产值 813 亿元，形成了"东油西薯、南药北茶、中部蔬菜、面上干果牛羊"的扶贫产业格局。[②]

云南省一直将产业扶贫作为加快扶贫开发的重要举措。2011～2014 年，云南省共投入 9.24 亿元财政扶贫补助资金，实施 1170 件产业扶贫项目，总投资 39.87 亿元，重点支持贫困县、贫困村发展蔬菜、水果、烟、茶、糖、桑、橡胶、马铃薯、畜牧等传统优势产业，大力扶持药材、保健食品、花卉、咖啡等新兴特色产业，共安排养殖项目 69 个，产业扶贫项目涉及全省 123 个县的 3881 个贫困村委会，带动 54.2 万户农户发展产业脱贫，其中贫困户 32.8 万户，实现户均增收 2552 元。[③]

青海着力实施产业化扶贫战略。"十二五"以来，已实施连片开发、产业带动的村，占项目村总数的比例，从 2008 年的 35% 提高到 2012 年的 96.7%。初步形成了高原特色农业、特色生态畜牧业、特色文化旅游业和绿色农畜产品加工业体系，基本实现了户有致富项目、村有特色产业的目标，走出了一条具有青海特色的种养加工一条龙、农（牧）工贸一体化

---

① 《中国扶贫开发年鉴》编委会编《中国扶贫开发年鉴》（2012 年、2014 年、2015 年）；毛娜：《西藏扶贫开发工作综述》，http://xz.people.com.cn/n/2015/1020/c138901-26858340.html，最后访问日期：2017 年 3 月 9 日。
② 刘增兵：《全国扶贫主战场的贵州答卷——贵州扶贫开发工作综述》，《贵州日报》2015 年 10 月 18 日。
③ 胡晓蓉、庄俊华：《产业扶贫铺就致富路》，《云南日报》2015 年 5 月 11 日。

的新型产业扶贫之路。①

广西将产业扶贫作为扶贫开发工作的重要举措。2010 年底，广西开始计划实施"十百千"产业化扶贫示范工程。② 到 2015 年初，广西在"十百千"产业化扶贫示范工程上累计投入财政专项扶贫资金 3.86 亿元，已完成种植 17.8 万亩，低产改造 10 万亩，家禽养殖 17.7 万羽，肉兔养殖 32.1 万只，竹鼠养殖 4 万只，淡水养殖 4200 箱。项目覆盖全自治区 50个县，1345 个村，其中贫困村 869 个；扶持农户 12.9 万户，其中贫困农户 8.2 万户。③

西藏将做大做强特色优势产业、强化产业扶贫工作提升为西藏发展战略，并明确"每个县 70%以上财政专项扶贫资金要集中用于产业发展，其中直接用于支持扶贫对象参与产业发展的资金要争取达到 70%"的工作要求。据统计，2011～2014 年，西藏共认定扶贫龙头企业 30 家，扶持农牧业专业合作经济组织 180 家，先后扶持了山南的种草养牛、拉萨的蔬菜生产与青稞基地建设、日喀则的糌粑加工、昌都的林果业、林芝的生态养猪、阿里的绵羊育肥、那曲的牦牛肉加工等产业，初步建成了特色种植养殖、农畜产品加工、特色建材、民族手工业等产业基地，农畜产品加工业总产值达到 21 亿元，增长 16%，农牧业产业化经营率达到 36.5%，④ 促进了西藏农牧区产业结构的优化，为农牧民脱贫打下了基础。

总之，通过多年的产业扶贫，民族地区农村产业结构得到优化，农牧业产业化程度提高，贫困农村人口脱贫能力进一步增强。

---

① 王梅：《"十二五"以来青海扶贫开发工作成就》，http://qh. people. com. cn/n/2014/1015/c181467 - 22617016. html，最后访问日期：2017 年 3 月 9 日。

② 即在广西全区范围内建设 10 片以上，连片在 1000 亩以上的特色优质高效种植示范基地或特色高效养殖示范基地，每片示范基地覆盖贫困农户 1000 户以上；扶持培植 100 家以上年销售额在 1 亿元以上、具有较强带动能力的扶贫龙头企业，到"十二五"期末，辐射带动的贫困村农户数增加一倍以上，力争农户增收一倍以上；通过示范基地和扶贫龙头企业带动 1000 个以上贫困村成为产业化扶贫示范村，到"十二五"期末，力争示范村贫困农户人均纯收入比 2010 年增加一倍以上。

③ 韦继川：《广西实施"十百千"产业化扶贫示范工程观察》，http://news. gxnews. com. cn/staticpages/20150409/newgx5525f382 - 12558036. shtml，最后访问日期：2017 年 3 月 9 日。

④ 毛娜：《西藏扶贫开发工作综述》，http://xz. people. com. cn/n/2015/1020/c138901 - 26858340. html，最后访问日期：2017 年 3 月 9 日。

（三）贫困劳动力培训

贫困劳动力培训是政府主导的开发式扶贫的重要工程，"雨露计划"是其主要工程。各民族省区根据自己的省情，有针对性地开展了各种贫困劳动力培训工程，为民族地区贫困农牧民脱贫做出了一定贡献。

贵州基于贫困劳动力培训工程，实施了一系列培训行动。其中，为缓解因学致贫、因学返贫，帮助农村贫困家庭子女接受职业技能教育和高等教育，贵州扶贫办启动了"雨露计划·圆梦行动"和"雨露计划·助学工程"，实行扶贫特惠资助，目前基本做到应补尽补。例如，2014 年，贵州投入财政扶贫资金 1.23 亿元，共完成培训（助学）20.8 万人。2014 年 12 月，贵州省政府办公厅印发《贵州省创新职教培训扶贫"1 户 1 人"三年行动计划（2015 - 2017 年）》。根据计划，2015 ~ 2017 年，贵州将整合各类资金 31.59 亿元，实施职教培训180.1 万人，确保到 2017 年实现全省 120 万农村建档立卡贫困户"1户 1 人 1 技能"全覆盖，实现"职教培训 1 人、就（创）业 1 人、脱贫 1 户"的目标。[①]

广西一直很重视贫困劳动力培训工程，多渠道促使贫困劳动力得到培训，以增加他们的就业能力。在 2011 ~ 2013 年上半年的两年半时间里，广西开展农民实用技术培训 53.922 万人次，扶持贫困农户家庭子女接受职业学历教育 6.8242 万人次。[②] 另外，"十二五"期间，广西投入 2.7 亿元实施"雨露计划"，发放学历教育补助资金 2.13 亿元，补助贫困家庭学生 5.88 万人次。落实"两广"（广东、广西）对口帮扶职业教育协作试点，共动员 803 名贫困学生报读广东协作学校，安排 1200 多名学生到

[①] 《中国扶贫开发年鉴》编委会编《中国扶贫开发年鉴·2015》，团结出版社，2015；贵州省政府办公厅：《贵州省创新职教培训扶贫"1 户 1 人"三年行动计划（2015 - 2017年）》，http://www.gzgov.gov.cn/xwzx/djfb/201506/t20150626_ 179705.html，最后访问日期：2017 年 3 月 9 日。

[②] 《广西农村扶贫开发"十二五"规划中期评估报告出炉》，《广西日报》2013 年 12 月 23日。

广东省顶岗实习。①

　　云南在贫困劳动力培训方面，比较注重劳动力的技能培训，并且坚持从源头促进贫困地区新生劳动力素质的提高和转移就业。2014 年，云南安排财政扶贫资金 1.06 亿元，培训贫困地区农村劳动力 12 万人，其中，引导性培训 2 万人，技能培训 10 万人；完成贫困地区劳动力转移就业 12 万人。当年开展"雨露计划"实施方式改革试点，在 23 个试点县共完成补助 2.42 万人，发放补助资金 3630 万元。②

　　西藏在贫困劳动力培训工程方面，也做了大量的工作。2014 年，共实施贫困劳动力培训项目 65 个，安排培训资金 1159 万元，其中，贫困劳动力转移培训 290 万元，农村实用技术培训 509 万元，培训贫困群众 1.1 万人次，实现就业 0.7 万人。③

　　青海 2006 年开始实施"雨露计划"，并且一直"以培训促进就业、以就业促进增收"为目标，开展多种形式的学历培训和技能培训。"十一五"期间，有 2.3 万人贫困劳动力参加了政府组织的培训，基本达到了"培训一人、就业一人、脱贫一人"的目标。④"十二五"期间，青海加大实施贫困劳动力转移培训工程。2014 年，青海安排 1500 万元，对 1 万名贫困劳动力开展涉及 30 多个专业的短期技能培训。⑤

　　新疆扶贫培训比较注重扶贫培训与产业结构调整相结合，培训与转移就业相结合，取得了明显的扶贫效果。2014 年，新疆共下达"雨露计划"扶贫培训资金 6826 万元，编制项目 411 个，累计完成"雨露计划"各类培训 17 万人（次），其中技能培训 204 万人，专项培训及其送教下乡 13

---

① 《中国扶贫开发年鉴》编委会编《中国扶贫开发年鉴·2015》，团结出版社，2015；《广西农村扶贫开发"十二五"规划中期评估报告出炉》，《广西日报》2013 年 12 月 23 日；广西壮族自治区扶贫办：《"十二五"以来广西扶贫开发工作综述》，http://www.gx.xinhuanet.com/topic/2015gxfp/2016－03/18/c_1118378734.htm，最后访问日期：2017 年 3 月 9 日。

② 《中国扶贫开发年鉴》编委会编《中国扶贫开发年鉴》（2012 年、2014 年、2015 年），团结出版社，2012、2014、2015。

③ 《中国扶贫开发年鉴》编委会编《中国扶贫开发年鉴》（2012 年、2014 年、2015 年），团结出版社，2012、2014、2015。

④ 青海省发改委：《青海省"十二五"扶贫开发规划》，http://xxgk.qh.gov.cn/fgw，最后访问日期：2017 年 3 月 9 日。

⑤ 《中国扶贫开发年鉴》编委会编《中国扶贫开发年鉴》（2012 年、2014 年、2015 年），团结出版社，2012、2014、2015。

万人，贫困地区及其干部培训 0.5 万人（次）。[①]

为了"拔穷根"，促进贫困地区农村新生劳动力素质，内蒙古、宁夏在"雨露计划"方面，也做了相当多的工作。2014 年，内蒙古为 12 个"雨露计划"试点盟市下拨 3520 万元资金，有 2.4 万农村贫困生接受中、高等职业教育和一年以上技能培训。2015 年，继续对 23467 名中高职院校的贫困家庭子女实施"雨露计划"，并以"一卡通"形式资助贫困学生，每人补助 3000 元。[②]

总之，经过多年的以"雨露计划"为主的贫困劳动力转移培训工程，民族地区不仅培养了一批掌握当地特色产业生产、经营技能的农村贫困劳动力，还培训了一大批具有基本技能的劳务大军，为贫困地区农村劳动力更好从事农业生产或转移就业打下良好基础。

（四）扶贫搬迁工程

扶贫搬迁工程主要包括易地扶贫搬迁工程、生态移民工程、吊庄移民工程等。易地扶贫搬迁工程是指将生活在缺乏生存条件地区的贫困人口搬迁安置到其他地区，并通过改善安置区的生产生活条件、调整经济结构和拓展增收渠道，帮助搬迁人口逐步脱贫致富。"生态移民"是将居住在生态环境较为恶劣地区或生态保护区的农牧民搬迁出来，安置在自然条件较好的地方。一般而言，贫困和恶劣的生态环境相伴相生，凡是生态环境恶劣的地方，基本是贫困地区。"生态移民"的目的一方面是要恢复迁出地生态环境，另一方面是使搬迁群众脱贫致富。因此，可以说"生态移民"只是"易地扶贫搬迁"的任务之一，即易地扶贫搬迁包括了生态移民。"吊庄移民"工程特指宁夏的"生态移民"工程。1983 年，宁夏根据中央"三西"扶贫战略精神，决定将"不适宜于人类生存"的宁夏"西海固"一部分居民搬迁到银川周边平原实行"吊庄移民"工程。"吊庄移

---

① 《中国扶贫开发年鉴》编委会编《中国扶贫开发年鉴》（2012 年、2014 年、2015 年），团结出版社，2012、2014、2015。

② 《中国扶贫开发年鉴》编委会编《中国扶贫开发年鉴·2015》，团结出版社，2015；《内蒙古教育扶贫"雨露计划"精准资助 2.3 万名贫困学子》，http://www.yulujihua.com/body.jsp?newsId=ff8080814f222ae7014fa594f1ed000b&&topicId=8a8084e53dba7196013dba719ca6000，最后访问日期：2017 年 3 月 9 日。

民"基本上解决了部分居住在宁夏南部山区由缺水带给居民的长期贫困问题，也缓解了南部山区的生态压力。因此，可以说"吊庄移民"与"生态移民"的目标实质上也是一致的，均是减轻生态脆弱地区的人口压力，使贫困群体脱贫。

"十一五"以来，国家相关部门相继出台了《国家发展计划委员会关于易地扶贫搬迁试点工程的实施意见》《国家发展改革委关于印发易地扶贫搬迁"十一五"规划的通知》《易地扶贫搬迁"十一五"规划》和《易地扶贫搬迁"十二五"规划》，决定对生存在环境恶劣、不具备基本生产和发展条件、"一方水土养不活一方人"的深山区、石山区、荒漠区、地方病多发区等地区的农村贫困人口进行易地扶贫搬迁。按照"先行试点、逐步扩大"的原则，实施范围由最初的内蒙古、贵州、云南、宁夏4个省区，扩大到主要包括西部民族地区的17个省份。截至2015年，国家累计安排易地扶贫搬迁中央补助投资363亿元，搬迁贫困群众680万余人。① 从"十五"规划时期易地扶贫搬迁试点开始，各民族省区相继实施了易地扶贫搬迁工程。

内蒙古、贵州、云南、宁夏作为最初的易地扶贫试点省区，从"十五"时期开始，一直坚持实施易地扶贫搬迁工程。其中，内蒙古"十一五"期间累计移民30.4万人。"十二五"开始，内蒙古更是加大易地扶贫搬迁力度，共投入专项资金44.5亿元，完成易地扶贫搬迁11.5万户、39.7万人。搬迁后，户人均住房面积达到15~20平方米，人均占有耕地4亩左右。②

2001~2010年，贵州累计投入易地扶贫搬迁专项资金24.2亿元，共完成8.78万户38.27万贫困人口的易地搬迁。③ 2011年，贵州完成易地

---

① 国家发改委政策研究室：《国家发展改革委扎实推进易地扶贫搬迁成效显著》，http://www.gov.cn/xinwen/2015－10/18/content_ 2948739.htm，最后访问日期：2017年3月9日。

② 《内蒙古自治区生态脆弱地区移民扶贫规划》；富丽娟：《"十二五"内蒙古减贫178万人　扶贫开发工作成效显著》，http://nm.people.com.cn/n2/2016/0224/c196689－27803017.html，最后访问日期：2017年3月9日。

③ 王永平、陈勇：《贵州生态移民实践：成效、问题与对策思考》，《贵州民族研究》2012年第5期。

扶贫搬迁 3.1 万人。为加快扶贫攻坚，自 2012 年启动实施扶贫生态移民工程，计划用 9 年时间，对全省 47 万户 204 万人实施扶贫生态移民搬迁。2012~2015 年的三年时间里，贵州扶贫生态移民共建设 457 个安置点，住房 10 万余套，搬迁 42 万人。①

云南"十五"期间共组织实施易地扶贫搬迁 34.55 万人。② "十二五"以来，云南实施易地扶贫搬迁 7.79 万户 35.72 万人，安排专项扶贫资金 22.42 亿元，带动其他投入资金 100 多亿元，发挥了四两拨千斤的杠杆效应，从根本上改善了搬迁贫困群体的生产生活环境，为贫困群体实现脱贫致富夯实了基础。③

宁夏自 1983 年起实施"吊庄移民"，即将南部山区的部分农民搬迁到北部川区，以达到减轻南部山区的人口压力，使贫困农民脱贫的目的。1983~2000 年，宁夏已在引黄灌溉区和扬黄灌溉区建设吊庄移民基地 24 处，开发耕地 83 万亩，搬迁贫困农民 32.8 万多人，加上旱改水安置的 8.4 万人，共计 41 万余人。④ "十二五"期间，国家发改委共安排中央预算内投资 23.7 亿元，支持宁夏易地扶贫搬迁 40.9 万人。⑤

新疆扶贫搬迁工程也卓有成效。2011 年，新疆投入易地扶贫搬迁的财政扶贫资金 1.58 亿元，搬迁 833 户、3415 人。2014 年，投入易地扶贫搬迁的财政扶贫资金 6.19 亿元，完成搬迁 2948 户、1.1 万人。⑥

广西自 2004 年成为国家易地扶贫搬迁（试点）工程省区以来，易地扶贫搬迁工作有条不紊地进行。2014 年，广西进一步推进移民搬迁，并拟定

① 《中国扶贫开发年鉴》编委会编《中国扶贫开发年鉴》（2012 年、2014 年、2015 年），团结出版社，2012、2014、2015；《贵州易地扶贫搬迁调查》，http://www.gzgov.gov.cn/xwzx/mtkgz/201512/t20151205_356947.html，最后访问日期：2017 年 3 月 9 日。

② 《云南省易地扶贫搬迁"十一五"规划》，http://govinfo.nlc.gov.cn/ynsfz/xxgk/yns/201311/t20131121_4271731.shtml?classid=456，最后访问日期：2017 年 3 月 9 日。

③ 吉哲鹏：《云南"十二五"已实施易地扶贫搬迁 7.79 万户》，http://news.xinhuanet.com/politics/2015-06/22/c_1115685974.htm，最后访问日期：2017 年 3 月 9 日。

④ 孔炜莉：《宁夏吊庄移民问题研究综述》，《宁夏社会科学》2000 年第 6 期。

⑤ 国家发展和改革委员会地区经济司：《国家发展改革委支持宁夏实施易地扶贫搬迁工程》，http://dqs.ndrc.gov.cn/gzdt/201503/t20150311_667078.html，最后访问日期：2017 年 3 月 9 日。

⑥ 《中国扶贫开发年鉴》编委会编《中国扶贫开发年鉴》（2012 年、2014 年、2015 年），团结出版社，2012、2014、2015。

了 2014~2020 年移民搬迁总体规划，将扶贫搬迁范围大幅扩大。对居住在石山区、深山区的贫困对象，受地质灾害危害的对象，迁出以利于保护生态的对象，10 户以下居住分散、扶贫成本高的贫困对象进行生态移民搬迁，每年搬迁 10 万人左右，预计到 2020 年搬迁 100 万贫困人口。①

青海三江源地区是长江、黄河、澜沧江的发源地。为了维护青海生态安全，维护中国的水源安全，2005 年国家投入 75 亿元，启动了三江源生态保护和建设工程，三江源生态移民工程也就成为中国最大的生态移民工程。2004~2013 年，青海在三江源自然保护区项目中将生态移民和退牧还草工程相结合，共移民 14477 户 70724 人，建成移民社区 112 个。②

早在 1996 年，西藏自治区就开始实施扶贫搬迁工程，定日县尼夏乡的 45 个贫困户 310 人成为第一批搬迁对象，迁入该县的长所开发区。2006~2008 年，西藏将昌都县如意乡达若村整体从地方偏僻、交通不便的原址搬迁到离昌都县城 12 公里的米通坝，先后搬迁 55 户。③ 另外，西藏也实施了生态移民工程。2001 年，西藏投资 830 万元实施第一批"天保工程"易地搬迁项目，昌都地区贡觉县克日、敏都、木协等 6 个乡的 144 户 948 名贫困农牧民作为"天保工程"易地搬迁的首批对象被分别安置在林芝地区的波密、林芝、米林 3 个县 4 个点。④ 西藏还对拉萨、日喀则、昌都等大骨节病主要病区实施了易地扶贫搬迁措施。截至 2007 年，已完成 3760 多户近 2 万人的搬迁。⑤

---

① 《中国扶贫开发年鉴》编委会编《中国扶贫开发年鉴》（2012 年、2014 年、2015 年），团结出版社，2012、2014、2015；《"十二五"以来广西扶贫开发工作综述》，http://www.gx.xinhuanet.com/topic/2015gxfp/2016 - 03/18/c_ 1118378734.htm，最后访问日期：2017 年 3 月 9 日。

② 朱文平、王克双：《青海省政协帮助三江源生态移民打开幸福之门》，http://cppcc.people.com.cn/n/2013/0121/c34948 - 20263298.html，最后访问日期：2017 年 3 月 9 日。

③ 徐君：《割舍与依恋——西藏及其他藏区扶贫移民村考察》，《西藏大学学报（社会科学版）》2011 年第 4 期；达瓦次仁、次仁、由元元、仓木啦、旦增、方晓玲：《略论西藏扶贫搬迁与生态移民间的关系》，《西藏研究》2014 年第 5 期。

④ 达瓦次仁、次仁、由元元、仓木啦、旦增、方晓玲：《略论西藏扶贫搬迁与生态移民间的关系》，《西藏研究》2014 年第 5 期。

⑤ 达瓦次仁、次仁、由元元、仓木啦、旦增、方晓玲：《略论西藏扶贫搬迁与生态移民间的关系》，《西藏研究》2014 年第 5 期。

（五）行业扶贫

自 2001 年以来，特别是"十二五"时期以来，有关行业部门积极履行行业职责，充分发挥行业部门优势，出台了一系列面向民族贫困地区的特殊政策，加大行业扶贫的投入力度。

国家发展和改革委员会（以下简称国家发改委）在行业扶贫方面起到了引领作用。"十二五"期间，国家发改委把加快少数民族和民族地区经济社会发展摆在工作的突出位置，逐步加强和改进规划、政策、资金、综合协调等手段，促进发展成果更多更好地惠及各族人民群众，为民族地区减贫夯实了基础。"十二五"期间，国家发改委在其牵头编制的《国家基本公共服务体系"十二五"规划》中强调对民族地区给予倾斜支持；并牵头编制《全国游牧民定居工程建设"十二五"规划》；会同有关部门首次编制了民族八省区发展的区域性政策文件和专项规划；研究出台《宁夏内陆开放型经济试验区规划》《天山北坡经济带发展规划》；研究设立广西东兴，云南瑞丽、勐腊（磨憨）、内蒙古满洲里、二连浩特等重点开发开放试验区，并印发建设实施方案；研究起草并报国务院印发《近期支持东北振兴若干重大政策举措的意见》，明确内蒙古东部 5 盟市与东北三省同等享受相关政策。另外，"十二五"期间，国家发改委共安排民族地区中央预算内投资超过 672 亿元，在教育、卫生、文化、旅游、养老等方面组织实施一系列社会领域专项建设规划，有效改善了民族地区群众上学、就医、享受文化生活等公共服务条件，从而为民族地区有效减贫打下基础。[①]

为防止贫困的代际传递，加强民族地区基础教育，教育部在行业扶贫方面起到重要作用。2011 年，中央财政投入专项资金 10 亿元，实施"普通高中改造计划"，支持西部 12 个省区的集中连片特困地区，尤其是民族地区普通高中改善办学条件；中央财政下达专项资金 97 亿元重点用于支持中西部地区发展农村学前教育，其中新疆学前"双语"幼儿园 4.85

---

① 《中国扶贫开发年鉴》编委会编《中国扶贫开发年鉴》（2012 年、2014 年、2015 年），团结出版社，2012、2014、2015；《少数民族事业新实践（4）——来自国家发改委的报告》，国家民委微信公众号，2016 年 3 月 3 日。

亿元、民汉合校 1.5 亿元。

农业部历来高度重视民族地区农村经济发展，为民族地区农牧业发展，农牧民增收、脱贫，做出了不少工作，行业扶贫贡献较大。"十二五"期间，农业部会同国家发改委、财政部累计安排 5 个民族自治区各类项目资金 1106.8 亿元。其中，安排基本建设投资 230.7 亿元，重点用于退耕还林还草等生态环境保护类工程，基层农技推广体系等农业服务体系建设类工程，以及"千亿斤粮食工程""畜禽良种工程"等生产发展类工程；安排财政专项资金 876.1 亿元，重点用于良种补贴、农资综合补贴、草原生态保护补助奖励、农村劳动力转移培训补助和新型职业农民培训等。另外，自 2011 年起，国家在宁夏、内蒙古、新疆、西藏、青海、四川、云南等 8 个主要草原牧区，建立草原生态保护补助奖励机制，实施禁牧补助、草畜平衡奖励、生产性补贴和绩效考核奖励，既保护了当地草原生态，又给予牧民一定补助，保障了牧民的基本生活。①

国家卫生和计划生育委员会（以下简称国家卫计委）按照"普惠政策重点支持、试点政策优先支持、没有明确的政策项目争取特殊支持"的原则，向民族地区实施倾斜政策，在行业扶贫方面做了很多工作。其一，"十二五"期间，安排中央专项投资 291.1 亿元支持民族地区 27620 个卫生计生服务机构基础设施建设，民族地区卫生计生服务机构的基础设施和条件得到改善。其二，为了提升民族地区医疗卫生服务能力，国家卫计委在北京、上海等 5 省市医学院校开设民族班，对维吾尔族、蒙古族、藏族、傣族四种民族医学进行专门的医师资格考试，为西藏和青海单独划定医师资格考试录用分数线，大大提高了民族医生的数量和医疗水平。其三，为加强民族地区疾病防控工作，防止因病致贫、返贫，国家卫计委支持民族地区重点传染病、地方病的防控工作，实施国家免疫规划。其四，在民族地区全面落实公共卫生服务，2015 年，民族地区基本公共卫生服务人均经费补助标准提高到 40 元，并全面落实 11 类 43

---

① 《中国扶贫开发年鉴》编委会编《中国扶贫开发年鉴》（2012 年、2014 年、2015 年），团结出版社，2012、2014、2015；《少数民族事业新实践（5）——来自农业部的报告》，国家民委微信公众号，2016 年 3 月 4 日。

项基本公共卫生服务。[①]

中国还有很多行业、部门对民族地区实施行业扶贫，均取得了一定的扶贫成效，兹不一一赘述。

（六）社会扶贫

广泛动员全社会力量参与扶贫工作一直是中国扶贫工作的一条重要方针。20 世纪 80 年代以来，中国的社会扶贫工作已经初步形成了以定点扶贫、东西部扶贫协作、军队和武警部队参与扶贫为引领，民营企业、社会组织和个人广泛参与的工作体系。其中，广西、宁夏、内蒙古、青海、贵州、云南是中国农村扶贫开发地图上的重要战场，也是社会扶贫工作的聚集地，社会扶贫成果丰硕。

"十二五"以来，广西在社会扶贫方面呈现出多层面、多渠道参与帮扶的格局，取得了较好的成果。从定点帮扶方面看，"十二五"时期，广西共有 204 个中直驻桂、区直单位参与定点扶贫工作。2014 年末，广西所有国家扶贫开发重点县及自治区扶贫开发重点县，均有 3 个以上中直驻桂单位或区直单位定点帮扶。2011 ~ 2013 年，各级帮扶单位共投入帮扶资金 47 亿多元。另外，驻桂部队也积极参与定点帮扶，共投入帮扶资金近 0.6 亿元，帮扶 136 个村屯。从东西扶贫协作方面看，广东帮扶广西的财政专项资金从"十一五"时期的每年 2000 万元，增加到"十二五"时期的 3500 万元。截至 2014 年底，广东省向广西提供无偿资金及捐物折款 4757.12 万元；帮助广西举办各类培训班 13 期，培训人员 885 人次。从其他社会扶贫情况看，也取得了较好的效果。"十二五"期间，世界银行和英国国际发展部投资 1437 万元，实施"贫困农村社区发展项目"，让广西参与项目的 4 万多农户直接受益。[②]

---

① 《中国扶贫开发年鉴》编委会编《中国扶贫开发年鉴》（2012 年、2014 年、2015 年），团结出版社，2012、2014、2015；《少数民族事业新实践（5）——来自农业部的报告》，国家民委微信公众号，2016 年 3 月 4 日。

② 《中国扶贫开发年鉴》编委会编《中国扶贫开发年鉴》（2012 年、2014 年、2015 年），团结出版社，2012、2014、2015；韦继川：《广西社会扶贫工作向纵深发展 形成"大扶贫"格局》，http://www.gov.cn/gzdt/2012 - 02/07/content_ 2060102.htm，最后访问日期：2017 年 3 月 15 日。唐卓：《广西教育和社会扶贫工作取得新突破》，2014 年 12 月 12 日，http：//www.mzb.com.cn/html/report/141230169 - 1.htm，最后访问日期：2017 年 3 月 15 日。

　　青海社会扶贫成绩斐然。从定点帮扶方面看，从2011年到2014年10月，13个中央国家机关、企事业单位投资8582.9万元（含物资折价），协调引进资金45306万元，定点帮扶青海15个国家扶贫开发工作重点县；123家省直机关投入帮扶资金物资1.74亿元，定点帮扶39个县（市）115个乡（镇）的124个贫困村；672家市（州）直机关定点扶贫单位投入帮扶资金物资1.03亿元（含物资折价），引进各类项目资金2.92亿元，定点帮扶39个县（市）、271个乡（镇）的703个贫困村；2194家县（市）直机关定点扶贫单位投入帮扶资金物资1.39亿元，引进各类项目资金5.54亿元，定点帮扶39个县、346个乡（镇）的1861个贫困村，实施项目672个。①从东西扶贫协作方面看，2011年到2014年10月，辽宁—青海东西扶贫协作不断拓展，辽宁省帮扶青海资金共计1.80亿元，主要实施了"整村推进"、扶持专业合作社、互助资金试点、党政军企共建示范村、基础设施建设、美丽乡村建设、技能培训和教育扶贫、产业发展等帮扶项目。从企业和社会各界参与扶贫情况看，2011年到2014年10月，青海有324家企业与407个贫困村建立了共建关系，各参与共建企业发挥自身优势和特点，结合贫困村的实际情况，通过项目扶村、产业带村、教育兴村、招工帮村、党建促村等不同形式，对联系点、共建贫困村给予了有效帮扶。324家企业共投入帮扶资金（含物资折价）3950万元，实施各类项目105个，技能培训1100人次，吸纳用工4000余人次，资助贫困大学生130人次。另外，共有45890名社会各界人士，通过捐款捐物、帮助落实项目、开展技能培训和转移就业、支学支医等帮扶方式，结对帮扶34165户贫困户，使13万贫困人口从中受益。②

　　新疆、西藏均属于生态、政治、经济都很特殊的地区，其特殊性决定了其发展目标及发展途径的特殊性，也决定了其社会扶贫的特殊性。新疆、西藏社会扶贫除了包括定点扶贫及其他社会各界参与的扶贫外，还包

---

①　王梅：《"十二五"以来青海扶贫开发工作成就》，http：//qh. people. cn/n/2014/1015/c181467 - 22617016. html，最后访问日期：2017年3月9日。

②　王梅：《"十二五"以来青海扶贫开发工作成就》，http：//qh. people. cn/n/2014/1015/c181467 - 22617016. html，最后访问日期：2017年3月9日。

括"援疆扶贫"与"援藏扶贫"。下面重点分析"援疆扶贫"与"援藏扶贫"。

由于新疆的特殊地位，中央政府和各族人民早已达成"援疆就是卫国，新疆发达了，西北边境就安定富足，受益的将是整个中国和中华民族"的共识。因此，"援疆"成为必须长期坚持的国家战略。援疆一方面提高了新疆经济社会发展水平，另一方面也促进了新疆贫困地区和贫困群体的脱贫。尤其是 2010 年开始的中央新一轮对口援疆从多方面对原来的援疆布局作了调整，其中重要的调整是 19 个省市对口支援新疆 12 个地州和兵团 12 个师重点支援基层和南疆，并安排北京、广东、深圳、天津、江苏、上海、山东等九个经济实力强的省市对口支援贫困程度较深的南疆三地州，而且明确在重大建设项目布局和投资计划安排上对南疆三地州给予重点倾斜。显然，中央新一轮对口援疆的重要任务之一就是援疆扶贫。据统计，2010～2014 年，19 个对口援疆省市和中央国家机关、企事业单位共拨付援助资金 470 亿元，实施援疆项目 4139 个。截至 2014 年底，新一轮对口援疆共实施干部人才项目 2636 个，引进各类干部人才近 3 万名，组织培训新疆各类干部人才 77.62 万人次，加强了新疆人才队伍建设。通过援疆，引进一批劳动密集型产业，不仅带动受援地经济发展，而且带动受援地大量劳动力就业；另外，广东加大对新疆的支持，并鼓励新疆劳动力到广东等沿海发达地区转移就业。例如"十二五"期间，广东援建的劳务输出服务机构"两县一师"就促进 10 多万人疆内转移就业，1.6 万多人疆外转移就业，其中 3000 多人转移到广东就业。①

西藏自 1951 年和平解放以来，中央政府对西藏实施了各种扶持措施。特别是 1980 年以来，中共中央先后六次召开西藏工作座谈会，形成了以中央政府支持为主、以对口支援为重要力量的"全国援藏"区域发展战略，并逐步确定了关于"全国援藏"的财政补贴、税收优惠、工程援建、金融投资优惠、教育援助等一系列措施。尤其是 1994 年召开的第

---

① 于洋：《"疆外来"携手"本土造"（新疆跨越 60 年）——新一轮对口援疆工作纪实》，《人民日报》2015 年 9 月 12 日；《对口援疆：看得见摸得着（新疆跨越 60 年）》，《人民日报》2015 年 9 月 12 日。

三次西藏工作座谈会决定采取的"分片负责、对口支援、定期轮换"的援藏形式,把对口支援制度化。2001~2008 年,国家对西藏的财政补贴高达 1046 亿元,全国对西藏的援助(包括对口援助资金、各类专项资金等)约为 1200 亿元,二者之和差不多是从西藏和平解放到 20 世纪末援藏资金的总和。[①]"十二五"期间,西藏充分发挥对口援藏优势,大力开展扶贫工作,将 80% 的援藏资金向农牧区倾斜,有的地区还专门安排援藏资金用于扶贫开发。目前,"援藏扶贫"已成为西藏社会扶贫的重要部分。[②]

综上所述,社会扶贫不但在项目、资金、技术等方面对民族地区进行帮扶,进一步提升和完善了民族地区基础设施和文化教育水平,而且帮扶单位人员还经常深入贫困乡村进行调研,了解贫困乡村及贫困农牧民的实际情况,从而逐步实现对贫困村、贫困户的精准化识别、针对性扶持、动态化管理,并达到扶真贫、真扶贫的精准扶贫目标。

二　民族地区扶贫开发成效

针对民族地区贫困的状况及特征,在中央及各级政府的统一部署下,在社会各界的帮扶、支持下,民族地区以促进贫困地区经济社会发展、推动贫困群众稳定脱贫为目标,实施了多项扶贫工程,扶贫工作取得了一定的成绩。

(一) 民族地区贫困规模迅速减小,贫困程度缓解的速度加快

由上文可知,民族地区贫困人口量大面广,贫困问题严峻。在国家对民族地区的持续扶持下,特别是"十八大"以来,国家对民族地区的扶持力度大幅提高,民族地区扶贫成效明显。

---

① 王志伟、阮平南:《"全国援藏"发展模式的演进历程》,《区域经济》2012 年第 12 期;潘久艳、周红芳:《"全国援藏":改革路径与政策回应》,《中共四川省委省级机关党校学报》2010 年第 2 期;邹德斌:《西藏新时期社会扶贫工作思考》,《新西藏》2014 年第 12 期。

② 吴海波:《发起"总攻":西藏打造"五位一体"扶贫新格局》,http://china.huanqiu.com/hot/2016-01/8338631.html,最后访问日期:2017 年 3 月 9 日。

第一，2000～2010年，按照当年的贫困标准，民族八省区农村贫困人口从3144万人减少到1034万人（见图4-1），减少了2110万人。贫困发生率从23.0%下降到8.7%（见图4-2），下降了14.3个百分点，贫困发生率与全国平均水平的差从12.8个百分点，下降到5.9个百分点。①

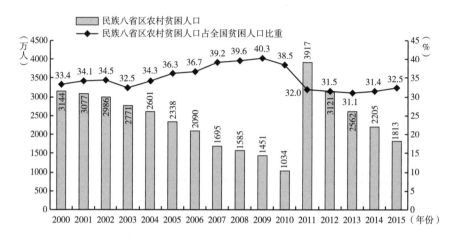

图4-1 民族八省区农村贫困人口及与全国比较

资料来源：2000～2008年数据根据《中国农村贫困监测报告·2011年》的相关数据。2009～2015年数据来自国家民委经济发展司：《国家民委发布：2014年少数民族地区农村贫困监测结果》，http：//www.seac.gov.cn/art/2015/4/15/art_31_225897.html，最后访问日期：2017年3月15日；《国家民委发布：2015年民族地区农村贫困情况》，http：//www.seac.gov.cn/art/2016/4/11/art_31_251389.html，最后访问日期：2017年3月15日。

第二，2011～2015年，在新的贫困标准下（农民人均纯收入2300元，2010年不变价），民族八省区农村贫困人口从3917万人，逐年减少到1813万人，减少了2104万人；贫困发生率从26.5%下降到12.1%，贫困发生率与全国平均水平的差距从13.8%逐年下降到6.4%。

（二）民族地区生产生活条件和社会事业显著改善

随着以上所述多项扶贫政策的实施推进，民族地区生产生活条件明显改善，生产能力大大提升，扶贫成效显现。主要表现在以下几个

---

① 国家统计局住户调查办公室：《中国农村贫困监测报告·2011年》，中国统计出版社，2011，第61页。

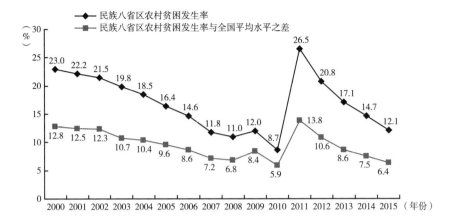

图 4 - 2　民族八省区农村贫困发生率及与全国平均水平比较

资料来源：2000～2008 年数据根据《中国农村贫困监测报告·2011 年》的相关数据。2009～2015 年数据来自国家民委经济发展司：《国家民委发布：2014 年少数民族地区农村贫困监测结果》，http：//www. seac. gov. cn/art/2015/4/15/art_ 31_ 225897. html，最后访问日期：2017 年 3 月 17 日；《国家民委发布：2015 年民族地区农村贫困情况》，http：//www. seac. gov. cn/art/2016/4/11/art_ 31_ 251389. html，最后访问日期：2017 年 3 月 17 日。

方面。

　　第一，贫困地区基础设施条件不断改善。2014 年，在民族八省区中，有 6 个省区的贫困地区通电自然村比重超过 99%；8 个省区的通电话自然村比重均超过 86%，其中 5 个省区超过 90%；6 个省区的通有线电视信号自然村比重超过 65%；4 个省区的主干道路面经过硬化处理的自然村比重超过 60%；4 个省区通客运班车的自然村比重超过 60%；3 个省区的饮用水经过集中净化处理的自然村比重超过 45%（见表 4 - 1）。而在 2005 年，在民族扶贫县中，民族八省区平均通电的自然村比重为 93.5%；通公路的自然村比重为 75.5%；通电话的自然村比重为 62.2%；能接收电视节目的自然村比重为 82.2%。[①] 可见，民族八省区贫困地区基础设施确实通过扶贫战略的实施而得到改善。

---

① 统计部门没有公布 2014 年前分省区的贫困地区基础设施等相关数据。我们将 2014 年的民族贫困地区相关数据与 2005 年的少数民族扶贫开发重点县（简称民族扶贫县）的相关数据进行比较，虽口径不同会有一定偏差，但民族扶贫县的状况可以大体代表民族贫困地区的状况。2005 年相关数据来自《中国农村贫困监测报告·2011 年》。

表 4 – 1 2014 年民族八省区基础设施状况

单位：%

地区	通电自然村比重	通电话自然村比重	通有线电视信号自然村比重	主干道路面经过硬化处理的自然村比重	通客运班车的自然村比重	饮用水经过集中净化处理的自然村比重
内蒙古	99.7	87.5	90.0	49.8	63.1	27.8
广西	99.7	91.7	42.4	52.6	31.8	26.0
贵州	99.9	87.1	46.1	60.4	42.5	31.0
云南	99.0	95.0	65.3	48.4	34.5	33.5
西藏	87.8	86.7	75.8	51.6	28.9	11.5
青海	94.5	93.9	74.5	90.1	72.8	45.1
宁夏	99.4	94.0	100	69.0	71.9	68.1
新疆	99.3	98.1	72.7	90.8	86.8	86.5
合计	99.5	95.2	75.0	64.7	42.7	34.4

资料来源：《中国扶贫开发年鉴》编委会编《中国扶贫开发年鉴·2015》，团结出版社，2015。

第二，贫困地区文化卫生教育情况不断好转。2014 年，民族八省区中，有 4 个省区有文化活动室的行政村比重超过 86%；7 个省区有卫生所（室）的行政村比重超过 80%，其中 4 个省区有卫生所（室）的行政村比重超过 90%；6 个省区拥有合法行医证医生/卫生员的行政村比重超过 80%，其中有 3 个省区此类行政村所占比重超过 90%；4 个省区有幼儿园或学前班的行政村所占比重超过 50%；5 个省区有小学且就学便利的行政村所占比重超过 68%（见表 4 – 2）。而在 2005 年时，在民族扶贫县中，有卫生所（室）的行政村所占比重仅为 66.7%；有合法行医证医生/卫生员的行政村所占比重仅为 67.9%。这些数据表明，民族贫困地区文化卫生教育条件尽管相对较差，但正在逐步改善。

第三，贫困地区农户生活设施得到改善。2014 年，在民族八省区中，几乎所有贫困地区的农户都能使用照明电；有 5 个省区使用管道供水的农户占比超过 67%；有 5 个省区饮用水无困难的农户占比超过 83%；有 7 个省区有独用厕所的农户占比超过 79%；有 5 个省区有足够炊用柴草的农户占比超过 54%（见表 4 – 3）。而在 2005 年时，在民族扶贫县中，用电户所占比重为 94.3%；饮用自来水和深井水的农户所占比重为 52.8%；饮用水困难农户所占比重为 16.7%；有独用厕所农

表 4 - 2　2014 年民族八省区文化卫生教育情况

单位：%

地区	有文化活动室的行政村比重	有卫生所（室）的行政村比重	拥有合法行医证医生/卫生员的行政村比重	有幼儿园或学前班的行政村比重	有小学且就学便利的行政村比重
内蒙古	64.8	89.2	91.1	35.9	23.2
广西	73.8	97.5	89.1	68.9	82.0
贵州	74.9	95.2	85.9	54.3	68.2
云南	86.8	96.2	94.7	59.6	78.9
西藏	97.6	64.6	68.8	30.0	21.0
青海	71.8	86.8	83.1	38.3	43.6
宁夏	89.5	99.2	99.0	38.8	78.0
新疆	88.6	80.5	66.8	74.9	77.0
合计	81.5	94.1	90.9	54.7	61.4

资料来源：《中国扶贫开发年鉴》编委会编《中国扶贫开发年鉴·2015》，团结出版社，2015。

户所占比重为 75.6%；取得生活燃料困难的农户所占比重为 53.8%。这些情况表明，民族贫困地区农户生活条件较差，但自身生活条件在稳定改善。

表 4 - 3　2014 年民族八省区农户生活设施状况

单位：%

地区	使用照明电的农户比重	使用管道供水的农户比重	饮用水无困难的农户比重	有独用厕所的农户比重	有足够炊用柴草的农户比重
内蒙古	99.9	35.2	91.6	91.4	77.5
广西	99.9	76.5	87.3	95.3	67.9
贵州	99.8	67.9	73.7	92.2	35.7
云南	99.6	71.2	72.6	79.8	54.5
西藏	93.8	50.0	64.8	69.4	68.2
青海	94.0	77.0	84.9	93.0	37.5
宁夏	97.2	58.3	88.7	97.8	31.0
新疆	99.7	89.3	91.8	97.1	56.7
合计	99.5	55.9	82.3	93.1	57.8

资料来源：《中国扶贫开发年鉴》编委会编《中国扶贫开发年鉴·2015》，团结出版社，2015。

第四，目前，民族地区基本实现了城乡居民基本养老保险制度、基本医疗保险制度、大病统筹保险制度的全覆盖，这些社会保险制度的覆盖面也越来越广，贫困群众有了更多获得感。据统计，2001～2012年，民族八省区基本养老保险参保人数从3317.9万人增加到4359.8万人；基本医疗保险参保人数从2797.3万人增加到7158万人。①

（三）贫困农牧民收入增长加快，生活水平稳步提升

综上所述可知，近年来，在实施扶贫开发过程中，民族地区重点实施了专项扶贫、行业扶贫、社会扶贫等工程。在这些扶贫工程的帮助下，民族地区贫困农牧民的收入得到较快增长。据统计，2006～2013年，民族八省区农村居民人均纯收入从2504.2元增长到6561.9元，年均实际增长9.95%，高于全国平均增幅0.49个百分点。2006年，民族八省区农村居民人均纯收入相当于全国农村居民家庭人均纯收入的69.81%，到2013年，这一比例上升为73.76%。2014年，在民族八省区中，广西、贵州、西藏、青海、新疆的农村居民人均可支配收入同比增长分别为11.4%、13.1%、12.3%、12.7%与11.2%，均大于或等于全国平均水平（11.2%）；内蒙古、云南、宁夏的农村居民人均可支配收入同比增长分别为11%、10.9%与10.7%，略低于全国平均水平。这表明，民族地区农村居民收入普遍逐年递增，大多数民族地区农村居民的人均可支配收入与全国农村居民家庭人均可支配收入的相对差距进一步缩小。应当说明的是，民族地区农村贫困人口的人均收入水平总体上也是不断上升的。同时，随着收入平稳增长，民族地区农村各族人民生活水平也大大提高。2006年，民族八省区农村居民家庭生活消费支出的恩格尔系数为45.18%，高于同期全国平均水平2.16个百分点。到2013年，民族八省区农村居民家庭生活消费支出的恩格尔系数下降到39.1%，高于同期全国平均水平1.41个百分点。这就说明，民族地区农村居民家庭生活水平与全国农村居民家庭平均生活水平的差距在逐步缩小。②

---

① 根据《2013年人力资源和社会保障统计年鉴》整理。
② 郝时远、王延中、王希恩主编《中国民族发展报告（2015）》，社会科学文献出版社，2015。

三　民族地区扶贫开发面临的困难与挑战

20 世纪 80 年代以来，在中央的统一部署下，全国民族地区有组织、有计划地开展了大规模的扶贫开发工作，取得了一定的成绩。但是，全国民族地区扶贫开发实践仍然面临种种困难和挑战。

（一）目前民族地区贫困人口依然量大面广，贫困状况存在内部差异

2015 年，民族地区仍有贫困人口 1813 万人，贫困发生率为 12.1%，比全国平均水平高 6.4 个百分点。分省区看，2014 年，贫困人口在 500 万以上的省区有 6 个，其中 3 个属于民族八省区，即广西、贵州、云南（见表 4-4）；贫困发生率在 10% 及以上的省区有 10 个，其中 7 个属于民族八省区，西藏贫困发生率为 23.7%，是全国平均水平的 3.29 倍。从民族地区内部来看，贫困状况的差异也比较明显。例如，2014 年西藏地区农村贫困发生是内蒙古地区农村贫困发生率的 3.25 倍。

表 4-4　2010~2014 年全国及民族八省区农村贫困人口规模及贫困发生率

单位：万人，%

地区	2010 年		2011 年		2012 年		2013 年		2014 年	
	贫困人口数	贫困发生率	贫困人口数	贫困发生率	贫困人口数	贫困发生率	贫困人口数	贫困发生率	贫困人口数	贫困发生率
内蒙古	258	19.7	160	12.2	139	10.6	114	8.5	98	7.3
广西	1012	24.3	960	22.6	755	18.0	634	14.9	540	12.6
贵州	1521	45.1	1149	33.4	923	26.8	745	21.3	623	18
云南	1468	40.0	1014	27.3	804	21.7	661	17.8	574	15.5
西藏	117	49.2	106	43.9	85	35.2	72	28.8	61	23.7
青海	118	31.5	108	28.5	82	21.6	63	16.4	52	13.4
宁夏	77	18.3	77	18.3	60	14.2	51	12.5	45	10.8
新疆	469	44.6	353	32.9	273	25.4	222	19.8	212	18.6
民族八省区	5040	34.1	3917	26.5	3121	20.8	2562	17.1	2205	14.7
全国	16567	17.2	12238	12.7	9899	10.2	8249	8.5	7017	7.2

资料来源：《中国扶贫开发年鉴》编委会编《中国扶贫开发年鉴·2015》，团结出版社，2015。

（二）民族地区减贫速度相对较低

图 4 - 3 报告了 2000～2015 年全国及民族八省区农村减贫规模及减贫率。可以看出，全国农村贫困人口从 2000 年的 9422 万人减少到 2009 年的 3597 万人，共减少了 5825 万人，年均减少 10.15%；民族八省区农村贫困人口从 2000 年的 3144 万人减少到 2009 年的 1451 万人，共减少了 1693 万人，年均减少 8.23%，低于全国平均减贫率 1.91 个百分点。其中，2011～2015 年，全国农村贫困人口从 12238 万人减少到 5575 万人，年均减少 17.85%；同期，民族八省区农村贫困人口从 3917 万人减少到 1813 万人，年均减少 17.52%，低于全国平均减贫率 0.33 个百分点。进一步分年度看，2011～2015 年，八省区减贫率分别为 22.3%、20.3%、17.9%、13.9%、17.8%，全国同期为 26.1%、19.1%、16.7%、14.9%、20.6%，前四年，八省区与全国减贫率都在逐年下降，到 2015 年减贫率又明显加快。这在一方面说明，2011～2014 年，在中国经济放缓的背景下，随着扶贫开发的深入，减贫效益递减问题开始突出。民族地区的减贫率不仅与全国减贫率同步降低，还比全国降得更大，其中部分原因或许是民族地区减贫受中国整体经济波动的影响更大。

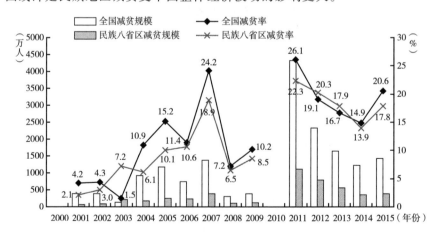

图 4 - 3　民族地区与全国减贫规模、减贫率的比较

说明：此图中 2010 年及以后年份的贫困标准是 2300 元（2010 年不变价）。由于 2010 年贫困标准大幅提高，相对于 2009 年（当年贫困标准），2010 年贫困人口、贫困发生率大幅提高。为便于图形清晰，特将 2010 年作为一个节点，把 2000～2015 年的图形分成两段。

（三）民族地区扶贫政策实施绩效尚待提高

我们对 2014 年"民族地区大调查"数据进行了分析，结果显示，民族地区农村居民的扶贫开发满意度评价还不太高，具体而言，在全部农村被访者中，对于扶贫开发工作的总体状况持"满意"态度的人所占比重只有 60.8%，可以说是刚刚及格。[①] 因此，至少从民族地区农村居民的主观评价来看，民族地区农村扶贫开发绩效尚待提高。在目前情况下，民族地区农村部分贫困人口不能或较少能从扶贫政策中受益，以致有约 40% 的人对扶贫政策的实施效果不满意。

（四）民族地区贫困人口相对比重上升的趋势尚未完全扭转

2000～2009 年，民族八省区农村贫困人口占全国农村贫困人口总数的比重从 33.4% 上升到 40.3%，民族地区农村贫困人口相对比重的上升趋势明显。2011～2015 年，民族八省区农村贫困人口占全国农村贫困人口总数的比重从 2011 年的 32% 下降到 2012 年的 31.5%，再下降到 2013 年的 31.1%，但又上升到 2014 年的 31.4%，再上升到 2015 年的 32.5%，这样，民族地区农村贫困人口相对比重上升的趋势在前两年有所扭转，但在后两年又重新开始上升。

综上所述可见，目前，民族地区农村不仅贫困面广、贫困程度深、减贫难度大，而且近年来民族地区实施的扶贫政策绩效尚待改善。在中国经济增长放缓的大背景下，民族地区农村减贫的难度越来越大；与全国农村减贫速度变化趋势相比，民族地区减贫速度更加明显地呈减缓的趋势，从而导致民族地区农村贫困人口相对比重上升的趋势仍未根本扭转，民族地区扶贫攻坚以及农村贫困人口脱贫的难度越来越大。究其原因，可能有如下几个方面。

（1）一方面，民族贫困地区均处于生态脆弱区，恶劣的生态环境及频发的自然灾害使得贫困农牧民的生存环境脆弱，生产生活极易受到冲

---

① 刘小珉：《农户满意度视角的民族地区农村扶贫开发绩效评价研究——基于 2014 年民族地区大调查数据的分析》，《民族研究》2016 年第 2 期。

击，难脱贫易返贫。另一方面，民族贫困地区多分布于自然资源相对不足、基础设施相对薄弱地区。特别是一些处于边境地区、高寒山区、干旱地区、地方病高发区的民族聚居区，不仅远离城镇、远离市场，而且土地、草场贫瘠，基础设施比较薄弱，短期内改变这些基础条件难度较大，这给扶贫措施及扶贫项目的选择增添了难度。①

（2）扶贫开发由政府主导，贫困农牧民参与不够，从而影响扶贫政策实施的绩效。一方面，民族地区扶贫开发计划的制定、实施主要依赖民族八省区各省（自治区）、自治州（盟）、县（旗）政府，各省（自治区）、自治州（盟）、县（旗）政府在制订扶贫开发计划时，主要遵循的是国家当时制订的扶贫规划（纲要），可能出现各地扶贫计划与当地农牧区实际情况不适应，扶贫工作一般化的问题。也就是说，对民族贫困地区的贫困特征不清楚，扶贫计划的针对性不够强。另一方面，从包括民族地区在内的全国扶贫开发历程看，以前，各级政府基本上是推动脱贫，启动和引导脱贫工作做得还不够，给予性扶贫政策较多，引导性扶贫措施较少；短期性扶贫措施较多，长期性扶贫措施较少。扶贫政策缺乏调动贫困农牧民自发脱贫的主动性，助长了部分贫困农牧民"等、靠、要"的依赖思想。② 显然，这些问题的存在，都不利于提高扶贫开发的成效。

（3）扶贫项目分配往往不是向贫困户倾斜，而是向非贫困户倾斜，一些地方实施扶贫项目时甚至采取所谓的招标办法落实项目，以保障项目考核验收合格；一些地方的扶贫项目要求参与农户提供配套资金，甚至要求农户提供的配套资金高于项目提供的资金。这些情况导致贫困农户参与严重不足，从而大大降低了扶贫项目的减贫效果。据我们的田野调查，在部分民族贫困地区实施的产业扶贫开发项目中，如推进设施农业、特色林果业、特色养殖业，实施产业化扶贫工程等项目中，那些有种养技术、有较多劳动力的非贫困家庭或贫困程度相对不深的家庭获得产业扶贫项目支持的比例更大一些。也就是说，有相当一部分扶贫项目集中在非贫困农户

① 刘小珉：《民族视角下的农村居民贫困问题比较研究——以广西、贵州、湖南为例》，《民族研究》2013 年第 4 期。

② 阿班·毛力提汗等：《新疆农村贫困问题研究》，新疆人民出版社，2006，第 44~45 页。

或贫困程度相对较轻的农户手中，而特别需要扶持的贫困家庭却得不到或较少得到扶贫项目和扶贫资金。

（4）虽然近年来扶贫开发力度不断加大，但扶贫开发投入资金仍显不足。一方面，民族地区每年通过申请财政扶贫资金改善扶贫重点县、贫困村生产生活条件、解决农民生产发展中的困难，对增加农民收入起到了一定的作用。但由于扶贫资金有限，扶贫投入与实际需求差距较大，扶贫成效难以达到预期目标。比如，在实施"整村推进"的扶贫工程项目中，一些地方的重点扶持村只获得15万元资金，对于"四通五有三达到"扶贫目标①的实现而言可能只是杯水车薪而已。② 另一方面，民族地区的边境地区、山区的地形地貌基本上是高原、峡谷，农牧民居住分散，修路架线等基础设施建设的成本远高于平原地区，维护这些基础设施的成本也远高于平原地区，因此民族地区扶贫成本相对较高，目前的扶贫资金仍然不足。由于资金不足，一些最基本的迫切需要解决的扶贫项目迟迟不能完成，严重影响扶贫效益的发挥。

（5）有些扶持政策不到位。《国务院实施〈民族区域自治法〉若干规定》明确规定："民族自治地方的国家扶持重点县和参政困难县确实无力负担的免除配套资金。"但是，按照现行体制，有些扶持政策、措施的实施仍然需要地方配套资金。比如，部分民族地区在基础设施建设、城乡低保、五保供养、医疗保险等方面均安排一定比例的县级配套。民族地区贫困县本身财政收入很低，大多数属于"吃饭财政"，要拿出各种项目的配套资金几乎是不可能的，这就造成亟须提高基础设施、社会、民生事业的贫困地区因拿不出配套资金而失去这些项目的支持的情况。即使有些地方表面上被免除配套资金，但因上级政府提供的扶贫项目资金不是按照本地实际需要下达的，这些地方只能降低等级实施。例如，我们在四川某县调研时，当地政府部门相关负责人表示，目

---

①　通路、通电、通水、通广播电视、有学校、有卫生间、有安全饮用水、有安居房、有基本农田或牧场、人均纯收入、人均有粮、九年义务教育普及率达到国家扶贫纲要和"两基"攻坚计划要求。

②　毛燕：《民族地区实现"十三五"时期全面脱贫的对策思考——以云南省宁蒗彝族自治县为例》，《西南民族大学学报（人文社会科学版）》2016年第4期。

前上级下达的修路项目已经取消了县配套，但由于上级下达的修路资金
不足，他们在修路时只能降低公路等级。结果，该县虽然基本达到了
"村村通"的目标，但公路等级低，用不了几年，道路就又处于难以通
行的状态。

（6）目前，在人口大规模流动的背景下，与全国其他地方一样，民
族地区农村劳动力大量外出，一些乡村空心化、社会原子化问题严重，村
中缺乏年富力强的项目参与者，开发式扶贫项目的组织、实施难度很大，
即便一些扶贫项目得到了实施，因劳动力在项目实施完成后又外出务工，
这些项目缺少后续的管理和维护，造成扶贫行为的短期性和扶贫资源的浪
费，严重影响扶贫开发的成效。[①]

（7）劳动力转移培训质量不高。一方面，劳动力转移培训师资短缺；
另一方面，劳动力转移培训针对性不强、与市场脱节。主要表现是，劳动
力培训通常是一般技能培训，针对目前企业用工需求的培训很少，因此，
目前民族地区农村外出转移的劳动力中，粗活工、普通工过剩，熟练工、
技术工、管理人员短缺。当然，这也与农牧民存在语言障碍、文化水平较
低相关。

四　简要结论与政策建议

本章对民族地区农村扶贫开发的成效及面临的问题进行了全面分析，
从中可以得到几个重要结论。第一，在专项扶贫方面，民族地区实施以
"整村推进"为主体、以产业扶贫和贫困劳动力培训为两翼的"一体两
翼"扶贫战略，贫困地区农村基础设施得到改善，贫困人口综合素质得
到提高，脱贫能力进一步增强。第二，在行业扶贫和社会扶贫方面，民族
地区得到本地区各级政府相关部门、其他地区各级政府及其部门、各行
业、各社会机构等的扶持和支持，实施了一系列行业扶贫和社会扶贫工
程，行业扶贫和社会扶贫工作取得显著成果。第三，民族地区自然生态环
境脆弱，基础设施条件较差，再加上其他不利因素的影响，这些地区农村

---

① 左停：《精准扶贫战略的多层面解读》，《国家治理》2015 年第 36 期。

的贫困问题不是短时期能得到彻底解决的。而以往的扶贫开发项目针对性不强，在项目分配方式上存在问题，导致贫困农牧民参与不够、受益不够；有些扶持政策不到位、扶贫资金不足；有些地方的扶贫项目实施缺乏年富力强的参与者，劳动力转移培训质量不高。由于这些情况的影响，民族地区的扶贫政策实施绩效还不太高。而且，近年来，在中国经济放缓的背景下，民族地区农村减贫难度越来越大，减贫速度呈减缓趋势，民族地区农村脱贫攻坚的难度变得越来越大。

党的十八大以来，中央逐步形成了精准扶贫的新思想、新理念和新战略。习近平总书记指出："精准扶贫是解决扶贫开发工作中底数不清、目标不准、效果不佳等问题的重要途径。在实际工作中，应对贫困村、贫困户进行精准化识别、针对性扶持、动态化管理，扶真贫、真扶贫。"① 从民族地区农村发展现状、贫困特征及扶贫开发中存在的问题出发，今后扶贫工作应该坚持精准扶贫战略，真正做到"因人因地施策，因贫困原因施策，因贫困类型施策"。

（一）抓住各种机遇，加快民族地区经济发展。经济发展是减贫脱贫的根本途径，是民族地区实现脱贫的最重要动力来源。"十三五"时期是中国实现全面建成小康社会目标的"冲刺"关键期。为了实现这一宏伟目标，中央出台了多项政策措施优化区域发展格局，促进民族地区的经济发展，如制定实施西部大开发"十三五"规划，支持民族地区、边疆地区、贫困地区发展，等等。可以说，"十三五"时期是民族地区经济社会发展大有作为的重大战略机遇期。因此，民族地区一定要抓住这些机遇，加快经济发展，带动贫困地区及贫困人口的脱贫。

（二）认真落实"五个一批"的脱贫措施。2015 年 10 月 16 日，习近平总书记在"减贫与发展高层论坛"上首次提出"五个一批"的脱贫措施。随后，"五个一批"的脱贫措施被写入《中共中央国务院关于打赢脱贫攻坚战的决定》，经中共中央政治局会议审议通过。民族贫困地区应按照贫困群体的贫困类型、贫困原因，有针对性地落实"五个一批"的脱

---

①　刘永富：《打赢全面建成小康社会的扶贫攻坚战——深入学习贯彻习近平同志关于扶贫开发的重要讲话精神》，《人民日报》2014 年 4 月 9 日。

贫措施。其一，出台专项产业脱贫政策，引导和支持有劳动能力的贫困户，因地制宜发展优势产业（包括优势种养业和传统手工业等），依靠自己的努力实现就地脱贫。其二，对居住在生态环境脆弱、自然灾害频发地区的贫困人口，加快实施扶贫搬迁工程，并确保其搬得出、稳得住、能脱贫。其三，加大民族贫困地区生态保护修复力度，增加民族贫困地区重点生态功能区转移支付，扩大政策在民族地区的实施范围。例如，在国家实施的退耕还林、退牧还草等重大生态工程项目和资金安排上进一步向民族贫困地区倾斜，提高贫困人口参与率和受益水平，实现生态补偿脱贫一批的目标。其四，大力实施教育扶贫工程，让贫困家庭子女都能接受公平有质量的教育，阻断贫困代际传递。其五，完善农村最低生活保障制度，对贫困人口中完全或部分丧失劳动能力的人，实行政策性保障兜底。

（三）将改善民族贫困地区生态环境和加强基础设施建设放在首位。只有改善了民族贫困地区生态环境以及基础设施，才能改善民族贫困地区贫困人口的生产、生活环境，从而提高贫困人口的收入水平而实现有效脱贫。另外，自然灾害频发是导致民族地区扶贫效果脆弱的重要原因。因此，一方面，民族地区应切实抓好"易地扶贫搬迁"工程，引导自然灾害频发地区的贫困人口到城镇定居，从事其他产业。另一方面，由于目前单家独户的农业生产势单力薄，很难规避自然灾害的风险，因此，应引导还留在农村从事农业生产的贫困人口加入专业合作社，以增强抵抗自然灾害的能力，尽量减少自然灾害的冲击。

（四）坚持精准扶贫战略，加强对贫困群体"扶真贫、真扶贫"。[①]回顾中国的扶贫政策，从瞄准贫困县到瞄准贫困村，减贫效果有所提高。只不过，即使是以贫困村为主的整村推进项目，也因为政策实施过程中没有向最应该得到扶贫的贫困群体倾斜，而使得贫困群体在扶贫项目的实施中受益不多，从而导致扶贫效果不佳。因此，应该实施精准扶贫战略，出台更多针对贫困户、贫困人口的扶贫项目。

---

① 刘永富：《打赢全面建成小康社会的扶贫攻坚战——深入学习贯彻习近平同志关于扶贫开发的重要讲话精神》，《人民日报》2014年4月9日。

　　党的十八大提出，中国要在 2020 年全面建成小康社会。民族地区是全面建成小康社会的薄弱地区，帮助其农村贫困人口脱贫的压力和任务非常艰巨。目前，中央及各级地方政府高度重视民族地区脱贫，调动一切能调动的力量，给予前所未有的力度支持民族地区脱贫攻坚。可以预期，到 2020 年，民族地区的减贫事业能顺利达到目标。

第五章　民族地区农村扶贫开发

——微观视角的分析

民族地区是中国的欠发达地区，是中国扶贫攻坚的主战场。中国政府在扶贫政策、项目资金上一直向民族地区倾斜。2006～2013 年，中央财政每年投入民族八省区的扶贫资金从 51.5 亿元增加到 166 亿元，八年累计投入 758.4 亿元，占同期全国扶贫资金总投入的 40.6%。[1] 在各级政府与社会各界的大力支持下，在民族地区广大干部群众的艰苦努力下，民族地区农村经济全面发展、农村居民生存和温饱问题基本解决，贫困人口大幅减少。按照当年的贫困标准，民族八省区贫困人口从 2000 年的 3144 万人，减少到 2014 年的 2205 万人。但是，民族地区脱贫攻坚形势依然严峻。2014 年末，民族八省区农村贫困人口占全国农村贫困人口的比重为 31.4%，是其乡村人口占全国乡村人口比重的近两倍；民族八省区农村贫困发生率为 14.7%，高于全国农村贫困发生率 7.5 个百分点。[2] 农村贫困成为民族地区全面建成小康社会的最大短板，也在很大程度上影响、制约着全国 2020 年实现全面建成小康社会的宏伟目标。因此，党的十八届五中全会从实现全面建成小康社会奋斗目标出发，明确到 2020 年要实现在

---

[1]　国家民委民族政策理论研究室：《中央民族工作会议精神学习辅导读本》，http：//www. seac. gov. cn/art/2015/6/1/art_ 143_ 228926_ 51. html，最后访问日期：2017 年 2 月 20 日。

[2]　国家统计局：《中国统计年鉴（2015）》；国家民委经济发展司：《国家民委发布：2014 年少数民族地区农村贫困监测结果》，http：//www. seac. gov. cn/art/2015/4/15/art_ 31_ 225897. html，最后访问日期：2017 年 3 月 9 日。本章根据这些文献的相关统计数据计算得出此处的数据。

中国现行标准下农村贫困人口全部脱贫，贫困县全部摘帽，并解决区域性整体贫困问题。

一 研究问题与文献概述

为了实现 2020 年使现行标准下的农村贫困人口全部脱贫，2015 年 11 月，中央召开扶贫工作会议，会议要求包括民族八省区在内的多个省区立下军令状、签订脱贫攻坚责任书。2016 年 2 月，中共中央办公厅、国务院办公厅印发了《省级党委和政府扶贫开发工作成效考核办法》（以下简称《考核办法》），主要用于考核包括民族八省区在内的中西部 22 个省、自治区、直辖市党委和政府扶贫开发工作的成效。《考核办法》公布了扶贫开发工作成效考核内容，并明确扶贫成效考核除了贫困人口数量、贫困群众收入等脱贫"硬指标"外，还包括一些群众认不认可、满不满意的"软指标"。《考核办法》还强调，考核指标的数据来源除了扶贫开发信息系统、全国农村贫困监测等官方数据外，还将适当引入第三方评估。第三方评估产生的"群众满意度"，不仅意味着各项脱贫数据更加合乎实际、更加可靠，而且让贫困群体在脱贫成效考核中也拥有"发言权"。①

应该说，《考核办法》把群众满意度纳入考核指标之列，一方面可以有效避免"数字脱贫""被脱贫"现象，另一方面可根据贫困群体对扶贫政策的满意度进行分析，找出影响满意度的主要因素，适时调整扶贫措施，更好地实施精准扶贫，从而提高扶贫政策实施成效。关键的问题是，满意度并不是一个简单的调查统计数据，还有丰富的内涵。只有深入和全面地把握这些内涵，才能更好地发挥满意度调查的扶贫绩效评估作用。本章正是这样一项研究的尝试，以关于民族地区农村扶贫开发满意度调查数据为依据，考察不同扶贫开发项目的目标人群满意度，分析它们的影响因素，构建满意度研究的学理性框架，从一个方面推进扶贫开发绩效满意度分析的精细化和精准化。

"成效"也就是"绩效"。绩效一词最早来源于人力资源管理，后扩

---

① 新华社：《22 省份扶贫考核引第三方评估》，《北京晨报》2016 年 2 月 17 日。

展到公共服务等方面。OECD 对绩效的界定是"实施一项活动所获得的相对于目标的有效性，它不仅包括从事该项活动的效率、经济性和效力，还包括活动实施主体对预定活动过程的遵从度以及该项活动的公众满意程度。"[①]

基于农户满意度的扶贫开发绩效评价，源于顾客满意度理论（Customer Satisfaction Index，CSI）。1985 年，顾客满意度理论首先由美国学者正式提出，其后迅速在发达国家得到广泛应用，并被引入这些国家的政府绩效测评考核中。近年来，顾客满意度理论在中国公共品供给绩效评价研究领域中得到越来越广泛的应用，不少学者将这一理论引入政府绩效评估研究之中。[②] 一些学者开始用顾客满意度理论来评估政府扶贫开发绩效。

刘红梅基于云南贫困地区实施的一系列扶贫项目，从农户角度对扶贫项目的满意度进行了评价，并就构成满意度的指标因子进行了权重分析。其研究结果表明，农户对扶贫项目的透明度及参与程度的要求最高，且项目对贫困地区基础设施的改善和对当地宗教文化习俗的影响都比项目所带来的经济和环境影响更重要。[③] 张春霞通过对福建"造福工程"（易地扶贫搬迁工程）的调研，从农户满意度和搬迁意愿的视角，对造福工程实施效果进行了评价。该项研究发现，农户对造福工程满意度综合评价分值为 2.594，处于"一般"水平；在她的调查中，有 44.25% 的被调查者认为造福工程效果一般，还有 23.72% 的人对造福工程不满意或很不满意。可见，造福工程在改善农户经济状况、完善公共政策等方面还有很大的提升空间。[④]

王宏杰、冯海峰、李东岳基于对湖北省松滋市 208 位农村居民的调

---

① Jack Diamond："Performance measurement and evaluation" *OECD Working Papers*, 1994.

② 徐友浩、吴延兵：《顾客满意度在政府绩效评估中的运用》，《天津大学学报（社会科学版）》2004 年第 4 期；曾莉：《基于公众满意度导向的政府绩效评估》，《学术论坛》2006 年第 6 期；李燕凌、曾福生：《农村公共品供给农民满意度及其影响因素分析》，《数量经济技术经济研究》2008 年第 8 期。

③ 刘红梅：《影响云南农户对扶贫项目满意度的因子分析》，《昆明理工大学学报（社会科学版）》2010 年第 5 期。

④ 张春霞：《福建造福工程农户满意度及搬迁意愿研究——基于农户的视角》，博士学位论文，福建农林大学，2013。

查，考察了贫困地区农村人口对农业产业化扶贫政策的满意度。其分析结果显示，受教育年限和农业产业化扶贫政策对收入不平等程度改善的效果这两个因素，与松滋市农村贫困人口对农业产业化扶贫政策的满意度呈现显著的正向相关性。[①] 另外，这三位学者还基于对湖北省松滋市241位享受到"雨露计划"转移培训扶贫政策扶持的农村居民的调查，考察了贫困地区农村人口对"雨露计划"转移培训扶贫政策的满意度。其研究结果显示，当地农村居民收入水平和"雨露计划"转移培训扶贫政策对收入不平等效果的改善这两个因素，与松滋市农村贫困人口对该政策的满意度呈现显著的相关性。[②]

杨夏林基于对甘肃399户农户的调查，对农户参与贫困村互助资金试点项目的满意度进行了实证考察。他发现，农户入社后的收入变化、他们是否了解互助资金章程、资金占用费率、借款发放烦琐程度、贫困户认定、决策是否民主、财务是否透明、理事会监事会成员能力显著正向影响农户满意度；而农户经济特征显著负向影响其满意度，也就是说，农户收入水平越低，他们对试点项目的满意度越高；户主年龄、户主文化程度和农户家庭人均收入等因素则无显著影响。[③]

从既有研究看，除了扶贫开发政策本身的效果之外，作为扶贫对象的个人特征、家庭状况以及经济、社会、文化背景等因素都影响着相关扶贫开发项目的满意度。这些经验为进一步理解和把握扶贫目标人群对扶贫开发项目绩效满意度的丰富而复杂的内涵，提供了很好的借鉴。当然，我们还注意到，不同的因素对农户扶贫满意度的影响过程是不同的，有些直接影响扶贫满意度，有些则需要通过中间变量发挥作用。现有的很多研究一般将这些因素作为直接影响扶贫满意度的因素来分析，没有区分影响扶贫满意度的直接因素与间接因素，因而很难更加深入地考察不同因素对扶贫满意度的影响过程或机制。本章将基于已有研究对于扶贫开发项目的目标

---

① 王宏杰、冯海峰、李东岳：《贫困地区农村人口对农业产业化扶贫政策的满意度分析——基于湖北省松滋市208位农村居民的调查》，《老区建设》2015年第8期。

② 王宏杰、冯海峰、李东岳：《贫困地区农村人口对"雨露计划"转移培训扶贫政策的满意度分析——基于湖北省松滋市241位农村居民的调查》，《经济论坛》2015年第3期。

③ 杨夏林：《农户参与贫困村互助资金试点项目满意度的实证分析——基于对甘肃399户农户的调查》，《农村金融研究》2014年第4期。

人群满意度影响因素的发现，结合初步的理论和方法论思考，构建深入分析满意度的影响因素及其实现机制的理论框架和模式。我们将先根据相关研究识别影响满意度的直接因素和间接因素，结合最优尺度分析和路径分析方法，建构上述路径分析模型；然后，我们将利用中国社会科学院"21世纪初中国少数民族地区经济社会发展综合调查"课题组的问卷调查数据，运用上述分析模型，考察民族地区农户对相关扶贫开发项目绩效的满意度，一方面尝试从满意度角度对民族地区农村扶贫开发政策实施绩效进行评价研究，另一方面也对我们的分析理论、方法和模型进行初步检验。

二　研究方法与数据来源

（一）研究方法

政府主导的扶贫开发，主要通过扶贫工程项目的实施带动贫困地区及贫困人口脱贫。扶贫项目主要有专项扶贫项目及综合扶贫开发项目。专项扶贫项目，主要包括整村推进、产业开发、易地搬迁、以工代赈、金融扶贫、技能培训与就业指导等。综合扶贫开发则是指政府主导，多部门、多行业协同，采用多种干预措施在解决贫困地区群众的吃、穿、住、行各方面问题的基础上发展基础设施、产业发展、科技、文化教育、社会保障、劳动就业等项目，以带动区域发展及脱贫的扶贫活动。[①]

根据我们在民族地区进行田野调研时了解到的情况，国家在广大民族地区实施的扶贫开发政策，主要包括6个大类15个小类。

（1）移民搬迁工程。主要目的是通过把生态环境条件恶劣地区的农村居民搬迁到更适合人类生存发展的地方，来解决他们长期以来难以依靠本地资源和自身发展脱贫的问题。

（2）教育扶贫工程。主要目的是实质性提高民族地区农村贫困人口

---

① 国家统计局住户调查办公室：《中国农村贫困监测报告·2011年》，中国统计出版社，2012。

的受教育水平和素质，增强他们参与市场和获得更好发展机会的能力。具体包括"两免一补"政策、资助儿童入学和扫盲教育项目以及教育扶贫项目。

（3）扶贫培训工程。主要目的是通过技术培训提高贫困农户家庭劳动力的技能素质和技术水平，增强他们在劳动力市场的竞争能力和创业能力，以及为相关技术推广创造有利条件，从而帮助贫困农村居民家庭走出贫困。具体包括扶贫培训项目、技术推广及培训项目。

（4）产业扶贫工程。主要目的是通过帮助贫困地区和贫困农户发展适合当地的产业项目，发展贫困地区和贫困农户经济，从而实现脱贫。具体包括扶贫工程生产项目、种植业、养殖业、林业扶贫金、退耕还林、还草补助工程、基本农田建设工程等项目。

（5）基础设施扶贫工程。主要目的是改善贫困地区基础设施状况，为贫困地区经济社会发展提供良好的基础条件。具体包括道路修建和改扩建工程、电力设施建设工程、村村通工程（广播电视、道路、通信网络）。

（6）卫生健康扶贫工程。旨在通过开展系列化公益服务项目，推动中国基层及农村贫困地区的医疗卫生保健事业，缩小城乡居民的健康差距，改善弱势人群的生存质量，彰显"人人健康"的社会公平与公正，逐步消除因病致贫与因病返贫。具体包括卫生设施建设项目和人畜饮水工程。

如上所述，本章的主要分析方法是路径分析。扶贫工作满意度评价研究的主要目的，从本质上说，就是要了解不同的人群对扶贫开发工作的满意度评价以及他们的满意度评价差异背后的成因。所谓"不同人群"，归根结底是根据他们的各种相关的人口和社会特征来界定的，这些人口和社会特征就成为要引入分析的主要自变量，在路径分析中也叫初始变量。满意度评价主体（被访者）对扶贫开发工作的总体满意度评价，则是我们要研究的"因变量"。这种总体评价一般是评价主体对扶贫开发工作的总体印象，但评价主体对各项具体工程的评价（或印象）也会影响他们的总体满意度评价，被访者对各大工程项目的满意度评价就成为所谓的中间变量。这样一种机理表明，采用路径分析方法是合适的。

运用这一方法，首先要识别和提炼相关自变量（初始变量），并根据理论和实践的逻辑确定不同变量之间的关系。根据已有的研究，以及运用定量数据进行的初步观察，我们发现，满意度评价主体所在的区域，他们的年龄、性别和健康状况，他们的文化程度、民族身份、政治面貌和职业类型，以及他们家庭的人口规模和人均收入状况，构成对他们扶贫开发工作总体满意度评价的初始变量。同时，这些初始变量还会通过对他们关于各项扶贫开发工程的满意度评价的影响来间接影响他们的总体满意度评价，后者也就是中间变量。受有关研究启发，① 我们把民族地区农村居民对移民搬迁工程、教育扶贫工程、扶贫培训工程、产业扶贫工程、基础设施扶贫工程、卫生健康扶贫工程这六个大类工程的满意度评价作为中间变量。由此，我们构建总体分析框架如图 5-1 所示。

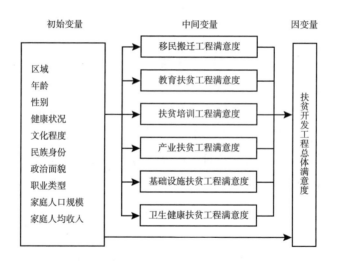

图 5-1　总体分析框架

在本章中，因变量原本是一个分类变量，在实际调查中设置的测量尺度为两级测量，即不满意与满意两个尺度，另外附加一个"不好说"的选项。在实际分析时，选择"不好说"这一答案的样本被舍弃，然后

---

① 王延中、江翠萍：《农村居民医疗服务满意度影响因素分析》，《中国农村观察》2010 年第 4 期；徐礼来、闫祯、崔胜辉：《城市生活垃圾产量影响因素的路径分析——以厦门市为例》，《环境科学学报》2013 年第 4 期。

按照最优尺度回归模型的要求，对答案直接赋值，即对"不满意"赋值1，对"满意"赋值2。调查对中间变量的测量采用五级测量尺度，即很不满意、不满意、一般、满意、很满意，我们按照1至5分给这五级测量尺度赋值，即"很不满意"的赋值为1，"很满意"的赋值为5。对六个中间变量的测量，除了移民搬迁工程满意度外，其余均通过对一系列次级工程或项目的满意度测量的综合得分组成。其中，教育扶贫工程评价由义务教育"两免一补"政策、资助儿童入学和扫盲教育项目、教育扶贫工程的评价构成；扶贫培训工程评价由扶贫培训工程、技术推广及培训工程的评价构成；产业扶贫工程评价由扶贫工程生产项目，种植业、养殖业、林业扶贫金，退耕还林还草补助工程，基本农田建设工程的评价构成；基础设施扶贫工程评价由道路修建和改扩建工程、电力设施建设工程、村村通工程（广播电视、道路、通信网络）的评价构成；卫生健康扶贫工程评价由卫生设施建设项目、人畜饮水工程的评价构成。初始变量主要是被访者的个人社会、人口特征变量、家庭特征等，包括被调查者的年龄、性别、民族、文化程度、政治面貌、职业；家庭人口规模、家庭人均收入水平（收入按贫困与非贫困分类，并分别赋值1、2）；家庭所处地域（分为西部调研县、中部调研县、东部调研县，按1到3赋值）。

基于本章中因变量、初始变量、中间变量中有一些是分类变量（如职业）、无序多分类变量（如民族），结合研究问题与实际变量类型，本章采用最优尺度回归（Optimal Scaling Regression）模型进行分析。最优尺度回归分析专门用于解决在统计建模时对分类变量进行量化分析的问题，其基本思路是以希望拟合的模型框架为基础，分析分类变量各级别对因变量影响的强弱情况，采用一定的非线性变换方法进行反复迭代，从而为原始分类变量的每一个类别找到最佳的量化评分，然后使用量化评分代替原变量进行回归分析，并拟合一个最佳方程。[①]

[①]　张文彤、钟云飞：《IBM SPSS 数据分析与挖掘实战案例精粹》，清华大学出版社，2013；卢子敏：《浙江省养老机构服务人员工作满意度影响因素的最优尺度回归分析》，《经济师》2015 年第 2 期。

（二）数据来源

本章所使用的微观数据来自国家社科基金特别委托项目暨中国社会科学院创新工程重大专项"21世纪初中国少数民族地区经济社会发展综合调查"（以下简称2014年"民族地区大调查"）于2014年在内蒙古、吉林、浙江、湖北、广西、四川、西藏、青海、宁夏和新疆10个省区的18个市县进行的城乡问卷调查。本次调查由中国社会科学院民族学与人类学研究所主持，通过与新疆师范大学、中央民族大学等单位合作，以民族学和社会学专业研究生、本科生为主组建专业调查队，开展城乡居民入户调查，调查对象采用分层随机抽样方法产生。在18个调查市县内，参照城乡不同经济发展状况（高、中、低）和民族人口分布状况，分别选取调查的城镇社区和乡村社区，根据当地的城镇化率确定被调查住户的城乡划分，在确定的社区或行政村层面对住户进行随机等距抽样选定具体样本，开展400～500份的入户问卷调查。调查问卷内容包括了经济发展、社会事业、民族文化、民族政策、民族关系、社会安全与社会和谐等方面，共获得7341户城乡居民家庭的受访信息，本章只采用其中的农业户口样本。由于本调查没有采取在全国所有民族地区县范围内随机抽样的方式，所以本研究结果虽然不能代表民族地区总体，但还是能在一定程度上说明民族地区农村扶贫开发绩效的情况的。

三 扶贫开发工程绩效满意度评价影响因素统计分析结果

（一）描述统计分析

1. 农村居民对扶贫政策实施绩效的整体满意度评价

从调查结果来看，民族地区农村居民对当前参与过的扶贫政策的整体效果满意度还不太高。具体而言，在4316位回答了满意情况的被访者中，表示"满意"的占60.8%，表示"不满意"的占10.6%，表示"不清楚"的占28.6%。也就是说，有六成的被访者明确表示对其参与过的扶贫政策或扶贫活动的整体效果表示满意，约四成的被访者持不满意或不清楚的态度。

2. 初始变量统计描述

表5-1报告的是初始变量的统计描述。由表5-1可知，在5018位农业户口被访者中（含以前为农业户口的居民户），84.7%的人位于西部的调研县，以30~59岁的中年人为主，男性比女性多12.2个百分点，少数民族比汉族多53.6个百分点，不健康的占一成多，中共党员占了约14%，接近六成的被访者学历为小学至初中，接近一半的人主要从事农业生产，接近七成的被访者家庭人口为4人及以上。所有被调查户，基于调查时他们所报告的收入水平和当年农村贫困线，被划分为贫困户与非贫困户两类，其中贫困户所占比重略超1/5。

表5-1 初始变量的统计描述

	变量	赋值	频数（人次）	百分比
区域	西部调研县	1	4251	84.7
	中部调研县	2	431	8.6
	东部调研县	3	336	6.7
年龄	16~29岁	1	750	15.0
	30~39岁	2	1034	20.7
	40~49岁	3	1322	26.5
	50~59岁	4	1007	20.2
	60岁及以上	5	884	17.7
性别	女性	1	2199	43.9
	男性	2	2805	56.1
民族身份	少数民族	1	3855	76.8
	汉族	2	1163	23.2
健康状况	不健康	1	579	11.6
	一般	2	1318	26.5
	健康	3	3084	61.9
政治面貌	非中共党员	1	4293	85.9
	中共党员	2	704	14.1
文化程度	未上学	1	1207	24.1
	小学至初中	2	2980	59.5
	高中	3	544	10.9
	大学及以上	4	277	5.5

续表

变量		赋值	频数(人次)	百分比
职业类型	家务劳动等其他	1	711	15.5
	只是务农	2	2172	47.3
	兼业	3	911	19.8
	只从事非农工作	4	801	17.4
家庭人口规模	1 人户	1	141	2.9
	2 人户	2	537	10.9
	3 人户	3	865	17.6
	4 人及以上户	4	3379	68.7
家庭收入状况	贫困户	1	822	20.7
	非贫困户	2	3153	79.3

注: 本表中, 由于部分变量存在缺失值, 各变量的样本之和有可能不相等且不一定等于有效样本数 (5018)。以下各表中均存在这个问题。本章保留了有缺失值的个案记录, 并在最优尺度回归中将缺失值样本纳入回归模型中。

3. 中间变量的统计描述

如上所述, 在民族地区, 我们在调查中发现大体有 15 类扶贫开发工程或项目, 这些工程和项目按性质可以被归纳为六个大类。我们首先描述被访者对 15 类具体工程或项目的绩效的满意度评价情况 (见表 5 - 2)。

表 5 - 2　工程实施绩效满意度评估分布

工程	很不满意(%)	不满意(%)	一般(%)	满意(%)	非常满意(%)	平均得分	得分排序	样本(人)
移民搬迁工程	0.9	9.1	24.6	49.5	16.0	3.71	13	1225
"两免一补"政策	0.1	3.1	5.6	56.3	34.8	4.22	1	3500
儿童入学资助和扫盲教育项目	0.7	6.0	15.0	59.6	18.8	3.90	4	1637
教育扶贫工程	0.6	6.9	9.7	58.0	25.0	4.00	3	2007
扶贫培训项目	1.0	9.9	23.7	47.6	17.8	3.71	13	1218
技术推广及培训项目	0.8	8.8	21.1	55.0	14.4	3.73	11	1515
扶贫工程生产项目	0.8	8.9	16.4	57.4	16.5	3.80	9	1879
种植业、养殖业、林业扶贫金	0.8	10.1	18.6	55.2	15.4	3.74	10	1308
基本农田建设工程	0.7	9.4	10.7	61.4	17.8	3.86	7	1774
退耕还林还草补助工程	2.3	13.1	16.3	54.7	13.7	3.65	15	1868
道路修建和改扩建工程	1.2	11.9	4.9	60.0	22.0	3.90	4	3393

工程	很不满意（％）	不满意（％）	一般（％）	满意（％）	非常满意（％）	平均得分	得分排序	样本（人）
电力设施建设工程	1.8	12.0	5.1	63.7	17.5	3.83	8	2718
村村通工程	0.5	6.9	4.1	59.3	29.3	4.10	2	3248
卫生设施建设项目	1.5	10.9	6.3	62.2	19.2	3.87	6	2328
人畜饮水工程	4.3	13.1	6.5	57.7	18.4	3.73	11	2613

总的来说，被访者对各项具体工程或项目的实施绩效的满意度都比较高。在 15 类工程中，平均评价得分最低的为 3.65 分（退耕还林还草补助工程），考虑到最高评分（亦即满分）是 5 分，3.65 分相当于满分的73％，也就是说，按百分制换算，退耕还林还草补助工程的满意度评价得分为 73 分。平均评价得分最高的为 4.22 分（"两免一补"政策），同样，按百分制换算，"两免一补"政策的满意度评价水平达到 84.4 分，可以说是良好了。在全部 15 类工程中，按满意度评价平均得分排序，位列前五的工程项目为"两免一补"政策、村村通工程（广播电视、道路、通信网络）、教育扶贫工程、儿童入学资助和扫盲教育项目以及道路修建和改扩建工程；而排在后五位的项目包括技术推广及培训项目、人畜饮水工程、扶贫培训项目、移民搬迁工程以及退耕还林还草补助工程。

观察表 5-2，有两个趋势值得注意。一是具有普惠性的工程项目获得的满意度评价相对更高，例如位列第 1 的"两免一补"政策和排第 2 的村村通工程等，满意度评价的平均得分超过 4 分（按百分制换算超过80 分），另外，儿童入学资助和扫盲教育项目、道路修建和改扩建工程也具有较强的普惠性，因而它们的满意度评价得分也相对较高。这些项目一方面确实直接帮助贫困人口（例如通过以工代赈的方式使贫困农户劳动力获得收入），另一方面一旦实施也能使工程所在地区几乎所有的人都得益（表明它们具有很强的多重正外部性）。二是满意度评价平均得分排位相对较低的扶贫开发项目，或者表示很不满意、不满意的被访者比重较高，例如被访者中对排在第 10 以后的几项工程或项目的实施绩效表示不满意或很不满意的人所占比重大都超过了 10％，最高达到 17.4％

（人畜饮水工程）；或者感到一般的被访者所占比重较高，例如被访者中表示感觉其绩效"一般"的人所占比例超过20%的工程或项目的平均得分，都排在了后五位。

在运用前文提出的分析框架时，我们提到的作为所谓中间变量的扶贫工程或项目是六大项。除了其中的移民搬迁工程在我们所使用的调查数据中有直接的绩效满意度评价外，其余五大项都没有直接的评价数据。在变量数据整理过程中，我们采用了合并同类项的方法，即把属于其余五大类工程或项目的具体工程或项目分别合并为一个相应的大项，形成一个新的变量，新变量的数值，是各大项之下的具体工程项目绩效满意度评分的均值。从表5-2可以看到，不同的具体工程或项目的满意度评价参与者数是不同的，这意味着同一个被访者对其中一些工程或项目进行了满意度评价，对另一些项目没有做出满意度评价，在数据库中意味着存在缺失值。如何处理缺失值是一个非常复杂的问题。为了保证有足够的样本进入统计分析模型，本章采取了简单的处理办法，即对每一个样本，在构建新变量时，只考虑有满意度评分的具体工程或项目的得分，其中隐含的做法（假设）是，将其中的缺失值视为这些得分的均值。新建变量（亦即所谓中间变量）的简单统计描述结果，见表5-3。

表5-3　中间变量统计描述

工程	最小值	最大值	综合均值	按百分制换算的综合得分	综合排序
移民搬迁工程	1	5	3.71	74.2	6
教育扶贫工程	1	5	3.84	76.8	2
扶贫培训工程	1	5	3.75	75.0	5
产业扶贫工程	1	5	3.76	75.2	4
基础设施扶贫工程	1	5	3.96	79.2	1
卫生健康扶贫工程	1	5	3.81	76.2	3

总的来看，经过综合处理之后，六大类工程或项目绩效的被访者满意度评价的差异不是很大，最高的综合得分均值比最低的综合得分均值仅高出0.25分。按百分制换算的综合得分，在74分到80分之间，接近良好的水平。从排序来看，仍然是本身普惠性程度越高的项目，获得的满意度评价位序越高。

（二）基于中间变量的农村扶贫开发工程总体满意度回归分析

按照研究方法，木文首先基于中间变量对扶贫开发工程总体满意度评价结果进行多元回归分析，模型的解释程度为22.7%（见表5-4），具有比较良好的拟合优度。分析结果表明，教育扶贫工程、基础设施扶贫工程、卫生健康扶贫工程评价没有通过显著性检验。[①] 其原因可能是教育扶贫工程、基础设施扶贫工程、卫生健康扶贫工程均具有一定普惠性，受益的不仅仅是贫困户，贫困地区农村居民均普遍受益，因此其参与度与满意度均比较高，其对扶贫开发总体满意度评价的影响就不显著了。移民搬迁工程满意度评价、扶贫培训工程满意度评价和产业扶贫工程满意度评价均通过了显著性检验，其中，影响最大的是扶贫培训工程满意度评价，其标准化回归系数为0.316；其次是产业扶贫工程满意度评价，其标准化回归系数为0.164；最后是移民搬迁工程满意度评价，其标准化回归系数是0.039。因此，在后面的路径分析中，不再将教育扶贫工程、基础设施扶贫工程、卫生健康扶贫工程评价纳入回归模型中。

表5-4 中间变量对扶贫开发满意度的多元回归分析

工 程	非标准化系数	标准化系数
移民搬迁工程	0.019 *	0.039 *
教育扶贫工程	0.005	0.010
扶贫培训工程	0.158 ***	0.316 ***
产业扶贫工程	0.097 ***	0.164 ***
基础设施扶贫工程	0.038	0.062
卫生健康扶贫工程	0.003	0.006
常数项	0.817 ***	
F	20.384	
R^2	0.20	

注：***、**、* 分别表示0.001、0.01和0.05的显著性水平。

---

① 基础设施扶贫工程、教育扶贫工程、卫生健康扶贫工程对扶贫开发总体满意度评价的影响没有通过显著性检验，并不表示基础设施扶贫工程、教育扶贫工程、卫生健康扶贫工程不重要，而仅仅表示其对扶贫工程总体满意度评价分布没有产生具有统计显著性的影响。其原因可能是基础设施扶贫工程、教育扶贫工程、卫生健康扶贫工程均具有一定普惠性，受益的不仅仅是贫困户，贫困地区农村居民均普遍受益，因此其参与度与满意度均比较高，其对扶贫开发总体满意度评价的分布差异的影响就不显著了。

（三）初始变量对中间变量和因变量影响的多元回归分析

如上所述，本章所采用的多元回归分析方法是最优尺度回归分析。表5-5 报告的是初始变量对中间变量和因变量影响的多元回归分析。可以看到，4 个回归模型均具有较好的拟合优度。初始变量对几个中间变量的解释程度都在 13% 以上，初始变量直接对因变量的解释程度为 15.5%，明显低于中间变量对因变量的解释程度。这表明，直接用初始变量解释因变量存在一定的缺陷，初始变量主要是通过中间变量来影响因变量的。因此，前面的预设总体分析框架是合理的。

从表 5-5 的结果来看，区域因素在四个模型中都有统计上显著的影响，但对移民搬迁工程、产业扶贫工程以及扶贫开发工程总体满意度评价的影响是负向的，也就是说，随着地区经济社会发展水平的提升，被访者在这几个方面的满意度评价趋于降低。只有对于扶贫培训工程满意度评价的影响是正向的，表明经济社会发展水平越高的地区的被访者（包括贫困人口和非贫困人口）越发青睐此类项目，也就是说，在这样的地区，授之以鱼不如授之以渔的意义更加凸显；反过来，在经济社会发展水平相对较低的地区，移民搬迁和产业开发式扶贫的意义更加突出一些。另外，区域因素对扶贫开发工程总体满意度评价的影响也是负向的，表明在经济社会发展水平相对较低的地区，扶贫开发工程的作用相对更加显著。年龄因素对移民搬迁工程满意度评价不具有统计上显著的影响，对其他三项满意度评价则具有统计显著的影响，但在扶贫培训工程以及产业扶贫工程方面的影响却是负向的，这也不难理解，年轻人比年龄较大的人更容易从扶贫培训和产业开发中获益。性别因素仅仅在扶贫培训工程满意度评价上有正向影响，也就是说，相对于女性被访者，男性被访者对这类工程更加满意。民族因素在移民搬迁和总体满意度评价上有负向影响，也就是说，相对于少数民族被访者，汉族被访者在这两个方面的满意度评价相对低一些，其中原因可能在于，汉族被访者较多地来自生态环境条件较好、经济社会发展水平较高的地区。健康因素同样在扶贫培训以及总体满意度评价两个方面有统计上显著的正向影响，这可能意味着，现有的扶贫工程或项目的实施对健康状况较好的人有更多积极的意义。政治面貌因素在四个模

表 5-5　初始变量对中间变量和因变量影响的多元回归分析（标准化回归系数）

初始变量	中间变量			因变量
	移民搬迁工程满意度评价	扶贫培训工程满意度评价	产业扶贫工程满意度评价	扶贫开发工程总体满意度
区域	-0.132***	0.161***	-0.122***	-0.049***
年龄	0.069	-0.073***	-0.055***	0.097***
性别	-0.047	0.034***	0.055	-0.023
民族身份	-0.094***	-0.004	0.039	-0.068***
健康状况	0.064	0.044***	-0.007	0.046***
政治面貌	0.016***	0.081***	-0.057***	0.048***
文化程度	-0.082***	0.065***	0.114***	0.053***
职业类型	-0.077***	0.047***	-0.067***	0.031***
家庭人口规模	-0.144***	-0.116***	-0.141***	-0.119***
家庭收入状况	-0.087***	-0.106***	-0.144***	-0.075***
F	15.224	15.266	18.856	11.113
R^2	0.176	0.176	0.194	0.155

注：***、**、* 分别表示 0.001、0.01 和 0.05 的显著性水平。

型中都有统计上显著的影响，并且除了在产业扶贫工程满意度评价方面的影响是负向的外，在其他三个方面的影响均为正向，也就是说，中共党员的态度更加积极，这究竟是因为他们在扶贫工程中更能获得益处还是因为他们作为党员对国家的扶贫政策更加拥护的政治考量，还需要进一步的研究。教育程度在四个方面都有统计显著的影响，但在移民搬迁工程满意度评价方面的影响是负向的。从具体实施的工程来说，移民搬迁对受教育程度高的被访者的意义显然不如对受教育程度低的被访者的意义大，与此同时，扶贫培训工程、产业扶贫工程对受教育程度越高的人意义越大，他们能够从中获得更多的帮助。职业状况在四个方面都有统计显著影响，其中，在移民搬迁工程、产业扶贫工程和扶贫开发工程总体满意度评价方面的影响是负向的，这是因为，移民搬迁工程和产业扶贫工程更多地集中在农业产业领域，对于兼业被访者和非农就业被访者来说相关性会降低；相反，扶贫培训往往也包含有非农就业相关技术，因而对兼业人员和非农就业人员有积极作用。家庭人口规模对四个方面的满意度评价的影响都是显著的，并且都是负向的，表明现有这些扶贫工程还不能很好地满足家庭人口规模较大的农户的相关需要。但是，从家庭人均收入状况的影响来看，如果被访农户真正属于贫困户，则他们的满意度评价会更高一些，这也表明，总体上，现有的民族地区农村扶贫开发工程起到了较好的扶贫作用。

（四）扶贫开发工作总体满意度评价影响因素的路径分析

在这里，我们将利用路径分析方法分析初始变量和中间变量对扶贫开发工作总体满意度的总影响。表5-6报告的是自变量对于因变量的影响过程。其中，间接影响=自变量对各个中间变量的标准化回归系数×该中间变量对因变量的标准化回归系数，总影响=间接影响+直接影响。也就是说，表5-6的结果是基于表5-4和表5-5而产生的。另外，根据表5-5，显著性水平大于5%的标准化回归系数未纳入表5-6中。

表5-6 基于初始变量和中间变量的扶贫开发总体满意度影响因素路径分析

初始变量	间接影响			直接影响	总影响
	移民搬迁工程满意度评价	扶贫培训工程满意度评价	产业扶贫工程满意度评价		
区域	-0.0051	0.0509	-0.0200	-0.0490	-0.0233
年龄	—	-0.0231	-0.0090	0.0970	0.0649
性别	—	0.0107	—	—	0.0107
民族身份	-0.0037	—	—	-0.0680	-0.0717
健康状况	—	0.0139	—	0.0460	0.0599
政治面貌	0.0006	0.0256	-0.0093	0.0480	0.0649
文化程度	0.0059	0.0205	0.0187	0.0530	0.0981
职业类型	-0.0026	0.0149	-0.0110	0.0310	0.0323
家庭人口规模	-0.0203	-0.0367	-0.0231	-0.1190	-0.1991
家庭收入状况	-0.0161	-0.0335	-0.0236	-0.0750	-0.1482

路径分析的结果表明，对扶贫开发工作满意度评价总影响最大（根据路径系数的绝对值）的初始变量是家庭人口规模，其次是家庭收入状况，再次为文化程度，性别、区域和职业类型的总影响相对较小。下面做进一步的解释。

作为初始变量的区域因素加上三大类工程满意度评价，对扶贫开发工作总体满意度评价产生了负向的总影响，其中，区域因素的直接影响做出了最大的贡献；而在其间接影响中，通过扶贫培训工程满意度评价产生的影响是唯一正向的影响。综合来说，移民搬迁工程和产业扶贫工程更有利于西部地区调研县农村住户（包括贫困户，下同），而扶贫培训工程则更受东部地区调研县农村住户的欢迎。

年龄因素没有通过移民搬迁工程满意度对扶贫开发工作总体满意度评价产生显著影响，而是通过其余两大类工程对总体满意度评价产生了显著的负向间接影响，但是该因素对总体满意度评价的显著正向直接影响则要大很多，也就是说，年龄较大的被访者总体上对整个扶贫开发工作更加满意。要进一步提升民族地区农村居民对扶贫开发工作的满意度，需要增强扶贫培训工程和产业扶贫工程对贫困人群尤其是年龄较大贫困人群的可及性和帮助。

性别因素对扶贫开发工作总体满意度评价没有显著的直接影响，只是通过扶贫培训工程满意度评价而产生不算很大的间接影响。由此可见，要消除性别因素的影响，关键在于增强扶贫培训工程对于女性的助益，这样也有助于进一步提高民族地区农村居民对扶贫开发工作的总体满意度。

民族因素既通过移民搬迁工程对扶贫开发工作总体满意度评价产生间接影响，也对后者有着直接影响，而且其直接影响远远大于间接影响，其直接影响和间接影响都是负向的，也就是说，民族地区农村少数民族对扶贫开发工作的总体满意度评价明显高于汉族居民的满意度评价。总体上，在民族地区农村，少数民族居民比汉族居民更加贫困一些，[①] 因此，一些扶贫项目会更多地向少数民族倾斜，少数民族受益也会更多，满意度评价也就更高。这种民族差异，恐怕是难以消除的，并且可能也不需要特意去消除这种差异，毕竟扶贫工程的帮助对象就是贫困人群。

健康状况因素对扶贫开发工作总体满意度评价存在间接显著正向影响，同时也仅仅通过扶贫培训工程产生间接显著正向影响。也就是说，健康状况好的被访者的满意度平均总体高于健康状况差的被访者的满意度评价。要消除这种差异，关键在于，扶贫开发工作还要更多地考虑健康状况

---

① 丁赛：《农村汉族和少数民族收入差异的经验分析》，《中国劳动经济学》2006 年第 4 期；刘小珉：《民族视角下的民族地区农村贫困问题比较研究——以广西、贵州、湖南为例》，《民族研究》2013 年第 4 期。

相对较差的人群的需要，给他们提供可及的帮助。

政治面貌因素既通过三大类工程对扶贫开发工作总体满意度评价产生间接影响，自身也有直接影响。其中，只有通过产业扶贫工程产生的间接影响是负向的，其他间接影响和直接影响都是正向的，并且由此使得总影响也是正向的。总的来说，中共党员的满意度评价更加积极一些，这特别体现在其直接影响和通过扶贫培训工程满意度评价而产生的间接影响上。其背后的原因，如上所述，还待进一步研究。

文化程度因素对被访者的扶贫开发工作满意度评价，既具有显著的直接正向影响，也具有显著的间接正向影响。这表明，被访者的受教育程度越高，其对扶贫开发工作总体满意度评价的影响就越大。可以说，在各项扶贫开发工作或项目的实施过程中，受教育程度较高的可能处于更加有利的地位，或者他们对扶贫开发工作的理解和认知更多一些。

职业类型的直接影响和通过扶贫培训工程满意度评价产生的间接影响是显著并且正向的，而通过移民搬迁工程与产业扶贫工程满意度评价产生的间接影响虽然显著但方向为负，其总影响则是正向的。这再次表明，移民搬迁和产业扶贫工程，对从事家务劳动和务农的被访者的帮助更大，而扶贫培训工程和产业扶贫工程对兼业被访者和非农就业被访者的帮助更大。这种差异在实际工作中可能很难消除，把各种不同目标人群指向的扶贫工程做好、做到位，都可以提高他们对扶贫开发工作的总体满意度评价。

家庭人口规模因素对被访者的扶贫开发工作总体满意度评价的直接影响和间接影响都是显著的，并且其影响都是负向的。因此，总的来说，被访者家庭人口规模越大，他们的对扶贫开发工作的总体满意度评价就越低。考虑到民族地区农村贫困户的家庭人口规模往往较大，他们对扶贫帮助的需求也会更大，在扶贫助益总量一定的情况下，家庭人口规模较大的农户的人均获益便可能低于他们的预期。另外，家庭人口规模较大的农户往往面临劳动力抚养系数较大的压力，一些针对劳动年龄人口的扶贫工程或项目对此类农户的有效帮助会小于对家庭劳动力抚养系数较小的农户的有效帮助。

家庭收入状况因素对扶贫工作总体满意度评价的直接影响和间接影响

都是显著的,并且是负向的。也就是说,民族地区农村非贫困农户对扶贫工作的总体满意度评价普遍低于贫困农户的总体满意度评价。这是可以理解的。可惜我们所使用的调查数据未能区分被访者是否实际参与各项扶贫工程,也未能区分非贫困被访者是否通过扶贫工程的帮助而得以跻身非贫困户之列,因此难以进一步深入分析这些直接影响和间接影响的具体根由。

四　简要结论与政策建议

本章使用 2014 年"民族地区大调查"的农村居民家庭调查资料,运用路径分析法对当前民族地区农村居民的扶贫开发工作总体满意度评价的影响因素进行了定量分析。这一研究,也是对中央提出精准扶贫理念和新近发出的《省级党委和政府扶贫开发工作成效考核办法》关于把"满意度"作为"软指标"纳入考核指标体系的要求的一个学术响应。

总的来看,民族地区农村居民对扶贫开发工作的满意度评价还不太高,也就是说扶贫开发工作绩效还有待提高。对于各项具体扶贫工程或项目的满意度评价,按百分制换算的平均得分超过 80 分的并不多见,大多数都只有 70 多分;而在归纳合并为六个大项的工程或项目之后,没有一个大项的百分制换算平均得分达到 80 分的水平。对于扶贫开发工作的总体满意度评价,在全部被访者中,表示"满意"的人所占比重只有60.8%,可以说是刚刚及格。运用路径分析模型考察扶贫工作总体满意度评价的影响因素的结果表明,所有纳入分析模型的"初始变量",即被访者的主要人口和社会特征因素,都对扶贫开发工作总体满意度评价产生了显著的直接影响,并且通过六大扶贫工程或项目的全部或部分对扶贫开发工作总体满意度评价产生了间接影响,从直接影响和间接影响之和所构成的总影响来看,绝对值最大的初始变量是家庭人口规模,其次是家庭人均收入状况,再次是被访者的文化程度。这些结果与我们的日常观察是比较一致的,并且很好地诠释了这些因素影响扶贫开发工作总体满意度评价的方式和机理。

本研究的若干结果,具有比较明确的政策含义。习近平总书记 2013

年 11 月在湖南湘西考察时提出了"精准扶贫"战略。他表示,"扶贫要实事求是,因地制宜。要精准扶贫,切忌喊口号,也不要定好高骛远的目标"。① 习近平总书记还指出:"抓扶贫开发,既要整体联动、有共性的要求和措施,又要突出重点、加强对特困村和特困户的帮扶"。② 因此,"精准扶贫是解决扶贫开发工作中底数不清、目标不准、效果不佳等问题的重要途径。在实际工作中,应对贫困村、贫困户进行精准化识别、针对性扶持、动态化管理,扶真贫、真扶贫"。③ 从更好地落实习近平总书记关于精准扶贫的精神出发,要进一步提高扶贫开发工作的社会满意度评价水平,需要针对不同人群的需要和他们的人口、社会特征,更加精细和精准地设计扶贫工程或项目并提高其实施绩效。

(1)要进一步做好各种既具有直接扶贫效果又能产生普惠性影响的基础性扶贫工程或项目(包括基础设施扶贫工程、教育扶贫工程、卫生健康扶贫工程)。人们对这些项目的满意度评价相对较高,内部差异较小(以致其对扶贫工作总体满意度评价分布没有产生具有统计显著性的影响)。值得一提的是,2016 年 4 月 20 日,国务院召开常务会议部署开展交通基础设施扶贫。4 月 27 日召开国务院常务会议,确定加快中西部教育发展的措施。目前,从中央到地方,正在合力推动贫困地区包括基础设施、教育、卫生在内的公共服务水平的提高,增强贫困地区脱贫致富能力,为 2020 年贫困人口全部脱贫,贫困县全部摘帽,并消除区域性整体贫困夯实基础。

(2)要针对年龄较大的贫困人群,设计对他们具有更大可及性和助益性的扶贫工程或项目,使得他们中的贫困群体能够更加容易地从这样的工程或项目中获得实际的有助于他们脱贫的好处,从而消除年龄差异对扶贫开发工作总体满意度评价的各种影响。

---

① 《习近平赴湘西调研扶贫攻坚》,http://news.xinhuanet.com/politics/2013-11/03/c_117984236.htm,最后访问日期:2017 年 3 月 9 日。

② 《习近平在湖南考察时强调:深化改革开放推进创新驱动实现全年经济社会发展目标》,http://news.cntv.cn/2013/11/05/ARTI1383649079486805.shtml,最后访问日期:2017 年 3 月 9 日。

③ 刘永富:《打赢全面建成小康社会的扶贫攻坚战——深入学习贯彻习近平同志关于扶贫开发的重要讲话精神》,《人民日报》2014 年 4 月 9 日。

（3）扶贫工程或项目的设计和实施，要融入社会性别视角。现有的一些扶贫工程或项目，对民族地区农村的贫困妇女来说，可能存在可及性问题或帮助她们脱贫的效果不够理想的问题。解决好这样的问题，必将有助于消除扶贫开发工作总体满意度评价的性别差异，从而提高总体满意度评价。

（4）扶贫工程或项目的设计和实施，要增强对文化程度较低的目标人群的针对性。对于他们来说，对知识和技能储备以及理解能力要求较高的项目或工程，存在明显的可及性问题。他们的主要优势是他们的体力和吃苦耐劳的精神。应当设计实施与他们具有的优势相适应的扶贫工程或项目，从而在帮助他们脱贫的过程中产生立竿见影的效果。

（5）扶贫工程或项目的设计和实施，要更多地关注在健康状况方面面临难题的目标人群。不仅要帮助他们改善健康状况，还要提供他们力所能及的工程或项目，保证他们也能从扶贫开发工作中直接获益。这样可以缩小健康状况差异对总体满意度评价的影响。

（6）在设计和实施扶贫工程或项目时，要对家庭人口规模较大的农户给予充分的关注。人口规模较大的家庭往往有着较高的劳动力抚养系数，一些主要针对贫困农户劳动人口的扶贫工程或项目，可能使这样的贫困农户处于相对劣势的境地，使得他们从中获得的有效帮助低于工程项目的预期或他们自己的预期，从而降低他们对扶贫开发工作的总体满意度评价。

第六章　民族地区农村最低生活保障制度的反贫困效应[*]

　　从 2007 年起，中国政府开始全面推行农村最低生活保障制度（以下简称"农村低保制度"）。按照该项制度，对于家庭人均收入低于最低生活保障标准的农村贫困人口，国家按最低生活保障标准予以差额补助，从而保证他们的基本生活需求得到满足。作为保障农村贫困家庭生活的最后一道安全网，农村低保制度的主要目标是减少农村贫困，促进社会公平。本章关注的主要问题是，这种以农村最低收入家庭为对象的救助制度在贫困问题严峻的西部民族地区的实施，是否达到制度设计的初衷？换言之，民族地区农村低保制度的反贫困效应究竟如何？在多大程度上起到了促进民族地区农村社会公平的作用？应当如何进一步完善民族地区农村低保制度，才能使其更好地发挥反贫困和促进社会公平的作用？按照党的十八大的部署，到 2020 年，中国要实现全面建成小康社会的目标，广大民族地区尤其是民族地区农村能否按期最大限度地减缓贫困，对中国实现全面建成小康社会目标至关重要。当此之际，研究和回答好这些问题，具有重要的理论和现实意义。

一　文献回顾

　　英国经济学家阿瑟·塞西尔·庇古认为，在不影响国民收入增加的情况下，国家应加强对收入分配的政策干预，借此增加穷人的收入，缩小贫

---

　　* 本章主要部分在《民族研究》2015 年第 2 期发表。

富差距。进言之，庇古认为，最好的干预是向富人征收累进所得税和遗产税，给低收入者增加失业补助和社会救济，给劳动者增加必要的货币补贴，提供各种社会服务设施，实行普遍的养老金制度，或按最低收入进行普遍补贴。[1] 正是在这样的理论推动下，世界上许多国家日益普遍地采取了征收累进所得税、给低收入家庭提供救助的政策。例如，到 2001 年，OECD 国家的社会保障支出占 GDP 的比重平均达到了 13.23%，其中很大一部分就是用于所谓的收入保障，亦即向各种类型的低收入家庭提供收入补助。[2]

曹清华研究了 20 世纪末以来德国、瑞典、英国社会救助制度的反贫困效应，研究结论是，德国社会救助支出占公共支出的比例不高（2003 年为 4.2%），但社会救助总支出额并不低。较高的社会救助支出给津贴领取者提供了一种体面的生活。但是，过高的津贴支付又导致一些领取者寻找工作的积极性很低，从而易陷入"失业陷阱"和"贫困陷阱"。瑞典是世界上著名的高福利国家之一，瑞典社会救助规模不大，但是津贴支付水平相当高，虽然暂时解决了贫困家庭的困难，但使津贴领取者形成了"福利依赖"，造成"贫困陷阱"和"失业陷阱"，因此综合分析，瑞典社会救助的反贫困效应不佳。英国社会救助津贴支付水平也相当高，在给津贴领取者提供一种体面生活的同时，布莱尔政府的"从福利到工作"政策对福利津贴领取者的就业行为产生了积极影响。综合分析，英国现代社会救助制度的反贫困效应比较显著。[3]

20 世纪 90 年代末期开始，拉丁美洲和加勒比海地区引入了"有条件的现金转移"（Conditional Cash Transfers，CCT）社会救助项目，如墨西哥的"教育、卫生和营养方案"、哥伦比亚的"家庭行动方案"、洪都拉斯的"家庭设计方案"、牙买加的"卫生、教育促进方案"、尼加拉瓜的"社会保护网络"，以及巴西的"家庭津贴方案"等。CCT 项目

---

① 阿瑟·塞西尔·庇古：《福利经济学》，金镝译，华夏出版社，2013。

② See World Bank：*Social Safety Nets in OECD Countries*，http://siteresources. worldbank. org/ safetynet – sandtransfers/Resources/281945 – 1124119303499/SSNPrimer – Note25. pdf，最后访问日期：2017 年 3 月 15 日。

③ 曹清华：《德国社会救助制度的反贫困效应研究》，《德国研究》2008 年第 3 期；《瑞典现代社会救助制度反贫困效应研究》，《社会主义研究》2008 年第 2 期；《英国现代社会救助制度反贫困效应研究》，《河南师范大学学报（哲学社会科学版）》2010 年第 5 期。

的基本内容是为贫困的低收入家庭提供现金援助，条件是接受援助的家庭必须做出可证实的人力资本投资，包括经常性的儿童学校出勤率或使用基本的医疗服务等。评估结果均表明，CCT 项目的实施有效地减少了贫困。①

德菲纳（R. H. DeFina）和圣纳瓦拉（K. Thanawale）运用 LIS 数据对 17 个 OECD 国家的公共救助支出的减贫效果进行了研究，他们除了使用贫困率、贫困距等贫困指标外，还使用"贫困者间收入不平等"指标进行分析，其研究结果显示，实施对低收入者的公共救助政策后，17 个 OECD 国家的贫困发生率平均下降 61%，其中，美国下降 29.5%，加拿大下降 56.1%，瑞典下降 85.6%。而且，这种面向低收入群体的社会救助制度，不仅有减贫效果，还具有宏观分配效果，特别是社会成员间的横向收入再分配效果。②

中国农村低保制度是对家庭人均收入低于最低生活保障标准的农村贫困人口按最低生活保障标准进行差额补助的制度，即国家和社会为保障收入难以维持最基本生活的农村贫困人口而建立的一种新型社会救济制度。③ 作为农村贫困家庭的最后一道安全网，农村最低生活保障制度的目标是减少贫困和促进社会公正。

---

① See J. Hoddinott: *Conditional Cash Transfer Programs.* Washington, D. C. , International Food Policy Research Institute, 2000; L. B. Rawlings: "A New Ap-proach to Social Assistance: LatinAmerica's Experience with Condi-tional Cash Transfer Programmes", *International Social Security Review*, 2005, 58（2-3）: 133-161; S. Parker, E. Skoufias: "Theimpact of PROGRESA on Work, Leisure, and Time Allocation", Washington, D. C. , International Food Policy Research Institute, 2000（10）; Y. T. Yap, G. Sedlacek, P. Orazem: *Limiting Child Labor through Behavior-based Income Transfers: Anexperimental Evaluation of the PETI Program in Rural Brazil*, Washington, D. C. , World Bank, 2001; P. J. Gertler: *The Impact of Progresa on Health*, Washington, D. C. , International Food Policy Research Institute, 2000.

② See R. H. DeFina, K. Thanawala: "International Evidence on the Impact of Transfers and Taxes on Alternative Poverty Indexes", *Luxembourg Income Study Working Paper Series*, No. 325, 2002; S. Allegrezza, G. Heinrich & D. Jesuit: "Poverty and Income Inequality in Luxembourg and the Grande Région in Comparative Perspective", *Socio-Economic Review*, 2004, （2）: 263-283; K. Hölsch, M. Kraus: "European Schemes of Social Assistance: an Empirical Analysis of Set-ups and Distributive Impacts", *International Journal of Social Welfare*, 2006, （5）: 50-62.

③ 李广舜:《新疆农村最低生活保障制度改革思考》,《辽东学院学报（社会科学版）》2008 年第 10 期。

1992 年，山西省率先开展了农村低保工作的探索。2007 年我国开始全面推行农村低保制度。目前，农村低保制度已经覆盖了全国所有农村地区，并在一定程度上实现了缓解贫困的政策目标。根据国家统计局《中国农村贫困监测报告·2011 年》，2010 年，国家扶贫开发工作重点县低保户的比重为 9.9%，比开始实行低保制度的 2007 年提高了 1 倍，比上年提高了 1.1 个百分点，比全国平均水平要高近一倍；低保户户均领取低保金 1163 元，比上年增长 26.1%。由于发放低保金，扶贫重点县的脱贫人口增加了 48 万人，贫困发生率下降了 0.2 个百分点。[1]

中国学者对中国农村低保制度的反贫困效应和改善社会公平状况的效应也有所关注，相关的研究结论大体可以分为四类。其一，农村低保制度实施效果明显，最大限度地实现了"应保尽保"，在一定程度上实现了减缓贫困，改善了农村内部收入分配状况，缩小了农村贫困群体与其他群体之间收入差距。[2] 其二，农村低保制度的运行绩效存在较为明显的省区间差异和层次性，制度绩效整体水平有所提高，但离"应保尽保"的目标还存在一定差距。[3] 其三，农村低保制度的运行过程仍存在瞄准偏差和瞄准遗漏现象，且由于严重偏低的贫困线标准与更低的低保标准，农村贫困人口获得低保金后的总收入仍然较低，这既造成了受助比例过低以及将需要救助的低收入家庭排除在外的问题，也使得受助对象的需求满足程度过低，缓解贫困的效果有限。尤其是在贫困问题严峻的西部农村地区，一些地方政府财力有限，往往采取总量控制办法来实施农村低保制度，以致无法将符合农村低保制度标准的农村贫困人口全部纳入低保范围，概括地说，就是存在保障标准低、人均补差少以及贫困人口覆盖面

---

① 国家统计局住户调查办公室：《中国农村贫困监测报告·2011 年》，中国统计出版社，2012，第 36 页。

② 童万亨：《福建省全面实施农村居民最低生活保障制度的调查与思考》，《农业经济问题》2005 年第 1 期；谢东梅：《农村最低生活保障制度分配效果与瞄准效率研究》，中国农业出版社，2010；戴卫东：《农村最低生活保障制度的财政支出分析——基于负所得税法和差额补助法的比较》，《河南社会科学》2010 年第 5 期；国家统计局住户调查办公室：《中国农村贫困监测报告·2011 年》，中国统计出版社，2012，第 36 页。

③ 何晖、邓大松：《中国农村最低生活保障制度运行绩效评价》，《江西社会科学》2010 年第 11 期。

窄等问题。[①] 其四，政府财政为实施农村低保制度付出了较大的代价，但是没有达到预期的减贫效果，甚至产生了"负向激励效应"亦即福利依赖问题。[②]

综上所述，国内外学者对农村低保制度的减贫效应进行了理论及实证研究，由于研究的地区、时间点不同，得出的结论存在一定差异。众所周知，西部大开发以来，中国政府对西部民族地区的各种扶持力度均很大，政府主导的农村低保制度对民族地区的反贫困效应及促进社会公平的作用在不同地区可能存在程度不同的差异。受相关数据的限制，现有文献中还缺乏对西部民族地区农村低保制度实施的减贫效应和促进社会公平的作用的定量分析研究。有鉴于此，本章试图利用中国社会科学院民族学与人类学研究所与中央民族大学经济学院合作，于 2012 年进行的民族地区农村住户调查大样本数据，对民族地区农村低保制度实施的减贫效应及收入分配效应进行定量分析，以此评估民族地区农村低保制度的实施效果，并为进一步完善民族地区农村低保制度提供政策借鉴。

二 数据来源与分析策略

2012 年，中国社会科学院民族学与人类学研究所与中央民族大学经济学院合作，开展了"西部民族地区经济社会状况家庭调查"。该项调查在新疆、内蒙古、宁夏、广西、青海、贵州和湖南等七个省区进行，调查对象涵盖了这些省区的城乡社区以及城乡住户。调查样本的抽样采用国家统计局的城乡分层随机抽样方法，强调对各个地区主体民族家庭的调查，同时综合考虑了民族聚居区和非民族聚居区、自然地理条件以及经济社会

---

① 李小云、董强、刘启明：《农村最低生活保障政策实施过程及瞄准分析》，《农业经济问题》2006 年第 11 期；王增文：《农村最低生活保障制度的济贫效果实证分析》，《贵州社会科学》2009 年第 12 期；牛勤：《论我国西部地区农村最低生活保障问题与对策》，《安徽农业科学》2011 年第 10 期；王丽华、孟湘泓：《反贫困视觉下的我国社会救助制度安排》，《甘肃社会科学》2012 年第 2 期。

② 王增文：《农村最低生活保障制度的济贫效果实证分析》，《贵州社会科学》2009 年第 12 期；李盛基、吕康银、朱金霞：《农村最低生活保障制度的减贫效果分析》，《税务与经济》2014 年第 3 期。

发展水平等方面的差异。最后，在农村住户调查方面，该项调查从七个省区总共抽取了 81 个县、757 个行政村的 7257 个样本户（31671 人），对样本户 2011 年的收入状况等进行了调查。本章中的农村居民家庭人均纯收入，在国家统计局界定的农村家庭人均纯收入基础上，按照国际惯例，增加了人均自有房屋的估算租金价值。[①]

下面对若干概念进行界定，并说明本章的分析策略。

1. 贫困线

贫困涉及经济、社会、政治和文化等多方面的内容。本研究是通过确定收入贫困线，从经济收入水平和收入分配公平状况的角度，定量测定农村贫困群体的贫困状况和变动趋势以及在实施农村低保制度后相应的贫困和分配状况发生的变化。

为更为客观全面地评估农村贫困状况，选取多条贫困线是必要的。本章分别采用三条绝对贫困线和一条相对贫困线[②]作为农村贫困标准线。一是 2011 年全国农村低保标准。二是使用世界银行 1985 年的 "1 天 1.5 美元" 的标准，先将 1985 年的 1 美元（或 1 年 365 美元）按平价购买力（Purchasing Power Parity，或简称 PPP）转换成 1985 年以人民币计的价值，接着按以 1985 年为基准的全国农村消费物价指数（CPI），将该价值调整到 2011 年的水平，得到 2011 年 "1 天 1.5 美元" 的贫困标准。三是 2011 年中

[①] 本次问卷调查包括内蒙古、宁夏、新疆、青海、广西、湖南、贵州七个省区，其中内蒙古、宁夏、新疆、青海、广西、贵州都属于西部民族地区，湖南的调查点有湘西土家族苗族自治州、邵阳市、永州市和怀化市，大部分是民族地区。为了简便，本文将被调查的这七个省区简称为 "被调查民族地区"，将内蒙古、宁夏、新疆、青海简称为 "西北四省区"，将广西、湖南、贵州简称为 "西南三省区"（虽然湖南属于中南，不属于西南）。根据课题组对农村家庭人均纯收入的界定，本研究计算农村家庭人均纯收入时，经过了一些数据处理。CHES 2011 数据库具体情况及数据处理方法详见李克强、龙远蔚、刘小珉主编《中国少数民族地区经济社会住户调查（2013）》，社会科学文献出版社，2014。另外，本章中所有数据，凡是没有特殊注明出处的，均来自 CHES 2011 数据。

[②] 绝对贫困线是指在一定的生产生活方式下，不同地区具有不同消费模式的个体维持一个固定的，并被社会普遍接受的最低生活水平所需的一篮子特定食品和非食品的费用。相对贫困线是在绝对贫困基本消除以后，为了解决低收入群体的发展问题而提出的贫困标准。它主要通过个体收入与社会平均收入或中位收入的比较来判断个体的贫困程度，避开了绝对贫困线中的基本需求概念。通常将相对贫困线设定为居民平均收入（中位收入）的 50%。

国政府确定的新贫困线 2300 元（2010 年不变价）。[①] 四是相对贫困线，是被调查者接受低保救助前家庭人均纯收入均值的 50%。为方便我们对不同地区的贫困状况进行统一的比较，我们采取统一的贫困线。

2. 贫困测量

本章以收入标准对贫困进行测量。在测量时，重点运用 *FGT* 贫困指数。*FGT* 指数由贫困发生率、贫困差距率和平方贫困距三个指数组成，[②] 其具体形式为：

$$P_\alpha = \frac{1}{N} \sum_{i=1}^{q} \left(\frac{z - y_i}{z} \right)^\alpha \tag{1}$$

式（1）中，P_α 代表贫困指数，α（$\alpha \geq 0$）为社会贫困厌恶系数，N 为人口总数，z 是贫困线，y_i 为第 i 个人的收入，q 代表人均收入在贫困线以下的人口总数。

当 $\alpha = 0$ 时，P_α 为贫困发生率指数 H。贫困发生率是指一个国家或地区的贫困人口占总人口的比例，反映的是贫困发生的广度。当 $\alpha = 1$ 时，P_α 为贫困差距率指数 PG，度量的是贫困人口的平均收入相对于贫困线的距离，反映的是贫困发生的深度。当 $\alpha = 2$ 时，P_α 为平方贫困距指数 SPG，反映的是贫困发生强度。

3. 收入不平等测量

本章用目前学界常用的基尼系数（*Gini*）来测量不平等的整体情况，用泰尔指数及其分解来分析不平等的构成。*Gini* 系数的具体形式为：

$$Gini = 1 - \frac{1}{N} \sum_{i=1}^{N} (x_i - x_{i-1})(y_i + y_{i-1}) \tag{2}$$

式（2）中，x_i 表示人口的累计百分比，y_i 表示收入（消费）的累计百分比。基尼系数的取值范围为 0~1，值越小，表示收入分配越公平。

泰尔指数计算公式为：

[①] 新的国家扶贫标准是 2300 元（2010 年不变价）。根据农村居民生活消费价格指数推算，2010 年不变价的农民人均纯收入 2300 元相当于 2011 年的 2536 元。

[②] James Foster, Joel Greer, Erik Thorbecke: "A Class of Decomposable Poverty Measures", *Econometrical*, 1984, Vol. 52 (3): 761 – 766.

$$GE(\alpha) = \frac{1}{\alpha(\alpha-1)}\left[\frac{1}{N}\sum_{i=1}^{N}\left(\frac{y_i}{\overline{y}}\right)^{\alpha}\right] - 1 \tag{3}$$

式（3）中，y_i 是每个个体的收入（或消费），$\overline{y}$ 是人均收入（或人均消费）的均值。α 为权重，通常取值 0、1，用于给人均收入或消费偏离分布进行赋权。当 $\alpha = 0$ 时，为泰尔 L 指数。当 $\alpha = 1$ 时，为泰尔 T 指数。当 GE 为 0 时，表示收入分布绝对公平，GE 值越大，表示收入分布越不平等。泰尔指数可以分解为组内不平等与组间不平等两个部分，可据以测量组内不平等和组间不平等对总体不平等的贡献。

4. 再分配效应分解

本章将主要按照 APK 方法对农村低保制度的再分配效应进行分解。

Atkinson、Plotnick 和 Kakwani 曾经利用 *Kakwani* 指数分别提出了再分配效应的 APK 分解。[①] 该方法将由个体排序变化引起的再排序效应（水平效应）分离出来，得到了"纯净"的垂直效应。APK 分解的公式为：

$$REAPK = VK - RAPK, VK = \frac{t}{1-t}K, K = CT - GX, RAPK = GN - CN$$

其中，VK 表示垂直效应，t 为平均税率，K 为 *Kakwani* 累进性指数，它等于税收[②]的集中系数与税前收入基尼系数之差（Kakwani，1977），K 大于 0、等于 0、小于 0，分别表示累进税、比例税和累退税；$RAPK$ 表示再排序效应，它等于税后收入基尼系数 GN 与集中系数 CN 之差。

三　被调查民族地区农村样本基本情况

在全部被调查家庭人口中，湖南、广西、贵州、宁夏、青海、新疆、内蒙古分别占 14.26%、15.17%、17.32%、13.34%、15.37%、13.00%、11.53%（见表 6-1）；被调查家庭人口的民族成分多样，其中汉族 11494 人，

[①] A. B. Atkinson：*Horizontal Equity and the Distribution of the Tax Burden*，Washington D. C.：Brookings Institution，1980；R. Plotnick："A Measure of Horizontal Inequity"，*The Review of Economics and Statistics*，1981，Vol. 63（2）：283 – 288；N. C. Kakwani："On the Measurement of Tax Progressivity and Redistributive Effect of Taxes with Applications to Horizontal and Vertical Equity"，*Advances in Econometrics*，1984，Vol. 3：149 – 168.

[②] 在用 APK 分解时，我们可以将低保补助视作负所得税。

少数民族 19530 人。在少数民族中，比例较高的是苗族、回族、侗族、维吾尔族、壮族、藏族、蒙古族、土家族、瑶族、哈萨克族、撒拉族。

表6-1 被调查民族地区农户的基本特征

类别	全部样本				低保样本			
	户数（户）	人数（人）	总抚养比（%）	家庭人均纯收入（元）	户数（户）	人数（人）	家庭人均纯收入（元）	人均低保收入（元）
被调查民族地区	7257	31671	34.72	6059.40	1367	2820	4313.8	338.23
西南三省区	3237	14809	34.32	4636.92	724	1618	3938.65	269.46
其中:湖南	1007	4516	32.73	3361.81	116	263	3091.83	321.81
广西	1030	4806	30.84	5831.27	150	348	3385.99	291.50
贵州	1200	5487	38.91	4640.81	458	1007	4252.95	253.61
西北四省区	4020	16862	35.08	7313.25	643	1202	4730.63	414.33
其中:宁夏	970	4224	41.30	6718.17	213	257	4769.68	161.41
青海	1000	4867	38.68	6028.07	193	522	5237.79	579.71
新疆	1000	4118	36.89	9075.93	184	360	3657.47	519.29
内蒙古	1050	3653	22.74	7729.82	53	63	6535.34	569.35
汉族	2955	11494	29.38	7676.40	362	752	5481.09	391.44
少数民族*	4175	19530	37.80	5147.98	969	1980	3948.96	321.64
其中:蒙古族	205	860	25.57	8777.92	8	8	6288.21	358.33
回族	611	2926	48.96	6245.38	161	253	4458.24	273.93
藏族	304	1483	36.82	6079.32	58	149	5053.89	547.06
维吾尔族	509	2326	41.46	4781.90	127	269	2821.18	500.62
苗族	964	4534	39.68	3948.68	302	639	3851.41	234.73
壮族	390	1741	29.58	5116.00	50	139	3357.34	314.71
侗族	530	2436	32.17	4328.57	122	227	4178.61	277.26
瑶族	153	722	30.55	5146.24	31	64	4006.40	240.14
土家族	162	774	32.75	3633.44	27	62	3934.08	356.51
哈萨克族	120	500	43.84	10655.63	21	29	6502.90	425.87
撒拉族	68	448	65.81	4727.08	10	29	2994.49	505.91
其他民族	159	779	28.01	4230.46	52	111	3753.19	280.42

注：表中"总抚养比"是指家庭中"0～14岁人口"与"65岁及以上年龄人口"之和占家庭劳动年龄人口的比重。表中低保样本中的"户"指被访者家庭有低保收入或被访者回答享受低保救助的家庭，"人"指回答受低保救助的被访者，"家庭人均纯收入"指样本中有低保收入的家庭的人均纯收入。另外，本章对数据库进行统计描述时，没有对数据库的缺失值进行处理。由于有些样本的民族、户口、男女、年龄、文化程度等变量存在不同的缺失，因此分民族、城乡、性别、年龄、文化程度等的汇总样本与总体样本有不一致的现象。但这并不影响我们对被调查民族地区总体情况的分析。本章以下数据表格可能都存在类似问题，不一一解释。

*本部分在分民族的家庭数据中，均指家庭数据，不是个人数据。家庭中少数民族人口占50%及以上的为少数民族家庭，其他的为汉族家庭。在少数民族家庭中，某一少数民族人口占50%及以上的，为该少数民族家庭。刘小珉：《民族视角下的农村居民贫困问题比较研究——以广西、贵州、湖南为例》，《民族研究》2013年第4期。

从家庭人口负担情况看，被调查民族地区农村家庭总抚养比为34.72%，比同年全国平均水平（34.41%）略高。[①] 西南、西北差异较小。分省区看，宁夏被调查农村家庭的总抚养比最大（41.30%），内蒙古最小（22.74%）。分民族看，撒拉族被调查农村家庭的总抚养比最大（65.81%），蒙古族家庭的最小（25.57%）。也就是说，相对于全国平均水平，被调查民族地区农村家庭人口负担较重，尤其是七省区中的宁夏被调查农村家庭，以及被调查的撒拉族家庭。

从表6-1可以看出，被调查民族地区农村家庭收入在省区间、民族间差异显著。内蒙古、青海的农村低保家庭的人均纯收入高于湖南、贵州的全部样本家庭人均纯收入。哈萨克族、蒙古族农村低保家庭的人均纯收入高于回族、藏族、瑶族、壮族、维吾尔族、撒拉族、侗族、苗族、土家族的全部样本的家庭人均纯收入。

从低保救助情况看，被调查民族地区被调查家庭接受低保的比例为18.8%，其中西北四省区被调查家庭中的该比例为16.0%，比总体平均水平低2.8个百分点，西南三省区被调查家庭中的该比例为22.4%，比总体平均水平高3.6个百分点，比西北四省区的平均水平高6.4个百分点。分省区看，贵州被调查家庭接受低保的比例最高（38.2%），内蒙古被调查家庭中的该比例最低（5%）。分民族看，苗族、回族、维吾尔族被调查家庭接受低保的比例较高，分别为31.3%、26.4%、25.0%，蒙古族、壮族、撒拉族被调查家庭接受低保的比例较低，分别只有3.9%、12.8%及14.7%。比较官方公布的各省农村低保救助数据，[②] 可以得出，这七个省区中湖南、广西、贵州、青海被调查农村家庭的低保救助获得比例均高于国家公布的相应比例，宁夏、新疆、内蒙古被调查农村家庭的低

① 2011年末全国65岁及以上人口达到12288万人，占总人口的9.1%，15~64岁劳动年龄人口的比重为74.4%，0~14岁少儿人口的比重为16.5%。参见国家统计局《2011年我国人口总量及结构变化情况》，www.stats.gov.cn/tjsj/zxfb/201201/t20120118_12783.html，最后访问日期：2017年3月9日。

② 2011年湖南、广西、贵州、宁夏、青海、新疆及内蒙古农户低保救助率分别为7.57%、13.31%、26.45%、22.15%、15.14%、19.89%及22.06%。根据民政部编《中国民政统计年鉴-2012（中国社会服务统计资料）》（中国统计出版社，2012）的相关数据计算、整理。

保救助获得比例，低于国家公布的相应比例。有研究表明，在问卷调查中，被调查户有少报或不报获得最低生活保障补助的倾向。[①]

四 农村低保的减贫效应

（一）贫困状况

表6-2至表6-5报告的分别是按照2011年全国农村低保线（低保线）、1天1.5美元国际贫困线（1天1.5美元线）、2011年全国农村贫困线（国家贫困线）、相对贫困线测度的低保前后被调查农村家庭的*FGT*贫困指数。

表6-2　按照低保线测度的接受低保救助前后被调查农户 *FGT* 指数

单位：%

类别	接受低保救助前			接受低保救助后		
	贫困发生率 $H \times 100$	贫困差距率 $PG \times 100$	平方贫困距 $SPG \times 100$	贫困发生率 $H \times 100$	贫困差距率 $PG \times 100$	平方贫困距 $SPG \times 100$
被调查民族地区	8.78	3.75	2.36	8.24	3.31	1.94
西南三省区	12.23	4.78	2.77	11.67	4.39	2.43
其中:湖南	21.81	8.85	4.86	21.41	8.43	4.47
广西	12.87	5.51	3.66	12.38	5.01	3.13
贵州	3.67	0.74	0.25	2.92	0.49	0.14
西北四省区	5.96	2.91	2.03	5.46	2.43	1.54
其中:宁夏	4.37	1.64	0.9	4.27	1.57	0.85
青海	4.41	1.62	0.9	3.71	1.26	0.7
新疆	11.76	7.31	5.73	10.65	5.91	4.08
内蒙古	3.37	1.11	0.6	3.27	1.03	0.56
汉族	4.21	1.59	0.88	4.03	1.51	0.84
蒙古族	5.58	1.38	0.55	5.58	1.34	0.54
回族	5.44	1.89	0.91	4.94	1.53	0.67

[①] B. Gustafsson and Q. H. Deng: "Social Assistance Receipt and its Importance for Combating Poverty in Urban China", *IZA Discussion Paper*, No. 2758, 2007; Q. Gao, I. Garfinkel and F. Zhai: "Anti-Poverty Effectiveness of the Minimum Living Standard Assistance Policy in Urban China", *Review of Income and Wealth*, 2009, Vol. 55 (1): 630-655; 文雯:《中国城市低保制度的减贫与再分配效应研究》，博士学位论文，南开大学，2013。

类别	接受低保救助前			接受低保救助后		
	贫困发生率 $H \times 100$	贫困差距率 $PG \times 100$	平方贫困距 $SPG \times 100$	贫困发生率 $H \times 100$	贫困差距率 $PG \times 100$	平方贫困距 $SPG \times 100$
藏族	2.91	1.21	0.7	2.27	1.05	0.65
维吾尔族	23.62	14.28	10.92	21.65	11.66	7.89
苗族	12.4	4.71	2.6	11.6	4.26	2.22
壮族	19.12	8.98	6.47	18.61	8.27	5.59
侗族	6.6	2.3	1.18	6.24	2.06	0.95
瑶族	7.93	1.59	0.64	7.32	1.27	0.4
土家族	20.9	9.16	4.97	20.34	8.71	4.69
哈萨克族	4.1	3.05	2.75	4.1	2.42	1.71
撒拉族	16.42	4.45	1.76	13.43	2.73	0.77
其他民族	16.95	6.04	3.71	15.82	5.51	3.5

从表6-2可以看出，在以低保线作为贫困线时，低保救助前，被调查民族地区被调查农村家庭贫困发生率为8.78%。分西南、西北看，西南三省区被调查农村家庭贫困发生率为12.23%，高于被调查民族地区总体3.45个百分点；西北四省区被调查农村家庭贫困发生率为5.96%，比被调查民族地区总体低2.82个百分点，比西南三省区低6.27个百分点。分省区看，湖南被调查农村家庭贫困发生率最高（21.81%），广西被调查农村家庭贫困发生率次高（12.87%），被调查农村家庭贫困发生率较低的省区是内蒙古、贵州与宁夏，分别为3.37%、3.67%与4.37%。分民族看，维吾尔族、土家族与壮族被调查农村家庭贫困发生率较高，分别为23.62%、20.9%与19.12%；藏族、哈萨克族与汉族被调查农村家庭贫困发生率较低，其贫困发生率分别为2.91%、4.1%及4.21%。

从表6-3可以发现，在1天1.5美元线下，低保救助前，被调查农村家庭贫困发生率为16.69%。分西南、西北看，西南三省区被调查农户贫困发生率为22.72%，高于被调查民族地区被调查农户平均水平6.03个百分点；西北四省区被调查农户贫困发生率为11.85%，比被调查民族地区被调查农户贫困发生率平均水平低4.84个百分点，比西南三省区被调查农户贫困发生率低10.87个百分点。分省区看，湖南、广西与新疆被调查农户贫困发生率较高，分别为36.85%、22.03%与17.49%；内蒙古、青海与贵州被调查农户贫困发生率较低，分别为 6.83%、10.92% 与 11.50%。分民族看，土家族、维吾尔族、撒拉族与壮族被调查农户贫困发生率较高，分别为 37.29%、33.47%、32.84% 与 27.91%；哈萨克族、蒙古族、汉族与藏族被调查农户贫困发生率较低，分别为 4.92%、8.37%、8.85% 与 9.06%。

表 6-3 按照 1 天 1.5 美元线测度的接受低保救助前后被调查农户 *FGT* 指数

单位：%

类别	接受低保救助前			接受低保救助后		
	贫困发生率 $H \times 100$	贫困差距率 $PG \times 100$	平方贫困距 $SPG \times 100$	贫困发生率 $H \times 100$	贫困差距率 $PG \times 100$	平方贫困距 $SPG \times 100$
被调查民族地区	16.69	6.41	3.76	15.91	5.90	3.31
西南三省区	22.72	8.55	4.78	21.98	8.07	4.40
其中：湖南	36.85	14.87	8.51	36.26	14.43	8.10
广西	22.03	9.13	5.57	21.25	8.58	5.05
贵州	11.50	2.77	0.99	10.67	2.30	0.74
西北四省区	11.85	4.66	2.92	11.07	4.13	2.42
其中：宁夏	12.38	3.55	1.73	11.97	3.42	1.65
青海	10.92	3.29	1.68	9.52	2.74	1.34
新疆	17.49	9.56	7.14	16.28	8.21	5.63
内蒙古	6.83	2.32	1.18	6.74	2.23	1.11
汉族	8.85	3.02	1.60	8.39	2.87	1.52
蒙古族	8.37	3.04	1.44	8.37	3.01	1.42
回族	15.32	4.29	1.99	14.00	3.80	1.66
藏族	9.06	2.63	1.30	8.09	2.20	1.11
维吾尔族	33.47	18.65	13.82	31.30	16.16	11.04
苗族	24.00	8.60	4.68	23.20	8.10	4.25
壮族	27.91	13.34	8.96	27.65	12.76	8.21
侗族	17.11	5.18	2.46	16.40	4.66	2.15
瑶族	21.95	5.70	2.16	21.95	5.37	1.86
土家族	37.29	15.36	8.77	35.59	14.85	8.39
哈萨克族	4.92	3.43	3.01	4.92	2.99	2.23
撒拉族	32.84	10.45	4.65	31.34	8.64	3.24
其他民族	29.94	11.50	6.34	28.25	10.57	5.88

表6-4 按照国家贫困线测度的接受低保救助前后被调查农户 FGT 指数

单位：%

类别	接受低保救助前			接受低保救助后		
	贫困发生率 $H \times 100$	贫困差距率 $PG \times 100$	平方贫困距 $SPG \times 100$	贫困发生率 $H \times 100$	贫困差距率 $PG \times 100$	平方贫困距 $SPG \times 100$
被调查民族地区	17.84	6.73	3.92	16.98	6.20	3.47
西南三省区	24.61	8.99	5.01	23.68	8.49	4.62
其中：湖南	39.54	15.54	8.89	39.04	15.10	8.47
广西	23.20	9.52	5.78	22.52	8.97	5.26
贵州	13.33	3.05	1.10	11.83	2.56	0.84
西北四省区	12.37	4.88	3.02	11.60	4.34	2.53
其中：宁夏	13.22	3.82	1.84	12.80	3.68	1.76
青海	11.52	3.52	1.77	10.12	2.94	1.42
新疆	17.79	9.80	7.28	16.48	8.45	5.78
内蒙古	7.22	2.46	1.24	7.22	2.37	1.18
汉族	9.42	3.20	1.69	8.96	3.04	1.61
蒙古族	8.84	3.21	1.54	8.84	3.17	1.51
回族	16.15	4.62	2.13	14.83	4.10	1.79
藏族	10.36	2.84	1.38	9.06	2.39	1.18
维吾尔族	34.06	19.09	14.11	31.69	16.60	11.35
苗族	26.20	9.08	4.91	25.30	8.58	4.48
壮族	29.46	13.78	9.22	29.20	13.21	8.48
侗族	19.61	5.56	2.62	18.36	5.03	2.30
瑶族	22.56	6.19	2.37	22.56	5.86	2.07
土家族	41.81	16.07	9.17	40.11	15.53	8.78
哈萨克族	4.92	3.47	3.03	4.92	3.05	2.28
撒拉族	32.84	11.09	5.00	32.84	9.32	3.57
其他民族	31.07	12.06	6.65	28.81	11.09	6.16

从表6-4可以发现，在国家贫困线下，低保救助前，被调查农户贫困发生率为17.84%。分西南、西北看，西南三省区被调查农户贫困发生率为24.61%，高于被调查民族地区被调查农户平均水平6.77个百分点；西北四省区被调查农户贫困发生率为12.37%，比被调查民族地区被调查农户平均水平低5.47个百分点，比西南三省区被调查农户平均水平低12.24个百分点。分省区看，湖南、广西与新疆被调查农户家庭贫困发生率较高，分别为39.54%、23.20%与17.79%；内蒙古、青海与贵州被调

查农户贫困发生率较低，分别为 7.22% 、11.52% 与 13.33% 。分民族看，土家族、维吾尔族与撒拉族被调查农户贫困发生率较高，分别为 41.81% 、34.06% 与 32.84% ；哈萨克族、蒙古族、汉族与藏族被调查农户贫困发生率较低，分别为 4.92% 、8.84% 、9.42% 与 10.36% 。

表 6 – 5　按照相对贫困线测度的接受低保救助前后被调查农户 *FGT* 指数

单位：%

类别	接受低保救助前			接受低保救助后		
	贫困发生率 $H \times 100$	贫困差距率 $PG \times 100$	平方贫困距 $SPG \times 100$	贫困发生率 $H \times 100$	贫困差距率 $PG \times 100$	平方贫困距 $SPG \times 100$
被调查民族地区	28.45	10.45	5.81	27.61	9.84	5.31
西南三省区	38.95	14.17	7.67	37.99	13.54	7.21
其中:湖南	56.18	23.00	13.12	55.78	22.53	12.70
广西	35.19	13.91	8.19	34.80	13.35	7.66
贵州	27.75	6.99	2.66	25.83	6.19	2.23
西北四省区	20.19	7.46	4.29	19.41	6.87	3.77
其中:宁夏	25.39	7.30	3.32	24.87	7.08	3.20
青海	20.44	6.33	3.04	19.14	5.58	2.56
新疆	23.32	12.33	8.82	22.11	10.99	7.39
内蒙古	12.13	4.04	2.06	12.03	3.97	1.99
汉族	15.63	5.28	2.72	15.20	5.05	2.59
蒙古族	13.49	4.99	2.59	13.49	4.97	2.56
回族	30.15	8.75	3.96	28.67	8.09	3.51
藏族	20.39	5.68	2.52	19.74	5.03	2.17
维吾尔族	43.50	23.69	17.08	41.34	21.22	14.43
苗族	42.10	14.85	7.76	41.00	14.16	7.26
壮族	44.19	18.96	12.13	43.67	18.40	11.46
侗族	38.15	10.75	4.83	37.08	10.15	4.41
瑶族	37.20	11.34	4.96	36.59	10.93	4.64
土家族	55.93	23.80	13.60	54.80	23.02	13.09
哈萨克族	8.20	4.25	3.37	8.20	3.92	2.77
撒拉族	46.27	17.55	8.80	44.78	15.99	7.30
其他民族	44.07	18.17	10.10	42.37	17.00	9.37

　　从表 6 - 5 可以发现，在相对贫困线下，低保救助前，被调查民族地区被调查农户贫困发生率为 28.45% 。分西南、西北看，西南三省区被调

查农户贫困发生率为38.95%，高于被调查民族地区平均水平10.50个百分点；西北四省区被调查农户贫困发生率为20.19%，比被调查民族地区平均水平低8.26个百分点，比西南三省区平均水平低18.76个百分点。分省区看，湖南、广西与贵州被调查农户贫困发生率较高，分别为56.18%、35.19%与27.75%；内蒙古、青海被调查农户贫困发生率较低，分别为12.13%与20.44%。分民族看，土家族、撒拉族与壮族被调查农户贫困发生率较高，分别为55.93%、46.27%与44.19%；哈萨克族、蒙古族与汉族被调查农户贫困发生率较低，分别为8.20%、13.49%与15.63%。

综上所述，（1）总体而言，西南三省区被调查农户贫困面比西北四省区被调查农户贫困面广。相对其他省区，湖南、广西被调查农户贫困面比较广，内蒙古、贵州、青海被调查农户贫困面较窄。相对其他民族，土家族、维吾尔族、撒拉族被调查农户更贫困，哈萨克族、蒙古族、汉族与藏族被调查农户贫困程度较低。（2）在相对贫困线下，被调查民族地区总体及各省区、各民族被调查农户贫困发生率都高于绝对贫困线（包括2011年全国农村低保线、1天1.5美元国际贫困线、2011年全国农村贫困线）下被调查民族地区总体及各省区、各民族被调查农户的贫困发生率。（3）在不同绝对贫困线下，被调查民族地区总体、各省区及各民族被调查农户的贫困发生率也有差异。低保线下的各被调查农户贫困发生率明显偏低，1天1.5美元国际贫困线与2011年全国农村贫困线这两种贫困线下，被调查民族地区总体及各省区、各民族被调查农户贫困情况差异较小。以下我们分别以这四种贫困线来分析被调查民族地区被调查农户低保的减贫效应。

（二）减贫效应

表6-6、表6-7是分别按照2011年全国农村低保线、1天1.5美元国际贫困线、2011年全国农村贫困线及相对贫困线测度的接受低保救助前后贫困指数的下降幅度。

1. 按照2011年全国农村低保线测度低保减贫效应

从表6-6可以看出，在低保线下，低保救助制度实施后，被调查民族地区被调查农户贫困发生率降低了6.15%。其中，西北四省区被调查农户

表 6 – 6　接受低保救助后被调查民族地区农村家庭 *FGT* 指数下降幅度

单位：%

类别	按照低保线测度			按照 1 天 1.5 美元线测度		
	贫困发生率 $H \times 100$	贫困差距率 $PG \times 100$	平方贫困距 $SPG \times 100$	贫困发生率 $H \times 100$	贫困差距率 $PG \times 100$	平方贫困距 $SPG \times 100$
被调查民族地区	6.15	11.78	17.94	4.64	8.00	11.92
西南三省区	4.58	8.16	12.27	3.27	5.65	8.01
其中：湖南	1.83	4.75	8.02	1.62	2.94	4.83
广西	3.81	9.07	14.48	3.54	5.99	9.31
贵州	20.44	33.78	44.00	7.24	16.85	24.80
西北四省区	8.39	16.49	24.14	6.56	11.33	16.90
其中：宁夏	2.29	4.27	5.56	3.36	3.75	4.35
青海	15.87	22.22	22.22	12.85	16.83	20.18
新疆	9.44	19.15	28.80	6.90	14.08	21.08
内蒙古	2.97	7.21	6.67	1.40	3.67	5.45
汉族	4.28	5.03	4.55	5.24	5.19	4.99
蒙古族	0.00	2.90	1.82	0.00	1.08	1.66
回族	9.19	19.05	26.37	8.60	11.54	16.71
藏族	21.99	13.22	7.14	10.71	16.30	14.41
维吾尔族	8.34	18.35	27.75	6.47	13.38	20.10
苗族	6.45	9.55	14.62	3.33	5.77	9.13
壮族	2.67	7.91	13.60	0.92	4.35	8.44
侗族	5.45	10.43	19.49	4.17	9.95	12.62
瑶族	7.69	20.13	37.50	0.00	5.93	13.86
土家族	2.68	4.91	5.63	4.55	3.31	4.35
哈萨克族	0.00	20.66	37.82	0.00	12.83	25.72
撒拉族	18.21	38.65	56.25	4.55	17.28	30.32
其他民族	6.67	8.77	5.66	5.66	8.06	7.30

表 6 – 7　接受低保救助后被调查民族地区农村家庭 *FGT* 指数下降幅度

单位：%

类别	按照国家贫困线测度			按照相对贫困线测度		
	贫困发生率 $H \times 100$	贫困差距率 $PG \times 100$	平方贫困距 $SPG \times 100$	贫困发生率 $H \times 100$	贫困差距率 $PG \times 100$	平方贫困距 $SPG \times 100$
被调查民族地区	4.82	7.77	11.54	2.97	5.84	8.61
西南三省区	3.77	5.51	7.77	2.46	4.41	5.99
其中：湖南	1.26	2.83	4.65	0.71	2.03	3.26
广西	2.94	5.80	9.00	1.11	4.06	6.53
贵州	11.25	16.15	23.52	6.91	11.57	15.89

续表

类别	按照国家贫困线测度			按照相对贫困线测度		
	贫困发生率 $H \times 100$	贫困差距率 $PG \times 100$	平方贫困距 $SPG \times 100$	贫困发生率 $H \times 100$	贫困差距率 $PG \times 100$	平方贫困距 $SPG \times 100$
西北四省区	6.28	10.99	16.38	3.84	7.98	12.26
其中:宁夏	3.15	3.69	4.25	2.05	3.00	3.70
青海	12.18	16.47	19.80	6.37	11.93	15.90
新疆	7.35	13.73	20.54	5.17	10.90	16.24
内蒙古	0.00	3.38	5.23	0.79	1.93	3.41
汉族	4.92	5.16	5.03	2.74	4.51	4.96
蒙古族	0.00	1.00	1.56	0.00	0.48	1.01
回族	8.16	11.25	16.08	4.92	7.61	11.37
藏族	12.50	15.89	14.58	3.17	11.31	13.70
维吾尔族	6.94	13.04	19.57	4.98	10.42	15.49
苗族	3.44	5.60	8.77	2.61	4.65	6.43
壮族	0.88	4.14	8.09	1.17	2.94	5.52
侗族	6.36	9.61	12.29	2.80	5.63	8.79
瑶族	0.00	5.30	12.69	1.64	3.61	6.55
土家族	4.05	3.37	4.25	2.02	3.26	3.74
哈萨克族	0.00	12.27	24.85	0.00	7.76	17.77
撒拉族	0.00	15.95	28.65	3.23	8.91	17.07
其他民族	7.27	8.00	7.38	3.85	6.40	7.21

贫困发生率下降了8.39%，西南三省区被调查农户贫困发生率下降了4.58%，西北四省区被调查农户贫困发生率比西南三省区被调查农户贫困发生率多下降3.81个百分点。分省区看，贵州、青海、新疆被调查农户贫困发生率下降幅度大于所有被调查民族地区被调查农户贫困发生率下降幅度的平均水平，其中，贵州被调查农户贫困发生率下降幅度最大，下降了20.44%，其次是青海被调查农户，低保救助制度实施后贫困发生率下降了15.87%。内蒙古、湖南、宁夏、广西被调查农户贫困发生率下降幅度都不及被调查民族地区总体的平均水平。分民族看，低保救助制度实施后，藏族、撒拉族、回族、维吾尔族、瑶族、苗族被调查农户贫困发生率下降幅度高于被调查民族地区平均水平，其中，藏族被调查农户贫困发生率下降幅度最大，下降了21.99%；其次是撒拉族被调查农户，贫困发生率下降了18.21%。蒙古族、哈萨克族、壮族、土家族、汉族、侗族被调

查农户贫困发生率下降幅度低于被调查民族地区平均水平，其中蒙古族、哈萨克族被调查农户在低保实施前后的贫困发生率没有变化。

贫困差距率指数 PG 度量的是贫困人口的平均收入相对于贫困线的距离，反映的是贫困发生的深度。低保救助制度实施后，贫困差距率的变动反映了贫困户缓解贫困的程度。从总体来看，低保救助使被调查民族地区被调查农户的贫困差距率下降了11.78%。分西南、西北看，低保救助使西北四省区被调查农户的贫困差距率下降了16.49%，西南三省区被调查农户的贫困差距率下降了8.16%，西北四省区被调查农户的贫困差距率比西南三省区被调查农户的贫困差距率多下降8.33个百分点。分省区看，低保救助实施后，贵州被调查农户的贫困差距率下降幅度最大（降幅为33.78%）；青海被调查农户的贫困差距率下降幅度其次（降幅为22.22%）；宁夏、湖南被调查农户贫困差距率下降幅度较小（降幅分别为4.27%与4.75%）。分民族看，实施低保救助后，撒拉族、哈萨克族、瑶族被调查农户贫困差距率下降幅度较大（降幅分别为38.65%、20.66%及20.13%）；蒙古族、汉族被调查农户贫困差距率下降幅度较小（降幅分别为2.90%、5.03%）。

平方贫困距指数 SPG 是加权后的贫困距，贫困程度越深的家庭权重越高，该指标反映了贫困的强度和贫困群体内部的收入不平等程度。低保救助实施后，被调查的七个省区被调查农户的平方贫困距下降了17.94%，其中，西北四省区被调查农户平方贫困距下降了24.14%，西南三省区被调查农户平方贫困距下降了12.27%，西北四省区被调查农户平方贫困距比西南三省区被调查农户平方贫困距多下降11.87个百分点。分省区看，低保救助实施后，贵州被调查农户平方贫困距下降幅度最大（降幅为44.00%）；新疆、青海其次（降幅分别为28.80%、22.22%）；宁夏被调查农户平方贫困距下降幅度最小（降幅为5.56%）；内蒙古被调查农户平方贫困距下降幅度次小（降幅为6.67%）。分民族看，实施低保救助后，撒拉族、哈萨克族、瑶族被调查农户平方贫困距下降幅度较大（降幅分别为56.25%、37.82%及37.50%）；蒙古族被调查农户平方贫困距下降幅度最小（降幅为1.82%）；汉族被调查农户平方贫困距降幅次小（降幅为4.55%）。

总之，按照 2011 年全国农村低保线测度的被调查农户低保减贫效应，西北四省区被调查农户低保减贫效应比西南三省区强。相对其他省区，贵州、青海、新疆被调查农户低保减贫效应较强，宁夏、内蒙古被调查农户低保减贫效应最弱。相对其他民族，藏族、撒拉族、回族及维吾尔族被调查农户低保减贫效果最强，蒙古族、汉族被调查农户低保减贫效果最弱，其中，虽然低保制度实施对哈萨克族被调查农户贫困发生率没有影响，但对其降低贫困深度、贫困强度作用非常强。

2. 按照 1 天 1.5 美元国际贫困线测度低保减贫效应

从表 6 - 6 可以看出，按照 1 天 1.5 美元国际贫困线，低保救助制度实施后，被调查民族地区被调查农户贫困发生率降低了 4.64%，其中，西北四省区被调查农户贫困发生率下降了 6.56%，西南三省区被调查农户贫困发生率下降了 3.27%，西北四省区被调查农户贫困发生率比西南三省区多下降 3.29 个百分点。分省区看，青海、贵州、新疆被调查农户贫困发生率下降幅度大于被调查民族地区总体的平均水平，其中，青海被调查农户贫困发生率下降幅度最大（下降了 12.85%），贵州被调查农户贫困发生率降幅次之（下降了 7.24%）。内蒙古、湖南、宁夏、广西被调查农户贫困发生率下降幅度都不及被调查民族地区总体的平均水平，其中，内蒙古被调查农户贫困发生率下降幅度最小（仅下降了 1.40%），湖南被调查农户贫困发生率下降幅度次之（下降了 1.62%）。分民族看，低保救助制度实施后，藏族、回族、维吾尔族、汉族被调查农户贫困发生率下降幅度分别是 10.71%、8.60%、6.47% 及 5.24%，均高于被调查民族地区平均水平。蒙古族、哈萨克族、瑶族、壮族、苗族、侗族、撒拉族、土家族被调查农户贫困发生率下降幅度均低于被调查民族地区平均水平，其中蒙古族、哈萨克族、瑶族被调查农户在低保实施前后的贫困发生率没有发生任何变化。

低保制度实施后，被调查民族地区被调查农户的贫困差距率下降了 8.00%。分西南、西北看，低保救助使西北四省区被调查农户的贫困差距率下降了 11.33%，西南三省区被调查农户贫困发生率下降了 5.65%，西北四省区被调查农户贫困差距率比西南三省区多下降 5.68 个百分点。分省区看，低保救助实施后，贵州、青海、新疆被调查农户贫困差距率下降幅度大于被调查民族地区总体的平均水平，其中，贵州被调查农户贫困差距率下降幅度最大（下降了16.85%），青海被调查农户贫困差距率降幅次之（下降了16.83%）。内蒙古、湖南、宁夏、广西被调查农户贫困差距率下降幅度小于被调查民族地区总体的平均水平，其中，湖南被调查农户贫困差距率下降幅度最小（下降了2.94%），内蒙古被调查农户贫困差距率降幅次之（降幅为3.67%）。分民族看，实施低保救助后，撒拉族、藏族、维吾尔族、哈萨克族、回族被调查农户贫困差距率下降幅度较大，其降幅分别为17.28%、16.30%、13.38%、12.83%及11.54%；蒙古族、土家族被调查农户贫困差距率下降幅度较小，分别为1.08%及3.31%。

低保救助实施后，被调查民族地区被调查农户平方贫困距下降了11.92%，其中，西北四省区被调查农户平方贫困距下降了16.90%，西南三省区被调查农户平方贫困距下降了8.01%，西北四省区被调查农户平方贫困距比西南三省区多下降8.89个百分点。分省区看，低保救助实施后，贵州、新疆、青海被调查农户平方贫困距下降幅度大于被调查民族地区总体的平均水平，其降幅分别为24.80%、21.08%及20.18%；宁夏、湖南、内蒙古、广西被调查农户平方贫困距下降幅度小于被调查民族地区总体的平均水平，其降幅分别为4.35%、4.83%、5.45%及9.31%。分民族看，实施低保救助后，撒拉族、哈萨克族、维吾尔族、回族、藏族、瑶族及侗族被调查农户平方贫困距下降幅度分别为30.32%、25.72%、20.10%、16.71%、14.41%、13.86%及12.62%，均大于被调查民族地区总体的平均水平；蒙古族、土家族、汉族、壮族及苗族被调查农户平方贫困距下降幅度分别为1.66%、4.35%、4.99%、8.44%及9.13%，均小于被调查民族地区总体的平均水平。

总之，按照1天1.5美元国际贫困线测度的低保减贫效应，西北四省区被调查农户低保减贫效应比西南三省区强。相对而言，青海、贵州及新疆被调查农户的低保减贫效果较强，内蒙古被调查农户的低保减贫效果最弱。藏族、回族、维吾尔族被调查农户低保减贫效果较强，蒙古族被调查农户低保减贫效果最弱。

3. 按照2011年全国农村贫困线测度低保减贫效应

从表6-7可以看出，按照国家贫困线，低保救助制度实施后，被调查民族地区被调查农户贫困发生率降低了4.82%，其中，西北四省区被调查

农户贫困发生率下降了 6.28%，西南三省区被调查农户贫困发生率下降了
3.77%，西北四省区被调查农户贫困发生率比西南三省区多下降 2.51 个百
分点。分省区看，低保救助制度实施后，青海、贵州、新疆被调查农户贫
困发生率下降幅度大于被调查民族地区总体的平均水平，其中，青海被调
查农户贫困发生率下降幅度最大，下降了 12.18%，贵州被调查农户贫困发
生率降幅次之降幅为 11.25%。内蒙古、湖南、宁夏、广西被调查农户贫困
发生率下降幅度均不及被调查民族地区总体的平均水平，其中，内蒙古被
调查农户在低保实施前后的贫困发生率没有变化。分民族看，低保救助制
度实施后，藏族、回族、维吾尔族、侗族、汉族被调查农户贫困发生率下
降幅度高于被调查民族地区平均水平，其中，藏族被调查农户贫困发生率
下降幅度最大，下降了 12.50%，回族被调查农户次之，下降了 8.16%。蒙
古族、哈萨克族、瑶族、撒拉族、壮族、土家族、苗族被调查农户贫困发
生率下降幅度均低于被调查民族地区平均水平，其中蒙古族、哈萨克族、
瑶族、撒拉族被调查农户在低保实施前后的贫困发生率没有变化。

　　从总体来看，低保救助使被调查民族地区被调查农户贫困差距率下降
了 7.77%。分西南、西北看，低保救助使西北四省区被调查农户贫困差
距率下降了 10.99%，西南三省区被调查农户贫困发生率下降了 5.51%，
西北四省区被调查农户比西南三省区多下降 5.48 个百分点。分省区看，
低保救助实施后，青海、贵州被调查农户贫困差距率下降幅度较大，降幅
分别为 16.47% 及 16.15%；内蒙古、湖南被调查农户贫困差距率下降幅
度较小，降幅分别为 3.38% 与 2.83%。分民族看，实施低保救助后，撒
拉族、藏族、维吾尔族、哈萨克族、回族及侗族被调查农户贫困差距率下
降幅度较大，降幅分别为 15.95%、15.89%、13.04%、12.27%、
11.25% 及 9.61%，均大于被调查民族地区总体的平均水平。蒙古族、土
家族被调查农户贫困差距率下降幅度较小，降幅分别为 1.00% 及 3.37%。

　　低保救助实施后，被调查民族地区被调查农户平方贫困距下降了
11.54%。其中，西北四省区被调查农户平方贫困距下降了 16.38%，西南
三省区被调查农户平方贫困距下降了 7.77%，西北四省区被调查农户平方贫
困距比西南三省区多下降 8.61 个百分点。分省区看，低保救助实施后，贵州、
新疆及青海被调查农户平方贫困距下降幅度较大，降幅分别为 23.52%、

20.54%及19.80%；宁夏、湖南被调查农户平方贫困距下降幅度较小，降幅分别为4.25%及4.65%。分民族看，实施低保救助后，撒拉族、哈萨克族、维吾尔族、回族、藏族、瑶族及侗族被调查农户平方贫困距下降幅度较大，降幅分别为28.65%、24.85%、19.57%、16.08%、14.58%、12.69%及12.29%，均大于被调查民族地区总体的平均水平；蒙古族、土家族及汉族被调查农户平方贫困距下降幅度较小，降幅分别为1.56%、4.25%及5.03%。

总之，按照2011年全国农村贫困线测度的低保减贫效应，西北四省区被调查农户低保减贫效应比西南三省区强，青海、贵州及新疆被调查农户减贫效果较强，内蒙古、湖南被调查农户减贫效果最弱。藏族、回族、维吾尔族被调查农户减贫效果最好，不仅贫困面下降幅度大，贫困深度及贫困强度都得到大大的降低；低保救助后撒拉族、哈萨克族被调查农户贫困发生率没有变化，但贫困人口的贫困深度及贫困强度都得到大幅降低；蒙古族、壮族、苗族被调查农户减贫效果最弱，不仅贫困人口脱贫规模小，贫困人口的贫困深度及贫困强度下降幅度都比较小。

4. 按照相对贫困线测度低保减贫效应

从表6-7可以看出，按照相对贫困线，低保救助制度实施后，被调查民族地区被调查农户相对贫困发生率下降了2.97%，比以上三种绝对贫困线（2011年全国农村低保线、1天1.5美元国际贫困线及2011年全国农村贫困线）下被调查农户贫困发生率下降的幅度都要小。其中，西北四省区被调查农户贫困发生率下降了3.84%，西南三省区被调查农户贫困发生率下降了2.46%，西北四省区被调查农户贫困发生率比西南三省区多下降1.38个百分点。分省区看，贵州、青海、新疆被调查农户相对贫困发生率下降幅度大于被调查民族地区总体的平均水平，但均小于绝对贫困线下相应的降幅。其中，低保救助制度实施后，贵州被调查农户相对贫困发生率下降幅度最大，降幅为6.91%；青海次之，降幅为6.37%；内蒙古、湖南、广西、宁夏被调查农户相对贫困发生率下降幅度均不及被调查民族地区总体的平均水平。分民族看，低保救助制度实施后，维吾尔族、回族、撒拉族、藏族被调查农户相对贫困发生率下降幅度高于被调查民族地区平均水平，其中，维吾尔族、回族被调查农户相对贫困发生率下降幅度较大，分别下降了4.98%及4.92%。蒙古族、哈萨克族、壮族、瑶族、土家族、苗族、汉族、侗族被调查农户相对贫困发生率下降幅度均低于被调查民族地区平均水平，其中蒙古族、哈萨克族被调查农户在低保实施前后的相对贫困发生率没有变化。

低保救助制度实施后，被调查民族地区被调查农户相对贫困差距率下降了5.84%。分西南、西北看，低保救助使西北四省区被调查农户相对贫困差距率下降了7.98%，西南三省区被调查农户相对贫困差距率下降了4.41%，西北四省区被调查农户相对贫困差距率比西南三省区多下降3.57个百分点。分省区看，低保救助实施后，青海、贵州被调查农户相对贫困差距率下降幅度较大，降幅分别为11.93%及11.57%；内蒙古、湖南、宁夏、广西被调查农户相对贫困差距率下降幅度较小，降幅分别为1.93%、2.03%、3.00%、4.06%，均比被调查民族地区平均下降幅度小。分民族看，实施低保救助后，藏族、维吾尔族、撒拉族、哈萨克族及回族被调查农户相对贫困差距率下降幅度较大，降幅分别为11.31%、10.42%、8.91%、7.76%及7.61%，均比被调查民族地区平均降幅大；蒙古族、壮族被调查农户相对贫困差距率下降幅度较小，降幅分别为0.48%及2.94%。

低保救助实施后，被调查民族地区被调查农户相对平方贫困距下降了8.61%。其中，西北四省区被调查农户相对平方贫困距下降了12.26%，西南三省区被调查农户相对平方贫困距下降了5.99%，西北四省区被调查农户相对平方贫困距比西南三省区多下降6.27个百分点。分省区看，低保救助实施后，新疆、青海、贵州被调查农户相对平方贫困距下降幅度较大，降幅分别为16.24%、15.90%与15.89%；湖南、内蒙古、宁夏、广西被调查农户相对平方贫困距下降幅度较小，降幅分别为3.26%、3.41%、3.70%及6.53%，均不及被调查民族地区总体的降幅水平。分民族看，实施低保救助后，哈萨克族、撒拉族、维吾尔族、藏族、回族被调查农户相对平方贫困距下降幅度较大，降幅分别为17.77%、17.07%、15.49%、13.70%及11.37%；蒙古族、土家族及汉族被调查农户相对平方贫困距下降幅度较小，降幅分别为1.01%、3.74%及4.96%。

可以看出，在目前的经济发展水平和保障水平条件下，农村低保对于农村相对贫困的减少具有一定的作用。西北四省区被调查农户低保减贫效应比西南三省区强，相对而言，贵州、青海被调查农户低保减贫效果较强，内蒙古、湖南、广西被调查农户低保减贫效果最弱。维吾尔族、藏族、回族被调查农户低保减贫效果较强，蒙古族、汉族、哈萨克族被调查农户低保减贫效果较弱。

综合分析以三种绝对贫困线与相对贫困线测度的低保减贫效应，可以得出，第一，无论哪种贫困线，总体而言，低保救助实施后，被调查地区农户贫困发生率 H 均降低了 2.9% 以上，贫困差距率 PG 均降低了 5.8% 以上，平方贫困距 SPG 均降低了 8.6% 以上。这表示低保救助不仅使部分被调查贫困人口脱离了贫困，其收入超过了贫困线，而且对于那些没有脱离贫困的人口来说，其生活水平也在一定程度上得以提高，贫困深度得以降低，特别是生活最困难贫困人口的贫困深度大幅降低。第二，以 2011 年全国农村低保线为贫困线的低保减贫效果最显著，以 1 天 1.5 美元国际贫困线为贫困线的低保减贫效果次之，以 2011 年全国农村贫困线为贫困线的低保减贫效果再次之，以相对贫困线为贫困线的低保减贫效果最小。该结果验证了低保政策的减贫效果对贫困线的选择是比较敏感的。[①] 第三，无论在哪种贫困线下，西北四省区被调查农户低保减贫效果比西南三省区强，贵州、青海、新疆被调查农户低保减贫效果比较强，内蒙古、湖南被调查农户低保减贫效果比较弱，藏族、回族及维吾尔族被调查农户低保减贫效果比较强，蒙古族被调查农户低保减贫效果比较弱。

（三）农村不同家庭类型的低保减贫效应

以上是从地区和民族视角评估了西部民族地区农村低保的减贫效应。下面，我们从微观层面看哪种类型的家庭从农村低保中获益最多，其贫困状况得到了明显改善。本章将按照家庭的人口规模，抚养负担情况，户主的性别、年龄、身体状况，社会资本和就业状况对家庭进行分类，进一步测度农村低保的减贫作用。本章此处使用 2011 年国家农村贫困线及相对贫困线来测度农村低保对不同类型家庭的减贫效果。

1. 不同类型家庭的低保救助和贫困情况

图 6－1 显示的是被访民族地区不同类型家庭的贫困发生率及低保救

---

① 谢东梅：《农村最低生活保障制度分配效果与瞄准效率研究》，中国农业出版社，2010。

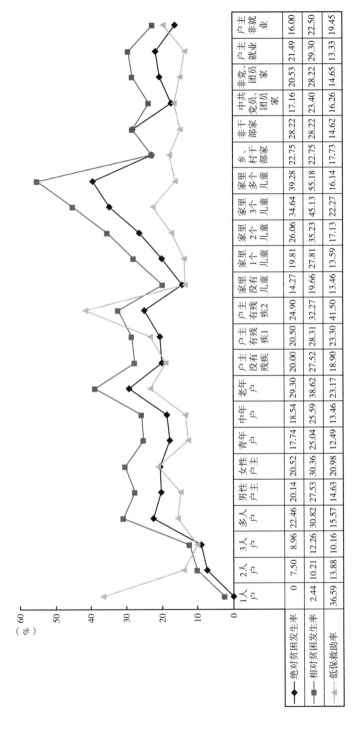

	1人户	2人户	3人户	多人户	男性户主	女性户主	青年户	中年户	老年户	户主没有残疾	户主有残疾1	户主有残疾2	家里没有儿童	家里1个儿童	家里2个儿童	家里3个儿童	家里多个儿童	乡、村干部家	非干部家	中共党员、团员家	非党、团员家	户主就业	户主非就业
绝对贫困发生率	0	7.50	8.96	22.46	20.14	20.52	17.74	18.54	29.30	20.00	20.50	24.90	14.27	19.81	26.06	34.64	39.28	22.75	28.22	17.16	20.53	21.49	16.00
相对贫困发生率	2.44	10.21	12.26	30.82	27.53	30.36	25.04	25.59	38.62	27.52	28.31	32.27	19.66	27.81	35.23	45.13	55.18	22.75	28.22	23.40	28.22	29.30	22.50
低保救助率	36.59	13.88	10.16	15.57	14.63	20.98	12.49	13.46	23.17	18.90	23.30	41.50	13.46	13.59	17.13	22.27	16.14	17.73	14.62	16.26	14.65	13.33	19.45

图 6 - 1 不同类型家庭的贫困发生率及低保救助率

注：户主年龄大于 60 岁为"老年户"，户主年龄大于 40 岁且小于 60 岁为"中年户"，户主年龄小于 40 岁为"青年户"。儿童是 0 ~ 14 岁人口。"户主有残疾 1"表示户主有残疾但不影响工作生活，"户主有残疾 2"表示户主有残疾且影响工作生活。

助率。可以得出，分绝对贫困线（2011 年国家贫困线）与相对贫困线（获得低保前农村家庭人均纯收入的 50%）看，各类家庭类型中，其相对贫困发生率都大于等于绝对贫困发生率，其中，相对贫困发生率与绝对贫困发生率差别最大的是家里有多个儿童的家庭。

在绝对贫困线下，不同类型家庭的贫困发生率存在一定差异。其中，单人户不存在绝对贫困，多人户的贫困发生率高达 22.46%；男性户主与女性户主的贫困情况差异很小；老年户的贫困发生率高达 29.30%，比青年户高 11.56 个百分点；户主有残疾且影响工作生活的户的贫困发生率为 24.90%，比户主没有残疾的家庭的贫困发生率高 4.9 个百分点；家里需要抚养的孩子越多，其家庭贫困发生率越高，其中，有多个儿童的家庭的贫困发生率最高，达 39.28%，比没有儿童的家庭的贫困发生率高 25.01 个百分点；乡、村干部家贫困发生率低于乡、村非干部家（低 5.47 个百分点），中共党员、团员家贫困发生率低于非中共党员、团员家（低 3.37 个百分点）；户主就业家庭贫困发生率高于户主非就业家庭贫困发生率（高 5.49 个百分点）。① 也就是说，相对而言，多子女家庭，老年户，女性户主户，多人户，非乡、村干部户，户主残疾户的贫困发生概率高于其他类型家庭。

与绝对贫困线情况相似，在相对贫困线下，不同类型家庭的贫困发生率存在一定差异，多子女家庭，老年户，女性户主户，多人户，非乡，村干部户，户主残疾户的贫困发生概率高于其他类型家庭。

从各类家庭获得的低保救助情况来看，低保救助率在各类家庭中的分布与各类家庭的贫困发生率的分布大体一致，如贫困发生率相对较高的多子女家庭、老年户、女性户主户、户主残疾户，其获得低保救助的比例也较高。但与贫困发生率分布不一致的是，按家庭规模看，贫困发生率最低的单人户获得低保救助的比例最高，达 39.59%；乡、村干部户比非乡、村干部户获得低保救助的比例高 3.11 个百分点；中共党员、团员户比非中共党员、团员户获得低保救助的比例高 1.61 个百分点；户主非就业户

---

① 这个结论与我们的经验不相符合，进一步看，发现有 43 户被调查家庭户主在业，但 2011 年经营收入为负，这就造成了这部分家庭在 2011 年陷入了收入贫困，从而提高了就业家庭户的贫困发生率。

比户主就业户获得低保救助的比例高 6.12 个百分点。这说明在实施低保救助政策时，被调查地区基本是按照国务院 2007 年下发的《财政部、民政部关于加强农村最低生活保障资金使用管理有关问题的通知》对农村最低生活保障制度的救助资格规定的两个标准进行低保瞄准的：一是家庭年人均纯收入低于当地最低生活保障标准的农村居民，二是将出于病残、年老体弱、丧失劳动能力以及生存条件恶劣等原因而生活常年困难的农村居民作为主要对象。前一个标准是按收入测量的方法来瞄准贫困家庭，而后一个标准则是按照个人或家庭的特征来瞄准救助对象，不需要测量具体的家庭收入。低保救助率与贫困发生率在各类家庭的分布情况不一致的情况可能的原因有以下两点。其一，单人户的贫困发生率低但其低保救助率高，这是因为单人户基本是孤寡老人，他们按低保救助规定是可以享有低保救助资格的，他们在获得低保救助等其他救助后，实现了脱贫。其二，户主非就业户比户主就业户贫困发生率低但获得低保救助的比例高，这是因为被调查样本中，户主就业户中有 43 户在 2011 年因经营收入为负而成为收入贫困户，他们中部分家庭可以动用往年积蓄生活，因此他们可能没有向当地政府提出低保申请，从而没有获得低保救助。其三，中共党员、团员及乡、村干部户贫困发生率低于非中共党员、团员及非乡、村干部户，但中共党员、团员及乡、村干部户获得低保的比例高于非中共党员、团员及非乡、村干部户，这与"人情保""腐败保"有关。

2. 农村低保对不同类型家庭的减贫效应

（1）按照国家贫困线测度低保对不同类型家庭的减贫效应

表 6-8 报告的是接受低保救助后被调查地区农村不同类型家庭 *FGT* 指数下降幅度情况。可以看出，按照国家贫困线测度，家庭类型不同，低保制度的减贫效应也有所不同。其一，家庭规模越小，低保救助对其家庭脱贫效果越大，而且对贫困家庭的贫困深度和贫困强度的缓解程度越大。其中，低保救助后，单人户没有贫困户，因此低保对单人户的减贫效果最大（达到 100%）。其二，家庭孩子越多，低保救助对其家庭脱贫效果越小，尤其是低保救助对家里有 4 个及以上孩子的家庭的脱贫没有影响。但低保救助对家里有 3 个孩子的家庭的贫困深度、贫困强度的降低作用较

大。其三，相对而言，户主是女性，户主年龄越大，户主身体状况越差，户主是乡、村干部，户主是中共党员、团员，户主不在业的家庭，低保救助对其家庭脱贫效果越好，降低其家庭的贫困深度和强度的效果也越强。概言之，低保救助对单人户的减贫效果最大，对没有孩子要抚养的家庭及户主有残疾，女性户主，老年，乡、村干部，中共党员、团员，不在业的家庭的减贫效果较大。

表 6-8　接受低保救助后被调查民族地区农村不同类型家庭 *FGT* 指数下降幅度

单位：%

类别	按照国家贫困线测度			按照相对贫困线测度		
	贫困发生率 $H \times 100$	贫困差距率 $PG \times 100$	平方贫困距 $SPG \times 100$	贫困发生率 $H \times 100$	贫困差距率 $PG \times 100$	平方贫困距 $SPG \times 100$
住户规模						
单人户	100.00	100.00	100.00	66.67	85.87	93.24
双人户	13.04	17.17	27.39	6.85	13.02	19.72
三人户	4.28	10.80	19.22	5.08	8.32	13.41
多人户	4.27	6.87	9.84	2.41	5.09	7.45
住户户主性别						
男性户主	4.51	7.62	11.50	2.77	5.68	8.48
女性户主	10.41	9.00	9.90	8.86	8.95	9.40
住户户主年龄						
青年户主	3.65	6.70	10.72	1.72	4.91	7.72
中年户主	3.72	6.80	9.81	2.70	5.24	7.45
老年户主	7.89	10.62	15.85	5.10	7.99	11.74
住户户主身体状况						
户主无残疾	4.37	7.07	10.53	2.97	5.44	7.85
户主有残疾 1	7.69	12.43	17.45	1.37	8.56	13.71
户主有残疾 2	12.91	20.08	27.35	7.14	15.31	21.98
住户孩子个数						
无儿童户	5.92	8.35	11.48	4.54	6.92	9.12
1 个儿童	4.96	7.60	11.36	1.84	5.43	8.40
2 个儿童	3.89	7.21	11.71	2.58	5.15	8.24
3 个儿童	2.15	8.03	12.32	2.94	5.35	8.71
多个儿童	0	2.81	4.95	0	2.84	3.55

类别	按照国家贫困线测度			按照相对贫困线测度		
	贫困发生率 $H \times 100$	贫困差距率 $PG \times 100$	平方贫困距 $SPG \times 100$	贫困发生率 $H \times 100$	贫困差距率 $PG \times 100$	平方贫困距 $SPG \times 100$
住户户主身份						
乡、村干部	6.32	13.30	18.81	3.03	8.64	13.48
非乡、村干部	4.66	7.32	11.03	3.04	5.63	8.22
党员或者团员	7.98	13.27	20.73	3.66	9.87	15.40
非党员或团员	4.38	6.95	9.99	3.01	5.36	7.59
户主就业状况						
就业	3.85	6.70	10.42	2.07	4.89	7.57
未就业	8.40	12.20	16.23	6.62	9.78	12.90

注：户主年龄大于60岁为"老年户"，户主年龄大于40岁且小于60岁为"中年户"，户主年龄小于40岁为"青年户"。儿童是0～14岁人口。"户主有残疾1"表示户主有残疾但不影响工作生活，"户主有残疾2"表示户主有残疾且影响工作生活。

（2）按照相对贫困线测度低保对不同类型家庭的减贫效应

从上表6-8可以看出，按照相对贫困线测度的绝大多数类型家庭的低保减贫效应，都要低于按照国家贫困线测度的低保减贫效应，只有三人户、家里有3个或有多个儿童的家庭按照相对贫困线测度的低保减贫效果高于按国家贫困线测度的低保减贫效果。与此同时，与按照国家贫困线测度低保对不同类型家庭的减贫效应相似，低保救助对单人户脱贫的效果最大，对没有孩子要抚养的家庭及户主为有残疾，女性，老年人，中共党员、团员，不在业的家庭的减贫效果较大；低保救助的脱贫效果在是不是乡、村干部上差异很小，但低保救助对乡、村干部贫困户的贫困深度及贫困强度的降低程度大于对非乡、村干部贫困户的贫困深度及贫困强度的降低程度。

五　农村低保的收入再分配效应

影响贫困的两个重要因素是经济增长和收入分配。在收入分配相对平等的条件下，经济增长一定能够减少贫困；在保持经济增长的情况下，收入分配平等程度越高，贫困发生率越低。[①] 农村低保通过提高农村贫困群体的收入水平，减少贫困，缩小贫困群体内部的收入差距，进而影响整个社会的收入分布，实现社会公平。同时，收入分配公平程度提高，又进一步促进反贫困。本章下面将用基尼系数及泰尔指数来测量收入分配不平等状况，进而分析农村低保对收入再分配的效应。

（一）低保缩小收入差距的程度

在一项政策实施时，公平需要保证在政策作用前拥有相同福利水平的个体在政策作用后也享有相同的福利。进一步，公平被细分为垂直公平和水平公平。垂直公平是指允许人们的收入本身发生变化，但是政策作用前后人们收入的排序不能发生改变。水平公平则要求收入相同的个体受到同等待遇。[②] 在政策实际实施中，不同的再分配政策在具体作用环节存在一定的差异，若要考察某项政策是否满足了垂直公平和水平公平，就需要借助一定的手段对再分配效应进行分解，从而了解政策的内核。目前，常用的主要再分配效应分解方法是 APK 分解法、AJL 分解法和 UL 分解法。本章受文雯的启发，将主要按照 APK 分解法对农村低保政策的再分配效应进行分解。[③]

表 6-9 报告的是以基尼系数为指标测度的被调查民族地区农村低保救助的收入再分配效应。可以看出，在实施低保救助之前与实施低保救助之后，被调查民族地区农户的总体收入不平等的基尼系数分别为 0.4168 与 0.4123，收入差距缩小了 1.09%，可见低保对收入差距缩小有一定作用，但作用较小。对总体收入基尼系数进行分解后，垂直效应为 0.0050，低保救助的集中系数为 -0.2126，低保救助的集中系数为负值，表明低保救助主要针对低收入者。理论上，集中系数的绝对值越大，表明人均纯收入越低的家庭得到的低保救助越多。

---

① 刘小珉：《民族视角下的民族地区农村贫困问题比较研究——以广西、贵州、湖南为例》，《民族研究》2013 年第 4 期。

② M. Feldstein: "On the Theory of Tax Reform", *Journal of Public Economics*, 1976, Vol. 6（1-2）: 77-104.

③ 文雯：《中国城市低保制度的减贫与再分配效应研究》，博士学位论文，南开大学，2013。

表 6 – 9 以基尼系数为指标测度的被调查民族地区农村低保救助的收入再分配效应

类别	$GiNi_{pre}$	$GiNi_{post}$	集中系数	RE	RE（%）	垂直效应	再排序效应	再分配效应损失（%）
被调查民族地区	0.4168	0.4123	– 0.2126	0.0045	1.09	0.0050	0.0005	9.87
湖南	0.3677	0.3649	– 0.1338	0.0027	0.74	0.0034	0.0007	19.32
广西	0.4298	0.4267	– 0.3323	0.0032	0.74	0.0034	0.0002	6.56
贵州	0.2837	0.2782	– 0.0821	0.0055	1.94	0.0065	0.0010	15.25
宁夏	0.4106	0.4084	– 0.1056	0.0022	0.54	0.0025	0.0002	9.35
青海	0.3434	0.3367	– 0.1921	0.0067	1.95	0.0079	0.0012	15.30
新疆	0.4793	0.4729	– 0.5181	0.0064	1.34	0.0067	0.0003	4.42
内蒙古	0.3424	0.3406	– 0.3154	0.0019	0.54	0.0022	0.0003	15.59
汉族	0.3955	0.3927	– 0.2228	0.0028	0.71	0.0032	0.0004	12.37
蒙古族	0.3735	0.3728	– 0.2095	0.0007	0.19	0.0008	0.0001	8.08
回族	0.4256	0.4205	– 0.1728	0.0051	1.20	0.0058	0.0007	11.32
藏族	0.3550	0.3476	– 0.2646	0.0073	2.07	0.0084	0.0011	12.63
维吾尔族	0.4434	0.4275	– 0.3856	0.0158	3.57	0.0171	0.0013	7.55
苗族	0.3339	0.3300	0.0035	0.0038	1.15	0.0045	0.0006	13.97
壮族	0.4643	0.4618	– 0.1622	0.0024	0.53	0.0027	0.0003	9.86
侗族	0.3273	0.3236	– 0.0699	0.0036	1.10	0.0043	0.0007	15.47
瑶族	0.3535	0.3502	– 0.2462	0.0033	0.92	0.0035	0.0003	8.00
土家族	0.3906	0.3862	– 0.0477	0.0044	1.12	0.0062	0.0018	29.39
哈萨克族	0.3936	0.3928	– 0.1882	0.0008	0.20	0.0008	0.0000	2.96
撒拉族	0.3889	0.3766	– 0.4822	0.0122	3.14	0.0135	0.0013	9.41

分省区看，在实施低保救助前，新疆、广西、宁夏被调查农户的人均纯收入差距较大，收入基尼系数均高于 0.4；贵州被调查农户的收入差距最小，收入基尼系数仅为 0.2837。在实施低保救助后，新疆、广西、宁夏被调查农户的收入差距仍保持较大，贵州被调查农户的差距仍保持最小。但被调查农户的收入差距缩小幅度较大的省区是青海、贵州及新疆，其收入基尼系数降低幅度分别为 1.95%、1.94% 与 1.34%；而湖南、广西、宁夏、内蒙古被调查农户的收入基尼系数的降低幅度不到 1%。另外，新疆、广西、内蒙古被调查农户的低保救助集中系数的绝对值较大，分别为 0.5181、0.3323 及 0.3154，在一定程度上说明新疆、广西及内蒙

古的农村低保制度实施的瞄准较好，被访家庭收入越低，得到的低保救助越多。对低保救助的收入再分配效应进行分解后发现，各省区在实现低保制度收入再分配效应的同时，存在不同程度的收入再排序效应，其中排序效应较大的省份是贵州、青海、湖南，由此造成的损失分别占到收入再分配效应的 15.25%、15.30% 及 19.32%。

分民族看，在实施低保救助之前，壮族、维吾尔族、回族被调查农户的人均纯收入差距较大，收入基尼系数均高于 0.4，侗族、苗族、藏族被调查农户的人均纯收入差距较小，收入基尼系数分别为 0.3273、0.3339、0.3550。在实施低保救助后，分民族被调查农户的人均纯收入差距态势保持不变，但收入差距缩小幅度较大的民族是维吾尔族、撒拉族及藏族，其被调查农户的收入差距降低幅度分别为 3.57%、3.14% 与 2.07%；而蒙古族、哈萨克族、汉族、瑶族、壮族被调查农户的收入差距降低幅度不到 1.00%。另外，撒拉族、维吾尔族、瑶族被调查农户的低保收入集中系数的绝对值较大，分别为 0.4822、0.3856、0.2462，部分地说明当地对撒拉族、维吾尔族、瑶族家庭的低保瞄准较好，收入越低的撒拉族、维吾尔族、瑶族被调查农户，得到的低保救助越多。对低保救助的收入再分配效应进行分解后发现，各民族家庭在实现低保制度收入再分配效应的同时，存在不同程度的收入再排序效应，其中排序效应较大的民族家庭是土家族、撒拉族、维吾尔族、藏族被调查农户，由此造成的损失分别占到收入再分配效应的 29.39%、9.41%、7.55% 及 12.63%。

总体而言，低保救助对被调查民族地区的收入再分配有一定效应，但效应不大，且存在地区（省际）差异、民族差异。

（二）省区间、民族间收入再分配效应

中国幅员辽阔，各地不仅经济、社会发展水平差异较大，很多制度和政策的实施效果也存在较大差异。各地由于采取的低保标准不同，在实际实施低保制度的过程中采取的方式不同，因而低保制度实施对不同地区、不同人群的收入分配产生的影响有可能存在差异。

将被调查民族地区农户的总体收入不平等泰尔 L 指数 ［$GE(0)$］和泰尔 T 指数 ［$GE(1)$］ 按照省区内和省区间进行分解，可以得出表

6－10的结果。从表6－10看，在实施低保救助后，省区内被调查农户的收入不平等对总体不平等泰尔指数 GE（0）和 GE（1）的贡献率分别为85.25%与85.98%，其 GE（0）和 GE（1）比实施低保救助前分别下降了3.78%与2.22%；省区间不平等对总体不平等泰尔指数 GE（0）和 GE（1）的贡献率仅分别为14.75%与14.02%，其 GE（0）和 GE（1）比实施低保救助前分别下降了1.33%与1.38%。

表6－10　低保前后收入差距的泰尔指数分解

		低保救助前		低保救助后		下降幅度（%）	
		$GE(0)$	$GE(1)$	$GE(0)$	$GE(1)$	$GE(0)$	$GE(1)$
分省区的不平等分组分解	省区内不平等	0.2724	0.2726	0.2621	0.2665	3.78	2.22
	省区间不平等	0.0460	0.0441	0.0454	0.0435	1.33	1.38
分民族的不平等分组分解	民族内不平等	0.2779	0.2772	0.2680	0.2715	3.57	2.03
	民族间不平等	0.0411	0.0396	0.0400	0.0385	2.68	2.65

将被调查民族地区农户总体收入不平等的泰尔指数 GE（0）和 GE（1）按照民族内和民族间进行分解（见表6－10），可以得出，在实施低保救助后，民族内被调查农户的收入不平等对总体不平等泰尔指数 GE（0）和 GE（1）的贡献率分别为87.02%与87.58%，其泰尔指数 GE（0）和 GE（1）比实施低保救助前分别下降了3.57%与2.03%；民族间不平等对总体不平等泰尔指数 GE（0）和 GE（1）的贡献率仅分别为14.75%与14.02%，其 GE（0）和 GE（1）比实施低保救助前分别下降了2.68%与2.65%。

概言之，一方面，农村低保同时起到了缩小省区内、省区间收入差距的作用，且对缩小省区内收入差距的作用大于对缩小省区间收入差距的作用；同时还起到了缩小民族内、民族间收入差距的作用，且缩小民族内收入差距的作用略大于民族间收入差距的作用。另一方面，由于泰尔指数 GE（0）对底层收入水平的变动比较敏感，泰尔指数 GE（1）对上层收入水平的变动比较敏感，实施低保救助后，被调查农户的 GE（0）下降幅度均大于 GE（1）的下降幅度，说明低保救助对贫困群体的收入分配改善程度大于对高收入群体收入分配改善程度。

六 简要结论与政策建议

本章利用 CHES（2011）中的农村数据测度分析了农村低保制度的减贫效应和收入再分配效应，从中可以得到以下主要结论。

第一，民族地区农村低保制度的实施具有减贫效果。农村低保制度不仅在一定程度上减少了低保对象中的贫困家庭比例，而且使低保对象的贫困深度，特别是生活最为困难的低保对象的贫困深度大幅降低。

第二，农村低保制度的减贫效应存在地区、民族差异。西北四省区农村低保制度的减贫效果比西南三省区的强。相对其他省区，贵州、青海、新疆农村低保制度的减贫效果比较强，内蒙古、湖南的比较弱。相对于其他民族，藏族、回族及维吾尔族的农村低保制度实施的减贫效果比较强，蒙古族的比较弱。也许可以说，除了历史、自然、环境因素，以及近二十多年经济发展状况的不同外，农村低保制度在西北四省区较强的减贫效果，是目前西北四省区贫困状况没有西南三省区严峻的重要原因。同样，相对于被调查民族地区中的其他省区，贵州、青海的农村低保制度较强的减贫效果，是贵州、青海农村贫困状况较轻的重要原因。另外，由于内蒙古最近二十年的超高速发展，虽然其低保制度实施的减贫效果较弱，但其农村的贫困程度仍相对较轻。

第三，不同类型被调查农户的贫困发生率存在一定差异，农村低保制度实施的减贫效果对不同类型被调查农户也不同。多子女家庭、老年户、女性户主户、多人户、非乡村干部户、户主残疾户的贫困发生概率高于其他类型家庭。而农村低保制度的实施对不同类型被调查农户的减贫效果的差异则表现为，对单人户脱贫的效果最大，对没有孩子要抚养的家庭及户主为有残疾，女性户主，老年人，中共党员、团员，不在业的家庭的减贫效果较大。

第四，农村低保制度的实施对被调查各省区、各民族农户之间的收入分配改善均有一定效用，但效用相对较小，且存在省际差异、民族差异。收入分配改善作用较大的省区是青海、贵州及新疆，而在湖南、广西、宁夏、内蒙古的作用较小。农村低保制度实施的收入分配改善作用在维吾尔族、撒拉族及藏族被调查农户中较大，而在蒙古族、哈萨克族、汉族、瑶族、壮族被调查农户中较小。另外，低保救助对贫困群体的收入分配改善程度大于对高收入群体收入分配改善程度。

第五，农村低保制度的实施起到了缩小省区内、省区间收入差距的作用，且对缩小省区内收入差距的作用大于对缩小省区间收入差距的作用；同时还起到了缩小民族内、民族间收入差距的作用，且对缩小民族内收入差距的作用大于对缩小民族间收入差距的作用。

第六，被调查农户的低保救助获得率在各类被调查农户中的分布与各类被调查农户的贫困发生率的分布大体一致。但与贫困发生率分布不一致的情况也存在。这说明在实施低保救助制度时，被调查民族地区基本是按照国务院 2007 年下发的《财政部、民政部关于加强农村最低生活保障资金使用管理有关问题的通知》对农村低保制度的救助资格规定的两个标准进行低保瞄准的，但也部分地存在"人情保""腐败保"。对于这一点，我们在实地个案调研中有深切的体会。

总的来说，本章的研究发现与前文提到的四类已有研究结论中的前三种结论都有一定的相似之处，换句话说，这三种已有研究结论在现实中都有经验证据支持，它们并不是相互排斥的，这也说明现实本身的复杂性。当然，本章的不同之处在于，以更加扎实、更加全面、覆盖地区更加广泛的微观数据，对一些效应进行了量化分析，并且发现，农村低保制度在民族地区的实施所产生的减贫效应和促进社会公平的作用更加明显。这可能与国家更加突出地重视民族地区反贫困和实现社会公平的政策导向有关。

当然，本研究也在一定程度上与前述第四类研究结论有较大差异，我们认为，不能说农村低保制度的实施没有达到预期效果，而只能说，其实际效果还可以进一步改善。在未来进一步完善农村低保制度及其运行实践的过程中，应注意这样几个方面的问题。其一，中央财政应继续加大对民族地区农村低保资金支持力度，尽量做到应保尽保，并逐步提高和稳定保障水平，以提高低保的减贫效应，更好地发挥促进社会公平的作用。其二，加强对村民组织的监督，或者可以考虑将低保救助对象资格认定和待遇确定的决策权从村、乡上移到县（市）级民政部门，[①] 从而尽量减少"人情保"与"腐败保"的发生，减少低保瞄准偏差，让低保救助更加集中于贫困群体，从而加强农村低保制度实施的减贫和收入分配改善效应。其三，在实施低保救助的同时，当地政府对部分有劳动能力和劳动条件的受助者应附加一些条件，如采用"以工代赈"方式，在发放低保金的同时，为其提供一定的就业支持（如就业培训），提高其就业能力，进而帮助他们进入劳动力市场，从而有效实现稳定脱贫，避免他们产生"福利依赖"而陷入"贫困陷阱"。其四，在民族地区农村，针对一些特殊贫困群体（如儿童、老人、慢性病患者、残疾人等），应该实施综合救助方法。如民族地区部分农牧民由于生存环境恶劣，地方病问题突出，从而导致因病致贫、因病返贫现象严重，因此对他们的救助应该是多方面的，不仅保障他们的基本生存条件，还应提供一定的医疗救助。对贫困家庭儿童，不仅提供一般的低保救助，保障他们的生活，还要提供上学救助，让他们有机会和普通家庭孩子一样完成义务教育甚至中等教育、高等教育，以避免贫困的代际传递。当然，以农村低保制度为核心的农村社会救助制度的理想模式是改变目前仅提供事后救助的方式，从而在反贫困实践中扮演更为积极的角色。

---

① 尽管中央和地方政府在政策文件中都规定了家计调查是识别救助资格的主要手段，但准确测量家庭收入一直是困扰农村低保制度的一个棘手问题。加之民政基层管理能力不足，大多数农村地区并没有实施家计调查来识别贫困家庭，而是放权村委会通过民主程序来进行识别，即所谓"社区贫困排序法"或"民主选贫法"，使得村干部在社区民主排序过程中掌握着较大权力，村干部滥用职权、优亲厚友或村民组织被家族和小集团操纵等现象时有发生，这也是"人情保""腐败保"产生的最直接原因。张秀兰、徐月宾、王晓波：《最低生活保障制度和农村反贫困》，载王延中主编《中国社会保障发展报告（2012）》，社会科学文献出版社，2012，第152～175页。

第七章　多维贫困视角下的
民族地区精准扶贫

自 20 世纪 80 年代初中国农村扶贫开发战略实施以来，随着经济社会发展和减贫形势变化，中国农村反贫困战略发生了三次大的转折。第一次是 20 世纪 80 年代中期，中国从过去实施以体制改革促进经济增长，以经济增长来增加贫困人口收入为主并辅以适当救济的反贫困战略，转变为逐步建立起以公共治理为主体的开发式扶贫治理结构，实行促进贫困人口集中的贫困县经济社会发展，从而带动贫困人口脱贫的反贫困战略。[①] 第二次转折发生于 2000 年，随着中国农村贫困人口不断脱贫，贫困人口分布呈现出"大分散、小集中"的新特点，贫困人口分布由以前的扶贫开发重点县区域集中向村级集中。针对农村贫困人口分布的新格局，中国政府于 2000 年出台《中国农村扶贫开发纲要（2001 - 2010 年）》，开始实施以整村推进为主体、以产业化扶贫和劳动力转移培训为"两翼"的"一体两翼"扶贫开发战略。第三次转折则发生在 2011 年，这一年国家出台《中国农村扶贫开发纲要（2011 - 2020 年）》（以下简称《新纲要》），并且提出了新的农村贫困线（即农村家庭人均纯收入低于按 2010 年价格水平测算的 2300 元）。随着扶贫工作不断深化，贫困人口分布特征再次发生改变，在旧的扶贫标准下，贫困人口的分布呈现插花型分布特征；而在新的扶贫标准下，贫困人口呈现出集中连片的新分布特征，且贫困状

---

① 王朝明：《中国农村 30 年开发式扶贫：政策实践与理论反思》，《贵州财经学院学报》2008 年第 6 期。

况更加复杂多样。有鉴于此,《新纲要》明确提出:"到 2020 年,稳定实现扶贫对象不愁吃、不愁穿,保障其义务教育、基本医疗和住房(简称为'两不愁,三保障')。"这说明目前中国农村贫困的发生形态与扶贫目标发生了明显变化,贫困发生呈现从绝对贫困到相对贫困,扶贫目标从单维到多维(从解决贫困人口的温饱的单维目标,到"两不愁,三保障"的多维目标)等新特征。①

总结三十多年来中国反贫困走过的历程,可以得出,在国民经济和社会快速发展的带动下,在政府主导的开发式扶贫战略和国家建构的社会保障体系的帮助下,中国农村贫困人口持续较快减少,剩余贫困人口的贫困状况也得到有效缓解。当然,我们也要看到,一方面,在国民经济和社会较快发展的过程中,中国地区、城乡、社会阶层之间的经济社会差距在一个相当长的时期里不断扩大,削弱了一般意义上的经济社会发展的减贫效应,使其呈现出一种边际递减的趋势。② 另一方面,以往政府主导的开发式扶贫战略在具体实施的过程中往往存在瞄准偏差,许多重要的扶贫开发项目,包括一些基于地区的扶贫开发项目(如贫困县摘帽项目、整村推进扶贫项目),以及一些基于贫困人口的扶贫开发项目(如产业化扶贫项目、扶贫贴息贷款项目、科技扶贫项目、劳动力培训转移扶贫项目等),普遍面临的挑战都是抵达贫困人口和低收入群体的能力不足,因而其扶助贫困人口的具体成效与项目实施的预期目标之间存在程度不同的偏差。在不少情况下,这样的扶贫开发项目的受益者往往是贫困地区的非贫困人口或贫困程度轻的群体,真正的贫困人口尤其是极端贫困人口反而难以从扶贫开发项目中直接受益,这就降低了扶贫开发项目的减贫效果。③ 针对农村贫困状况的变化与以往扶贫实践中的问题,中共十八大以来,中央把扶贫开发纳入全面建成小康社会的战略布局,提出实施精准扶贫、精准脱贫

① 杜志雄、詹琳:《实施精准扶贫新战略的难题和破解之道》,《中国发展观察》2015 年第8 期。

② 郑长德:《中国少数民族地区经济发展报告(2013)》,中国经济出版社,2013。

③ 国家统计局住户调查办公室:《中国农村贫困监测报告·2010 年》,中国统计出版社,2011;帅传敏:《中国农村扶贫开发模式与效率研究》,人民出版社,2010;刘小珉:《滇桂黔石漠化区扶贫开发成效研究——以贵州黔东南凯里为例》,《云南农业大学学报》2014 年第 8 期。

新战略。

要做到精准扶贫、精准脱贫，首先要做到"精准识别"，只有贫困人口被精准地识别出来，各项扶贫政策和扶贫措施才能精准地瞄准贫困人口。1978 年以来，国家先后采用过三种贫困（扶贫）标准，即"1978 年标准""2008 年标准""2010 年标准"，三个标准均以收入贫困线界定，并且根据国民经济和社会发展的实际情况来界定贫困（扶贫）标准的收入水平。其次，必须建立脱贫户退出机制。2016 年，中共中央办公厅、国务院办公厅发布的《关于建立贫困退出机制的意见》明确要求，"贫困人口退出以户为单位，主要衡量标准是该户年人均纯收入稳定超过国家扶贫标准且吃穿不愁，义务教育、基本医疗、住房安全有保障"。显而易见，党的十八大提出的到 2020 年实现在中国现行标准下农村贫困人口全部脱贫的评价标准，既包括收入，也包括"两不愁、三保障"。[①] 目前及未来一段时间中国精准扶贫战略的制定和实施，需要以农村贫困人口贫困的多维性考量为出发点。众所周知，就农村贫困人口的情况而言，少数民族与民族地区比汉族与非民族地区的收入贫困更加严峻，那么少数民族与民族地区的多维贫困情况又如何呢？民族地区多维贫困有什么特征？中国要使在现行贫困标准下的民族地区农村贫困人口到 2020 年全部脱贫，需要更加关注这些贫困人口的哪些方面的贫困问题？本章的主旨就是要回答这些问题。为此，建立适用于研究中国民族地区农村多维贫困的 MPI 指标体系，总体分析民族地区农村多维贫困的结构与特征，并以此为依据提出民族地区精准扶贫措施。

一　研究回顾与研究主题

在理论上，贫困可以被概括为两大类，一类是收入贫困，另一类是多维贫困。多维贫困以阿玛蒂亚·森的能力贫困理论为基础。森认为除了收入和物质不足以外，贫困最主要体现为基本能力被剥夺。基本能力被剥夺

---

① 王小林：《消除一切形式的贫困：内涵和政策取向》，《地方财政研究》2016 年第 8 期。

体现在多个维度，如早逝、营养不良、长期疾病、普遍文盲等。森的结论是通过教育和医疗可以提高人们的基本能力。[1] 联合国开发计划署（UNDP）在《1997年人类发展报告》中界定贫困为："除缺乏物质福利的必需品外，贫困还意味着不能得到对于人类发展来说最基本的机会和选择过长期、健康、有创造性的生活，达到体面的生活标准，有尊严、满足自尊并受到他人的尊重以及得到人们在生活中重要的东西。"[2] 显然，联合国开发计划署界定的"人类贫困"也是多维贫困，不仅仅是指收入不足，也意味着人类发展的机会、健康、尊严和体面生活等多方面权利被剥夺，是从生活质量、发展机会和基本权利等有关人的发展的多方面内容来定义贫困，比收入贫困认定的内涵更丰富和更全面，能够更加全面地反映贫困群体的经济水准和生存状况。

阿玛蒂亚·森提出多维贫困理论后，阿尔基尔（Alkire）和福斯特（Foster）根据森的基本能力理论，提出了多维贫困的测量、分解方法（简称 AF 方法），他们用 AF 方法测算多维贫困指数（Multidimensional Poverty Index，MPI），评价多维贫困状况。[3] 联合国开发计划署采纳了阿尔基尔和福斯特用 AF 方法测算、分析的全球多维贫困结果，并从 2010 年开始，在《人类发展报告》中公布全球多维贫困总体状况。全球 MPI 包括教育、健康和生活水平三个贫困维度。显而易见的是，相对于收入贫困，多维贫困的测量更加全面、科学，但实践中应该包含哪些与贫困测量相关的因素，应该如何确定相关因素的贫困阈值，学术界目前还未形成定论，这种状况影响到了多维贫困的可操作性及其在贫困测量实践中的应用。[4]

值得一提的是，中国学界对多维贫困的关注热度在上升，部分学者开

---

① 阿玛蒂亚·森：《贫困与饥荒》，王宇、王文玉译，商务印书馆，2011；阿玛蒂亚·森：《以自由看待发展》，任赜、于真译，中国人民大学出版社，2012。

② 金峰峰：《在发展中反贫困——相对发达地区农村反贫困财政政策选择》，上海三联书店，2005。

③ S. Alkire and J. E. Foster："Counting and Multidimensional Poverty Measures"，*OPHI Working Paper* 7，Oxford Poverty and Human Development Initiative，University of Oxford，2007.

④ 郭建宇、吴国宝：《基于不同指标及权重选择的多维贫困测量——以山西省贫困县为例》，《中国农村经济》2012 年第 2 期。

始探索、建立适应中国国情的多维贫困指标，并进行实证研究。王小林、Sabina Alkire 利用 2006 年 CHNS 数据，采用 AF 方法，对中国城乡居民家庭的多维贫困问题进行了研究。他们所使用的多维贫困指数是由卫生设施、用电、住房、饮用水、资产、土地、教育和健康保险等 8 个贫困维度构建起来的。他们的研究结果表明，在中国，有近 1/5 的城乡居民家庭存在收入之外任意三个维度的贫困问题，而且其多维贫困比单纯收入维度的贫困更加严重。其中，健康保险、卫生设施和教育等三个维度上存在的贫困问题对多维贫困指数的贡献最大。[1]

冯贺霞、王小林、夏庆杰使用 2011 年 CHNS 数据和 AF 方法与 Logit 模型，主要分析了收入贫困与多维度贫困的关联和差异。其结论是，收入贫困和多维度贫困的重合度为 30.62%，也就是说，收入贫困的概念遗漏了 69.38% 的多维度贫困户。因此，他们建议，为了更好地反映贫困问题的多维性和复杂性，应当制定收入贫困与多维贫困互补的贫困标准，以便更加有效地开展扶贫工作，让贫困人口在收入、健康、教育和生活质量等方面得到更加全面的扶助。[2]

高艳云利用 CHNS 数据库中的 2000 年和 2009 年调查数据，基于 AF 方法测算了中国多维贫困的动态变化。他们的研究发现，中国城乡贫困均有所减轻，但农村贫困较城市严重。他们建议，今后的农村扶贫工作应高度重视医疗保险、卫生设施、城市住房等维度的贫困。[3]

杨龙、汪三贵利用中国农村贫困监测调查数据对中国农村贫困地区多维贫困状况进行了测量，并对多维贫困指数进行了分解。他们发现，中国农村低收入农户经受着更为严重的多维贫困问题，贫困地区农户面临的饮水问题比增收问题更严重。因此，他们建议，新时期农村扶贫要加大人力资本投入，增加公共卫生服务、搞好基础设施建设（包括中小型水利设

---

① 王小林、Sabina Alkire：《中国多维贫困测量：估计和政策含义》，《中国农村经济》2009 年第 12 期。

② 冯贺霞、王小林、夏庆杰：《收入贫困与多维贫困关系分析》，《劳动经济研究》2015 年第 3 卷第 6 期。

③ 高艳云：《中国城乡多维贫困的测度及比较》，《统计研究》2012 年第 11 期。

施建设），多维度减少农村贫困人口的贫困。①

　　郭建宇、吴国宝利用山西省贫困县的住户数据，基于 UNDP 的多维贫困指数计算方法进行研究发现，在不同的农村地区，不同维度的贫困对多维贫困指数的影响是不同的，因此应当根据不同地区贫困的实际状况和特征，选择合适的贫困指标并确定其权重，以便更大程度地提高扶贫工作的针对性，改善扶贫政策实施的效果。②

　　既有的关于多维贫困问题的理论和经验研究成果对我们考察中国民族地区农村贫困的多维性、提出具有针对性的政策主张来说，非常具有启发意义。我们认为，中国民族地区农村的贫困同样具有多维性，并且比非民族地区农村贫困的多维性更加突出。本章将采用 2011 年的西部民族地区经济社会状况家庭调查数据（Chinese Household Ethnicity Survey 2011，以下简称 CHES 2011），对中国民族地区农村的贫困现象进行多维分析。不少研究表明，农户的家庭资产禀赋，对于农户参与市场、发展家庭经济具有非常重要的影响。在运用 MPI 指数方法来研究中国西部民族地区农村贫困问题时，从实际出发，我们增加了资产贫困维度，以弥补 MPI 指数仅包括非货币性指标的不足。概括起来，本章将立足新时期西部民族地区贫困的变化和现状，建立我们认为能够更好地适用于研究中国民族地区农村多维贫困的 MPI 指标体系，该体系包括 4 个维度 16 个指标。基于这一 MPI 指标体系，本章对中国民族地区农村贫困的多维性进行了总体分析，然后进行了分省区、民族和贫困维度的多重分解，期待借此进一步理解中国民族地区农村贫困的结构与特征，并以此为依据提出具有针对性的政策主张。

二　研究方法与数据来源

　　从理论上看，多维贫困指数的测量方法主要有模糊集方法（简称 FS

---

① 杨龙、汪三贵：《贫困地区农户的多维贫困测量与分解——基于 2010 年中国农村贫困监测的农户数据》，《人口学刊》2015 年第 2 期。

② 郭建宇、吴国宝：《基于不同指标及权重选择的多维贫困测量——以山西省贫困县为例》，《中国农村经济》2012 年第 2 期。

方法)、① 公理化方法、② 投入产出效率方法、③ 基于信息理论的方法④以及"双界限"方法⑤等。其中"双界限"方法是阿尔基尔（Alkire）和福斯特（Foster）根据阿玛蒂亚·森的基本能力理论，于2007年开发的 AF 方法，他们用此方法建构了多维贫困指数，用以评价多维贫困状况。目前，相对简单的 AF 测算方法在国际、国内机构及学界应用较广。因此，本章也将使用 AF 方法，测量中国民族地区农村的多维贫困指数并进行分解研究。

（一）分析方法

多维贫困测量首先要通过住户家庭调查获得个体或者家庭在每个维度上的取值，并对每个维度定义一个贫困标准，根据这一标准来识别每个个体或家庭在该维度上是否贫困。然后，根据多维指标，对贫困进行分解，求得不同贫困维度对贫困的贡献度。⑥ 这样，就有两个数学分析模型。

第一个是多维贫困的测量模型，其数学表达式为：

$$M_0(y,z) = \mu\left[g^0(k)\right] = HA \tag{1}$$

在式（1）中，M_0 即为多维贫困指数，它由两部分构成：一部分为 H（贫困发生率），另一部分为 A（平均剥夺份额），$A = | c(k) | / (qd)$。另外，在式（1）中，y 表示被研究对象在某个贫困维度的取值；g^0 是一个剥夺矩阵，当某个被研究对象在某个测量维度上不存在贫困问题时，g^0 取值为 0，而当其在该维度上存在贫困问题时，g^0 取值为 1。c 表示研究者构建的贫困测量维度总数；q 为在某个维度的贫困标准下处于贫困状况

① B. Cheli, A. Lemmi: "A Totally Fuzzy and Relative Approach to the Multidimensional Analysis of Poverty", *Economic Notes*, 1995, 24: 115 – 134.

② F. Bourguignon, S. R. Chakravarty: "The Measurement of Multidimensional Poverty", *Journal of Economic Inequality*, 2003, 1 (1): 25 – 49.

③ X. Ramos, J. Silber: "On the Application of Efficiency Analysis to the Study of the Dimensions of Human Development", *Review of Income and Wealth*, 2005, 51 (2): 285 – 310.

④ A. M. Lugo, E. Maasoumi: "Multidimensional Poverty Measures from an Information Theory Perspective", *OPHI Working Paper* 10, 2009.

⑤ Sabina Alkire, James Foster: "Counting and Multidimensional Poverty Measurement", *Journal of Public Economics*, 2011, 95 (7), 476 – 487.

⑥ 王小林：《贫困测量：理论与方法》，社会科学文献出版社，2012，第 80～92 页。

的个体总数，d 表示贫困维度总数。

第二个是多维贫困分组分解模型。在本研究中，被研究对象分为两个组群，即汉族与少数民族，令 s 表示少数民族数据矩阵，h 表示汉族数据矩阵，z 表示贫困维度的临界点，则本研究采用的多维贫困分组分解模型的数学表达式为：

$$M(s,h,z) = \frac{n(s)}{n(s,h)} M(s;z) + \frac{n(h)}{n(s,h)} M(h;z) \qquad (2)$$

（二）数据来源

本章使用 CHES 2011 中的农村住户调查数据。CHES 2011 调查数据的内容涉及城乡居民家庭收入和支出，家庭成员就业或失业状况，农村劳动力流动、教育、时间使用、社会保障、主观意愿等方面，是一个可以从整体上考察西部民族地区多维贫困的大样本数据。在农村住户调查中，该项调查从七个被调查民族地区共抽取了 81 个县、757 个行政村的 7257 个样本户（31671 人）。本章主要考察民族地区农村多维贫困状况，且以家庭为单位，本章中的农村居民家庭人均纯收入，在国家统计局界定的农村家庭人均纯收入基础上，增加了人均自有房屋的估算租金价值。在计算农村家庭人均纯收入时，也进行了一些数据处理。[①]

另外，CHES 2011 样本量比较大，本章对贫困维度上的异常值、缺失值的处理，采用了直接删除相关样本的方法。

---

① CHES 2011 问卷调查包括青海、内蒙古、宁夏、新疆、广西、湖南、贵州七个省区，其中青海、内蒙古、宁夏、新疆、广西、贵州都属于西部民族地区。湖南省农村调查点包括邵阳市的绥宁县、城步苗族自治县，永州市的江华瑶族自治县，怀化市的沅陵县、辰溪县、麻阳苗族自治县、新晃侗族自治县、靖州苗族侗族自治县、通道侗族自治县，湘西土家族苗族自治州的泸溪县、凤凰县、保靖县、古丈县、永顺县，绝大部分是民族地区。CHES 2011 虽然缺少了"民族八省区"中的西藏和云南，但这七个省区也足以代表西部民族地区。因此本章将被调查的这七个省区简称为"被调查民族地区"，将内蒙古、宁夏、新疆、青海简称为"西北四省区"，将广西、湖南、贵州简称为"西南三省区"（虽然湖南属于中南，不属于西南）。CHES 2011 数据库的具体情况及数据处理方法，详见李克强、龙远蔚、刘小珉主编《中国少数民族地区经济社会住户调查（2013）》，社会科学文献出版社，2014。另外，本章中所有数据，凡是没有特殊注明出处的，均来自 CHES 2011 数据库。

（三）多维贫困的维度指标、权重设定

自 2010 年开始，UNDP 采用 AF 测算方法在每年《人类发展报告》中公布全球多维贫困总体状况。全球 MPI 包括 3 个贫困维度 10 个指标。3 个维度分别是教育、健康和生活水平。本章以 UNDP 全球多维贫困维度与指标体系作为框架，根据中国西部民族地区的实际区情，结合 CHES 2011 调查数据的可获得性，以及中国新时期"两不愁、三保障"的扶贫目标，参考国际国内其他学者提出的指标体系，[①] 建立如表 7 - 1 所示的民族地区贫困人口多维贫困测量指标体系，并将调整后的维度、指标变量及其剥夺临界值报告在表中。由于在全球 MPI 的 3 个维度 10 项贫困指标中缺少货币性指标，考虑到货币性指标对个体和家庭福利的重要性，本章在全球 MPI 已有的教育、健康和生活水平 3 个维度的基础上，增加了资产维度。本章在测算多维贫困时，给予每个维度相同权重，每一维度内部的指标也是等权重的。由于各维度内部的指标数不同，因此不同维度的指标的权重不同。

表 7 - 1　民族地区贫困人口多维贫困测量的维度、指标、剥夺临界值和权重

维度	指标及权重	指标描述及赋值
教育 (1/4,25%)	家庭劳动力平均受教育年限(1/8)	若家庭中劳动力(男 16~60 岁,女 16~55 岁)平均受教育年限小于 6,则赋值 1,否则为 0
	沟通能力或读写能力(1/8)	户主普通话口语的沟通能力为"基本不会",或者户主中文(汉文)的读写能力为"基本不会",则赋值 1,否则为 0

---

① 王小林、Sabina Alkire:《中国多维贫困测量:估计和政策含义》,《中国农村经济》2009
年第 12 期;冯贺霞、王小林、夏庆杰:《收入贫困与多维贫困关系分析》,《劳动经济研
究》2015 年第 3 卷第 6 期;郭建宇、吴国宝:《基于不同指标及权重选择的多维贫困测
量——以山西省贫困县为例》,《中国农村经济》2012 年第 2 期;杨龙、汪三贵:《贫困
地区农户的多维贫困测量与分解——基于 2010 年中国农村贫困监测的农户数据》,《人
口学刊》2015 年第 2 期;张全红、周强:《中国多维贫困的测度及分解:1989~2009
年》,《数量经济技术经济研究》2014 年第 6 期;王艳慧、钱乐毅、段福洲:《县级多维
贫困度量及其空间分布格局研究——以连片特困区扶贫重点县为例》,《地理科学》2013
年第 12 期。

续表

维度	指标及权重	指标描述及赋值
健康 (1/4,25%)	残疾者情况(1/16)	若家庭中有一个及以上身体残疾者(且影响正常工作、学习、生活)则赋值1,否则为0
	因病、因伤情况(1/16)	家庭中有一个及以上劳动力因病、因伤影响正常工作、上学或生活的天数超过30天的则赋值1,否则为0
	身体或心理困难(1/16)	家庭中有一个及以上劳动力遇到"一般"、"比较严重"或"很严重"的身体或心理困难的则赋值1,否则为0
	每周喝酒、吸烟的频率(1/16)	家庭中有一个及以上人口每周喝酒的频率超过4次,或每天吸烟大于等于20支的则赋值1,否则为0
生活水平 (1/4,25%)	干净、方便饮用水(1/28)	如果家庭饮用水来源是"河水""湖水""池塘""集雨水窖""其他",或者饮用水来源为"院外"且步行取水时间超过15分钟的则赋值1,否则为0
	厕所(1/28)	如果家里没有厕所则赋值1,否则为0
	炊事使用清洁、方便能源(1/28)	如果家里炊事使用的主要能源为"柴草"则赋值1,否则为0
	住房情况(1/28)	如果家里无自有住房或者家庭人均住房面积小于9平方米则赋值1,否则为0
	家庭所居住村庄发生自然灾害情况(1/28)	如果家庭居住村庄2007~2011年发生过2次及以上自然灾害则赋值1,否则为0
	家庭所居住村庄的类型(1/28)	如果家庭所居住村庄的地势为山区则赋值1,否则为0
	家庭所居住村庄的基本公共服务(1/28)	如果家庭所居住村庄不通公路,或不通电,或不通电话,或不能接收电视节目则赋值1,否则为0
资产 (1/4,25%)	人均生产性固定资产(1/12)	如果家庭人均生产性固定资产原值小于808元(被访家庭人均生产性固定资产原值的均值的20%)则赋值1,否则为0
	耐用消费品(1/12)	家中没有汽车、拖拉机,且最多拥有洗衣机、电冰箱、热水器、空调机、摩托车、固定电话机、移动电话、彩色电视机、家用计算机中的两种,则赋值1,否则为0
	实际经营土地面积(1/12)	如果家庭人均实际经营土地面积小于1亩则赋值1,否则为0

注：括号内数值表示权重。

另外，虽然本章的多维贫困指数不包括收入维度，但我们会对多维贫困指数与收入贫困指数进行比较分析，为进一步全面识别和分析民族地区贫困人口的贫困机理提供可行性。

三　民族地区多维贫困测量结果

（一）多维贫困测量

利用 CHES 2011 农村数据及目前在国内外广泛应用的 AF 方法，估算出民族地区的多维贫困结果（见表 7 - 2）。当考虑平均剥夺程度达到 25% 或以上时，即相当于极端情况下至少一个完整维度中所有指标均遭受剥夺时，[①] 民族地区贫困发生率（H）为 41.04%，平均剥夺份额（A）为 36.27%，多维贫困指数（M_0）为 0.1489。

表 7 - 2　民族地区多维贫困估计结果

$K(\%)$	贫困发生率($H,\%$)	平均剥夺份额($A,\%$)	多维贫困指数(M_0)
25.0	41.04	36.27	0.1489
37.5	15.78	45.44	0.0717
50.0	3.45	55.33	0.0191
62.5	0.21	68.39	0.0015

另外，在国家收入贫困线下计算的民族地区农村家庭收入贫困发生率为 16.98%，比极端情况下至少一个完整维度中所有指标均遭受剥夺的多维贫困发生率低很多。说明在极端情况下至少一个完整维度中所有指标均遭受剥夺时，民族地区的多维度贫困发生率大大高于收入贫困发生率。可见，收入贫困与多维度贫困在识别贫困方面存在一定的差异。此外，这也说明消除了收入贫困不一定就等于消除了贫困，尽管增加收入有利于减少多维贫困。然而，从多维贫困的视角看，贫困人口之所以

[①]　当然，更可能是在多维度下的多个指标遭受剥夺。例如，有些家庭的劳动力平均受教育年限少于 6 年，有残疾的家庭成员，同时在厕所和住房上遭受剥夺，等等。

在通用语言的普及、医疗、用电、用水、通信、能源、公路、土地、地势等方面存在贫困或缺失问题，究其原因，主要还是在于政府和社会没有提供足够的相关公共产品和服务。因而，单纯提高贫困家庭的收入水平，不一定能够改善贫困农户在这些方面存在的贫困及缺失问题。从全面建成小康社会的目标要求出发，国家在实施各种反贫困战略和执行相关政策时，不仅要着眼于帮助贫困农户减少收入贫困，还要通过提供更多的相关公共产品和服务来消除多维贫困与缺失状况。

（二）多维贫困指数及分解

1. 基于区域分组的多维贫困指数和分解

表7-3是按省区进行的多维贫困指数分解的结果。可以发现，不同省区农户的多维贫困状况存在明显差异。当从平均剥夺程度达到25%及以上来考察民族地区农村的贫困时，贵州对民族地区多维贫困的贡献最大，其余省区按贡献从大到小依次是广西、青海、湖南、新疆、宁夏和内蒙古。大体上，西南三省区（贵州、广西、湖南）的多维贫困形势较西北四省区（宁夏、青海、新疆及内蒙古）更严峻。这一点与按收入贫困分析的趋势性结果是一致的。这一方面说明，收入贫困分析与多维贫困分析在区域贫困识别方面有一定程度的一致性；另一方面也说明，就中国民族地区而言，收入贫困和多维贫困与区域因素都有一定相关性。相关研究说明，西南地区山多且多为喀斯特地貌、地形结构十分复杂，人口稠密，

表7-3　多维贫困指数按省区分解（$K=25\%$）

地区		多维贫困指数		多维贫困指数分解
		$H(\%)$	M_0	M_0
西南三省区	湖南	73.03	0.1428	15.05
	广西	70.25	0.1523	17.04
	贵州	73.52	0.1553	19.53
西北四省区	宁夏	49.46	0.0998	11.8
	青海	73.22	0.1511	16.49
	新疆	60.68	0.1013	12.47
	内蒙古	50.11	0.0766	7.61

农村产业以山地农业为主，农村贫困问题十分严峻。① 这种情形在反贫困实践方面的政策含义是，民族地区农村减贫的战略和政策体系不仅要包括一般的推动这些地区发展经济的扶持政策以及普惠性的扶贫政策，对一些地区，特别是山区、自然生态环境恶劣的地区，还要实施差异化的扶持政策，减缓因区域性因素导致的贫困（包括收入贫困与多维贫困）。

2. 基于民族分组的多维贫困指数和分解

表7－4、表7－5 报告的是基于民族分组的多维贫困指数及分解结果。显然，不同民族的农户多维贫困存在明显差异。总体而言，少数民族多维贫困较汉族严峻，少数民族多维贫困对总体的贡献超过70%。西南各族农村居民的多维贫困发生率高于西北各族农村居民；西南汉族的多维贫困发生率高于西北汉族；西南少数民族的多维贫困发生率高于西北少数民族。从区域内部看，西南三省区中，少数民族多维贫困发生率高于汉族；西北四省区中，也是少数民族多维贫困发生率高于汉族。

表7－4　多维贫困指数按汉族、少数民族分解（$K=25\%$）

类别	多维贫困指数		多维贫困指数分解
	$H(\%)$	M_0	M_0
民族地区	66.16	0.1456	100
汉族	55.33	0.0990	29.49
少数民族	71.36	0.1503	70.50
西南三省区	71.42	0.1532	51.63
西南汉族	66.46	0.1246	10.68
西南少数民族	74.07	0.1697	40.94
西北四省区	61.60	0.1002	48.37
西北汉族	51.99	0.0798	18.81
西北少数民族	69.99	0.1466	29.56

再考虑各民族多维贫困的差异，可以看到，西南地区中的主体民族壮族、苗族、侗族、土家族的多维贫困形势最为严峻，西北地区中的主体民族撒拉族、维吾尔族的多维贫困形势也很严峻。

---

① 刘小珉：《民族视角下的农村居民贫困问题比较研究——以广西、贵州、湖南为例》，《民族研究》2013 年第 4 期。

表 7 - 5　多维贫困指数按民族分解 （K = 25%）

民　族	多维贫困指数		多维贫困指数分解
	H(%)	M_0	M_0
总　　体	66.16	0.1456	100
汉　　族	55.33	0.0990	29.49
蒙 古 族	66.97	0.1012	2.50
回　　族	66.67	0.1231	9.09
藏　　族	71.87	0.1287	4.69
维吾尔族	73.50	0.1503	8.19
苗　　族	74.19	0.1496	16.34
壮　　族	74.33	0.1575	6.85
侗　　族	74.03	0.1543	8.91
瑶　　族	70.81	0.1501	2.46
土 家 族	73.84	0.1562	2.90
哈萨克族	70.01	0.1687	1.80
撒 拉 族	80.00	0.1721	1.94
其他民族	71.01	0.1507	4.82

不过，尽管在部分民族，民族间多维贫困差异与民族间收入差异有所不同，但总体上是基本相似的。而且，与收入贫困类似，民族间多维贫困差异与区域差异存在一定程度的耦合。

3. 基于贫困维度的多维贫困指数分解

表 7 - 6 报告了被调查民族地区多维贫困指数及其分解结果。从表中可以发现，各贫困维度中的变量对多维贫困的贡献存在一定差异，受教育年限、沟通能力或读写能力对多维贫困的贡献最大，村庄特征 （地势）、自然灾害情况、人均生产性固定资产、厕所、住房情况、炊用能源、实际经营土地面积等对多维贫困的贡献也比较大。因此，根据贫困维度的分解结果，未来，民族地区农村扶贫政策和项目应有针对性地增加教育投入，尤其是增加针对已经走出校门的经济活动人口的各种培训，提高他们的沟通与读写能力；对于部分生存环境恶劣的山区，要加大生态环境保护工程项目以及移民搬迁工程项目的实施力度，提高民族地区农村公共产品和服务供给水平，提高民族地区贫困人口自身的脱贫能力。

表 7 - 6 多维贫困指数按指标分解（$K = 25\%$）

指 标		$H(\%)$	M_0 的分解
教育	受教育年限	64.33	28.99
	沟通能力或读写能力	48.68	20.20
健康	残疾者比例	8.72	1.50
	因病、因伤情况	15.61	2.73
	身体或心理困难	11.82	2.03
	每周喝酒、吸烟频率	20.46	3.51
生活水平	饮用水	5.34	0.52
	厕所	51.32	5.04
	炊用能源	49.21	4.89
	住房情况	46.32	4.93
	自然灾害情况	67.45	6.62
	村庄特征（地势）	57.12	7.57
	村庄的基本公共服务	2.54	0.25
资产	人均生产性固定资产	26.76	6.13
	耐用消费品	1.10	0.25
	实际经营土地面积	21.32	4.88

四　简要结论与政策建议

本章使用多维贫困测量方法，利用 CHES 2011 农户数据，测算了中国民族地区农户的多维贫困状况，并得到如下主要研究发现和结论。

第一，多维贫困存在地区差异。大体上，西南三省区（贵州、广西、湖南）的多维贫困较西北四省区（宁夏、青海、新疆及内蒙古）更严峻。这点与收入贫困存在的地区差异是一致的。

第二，多维贫困存在民族差异。总体而言，少数民族多维贫困较汉族严峻。其中，西南地区中的主体民族壮族、苗族、侗族、土家族的多维贫困最为严峻，但西北地区中的主体民族撒拉族、维吾尔族的多维贫困也很严峻。民族间多维贫困差异与民族间收入差异在部分民族有所不同，但总体上基本一致。还有，与收入贫困类似，民族间多维贫困差异与区域差异存在一定程度的耦合。

第三，各贫困维度中的变量对多维贫困的贡献存在一定差异。受教育年限、沟通能力或读写能力对多维贫困的贡献最大，村庄特征（地势）、自然灾害情况、人均生产性固定资产、厕所、住房情况、炊用能源、实际经营土地面积等对多维贫困的贡献也比较大。也就是说，民族地区贫困农户面临的最严重问题是教育、地势、自然灾害、固定资产等问题。

党的十八大以来，中央逐步形成了精准扶贫、精准脱贫战略和相关理论体系。习近平总书记指出："精准扶贫是解决扶贫开发工作中底数不清、目标不准、效果不佳等问题的重要途径。在实际工作中，应对贫困村、贫困户进行精准化识别、针对性扶持、动态化管理，扶真贫、真扶贫。"① 因此，针对民族地区发展现状、多维贫困特征及反贫困中存在的问题，今后的扶贫工作应该坚持精准扶贫、精准脱贫战略，并注意以下几点。

第一，精准扶贫战略的实施需要从多维视角更加全面、更加科学地对贫困人口进行精确识别和瞄准。精确识别是精准扶贫、精准脱贫的基础和前提。以往识别贫困区域和贫困人口的贫困测算方法主要从农民收入这个单一维度出发，这种识别方法往往不能准确识别贫困个体及其贫困特征，造成"该扶没有扶"或"不该扶的扶了"的现象。目前，各地各级政府在实施精准扶贫政策时也已经开始意识到以往单纯基于收入贫困标准的贫困识别和瞄准方法中存在的问题和困难，纷纷构建了包括收入在内的多维贫困指标体系。其中，最典型的多维贫困识别方法有贵州贫困识别"四看法"，② 广东省的"望、闻、问、切"方法。③ 显然，中国民族地区农村扶贫工作迫切需要建立起一套基于真实数据和相应事实，符合各地实际的多维贫困指标体系，以便能够更加科学地识别和瞄准贫困人口，将精准识别"真贫"落到实处。

---

① 刘永富：《打赢全面建成小康社会的扶贫攻坚战——深入学习贯彻习近平同志关于扶贫开发的重要讲话精神》，《人民日报》2014 年 4 月 9 日。

② 孟性荣：《一看房，二看粮，三看劳动力强不强，四看家中有没有读书郎"四看"看准扶真贫——威宁自治县探索"四看"法促进精准扶贫》，《毕节日报》2015 年 4 月 22 日。

③ 李鹍：《论精准扶贫的理论意涵、实践经验与路径优化——基于对广东省和湖北恩施的调查比较》，《山西农业大学学报（社会科学版）》2015 年第 8 期。

第二，进一步加大对民族地区与少数民族的扶持力度，加快民族地区与少数民族经济社会发展，减缓民族地区与少数民族的多维贫困。"十三五"时期，是中国实现全面建成小康社会目标的"冲刺"关键期。为了实现全面建成小康社会的宏伟目标，中央出台了多项政策措施优化区域发展格局，促进民族地区的经济社会发展，如制定实施西部大开发"十三五"规划，支持民族地区、边疆地区、贫困地区发展，等等。可以说，"十三五"时期是民族地区经济社会发展大有作为的重大战略机遇期。因此，民族地区一定要抓住这些机遇，改善民族地区及少数民族生产、生活条件，以此提高贫困人口的自我发展能力，减缓多维贫困。例如，提高民族地区农村通路、通电、通电话、通电视、通网络等基础设施水平；改善民族地区与少数民族农村家庭生活环境，包括为他们提供干净、方便的饮用水，使用清洁、方便能源；加强民族地区医疗、卫生服务建设，降低其因病致贫风险；引导他们修建卫生厕所；为贫困户提供"危房改造"支持；等等。

第三，针对民族地区贫困农户面临的最严重问题是教育、地势、自然灾害、固定资产等问题的特征，未来民族地区农村精准扶贫、精准脱贫政策和项目应有针对性地增加教育投入，促进民族地区农村教育公平，阻断贫困代际传递，并增加针对已经走出校门的少数民族经济活动人口的各种培训，提高他们的普通话沟通与读写能力，以此提高他们的就业能力和增收能力。对于部分生存环境恶劣的山区，要加大生态环境保护工程项目以及移民搬迁工程项目的实施力度，减少生态环境恶劣、自然灾害给农村家庭带来的贫困风险。要全面提高少数民族地区农村家庭资产占有水平，进一步提高民族地区农村家庭购买农机具的补贴标准，加大家电等耐用消费品下乡补贴力度；要做好民族地区贫困农村的剩余劳动力转移和转移人口尤其是进城人口的真正城市化，从而为民族地区农村土地的顺畅流转创造社会条件，减少抛荒现象，增加在民族地区从事农业的农户的土地经营面积。总之，提高民族地区农村公共产品和服务供给水平，提高民族地区贫困人口的素质和资产水平，才能提高贫困人口自身的多维脱贫能力。

第四，值得进一步研究的问题是，按照目前实施的精准扶贫战略的目标，到 2020 年，中国农村包括少数民族地区农村的绝对贫困现象将最终被消除，但这可能主要体现在收入贫困问题的初步解决上，随着全社会的发展，绝对贫困现象被消除以后，相对贫困问题将凸显出来，并且会更多地表现在贫困的其他维度上。换句话说，在多维贫困的其他维度上，贫困现象仍将继续存在，并将成为阻碍在收入上脱贫的人口在其他方面获得均衡发展的主要因素。实际上，多维贫困研究模式是在西方发达国家中发展起来的，其所要解决的问题，恰恰就是收入之外的贫困问题（或者说社会剥夺问题）。中国也不可能避免这样的问题，需要继续运用多维贫困研究方法，对民族地区农牧区的相对贫困现象进行研究和监测，为未来的新型多维度精准扶贫提供知识准备。

● 下篇　实践与案例 ▶▶▶

第八章　青海治多：典型牧区的 扶贫开发实践

本章通过对青海省治多县牧区进行实地问卷调查，了解牧民的实际生活状况，包括牧民家庭的生产、生活情况，收入支出情况，参与"三江源自然保护区生态保护和建设工程"项目情况及牧民对"三江源自然保护区生态保护和建设工程"的评价，草原承包责任制情况，公共服务情况及牧民对自己的生活、对目前牧区政策的主观评价，以及牧民实际需要，通过这些方面的经验调查研究，分析治多县牧区贫困的主要经济、社会和文化因素，深化我们对于民族地区农村贫困发生的机理和不同因素的影响状况，更好地解决民族地区农村的贫困问题。

一　长江源治多县牧民贫困状况的 初步分析

青海省玉树藏族自治州治多县共辖 5 个乡和 1 个镇。2013～2014 年，笔者主持的中国社会科学院重大国情调研项目"长江源治多县贫困和社会保障状况调查"课题，在治多县进行了比较全面的田野调查工作。其中包括大量的个案访谈以及对 300 多户牧民进行的补充问卷调查。补充问卷调查的主题是牧户的社会保障参与状况，采用了科学抽样方法，按照治多县全部乡镇和村庄的经济状况分好、中、差三个类别进行分层抽样，然后在抽中的乡镇和行政村随机选取牧户作为入户问卷调查样本户。考虑到治多县牧区牧民全都是藏族，且牧区地广人稀，我们委托科嘎哇畜牧专业合作社帮助实施问卷调查。在调查实施过程中，调查员发现，在按照我们的抽样方法抽取的样本牧户中，有的已经搬家到县城或乡镇，有的已经转移到比较偏远的夏季草场放牧，很难找到，因此调查员对样本户做了调整。这样，我们实际获得的牧户问卷调查样本，不完全是原来通过分层随机抽样方法抽取的牧户样本。另外，通过对回收的近 300 份问卷的清理，我们发现其中有效问卷实际不足 200 份。可见，在高寒牧区进行基于抽样的入户问卷调查，是一件非常困难的事情。

最终确定有效的问卷为 194 份，样本牧户分布于治多县 3 乡 1 镇 13 个村，194 个样本牧户有人口 499 人。2012 年，治多县全县有 8763 户家庭，36751 人。相对于全县的牧户数和牧户人口数来说，此次调查的问卷样本量确实不够大，并且由于实际操作过程中没有完全遵循预先确定的抽样原则，所以最终获得的样本户调查数据在理论和方法论上可能不具有充分的统计代表性。不过，实际上通过多层次的访谈调查（涉及对象包括治多县相关部门负责人、乡镇政府负责人、行政村负责人以及一般牧户），我们认为，这些样本数据仍然具有一定的实际代表意义，尤其是我们选择的治多县三乡一镇，基本能够代表治多县的总体情况。① 相应地，基于这些调查数据所做分析的结果，能够帮助我们构建一个描述、解释治多县牧民贫困状况的框架，基本能够保证这些描述、解释的总体逻辑符合治多县牧户的实际状况。表 8 - 1 呈现的是治多县问卷调查所涉各村牧户样本的分布。

表 8 - 1　治多县问卷调查所涉各村样本分布

单位：户

索加乡		多彩乡		立新乡		加吉镇	
样本村	样本户数	样本村	样本户数	样本村	样本户数	样本村	样本户数
亚曲村	16	拉日村	35	扎西村	8	日青村	4
君曲村	12	达生村	10	叶青村	18	改查村	18
当曲村	4	当江村	3	岗察村	23	—	—
移民区	33	—	—	—	—	—	—

---

① "三乡"中的多彩乡是治多县贫困面最广的一个纯牧业乡；索加乡是远离城镇的一个绝对贫困乡；立新乡的经济状况较好，其所属的叶青村、岗察村，还有加吉镇改查村都生产虫草，有资源优势，牧户经济状况较好。这样，我们调查的乡、村有经济状况较差的，也有经济状况比较好的，还有经济状况一般的，基本可以代表治多县经济社会发展的一般状况。

（一）治多县被访牧户家庭基本情况

1. 被访牧户家庭人口及其结构

对 194 个被访牧户的初步分析结果显示，这些牧户的平均家庭人口数为 3.64 人，最少的只有 1 人，最多的有 8 人。其中，187 个样本户家中有劳动力，户均劳动力 2.25 人，最少的有 1 人，最多的有 6 人。120 个样本户家中有子女上学，户均有上学子女 1.75 人，最少的有 1 人，最多的有 4 人。28 个样本户家中有需要赡养的老人，户均赡养老人 1.39 人，最少的赡养 1 人，最多的赡养 2 人（见表 8－2）。

表 8－2　治多县被访牧民家庭人口分布基本状况

类　别	均值(人)	极小值(人)	极大值(人)	样本数(户)
家庭人口数	3.64	1	8	194
劳动力数	2.25	1	6	187
上学子女数	1.75	1	4	120
赡养老人数	1.39	1	2	28

在 194 个样本牧户的户主中，男性户主占 96%，女性户主占 4%，可见治多县牧区住户普遍由男性当家做主。户主的平均年龄为 42 岁，其中最小的只有 21 岁，最大的年龄高达 80 岁。户主的文化水平普遍偏低，文盲占到 76.8%，仅仅识字的占 12.4%，受过小学教育的占 6.2%，受过初中及以上程度教育的仅占 4.6%。可见，被访牧户户主的受教育程度相对较低，不仅明显低于当年全国农村居民受教育程度，也低于当年青海省农牧区居民的平均受教育水平。当然，他们虽然没有接受多少正规的学校教育，但不少人接受过当地寺庙和家庭的教育，能够用藏文记录一些日常事务，例如记账。按照当地的说法，不能因为他们没有接受多少现代的正规学校教育，就说他们没有文化。另外，这些住户的学龄人口基本都在上学，因为按照当地政府的相关规定，家有学龄人口的住户必须让其子女上学，否则不能获得诸如草原奖补等政府补贴。

绝大多数样本户主从事畜牧业，所占比重高达 96.9%，其余 6 位户主中，2 人从事个体经营，1 人是教师，1 人是医生，还有 2 人从事其他职业。在他们当中，外出就业的人很少，仅有 3 人在本县境内外乡就业，其余 98.4% 的人都在本村就业。我们多次到治多县进行实地考察调研，所得观察与问卷调查结果基本一致。

2. 被访牧户的主要生产资料：承包草场

草场是治多县牧民最重要和最主要的生产资料。早在 1984 年，治多县便对草场进行了家庭承包责任制改革，一次性地把草场发包给牧户。当时治多县牧民总人数为 17072 人，县内草场面积总计 96559365.2 亩，牧民人均承包草场相当于 5656 亩，此后治多县一直没有对草场承包做过任何调整，[①] 但是大多数牧民并不知道自家承包的草场面积具体是多少亩。在访谈和问卷调查中，对于这个问题，他们回答的都是一定面积的草场是由几个人承包的，这在发给他们的草场证上有记录。按照 1984 年人均承包草场面积计算，现在牧民手持草场证上记录的每人承包草场面积应当还是 5656 亩左右。

不过，治多县各乡、村的草场面积和人口数量并不相同，人均草场面积也不一样。但是，治多县官方相关统计资料很不完整，我们无法通过查阅这样的资料来确认各乡、村历年人口数量和草场面积的变动情况，这里姑且用 1984 年全县人均草场面积代替目前该县各乡、村的人均草场面积。为简便起见，我们把牧户草场证上记录的 1 人承包草场面积称为 1 份承包草场，把 2 人承包草场面积称为 2 份承包草场，其余依此类推。从问卷调查来看，在 194 个被访牧户中，38 个牧户没有承包草场，其余牧户最少的只有 1 份承包草场，最多有 5 份承包草场（见表 8 - 3）。需要指出的是，牧户拥有承包草场的份数，并不等于其家庭人口数。

从实地考察和问卷调查数据看，有的牧户的家庭人口数大于其承包的草场份数，而有的牧户的家庭人口数小于其承包的草场份数，其中原因就在于治多县自 1984 年完成草场承包制改革后，便没有再进行任何调整，实际奉行了"增人不增地、减人不减地"的政策。至于 38 个没有承包草

---

① 玉树藏族自治州地方志编纂委员会编《玉树州志》，三秦出版社，2005，第 106、193、240 页。

场的牧户，全部都是索加乡移民村的移民户——他们因为其承包草场被禁牧而移民至县城，形成一个移民村。

表 8-3　治多县被访牧户承包草场数量分布

类　别	户数（户）	比重（%）	户均草场面积（亩）
无草场牧户	38	19.6	0
1 份草场牧户	37	19.1	5656
2 份草场牧户	105	54.1	11312
3 份草场牧户	12	6.2	16968
4 份草场牧户	1	0.5	22624
5 份草场牧户	1	0.5	28280
合　计	194	100.0	84840

调查结果还显示，治多县牧民的畜牧经营方式是以定居和围栏放牧为主，游牧只是极个别的情况。96.8%的牧户居住在砖瓦结构的住房里，其中绝大部分是政府实施游牧民定居工程建设的住房，另外还有极少数牧户住的是帐篷。有趣的是，该项工程在实施之初原定计划是要让相关牧户每户自筹 5000 元（每户住房实际造价 5 万元左右），大致相当于当时 2 头牦牛的市场价；自筹不成的，由政府担保从信用社贷款。工程建设完成之后，实际只有少数牧户还款，绝大多数长期不还贷，最后还是政府买单。在我们做实地调查的时候，那些还贷户还在抱怨吃了大亏。后来当地政府在执行类似工程项目的时候，汲取了教训，要求愿意加入工程项目的牧户先缴纳自筹部分资金，才为他们统一建房。但由此又出现一种新的现象，部分牧户获得政府支持建设的住房后便转手以市场价卖出，赚上一大笔。因为这些移民搬迁或定居工程都是以户为单位，所以一些大家庭户乘机分家，子女另立"新户头"，卖掉新的福利性、扶贫性的住房后，子女又会回到父母家居住。由此也表明，今后在实施精准扶贫、精准脱贫工程的过程中，建立脱贫户及时退出机制是十分必要的。

3. 被访牧户的主要生计：牲畜养殖

通过我们实地调研发现，从普及程度看，养殖牦牛的住户最多。在我们问卷调查涉及的牧户中，养殖牦牛的牧户所占比重达到 77.8%，最大

的牦牛养殖户养殖牦牛 200 头。还有约 17% 的牧户养殖了奶牛，养羊的
牧户不多，但他们的养殖规模比较大，有一个牧户养殖了 2000 只羊（见
表 8-4）。不过，需要注意的是，养羊的牧户其实并非真的只有 6 户，有
一些牧户委托他人代养羊只；有些牧户把自养之羊奉献给寺庙，但寺庙大
多数情况下并未把牧户奉献的羊只收走，而是继续放在奉献牧户家中，由
后者养殖。在这种情况下，一些牧户说不清这些羊究竟是谁的，以致在接
受访问时，一些这样的牧户会声称自家已经没有羊，而另一些牧户又会说
家里还有羊。在牛的养殖方面也存在类似情况。有趣的是，在饲养已经奉
献给寺庙的牛羊的过程中，牧户可以占有这些牛羊的孳生品，即牛奶、牛
毛、牛犊、羊奶、羊毛、羊羔等。因此，要弄清楚牧户的实际牧业生产情
况，殊非易事。

表 8-4　2012 年治多县被访牧户家庭牲畜养殖情况

类　别		平均值（头）	极小值（头）	极大值（头）	样本户数（户）
牲畜饲养量	羊	600	50	2000	6
	肉牛	25.5	21	30	2
	奶牛	72.7	1	400	29
	马	2	2	2	1
	牦牛	40.6	8	200	133
基础母畜数	羊	75	50	100	2
	奶牛	9.8	2	35	39
	牦牛	21.3	3	100	78
改良畜数	奶牛	1	10	10	10

　　不过，由于现在政府强力推行九年义务教育，学龄儿童大都集中到乡
政府所在地或者县城上学，这些学龄儿童以前是牧户的放羊主力，现在他
们无法继续在家放羊了，导致牧区养羊的牧户也越来越少了。另外，以前
牧民骑马放牧，家家户户养马，现在转变为骑着摩托车放牧，养马的牧户
也就越来越少了。不过，这两年牧区赛马活动越来越热闹隆重，赛马获奖
奖金大幅提高，一些牧民开始养殖专门用来赛马的马，养马牧户数量开始
有所增加。

　　无论如何，治多县牧区牧民家庭经济的发展，与外部经济社会发展变

化是密切相关的，这既在某种程度上改变着牧民的生产生活方式，也在某种程度上影响着贫困牧区的反贫困实践路径的选择和改变。

4. 被访牧户牧业生产的市场化

表8-5反映了被访样本牧户牧业产出的基本情况。我们感兴趣的，不仅仅是他们每年平均产出数量，更是他们如何在出售与自用之间分配他们的牧业产出情况。进一步分析表8-5的数据，可以得到两个基本结论。首先，不同牧业产出的市场化程度有所不同，但总的来说，牧业产出的出售总价普遍大于自用总价，因此，在一定程度上我们可以认为，治多县牧区生产总体上初步具有市场导向特征，只不过这样的特征仍然有待强化，因为从平均情况来看，被访样本牧户的户均畜产品自用总价在多数情况下只是比其户均出售总价略小一些而已。其次，样本牧户的牧业生产总量差距显著，无论是出售还是自用，从价值来看，极大值与极小值的差距，小的有几倍，大的甚至有几百倍。当然，由于不少样本户在问卷调查中报告的信息很不齐全，这里的比较也只是反映某种大致趋势而已，而不是样本户内部差距的精准反映。

表8-5　2012年治多县受访牧户家庭畜牧业产出：出售与自用比较

产出			平均值	极小值	极大值	样本户数(户)
羊	出售	数量(只)	8.2	4	10	10
		平均单价(元/只)	1210	1200	1300	10
		总价(元)	9890	4800	12000	10
	自用	数量(只)	20	—	—	1
		价值(元)	24200	—	—	1
牛	出售	数量(头)	4.77	1	30	35
		平均单价(元/头)	4181.18	2500	5000	34
		总价(元)	17066.47	4000	45000	34
	自用	数量(头)	2.37	1	5	19
		价值(元)	9894.74	4000	40000	99
肉产品	出售	数量(斤)	168.4	1	280	5
		平均单价(元/斤)	25	25	25	3
		总价(元)	4210	25	7000	32
	自用	数量(斤)	145	1	400	21
		价值(元)	3636	25	10000	95

续表

产　出			平均值	极小值	极大值	样本户数(户)
乳产品	出售	总价(元)	1986.29	350	5000	35
	自用	价值(元)	1823.09	200	5000	55
皮毛	出售	总价(元)	726	300	1500	10
	自用	价值(元)	500	—	—	1

（二）治多县被访牧户家庭收入与生活消费支出

1. 被访样本牧户的收入与收入不平等

在所有有效被访样本中，有194个受访牧户报告了他们的畜牧业收入（见表8－5）。初步的统计分析表明，2012年，被访样本牧户户均获得牧业收入7420.36元，有46户没有畜牧业收入，其中包括32户索加乡移民区的所有受访牧户。排除46户畜牧业收入为0的牧户后，148个受访牧户的户均畜牧业收入为9726.69元，最少的为1000元，最多的为45000元。

从数字上看，受访牧民家庭的畜牧业收入还是很高的，这有两个方面的原因。第一，近几年来，无论是牦牛、草原上放牧的羊，还是各种畜产品（包括肉、乳、毛、皮等），其市场价格都越来越高。当然，被访牧户的牧业产出按市场价计算的总价值高，并不意味着他们能够获得的货币化收入水平也相应地高。实际上，被访牧户畜产品的相当一部分用于牧户自家消费。被访牧民家庭的传统生产和生活高度关联，他们的食物主要就是自己放牧的牛羊所产出的肉产品和乳品。如果扣除自用畜产品按市场价格计算的影子收入，则他们的货币收入水平要降低很多。对于那些少畜户来说，情况就更是如此。第二，表8－5畜牧业收入实际上是经过出售获得的收入和自用部分折算收入，没有减去畜牧业成本，因此只是毛收入而不是净收入。虽然治多县牧区基本上是草原畜牧业，绝大部分就是靠天养畜，牧民很少购买饲料（除非特殊气候时期，比如爆发雪灾之时），也很少搞舍饲圈养，但是无论放牧还是制造畜产品，都需要人力投入，还需要燃油（摩托车放牧）成本和下雪季节购买饲料的支出。扣除这些人力和物力成本之后，被访牧户的畜牧业净收入会比其毛收入低不少。

多数被访牧户还有一些非牧业收入，包括虫草收入、工资性收入、政府转移支付收入（包括各种救济、补贴收入）以及其他非牧业收入等。从问卷调查情况看，有131个被访样本牧户在2012年获得了虫草收入，户均获得虫草收入30843元，最多的户有10万元之多，最少的户也有1000元。还有172个被访样本牧户报告了其他收入的获得情况，户均获得其他收入约9526元，最多的有28800元，最少的也有2000元。此外，还有4个样本牧户获得固定工资收入，户均8550元；2户获得救济收入，其中1户获得2万元，1户获得4000元。值得指出的是，样本牧户报告的"其他收入"，主要也是来自政府的转移性支付。从2012年起，治多县已经落实国家提供的草原生态奖补政策。草原生态奖补的标准是每亩3.5元，各乡根据上级政府分配来的生态奖补金总额按各村草原面积分配到各村，各村再按牧户草场面积数平均分配到各个牧户。牧户承包草原面积多的，得到的生态奖补金就高。据我们的调查，治多县生态奖补金最高的村是索加乡君曲村，人均生态奖补金为4100元，该村一个五口之家2012年可获得生态奖补金2万余元；最少的是扎河乡治加村，人均生态奖补金1450元。

从被访牧户家庭收入构成看，收入来源比较单一，主要就是牧业生产收入和虫草收入。治多县缺少工业，商业因为县域人口少也非常有限，并且多半由外来人口经营，本地牧民既缺少技术技能，也缺乏资金，难以发展或参与非农产业。

治多县牧户收入差距也引人瞩目。从样本牧户的情况来看，个别牧户报告其在2012年没有收入，在其余样本牧户中，2012年家庭总收入最高为11万元，户均收入水平为3.86万元。从牧户家庭人均收入来看，被访牧户家庭人均收入最高的有3.95万元，全部被访牧户家庭人均收入的平均水平则为10974.6元，比当年全国农村居民人均纯收入7916.6元高出3058元。不过，如上所述，在我们的问卷调查中，被访牧户报告的收入并未扣除成本，因而还不是纯收入。另外，据统计，2012年青海省农村居民家庭人均纯收入为5364.4元，比较起来，治多县被访牧户的家庭人均纯收入在青海省农牧民中还算是比较高的了。

在治多县被访牧户中，家庭收入分布同样呈现出一定程度的不平等。

从毛收入的户际差异来看，初步的统计分析显示，基尼系数达到 0.3738，收入分配不良指数①为 2.27，泰尔指数 GE（0）为 0.2801，GE（1）为 0.2278，阿克金森指数为 0.24429。导致这种收入不平等的原因是多方面的，其中最重要的原因是各乡、村的资源占有状况不同。在我们的被访牧户中，家庭收入排名最高的前 10 位的牧户，都来自立新乡的叶青村、岗察村和加吉镇的改查村，这三个村是治多县最主要的虫草产区，每年在这里采集虫草的牧民，既有这些村的村民，也有大量来自本乡镇其他村以及本乡镇以外的其他乡的村民。按照当地的规矩，凡是非本村人到这些产出虫草的村采挖虫草，都要向承包有虫草草场的牧户缴纳一定数额的草皮费。草皮费的多寡取决于挖虫草的人与虫草产区行政村的关系，本乡非本村、本县非本乡、本州非本县、本省非本州以及外省份的人所交的草皮费是依次上涨的。只不过，在通常情况下，当地政府都会采取各种措施，限制外地（包括外县、外州市、外省份）的人进入草原采挖虫草。无论如何，在作为虫草产区的立新乡叶青村、岗察村和加吉镇改查村，牧户们不仅自己可以方便地采挖虫草，不需要支付草皮费，而且还可以从其他村来采挖虫草的牧户收取不菲的草皮费。而且，我们在访谈中发现，近年来，虫草的市场价格持续走高，这些虫草产出村的牧户中还有人做起了虫草、皮毛生意，有的甚至放高利贷，他们的收入当然就水涨船高了。另外，政府支付的一些补贴，例如草原生态奖补，是以牧户承包的草场面积为基础的。正如前文所述，治多县牧户承包的草场面积是有很大差距的（见表8-3），这样，不同牧户获得的草场生态奖补金额也会有比较大的差异。1984 年治多县的草场承包制改革是按人头平均分配草场承包面积的，三十多年中基本没有调整过，但牧户家庭人口数则在这三十多年中发生了不小的变化。这种制度安排一方面稳定了草场的承包，但另一方面对牧户收入不平等也做出了不小的"贡献"。

2. 被访牧户的生产和生活消费支出

总的来说，被访牧户的生产性支出较少。从问卷调查结果看，仅有 2

---

① 收入不良指数又叫欧希玛指数，指的是以最高收入的 20% 的人所占收入份额与最低收入的 20% 的人所占收入份额之比，能够在一定程度上反映一个社会的收入分配不平等状况。这一指数的最低值为 1，指数值越高，贫富差距越大，收入不平等状况越严重。

户报告有草场租用支出，其中 1 户支出 1000 元，1 户支出 1800 元。有 8
户报告家庭有其他生产性支出，最少的支出 200 元，最多的支出 1800 元，
平均支出 813 元。但实际上，有生产性支出的被访牧户可能并不只是这几
个，例如，许多牧户平时骑摩托车放牧，至少要消耗燃油；冬天下雪时，
他们需要支出饲料购买费，一个牧户平常年景要支付的饲料购买费多的达
几千元，当然，饲料购买费的多少既取决于他们养殖牲畜的数量，也取决
于下雪的大小；他们前往产虫草的村采挖虫草，需要支付草皮费。被访牧
户没有报告这些支出，可能不是因为他们没有这样的支出，相反，多半可
能是他们没有把这些支出视作生产性支出。

被访牧户的家庭生活消费支出水平总的来说还比较低（见表 8-6）。
按照 190 个被访牧户报告的生活消费支出，2012 年户均为 10345.5 元。
表 8-2 的数据显示，被访牧户户均人口为 3.64 人，这样，2012 年治多
县被访牧户的家庭人均生活消费支出仅为 2842.2 元。当年全国农村居民
家庭人均生活消费支出为 5908 元，是治多县被访牧户家庭人均生活消费
支出的 2.08 倍。不过，应当指出，治多县被访牧户的实际生活消费支出
可能比报告的生活消费支出高，因为不少牧户可能没有报告他们消费的自
产畜产品（包括肉产品、奶制品和皮毛制品等）按市场价格计算的金额。
从我们的实地观察和访谈情况看，这方面的消费折算出的金额不是小数
目。

表 8-6　治多县被访牧户家庭生活消费支出及其结构

支出项目	户均支出额（元）	比重（%）
食品支出	4271.6	41.3
服装支出	1349.0	13.0
教育支出	284.5	2.8
医药支出	1668.2	16.1
人情往来支出	153.7	1.5
交通出行支出	671.2	6.5
通信支出	497.5	4.8
生活用水用电支出	157.6	1.5
文化生活消费支出	11.3	0.1
其他生活消费支出	1280.9	12.4
合　计	10345.5	100.0

从表 8 – 6 所显示的治多县被访牧户生活消费支出的分布结构来看，他们的生活水平总体上也进入了小康阶段，家庭生活消费支出的恩格尔系数仅为 0.413。一般而言，家庭生活消费支出恩格尔系数在 0.4 ~ 0.5，意味着一种小康水平的生活。[①] 不过，这些被访牧户的实际恩格尔系数可能会更高一些，因为如上所述，在进行问卷调查时，一些被访牧户可能没有报告自产自销的肉产品和奶制品按市场价计算的金额。另外，由于不同牧户的家庭生活水平存在显著差异，如果我们先计算各个被访牧户的恩格尔系数，然后再计算其平均值，则被访牧户的家庭生活消费支出恩格尔系数的平均值为 0.48。

因此，总的来说，被访牧户的家庭生活消费模式还是生存型的，教育支出、交通通信支出、文化生活消费支出等属于发展型生活消费支出的项目，在整个家庭生活消费支出中所占比重较小，医药支出主要还是治病所需，以增强体质为目的的卫生和健康在被访牧户中还是比较陌生的事物。

治多县牧户的生活消费支出也呈现出一定程度的差距。在被访牧户中，家庭生活消费支出最高的牧户，2012 年总计支出 8.7 万元，而支出最少的仅有 1000 元。从各个支出项目来看，在 190 位报告了生活消费支出的被访牧户中，无教育支出的牧户有 162 位，无交通出行支出的牧户有 111 位，无通信支出的牧户有 57 位，而有文化生活消费支出的牧户更是只有 2 位。在各分项支出中，最高支出与最低支出之间，都是几十倍到几百倍之差，具体而言，家庭食品支出最高者是支出最低者的 50 倍，家庭服装支出最高者是最低者的 100 倍，家庭教育支出最高者是最低者的 55 倍，家庭交通出行支出最高者是最低者的 66.7 倍，家庭通信支出最高者是最低者的 60 倍，等等。如果用家庭生活消费支出的恩格尔系数来测量，我们发现，在 190 个被访牧户中，恩格尔系数在 60% 及以上的牧户所占比重达到 28.4%（见表 8 – 7），从消费角度来看，这些牧户属于贫困户；另外，还有 27.4% 的被访牧户的生活水平处于温饱阶段。这样，在治多

---

① 李培林、张翼：《阶级阶层的消费分层》，http：//www. sociology. cass. cn/shxs/xpxz/t20030916_ 1044. htm，最后访问日期：2017 年 3 月 15 日。

县的被访牧户中，贫困户和温饱户合计占到 55.8%。与此同时，我们也看到，还有 31.1% 的被访牧户的生活水平在富裕及以上。总之，治多县牧民的生活消费不平等还是比较突出的。

表 8 – 7 治多县被访牧户 2012 年家庭生活消费支出恩格尔系数分布

恩格尔系数	户数(户)	比重(%)	生活水平含义
0.29 及以下	34	17.9	最富裕
0.30 ~ 0.39	25	13.2	富裕
0.40 ~ 0.49	25	13.2	小康
0.50 ~ 0.59	52	27.4	温饱
0.60 及以上	54	28.4	贫困
合 计	190	100.0	—

家庭耐用消费品的拥有情况，也反映着牧户家庭的生活消费水平。在我们的问卷调查中，有 151 个被访牧户报告了其家庭拥有生活性耐用消费品原值的情况，其中包括电视、电脑、洗衣机、电冰箱、音响、摩托车等。从实地观察和访谈情况来看，电视和摩托车的普及率比较高，大多数牧户都有电视和摩托车，但洗衣机和电脑的普及率较低。一个重要原因当时是治多县供电不足并且不稳定，即使拥有电视的牧户，多半也是使用供电量极为有限的家用太阳能发电小设备供电。2015 年以后治多县供电状况有明显好转。音响设备一般是摩托车的标配，尤其是年轻人一般都会在他们的摩托车上装备音响。年轻人骑着摩托车在草原上呼啸而过，高分贝音响也随之响彻一路，这是治多县牧区常见的风景。从 151 个被访牧户报告的情况看，他们拥有的家庭耐用生活消费品原值总计达到户均 1.29 万元，最多的牧户有 5 万元。

治多县牧户的居住条件也在不断改善。从我们的实地观察和访谈情况看，被访牧户基本上都有砖瓦结构的住房。大多数牧户的住房是在政府实施的游牧民定居工程、生态移民工程等项目的帮助下建成的。家庭条件较好的牧户，同时还有自建住房。在我们的问卷调查中，有 111 个被访牧户对自家住房的价值进行了估计，除了个别牧户认为自家住房不值钱外，大多数牧户都给出了一个他们认为合适的估价。数据分析结果显示，就 87

个提供了住房估价的被访牧户来说，他们的住房平均估价为 4.25 万元，住房条件最好的牧户估计其住房价值 50 万元。另外，部分牧户家中还有帐篷，主要用于夏季草场放牧。当然，也还有几户没有住房，基本上是婚姻破裂后在父母家旁边支帐篷居住。

（三）治多县被访牧户家庭资产与负债

家庭资产状况对于家庭生产和收入有着重大的影响。对于治多县的牧户来说，草场也是重要的生产资料，但那是承包性质，在政府实行"增人不增地、减人不减地"的政策的影响下，牧户承包草场的增减变化取决于家庭人口数量的增减变化，不是牧户能够自行积累增加的。这里所说的牧户家庭资产，主要是指牧户建设和购置的棚圈、青贮、生产用车和生产机械等。在我们的问卷调查中，有 148 个被访牧户提供了家庭生产性固定资产的占有情况。从他们的估值情况看，户均拥有价值 3.98 万元的生产性固定资产。但家庭生产性固定资产的占有差距也非常大，有些牧户没有这样的资产，或者被访牧户认为即使有也不值钱了，而有些牧户估计自家拥有的生产性固定资产价值十几万元甚至数十万元，例如有 1 个牧户声称其家庭生产性固定资产总值达到 60 万元之巨。家庭生产性固定资产价值高的牧户，自然也是比较富裕的牧户。

治多县牧户负债的情况并不普遍。在问卷调查中，仅有 20 个牧户声称有家庭负债，户均负债约 15350 元，其中，负债最多的牧户有 6 万元的债务。负债的最主要原因是治病，有 7 户因为治病而借钱；其次是为了改善生产条件，这样的牧户有 4 个。这些家庭债务基本上是通过民间借贷形成的，而且多半是高利贷。例如，在 15 个提供借贷来源的牧户中，有 6 户是向亲戚朋友借钱，还有 9 户是向非正规信贷机构和放高利贷的人借贷，非正规信贷机构其实也是放高利贷的，一些牧户一时之间还不起高利贷，甚至连高利贷的利息都还不起，放贷方的应对办法就是到欠贷户牵牛赶羊，而且把牛羊的价钱压得很低。一些牧户就是因为借了高利贷而陷入贫困，且短时间难以从贫困的泥潭中摆脱出来。在实地访谈过程中，被访牧户普遍反映，他们很难从银行、信用社借到款项，一旦家人生病或者子女上学急等用钱，往往就只能去借高利贷了。

　　许多人可能会认为，政府应当采取措施让正规金融机构向有需要的牧户提供贷款，但我们访谈治多县有关部门的工作人员则表示，银行和信用社其实也有难处，当初政府实施游牧民定居工程时，要求牧户自筹5000元，牧户一时筹措不到，政府主动提供担保帮助牧户到信用社贷款，牧户贷到款项之后，往往长期不还，最后政府买单。这一经历让信用社和银行不敢轻易向牧户提供贷款。2012年我们课题组在治多县调查时发现这一情况后，筹集了6万元，在多彩乡拉日村建立一个社区发展基金，由村民大会选举产生一个管理委员会，负责向本村有需求的牧户提供低息贷款，并且向贫困户倾斜。该村党支部书记和村委会主任担任该基金的监事。该基金建立以后，一直运行良好。治多县政府借鉴这一经验，利用扶贫专项资金，在多个贫困村试点建立社区发展基金，给每个村提供了20万元（不用还），由行政村向本村有需要的牧户提供借贷服务，这种借贷有利息，有明确的还贷期限，并且牧户借贷时还需要有1~2个牧户担保（形成一种联户担保机制）。这些行动，应该能在一定程度上缓解治多县牧户的借贷困难。

二　治多县牧区贫困状况与影响因素分析

　　治多县牧区牧户中的贫困现象应该说还是比较普遍的。据治多县扶贫办的统计，2012年，在全县不到3万的总人口中，贫困人口有1.3万多人。他们陷入贫困的原因多种多样。为了深入了解治多县牧民贫困的主要成因，我们课题组近几年多次前往治多县进行实地调研。一方面，我们在治多县收集了大量相关文献资料；另一方面，在调研过程中，我们对玉树州州政府各相关部门、治多县政府各相关部门、多彩乡政府领导以及牧区牧民等进行座谈和访谈，收集了大量一手访谈资料。通过对这些文献资料和访谈资料进行多角度的抽丝剥茧式的全面深入分析，我们认为，治多县牧区的贫困，是该县自然条件、经济社会发展状况、历史和文化特征以及诸多其他现实问题共同作用的结果。在这一节里，我们尝试从这些方面对治多县牧区贫困及其主要成因进行系统考察。

(一) 特殊的地理和生态状况

治多县地处青藏高原腹地，地势高耸，平均海拔 4500 米以上，位于我国影响力最大的生态调节区和高寒生物自然物种资源库内，生态地位重要，同时生态环境极其脆弱、自然条件十分严酷，是全国牧业生产条件最恶劣的地区之一。县内年平均气温在 − 3℃ 以下，冷季长达 8 个月，暖季只有 4 个月，没有绝对无霜期，气候环境相当恶劣。这种特殊的恶劣的自然条件，导致该县畜牧业生产方式单一，又由于气候、人为因素，草场退化、沙化、碱化，水土流失严重，草地鼠虫害严重，草原载畜量下降，草畜矛盾突出。生态条件的这种恶化趋势给当地牧民生产生活造成的影响越来越大，贫困发生率也越来越高。可以说，生态环境脆弱是治多县牧区自然环境的基本特点，这种恶劣环境既不利于人类居住，又不利于贫困人口赖以解决温饱的牧业生产的发展。它既是牧区贫困发生的重要原因，也是牧区贫困脆弱性——贫困人口脱贫后又容易返贫的根源。[①]

治多县扶贫办官员 ZHF[②] 先生告诉我们：

> 据初步调查统计，全县草场退化面积估计在 670 万亩以上，占可利用草场面积的 41.18%，草场退化、沙化和鼠虫害灾害面积的不断扩大，使可利用草场面积不断地减少，草场载畜能力下降，使草畜矛盾更为严重，进而制约了畜牧业的扩大再生产。

> 草场退化导致了牛的产崽率下降：以前 10 头母牛最多可产崽七八头，现在 10 头母牛产崽连四五头都达不到。以前的存活率和现在的有天壤之别，以前牛的膘情也特别好，以前公牛能有 500 多斤，现在只有 300 斤。

多彩乡腊日五队牧民 QM 在访谈中也谈到，1984 年承包草场的时候，他家是 11 口人，200 多头牦牛，300 多只绵羊，100 多只山羊，十几匹

---

① 苏海红、杜青华：《中国藏区反贫困战略研究》，甘肃民族出版社，2008。
② 按照学术界的惯例，我们对所有引用到的治多县被访者，都以类似的代号表示。

马。当时，他们家的草场也不够，但那时他家劳动力足够，QM 身强力壮，还不是五保户，他们在夏季常常会去远一点的地方放牧。现在一家分成 4 户，一共 20 多口人，还是这块草地，4 户人加在一起，牦牛不足 200 头，没有羊也没有马了。即使只有 200 头牦牛了，现在这块草场也不够用，必须另外租用别人的草场。草场不够的原因是一年四季都在这块草场上放牧，草原也有所退化。另外，以前他的身体好，可以借用远一些地方的草场放牧。现在没办法去远一些的地方放牧了。他觉得，现在的草原比承包之前是退化了，而且退化还很严重。原因有三个；第一是黑毛虫害；第二是鼠害；第三是牧民一年四季都在自家承包的那块草场放牧，顶多再转包邻居的一小块草场，显然容易退化。

（二）自然灾害

治多县是一个自然灾害频发区。自然灾害不仅发生率高，而且危害严重。治多县主要自然灾害有雪灾、风灾、干旱、冻害等，其中以雪灾影响最为严重。根据治多县扶贫开发办公室干部的描述，以雪灾为主的自然灾害十分频繁，"十年一大灾、五年一中灾、三年一小灾、年年有灾害"几乎成为规律。1985 年、1996 年先后两次特大雪灾，共死亡牲畜 53.35 万头（只、匹），死亡率达 39.38%，牧民经济损失惨重，每次大灾后牧民元气大伤，一次雪灾损失相当于牧民几年甚至十多年的畜牧业收入。如1985 年雪灾，全县经济损失 1890 万元（以当年的经济总量核算），相当于治多县 2000～2009 年度全县自筹经济收入的总和，[①] 很多牧民成为少畜户和无畜户，生活马上陷入贫困。如 2008 年的雪灾，雪灾持续 1 个多月，积雪厚度大，全县 5 乡 1 镇 25524 人全部受灾，死亡牲畜 17000 多头（只），直接经济损失达 340 万元，当年返贫人口 265 户 928 人，返贫率为12%。[②] 雪灾已经造成"遭灾—恢复—再遭灾"的恶性循环。

玉树州扶贫局官员 CR 先生在接受我们访谈时总结道："玉树州的贫

[①] 郑海峰：《浅析制约治多县经济发展的非经济因素》，内部报告，2012。郑海峰先生是治多县扶贫开发办公室干部，对治多县牧区牧民的贫困问题有非常全面深刻的理解，也给我们提供了很多很有见地的认识和很有价值的资料，特此致谢。

[②] 治多县扶贫开发办公室：《治多县"十二五"扶贫开发规划》，2011。

困人口多，贫困面广，贫困程度深，是特别突出的问题。玉树州自然灾害频繁，是制约农牧业生产发展的重要因素。小灾年年有。因灾返贫的人口高达25%，贫困人口虽然每年减少一到两万人，但是一发生自然灾害，像地震或者雪灾，贫困人口就会增加，部分脱贫的人也会返贫。2010年玉树地震后返贫人口达到了50%。"

治多县多彩乡一位官员回忆了治多县从"富裕"县衰落的过程，他说："20世纪80年代，治多县有百万牲畜，是很富裕的。1985年雪灾，牲畜大规模死亡。渐渐地由于各种原因，牲畜就减少了。"多彩乡拉日五队老人DZ先生也这样认为："治多灾害频繁，尤其是雪灾。"

可以说，治多县的干部和牧民都对雪灾及其对该县牧业生产造成的巨大伤害有着深刻的记忆。如果没有这样的雪灾，治多县在很大程度上可能不会成为一个贫困县，而会是一个比较富裕的牧业县。但反过来这也表明，在治多县的自然生态条件下，该县高度依赖自然生态条件的农牧业生产具有突出的脆弱性，发展现有模式的牧业生产，可能并不是稳定可靠的产业扶贫路径。治多县牧区的反贫困事业，需要通过发展新型的、较少依赖当地自然生态条件的产业经济来开辟新的产业扶贫道路。

（三）疾病

在中国农村居民中，疾病发生率较高。1993年、1998年、2003年及2008年四次国家卫生服务调查数据显示，中国农村居民两周患病率分别为12.82%、13.71%、13.95%及17.7%，呈现不断上升的趋势。有学者对1998年、2003年及2008年的国家卫生服务调查数据所做分析显示，在全国农牧地区的广大贫困农牧民中，因病而贫的比重分别为23.1%、33.4%和37.8%，可见，在21世纪前十年，疾病确实日益成为农村人口陷入贫困的重要原因。[①]

同样，对于治多县的不少牧民来说，可能导致他们陷入贫困的，不仅是上述难以预测的自然风险，还有同样难以预测的疾病风险。由于卫生事

---

① 洪秋妹：《健康冲击对农户贫困影响的分析——兼论健康风险应对策略的效果》，经济管理出版社，2012。

业公共投入不足，医疗卫生服务价格飞速上涨，医疗保险体系不够健全，再加上牧区居民普遍收入偏低，不少牧民一旦罹患疾病，往往立即面临沉重的医疗负担和经济压力。我们的实地调研表明，疾病已经成为治多县部分牧民陷入贫困的重要因素。也许，在全国所有农村地区，疾病都是这样的一种不可预测的致贫因素，但是我们的实地调研表明，对治多县牧民来说，这一风险的影响显得尤为突出。据治多县扶贫办的报告，治多县海拔高，空气中含氧量仅为内地的50%，人类生存环境极其恶劣，被称为"生命禁区"。严酷的自然环境使治多县牧区成为地方病高发地区，地方病种类多，结核病、肝包虫、关节炎、代偿性心室肥大等循环和呼吸系统疾病都是治多县牧区的常见病，疾病死亡率和传染病发病率高，并呈逐年上升的趋势，目前牧区牧民平均寿命为55.8岁左右。[①] 而由于治多县牧区医疗卫生条件差，牧民收入有限，他们常常处于"小病忍、大病拖"的状态，直到受不了了，才进医院治疗。

疾病之所以成为治多县部分牧民致贫的重要因素，是因为对于遭遇疾病风险的牧民尤其是家庭经济条件相对脆弱的牧民来说，疾病尤其是大病的影响是连锁性的。疾病的发生增加了牧民家庭的医疗支出负担，尤其当大病产生的高额医疗费用超过家庭支付能力时，农牧民家庭就不得不降低其他生活消费支出，他们采取的第一个也是最自然的应对措施可能就是节衣缩食，降低家庭成员饮食支出，从而降低他们的营养水平，使得他们体质下降，在未来遭遇同样的健康和疾病风险。第二个可能的应对措施就是让子女辍学，这可能不只是为了减少教育支出，也是为了在家中有病人倒下后让子女回家成为辅助劳动力，照看病人，照看牲畜。而减少家庭人力资本投入尤其是子女的教育发展投资，就等于削弱了家庭未来应对贫困风险的潜力和能力。第三个应对办法是出售牲畜或者生产性固定资产，这当然是对这些牧户的家庭生产条件的削弱，从而影响其家庭人均收入的增长。还有一些牧户在走投无路时会去借高利贷来暂时渡过难关，而高利贷对于家庭经济状况本来就不太好的牧户来说，无疑是一个新的沉重负担。

---

① 治多县扶贫开发办公室：《治多县扶贫工作调研报告》，内部报告，2012。

在多彩乡拉日五队调研时，我们拜访了 CR 先生家。CR 先生家的人口按户口本计算有四人，包括 CR 先生本人，他妻子以及两个女儿；他弟弟单身，是五保户，但经常跟着 CR 先生家过日子；他的大儿子结过婚（但并未登记），现在离婚了，又回到 CR 先生家，在 CR 先生家砖瓦结构住房边上支起一顶帐篷暂住。① 可见，CR 先生的家庭负担不轻。CR 先生本人曾任村干部多年，为人精明强干，家里以前是村里的富裕户，但近年来他自己年龄已大，身体情况欠佳，再加上弟弟和两个女儿都生病，他家已经陷于贫困的边缘。我们到达 CR 先生家的时候，已经是上午 11 点左右，CR 先生的大女儿 MJ 正在挤牦牛奶。她告诉我们，以前，他们家一天要挤两次牛奶，早上 5 点左右挤一次，下午 5 点左右再挤一次。现在她们姐妹二人都生了病，她妹妹病得更严重，就先让她妹妹去西宁医院治病（由治多县民政局组织的医疗救助项目支持，医疗、住宿、交通都免费，CR 先生好不容易争取到一个名额，原本是指定给 MJ 的），她自己拖着病躯在家劳动。家里人手因此显得不够，每天只能挤一次奶。MJ 还说，她姐妹二人都生病，如要完全治好，可能需要花费几万元钱，但因为她家没有那么多钱，他们常常是觉得身体很痛了才去医院看病、吃药，病情减轻了，她们就又回家忍着。一直这么治治停停，非常痛苦。如此种种，导致 CR 先生家的经济条件和生活水平每况愈下。MJ 是这样评价他们家的情况的：

> 像我们家，喜欢搞牧业。但家里人身体不好，劳力不够，挖虫草挣不了多少钱。虽然搞牧业辛苦赚不了钱，但也只能搞牧业维持生活。在这里，家里经济条件差的，劳力不够的，想搞牧业也搞不好。
>
> 只要我没有病，别人能干什么，我也能干什么。但我从脚到头全

---

① CR 先生大儿子原本也有一栋住房，是游牧民定居工程帮助建成的，自己出了 5000 元的自筹款，领到房子以后，尚未入住就被其转手以几万元的售价卖掉了，现在也没有工作没有收入，成天骑着摩托车到处呼啸逛荡。CR 先生谈起大儿子的行事，只是摇头叹息，担心他的未来。CR 先生还有一个儿子，其在成家后独立生活，入住游牧民定居工程住房之后，开了一个小卖部，由其妻子经营，其本人则在外面当老师，两个小孩在上学，家庭经济条件看起来非常不错。从 CR 先生两个儿子的故事，我们也可以窥见治多县部分贫困的另一个面相。

身都是病。这几年，这里越来越多的女人生病，也搞不清楚是不是地方病。我今年（2013 年——笔者注）37 岁，从小就常生病，妹妹今年 31 岁，是近几年才开始生病的，她最开始是头痛，后来眼睛又不行了；眼睛好点后，后背、颈椎又开始痛了，具体是什么病，我也说不清楚。这个地方，女人得病比较普遍，好多人有风湿性关节炎、腰酸背痛等。

前些年，我们家的生活是上升的。那时候，我们家的人身体状况都比较好，每年外出挖虫草都能挣一万多元。最近几年，生活是在下降，主要是最近几年，家里好几个人身体状况越来越差，劳力明显不够，挖虫草收入减少，几个人治病还要花钱。比如去年，我们家外出挖虫草，只挣了 4000 元。

MJ 所说的情况，在治多县牧区，真的并不少见。疾病对于牧区的牧户来说，不仅意味着医疗费用支出负担的增加，也意味着家庭劳动力的削弱或减少，从而直接减少牧户原本可以挣得的收入，降低家庭人均收入水平和生活质量。幸亏 CR 先生从县里争取到一个医疗救助名额，否则他们家的情况可能会更加艰难。CR 先生说，争取到那个名额，实在是不容易。该项目出台时，CR 先生正好在县城，得知了消息。还有一些类似 CR 家情况的牧户，远离县城，无从得知消息，也就没法去争取这样的机会。可以想见，这种状况持续下去，贫困就会降临到 CR 先生家这样的牧户。如何在治多县这样的牧区更好地实施医疗救助项目，让更多真正需要帮助的类似牧户获得救助机会，无疑是减少贫困或防止脆弱牧户因为疾病而陷入贫困的一条必要和重要路径。

（四）人力资本不足

人力资本是指劳动者受到教育、培训、实践经验、迁移、卫生保健等方面的投资而获得的知识和技能的积累以及提高的身体素质，也被称为"非物力资本"。知识、技能和良好的身体状况可以为其所有者带来更多的工资等收益，因而形成一种特定的资本——人力资本。发达国家的经验表明，人力资本的积累和增加对经济增长和社会发展的贡献远比物质资本和劳动力数量的增加重要得多，而贫困落后地区发展的最大阻力之一就是低素质的劳动力以及由此形成的低劳动生产率。[1]

治多县不仅经济欠发达，社会发展也严重滞后，这就大大限制了该县人口素质的提高。治多县劳动力素质普遍较低，相对缺乏现代农牧业和其他产业发展所需要的文化意识和观念。据统计，在治多县牧区劳动力中，拥有小学及以下文化程度的人占90%以上。在这种情况下，治多县牧区普遍存在所谓"三低"（即劳动力的劳动技能偏低、文化素质偏低以及牧业发展中的科技成果转化率偏低）和"三缺少"（即缺少有技能、懂科学、会管理的人才）的现象。[2] 上述问卷调查数据分析也表明，被访牧户户主大多为中年人，其中绝大部分是文盲、半文盲，从事单一的畜牧业生产，基本没有外出从业者。同时，我们在实地调研中还发现，很多从牧区迁移到县城的"生态移民"或其他零散移民正值劳动年龄，但由于人力资本不足，就业能力低，往往处于找不到工作而陷于贫困的状态。

在治多县的牧民中，传统的小农意识还非常浓厚，他们的生产、生活方式都与现代社会生产、生活发展的要求有很大距离，这也制约了他们开阔视野和发展现代经济的能力。在虫草产区，由于近年来虫草价格暴涨，当地牧民每年获得的虫草收入（包括分得的虫草草皮费收入、自家采挖虫草得到的收入等）非常可观，但他们中的大部分人有着明显的"小富即安"观念，缺乏理财意识、风险意识和开拓创业的进取精神，在少部分人中甚至出现"暴富"后的不理性消费现象，不考虑生产积累和风险应对的需要，而是揣着钱进城住宾馆、下馆子，很快就把手中的钱花销得一干二净。当然也有一些牧民在通过虫草采挖和收取草皮费获得一笔不菲的资金后，开始从事收购虫草、皮毛转销的生意，甚至个别人开始放高利贷。这些人都是当地的富裕户，尽管当地牧民对他们的一些不规范的市场行为不无指责和怨言。

青海省玉树州发改局的B先生认为，牧区贫困的第二大原因就是农牧民接受教育的程度低，第三大原因是没有放牧之外的其他一技之长：

---

① 苏海红、杜青华：《中国藏区反贫困战略研究》，甘肃民族出版社，2008。
② 郑海峰：《浅析制约治多县经济发展的非经济因素》，内部报告，2012。

文化素质和脱贫意识是密切相关的，很多人初中以后就不接受教育，牧民汉语会话能力差，这些都阻碍着经济的发展。……农牧民除了放牧没有别的一技之长，假若不放牧，只能打打零工，季节性地挖虫草，以及拿国家的补助，没有其他的经济来源……

玉树地区贫困面广贫困程度深，扶贫工作很重要。和海东地区、环青海湖地区相比，那里的牧民除了放牧还有其他的一技之长，而玉树的牧民很难有这种一技之长。因而发展很缓慢，致富很困难。

（五）新形势下的因学致贫

因学致贫是 20 世纪 90 年代中国农村出现的一种新的贫困现象。针对这种情况，为了解决西部民族地区农村因学致贫问题，国家出台政策，对民族地区农村九年义务教育阶段的中小学学生实行学杂费全免，还给这部分学生提供免费营养午餐和一定的生活补助。对寄宿制学校的中小学学生还免除其寄宿费和生活费。如果没有其他变故，这些政策措施原本会大大减轻民族地区中小学学生家庭的经济负担。

但是，从 2001 年起，全国各地开始调整农村中小学布局，简称"撤点并校"。[①] 治多县同样也撤销了该县农村原有的大部分中小学，把学生集中到县城或部分乡镇学校就读。乡镇学校一般距离学生家庭较近，很少有集中到这些学校的中小学生住校，而是由家长早晚接送；县城中小学校距离学生家庭较远，大多数被集中到这些学校的牧区中小学生一般在学校寄宿。按照国家有关政策，这些寄宿中小学生的住宿费和生活费也在免除之列，但大部分中小学生的父母因为各种原因而不得不陪同孩子到县城读书。为此，这些牧户或者以参加"生态移民"工程的名义全家搬迁到县城移民区生活；或者将自家的牲畜处理掉，然后自行搬迁到县城。总的来说，"撤点并校"对治多县牧户迁移到县城的影响是相当大的。该县多彩

---

① "撤点并校"，指的是自 20 世纪 90 年代末已经存在、2001 年正式开始的一场对全国农村中小学重新布局的"教育改革"，具体来说，就是大量撤销农村原有的中小学，使学生集中到部分城镇学校。从 1997 年到 2010 年的 14 年间，全国减少小学 371470 所，其中农村小学减少 302099 所，占全国小学总减少量的 81.3%。

乡拉日五队队长这样评价拉日村牧户搬迁到县城的情况：

> 拉日村70%牧民都搬走了，30%还在牧区。搬走的里面20%～30%已经卖完牲畜的。大部分都是全家一起迁至县城，每小队都有100多户搬到了县城，主要是为了孩子上学。如果政府没有规定孩子上学必须去县城，大部分家长不会自愿搬去县城。[①]

由于治多县城没有工业，有限的商业也几乎为外来人口所占领，那些陪同子女上学而搬迁到县城的牧民，虽然还算得上是年富力强，但在县城几乎找不到工作，他们的收入除了政府提供的各种补偿（如生态奖补）和每年6月份采挖虫草的收入外，几乎没有别的收入，而他们的生活消费支出，则比在牧区时高得多。由此，他们中的一些人已经或者开始陷入贫困。[②] 我们把这种贫困称为"新形势下的因学致贫"。从我们的实地调研和观察看，随子女上学而搬迁到治多县城的数百个牧户，除了来自虫草产区的以外，目前绝大多数处于贫困状态或贫困边缘。那些把原来养殖的牲畜处理掉的牧户丧失了基本的生计产业，重新就业艰难；那些在牧区已经享受"游牧民定居工程"建设的住房的牧户要在县城买房或租房居住，经济压力巨大。在访谈他们的时候，他们甚至也不知道自家的未来在哪里。一些年轻的父母自我宽慰说，只要孩子能读书就好，至于未来的事，他们还没有去想。

来自多彩乡拉日村的 SQ 女士就是这样想的。SQ 女士 2013 年时 37

---

① 当然，这位队长的说法并不完全合乎事实。治多县政府其实还是提供了其他选择，牧户既可以让他们的子女到县城就读，也可以到附近乡镇学校就读。只是大多数牧户认为，到县城就读会更好，所以就选择搬迁到县城。

② 当然，"撤点并校"改革的积极意义还是主要的。一方面，这一改革无疑有助于改进治多县牧区的教育水平、教育质量，而且也能有效地减少牧区学龄人口的辍学率（他们不再因为要回家放牧牲畜而离开学校）。另一方面，这一改革还"意外"地推进了治多县"移民搬迁"工程的实施和城镇化进程。此前，牧区牧户参加移民搬迁工程的积极性不高，实施"撤点并校"改革后，有子女进县城就读的牧户不得不主动搬入县城，少数尚未获得"游牧民定居工程"帮助建设的住房的牧户还把自家的住房建设地址选在县城。尽管如此，因为生活成本提高、收入来源减少而造成的"新形势下的贫困"仍然值得高度关注。有人把这称为"改革的成本"，一代人付出代价，造福后代。但愿这种代价不是无限期的痛苦。

岁，丈夫 38 岁。SQ 女士有个儿子，2013 年时 15 岁，在读六年级。他们一家搬到治多县城已经六年了。当初就是为了孩子上学才搬迁到县城，现在，他们家在牧区已经没有牲畜，家庭收入主要靠虫草。刚搬迁到县城时，他们家租房子住，后来在县城买了个小房子，光是地皮费就花了 3 万多元，为了买这块地皮，SQ 女士家卖掉了 7 头牦牛，每头牛卖得 1000 多元。SQ 女士准备把分到的定居房建在这块地皮上。2013 年 SQ 女士的母亲生病，SQ 女士要照顾母亲，没有去挖虫草，她的丈夫和儿子去挖虫草，挖到 200 多根，能有一万多元的收入。SQ 女士的哥哥也因为同样的原因搬迁到了县城。尽管家计艰难，但无论是 SQ 女士，还是她的哥哥 ZW 先生，都没有想过委托对方在县城帮忙带小孩上学，自己回牧区放牧以获取更多的收入。他们都想自己亲自带小孩，觉得孩子们年纪小，不放心把他们丢在县城。至于以后怎么办，SQ 女士说，自己想不了那么远。SQ 女士的哥哥 ZW 先生在接受我们访谈时也说，他们家搬迁到县城之前，在牧区有 20 多头牛，为了来县城，家里卖了十几头牛。搬迁到县城之后的 3 年时间里，都是租房居住，直到 2013 年才分到定居房。他家搬到县城以后，主要就靠当初卖牛的收入维持生活，同时也采挖虫草贴补家用，2012 年采挖虫草的收入有 5000 多元，2013 年的情况也差不多。总的来说，多数因为子女上学而搬迁到县城的牧户，都像 ZW 先生兄妹一样处在一种没有稳定工作和稳定收入来源的状态，对未来显得迷茫。

陪同我们访谈、兼任翻译和司机的治多县某专业合作社主任 QMRD 先生是一位大专毕业生，毕业后在一个由德国人在青海注册的国际非政府组织工作，因其父亲的强烈要求，QMRD 先生回治多县参加玉树州公务员考试和事业单位招考。由于没有考上，于是创办了这家畜牧专业合作社，他对当地牧户的贫困以及搬入县城的牧户的状况都非常熟悉。按照他的说法，这些牧户在没有生计来源时，首先考虑的是到县民政局去"坐"，民政局没办法，就会送给他们一袋面粉。这些牧户的想法就是，政府总不会"饿"着他们。由于诸如此类的原因，这些牧户要想摆脱贫困并非易事。

QMRD 先生的亲戚 BY 先生是一位来自多彩乡拉日村的自营客运从业者，每天开车往返于治多县城和玉树市结古街道，中学毕业，见多识广，对治多县牧户搬迁县城以及搬迁之后的情况很了解，而且也很有自己的看

法。我们课题组包租了他的车，在把我们从玉树州接到治多县之后，BY
先生多次开车送我们前往调研地点，陪同我们开展实地调研，兼任翻译。
在陪访的过程中，他也经常把他了解的情况告诉我们。后来我们还专门对
他做了一个深度访谈。从他的叙说中，我们也不难看到"撤点并校"对
牧户的种种深刻影响：

> 现在，多彩乡拉日村很多人都搬家到县城了，很多都是为了孩子
> 上学。可能60%~70%都是因为孩子上学的原因搬家的。孩子一到
> 上学年龄，如果不去上学就会被罚款，父母只好跟着孩子去县城或者
> 乡里陪孩子上学。……家里的牛羊就得卖了，孩子上了9年学，毕业
> 以后如果找不到工作，回去也没有牛羊，只能饿死。
>
> 生态移民都有房子，这种自己搬的，只有自己买房。搬迁的那时
> 候卖牛羊有一笔钱，十几万元是有的，买房买车，还剩个两三万元。
> 这些人到县城后，开始的时候生活很潇洒。他们到县城后，除了各种
> 补贴和挖虫草大概五六千元，一年到头没什么其他收入。三年以后就
> 得卖车，换摩托车，再过三四年卖车的钱也用完了，也就只能卖房了。
>
> 现在，上学出来后也不一定有工作，本科毕业的都找不到工作的
> 很多。
>
> 对牧民而言，上学的困难很大。义务教育9年完了如果读到大学
> 能解决工作还是很好的，如果不能解决工作，就是白读了。现在，在
> 牧区的人一年比一年少得多了，牛羊也少得多，草原好了很多。但老
> 百姓的生活却比以前差多了。在牧区的时候，牧民想吃就吃，想喝就
> 喝，吃肉、喝奶是没有问题的。现在移民新村的人都得省吃俭用了。
> 这些搬到县城的人，刚开始的时候舒服得很……现在每天去民政局要
> 补助要粮食的人很多……以前小孩不上学还能放牛羊，现在上了学牛
> 羊也不会放了，生活水平每年都在下降。治多县尤其是扎多乡、多彩
> 乡、索加乡最困难。立新乡有虫草，收入多，人家可以收草皮费，也
> 可以挖虫草。挖虫草的那一个月一个人最多能有五万元，一个家里就
> 有十几万元的收入。立新乡的人就算不用放牧一年靠虫草也有很多的
> 收入，最少一家也有两三万四五万的收入。立新的人搬到县城还是很

合适的。而扎多、多彩、索加的人搬到县城只能饿死。

在治多县的实地调研过程中，我们先后分别与县扶贫办官员、县教育局官员和多彩乡拉日村村民代表一起座谈。参加座谈的官员和村民，在讨论到随子女上学而搬迁到县城的牧户的贫困问题时，几乎都认为，随子女就学而搬迁，是这部分牧户陷入贫困或贫困边缘的主要原因。正是搬迁到县城后面临的昂贵房屋租金和高昂生活消费支出，使得他们陷入贫困，或者曾经脱贫后又重返贫困。他们认为，这些移民在吃完老本后，因为没有了草场和牲畜，又没有一技之长，在县城找不到工作，所以很快就会陷于持续贫困之中。

来自治多县教育局的官员 M 女士是这样描述治多县的"新形势下的因学致贫"的：

> 2009 年下半年有四个村小学没有生源，墨曲村小、牙曲村小、当江荣村小和同卡村小都被迫撤校了。然后动员牧民，根据家长意愿，选择去县里小学或者去乡里其他学校上学，乡上的中心小学还保留着，但家长更多地选择去县里上学。县城里有三个小学，吉嘎小学是寄宿制，还有完小和希望小学，没有重点和非重点之分。
>
> 对学生的补贴方式是，小学生的生活补助是一年 1500 元，初中生是一年 1700 元，这不包括营养午餐的补助。只有乡镇学校和吉嘎小学的学生享受营养午餐补助，标准是每人一天 3 元钱，县上其他小学不享受这种补助。
>
> 对于寄宿制学校，因为免除了寄宿学生的寄宿费和生活费，也就不再发生活补助。对于不寄宿的学生，会发给他们生活补助。2012 年初中生共有 1029 人，只有十几个人住校，他们上学基本上不用花钱，不住校的会发 1700 元的生活补助，因此对家长来说，学生上学的直接负担就基本没有了。
>
> 这些牧民家庭负担重，就是因为孩子来县城上学，整个家庭来到县城生活、陪读，生活费用提高了，家庭负担重了。这种现象很普遍……

治多县扶贫办的官员 ZHF 先生对治多县的贫困问题进行了多年调研，他发现：

> 治多县牧民随着"两基"攻坚的实施、生态移民搬迁等居住在县城的牧户不断增加，据不完全统计，目前县城居民户中近十年中搬迁牧户约占全县居民户的 70% 以上，大多数群众依靠生态移民搬迁的补贴费用生活，部分群众为了子女入学，跟随子女迁移，基本上依靠给亲友代放的牲畜维持生活，牧民群众由于文化素质低下，没有技术和资金，又没有经商观念，致使生活越来越窘迫，长此以往只能依靠政府救济生活，无疑又给扶贫工作带来了一定的压力。

（六）贫困文化问题

由于习俗、文化等方面的固有约束以及地理上的相对偏远封闭，贫困地区往往在其历史发展过程中逐渐形成相对独立的经济圈、社会圈和生活圈，在某种程度上，这种独特而相对封闭的经济圈、社会圈和生活圈会生成一种独特的与贫困状况紧密相关的文化。一些贫困问题理论将这种文化称作贫困文化（参见本书第二章）。在中国农村贫困地区，也可以在一定程度上发现这种贫困文化的存在，民族地区农村也不例外。民族地区贫困农村、牧区的一些历史地形成的传统经济社会生活方式和行为规范、惯例，在某种程度上难以有效应对贫困，甚至融合长期存在的贫困生活状况而具有所谓贫困文化的一些特征，或者安于物质生活贫困的现状，或者囿于传统经济社会生活方式而不能积极寻找摆脱贫困的路径、方式，这种状况从深层次影响着民族地区农村经济社会发展和人民生活水平提高。[①]

在历史上，治多县牧区经济模式基本上是单一的游牧经济，广大牧民家庭经济状况的改善和物质文化生活水平的提高，在很大程度上依靠着自家的牲畜养殖规模的扩大。青海经济信息网刊出的研究报告《大力发展县域经济与统筹城乡经济社会发展问题研究》认为：

---

① 向玲凛、邓翔：《西部少数民族地区反贫困动态评估》，《贵州民族研究》2013 年第 1 期。

历史上青海的生产力水平极其低下，这种低水平在人的生产和牲畜的生产上表现为高出生率高死亡率以及人口及牲畜的低速增长，甚至停滞发展。产出率较低的广阔草地基本能承载当时的牲畜规模。人—牲畜—草场在社会发育程度不高、生产力水平极低的旧青海能保持相对的平衡，这种相对的平衡又使得草原生态环境保持了相对的稳定和平衡。

青海牧民固有的传统意识极大地阻碍了牲畜的出栏率和商品率，致使草场过载。首先是在自给自足自然经济规律长期作用下，草原畜牧业的生产者商品经济观念淡薄，轻商、鄙商观念浓厚，不重视商品的价值形态，而把牲畜、畜产品等这些商品的使用价值形态作为财富或富有的象征。在广大牧区普遍存在牧民不以货币这个一般等价物作为衡量财富的尺度，而以拥有牲畜头数的多少、男女主人尤其是女主人身上的穿戴来衡量贫富差别。这极大地影响了牧区经济的发展和草原畜牧业的生产周期，并失去了与其他行业和地区之间的经济联系。其次是"惜杀""惜卖"的观念浓厚。在青海的部分农牧区很少有自己动手屠宰牲畜的情况，为避免自身对生命的涂炭，几乎所有的牧户都是请专业的屠夫来自己家中进行屠宰。再次，养"放生畜"的习惯有所恢复。这些传统的观念和习俗的又一个直接后果就是极大地阻碍牲畜的正常出栏，特别是急性出栏的老畜和病畜。出栏率水平的低下不仅是青海草原畜牧业生产水平低下的重要原因，同时也是造成草原超载和草场退化、沙化的又一个不可忽视的重要原因。[①]

治多县的情况也大体相似。我们从治多县收集到的相关文献以及我们的实地调研都表明，治多县牧民几乎是全民信奉藏传佛教，宗教观念塑造了治多县牧民的世界观、人生观、价值观，很多人把宗教生活与世俗生活融为一体，并且使世俗生活服从于宗教生活，重来世轻现世，安于贫困，通过努力发展家庭经济来改变生活现状的愿望不那么强烈。在这种情况

[①] 华中农业大学课题组：《大力发展县域经济与统筹城乡经济社会发展问题研究》，http://www.qhei.gov.cn/ghyfz/ghwx/fzzlx/201210/t20121010 231913. shtml，最后访问日期：2017年3月18日。

下，治多县牧民的宗教生活方式和相关观念不可避免地对他们的畜牧业生产和家庭经济的发展产生了某种程度的不利影响。

第一，出家人不结婚生育，而且不从事家庭生产，一般由其家庭供养，这既加重了这些出家人家庭的负担，也会减少其家庭的劳动力。在实地调研中我们发现，在治多县的牧区，很多笨重的牧业劳动，都要由家中的妇女、老人承担，一定程度上限制了这些牧户的家庭劳动生产发展，从而影响着他们的家庭收入水平的提高。近年来，为了改变这种状况，减轻牧户的家庭负担，当地政府向登记注册的出家人发放最低生活保障金。只是登记注册名额有一定限制，实际上仍有不少未登记注册的出家人生活在寺庙中，接受其家庭的供养。

第二，在治多县牧区，牧户在发生家庭成员生老病死等人生重大事件之时，都要延请僧侣做法事，称为"六度"。在举办"六度"法事时，牧户往往要付出大量钱财往寺庙布施，牧户家庭的财富资金却不免因此而大幅缩水，这不仅影响这些牧户的家庭生活条件和生活水平，而且也削弱了他们的家庭经济发展潜力。值得注意的是，这些牧户并不认为这是什么问题，至少他们中的大多数人认为这样做是理所应当的，他们心甘情愿。

第三，藏传佛教奉行重义轻利的价值观，人与人之间讲情义，讲互助，反对唯利是图。这些教义有助于净化社会风气、提高人们道德修养，但同时也在牧民中造就了商品经济观念淡薄、不重视商业的文化心态。我们的调查显示，2013 年，在治多县经商的 282 家个体工商户中，具有当地户籍的个体工商户只有一家，大多数个体工商户经营者来自甘肃、四川，还有部分来自青海省的循化县，他们的民族身份主要是汉族、回族和撒拉族。其中从事商业零售的基本上是甘肃回族人（也有少量汉族人），在建筑工地上务工的通常是四川人，从事畜产品经营的基本上是来自甘肃的回族人和来自青海循化县的撒拉族人，经营旅馆、饭店的则主要是来自四川的汉族人。而在当地的牧民中，愿意专业从事工商业经营的人却比较少见，当然，也有一些人在家中生产出了一些除自家消费外还有剩余的畜产品时会临时上街摆摊——这其实还是传统自给自足自然经济的一种附属行为。虫草产区的一些牧户会做一些虫草收购贩卖的生意，但这仍然是季节性的生意。另外，在轻商鄙商观念的影响下，治多县牧区的牧民不重视家庭生产的牲畜和畜产品的商品性价值形态，而是把它们的使用价值形态作为家庭财富的象征，家庭养殖的牲畜越多就越富有，越值得夸耀。除此之外，衡量牧户家庭富有程度的另一个重要指标，就是家庭男女主人尤其是女主人穿戴的各种饰品，用绿松石制作的饰品是治多县牧区妇女的最爱，她们身上戴的绿松石饰品越多，她们的家庭就会被认为越富有。这种财富观极大地影响了治多县牧区经济的发展，影响了治多县牧区畜牧业经济应有的生产周期的顺利实现，并由此而失去了与其他行业和地区之间的经济联系。在实地调研过程中，我们看到，一些牧户除非有生活方面的急用需求，例如送子女上学、为家人治病、搬迁进城，否则就不会轻易出售自家养殖的牛羊。

上文提到的 QMRD 先生这样描述他自己和他周围的牧民信教的情况及其影响：

> 可以这么说，藏人从出生后，就信藏传佛教，藏人是全民信教。
>
> 家里有人去当和尚，家里人都会感到荣耀。如果家里有好几个人去当和尚，那这个家是很受人尊敬的。当和尚虽然还需要家里供养，但牧民与和尚的生活要求不高，能吃饱就行了。和尚被请到别人家做法事的时候，做法事的人家也会送礼物或钱给和尚的。寺院本身有一些产业，以寺养寺，也会给和尚发一些钱。我家里只有我一个男孩（其实他有一个弟弟，但是是他父母抱养的，所以在 QMRD 先生眼里，他家只有他一个男孩——笔者注），如果我去做和尚，我爸爸妈妈也会很高兴的，因为藏族没有传宗接代的说法。藏人觉得，过完他们这一代就完了，这更好，这世上就不会有做恶事、做坏事的人了。当和尚为什么不能结婚呢，不结婚就不生子，也就不会有人做坏事了。我小时候曾经也想去当和尚。现在，看到有些寺庙的和尚和以前不一样，没有以前守规矩了。

DZ 先生原来也是牧区的牧民家庭出身，受过大专教育，与 QMRD 先生是同学。后来通过生态移民工程搬迁到治多县城。与 QMRD 先生一样，DZ 先生也曾在几个 NGO 组织工作过，是见过世面、能力强的年轻人，是治多县牧民中的知识精英。我们访谈到他时，他是 QMRD 创办的畜牧专业合作社的成员，并且担任副主任。作为一个佛教信徒，他描述了他家的情况以及他对信佛的思考：

> 在我的印象里，家里最多的时候有 140 多头牦牛，一匹马。家里的这匹马在赛马的时候跑得特别厉害，远近闻名（搬迁到县城以后，他家里的牦牛就少了一些——笔者注）。虽然有 140 多头牛，但是那时候的人都很忌讳杀生，杀一头牛、羊晚上要念很久的经。每次宰牛羊时心里都很难过，都得念很久的经。迫不得已的情况下才卖牛羊。家里生活、子女上学的花销通过卖酥油、奶酪、牛羊毛得来，不够的话就从亲戚朋友那里借。从小到大就没怎么卖过牛羊……
>
> 大姐结婚的时候大姐夫并没有残疾，传说他在老家龙宝滩的时候打伤了一只鸟，鸟的血流到了湖里，说是触犯了水里的神灵，大姐夫皮肤上就开始长疙瘩，久治不愈，打了很多有激素的针导致了关节问题。活佛算了说不能做手术，于是家里也就不敢做了。现在身体也没别的毛病，就是要拿拐杖走路……
>
> 有部分学者认为很多人把时间和金钱用在宗教信仰上，如果用在学习和投资上，不就能发展了吗？因而这种影响经济发展的文化是落后的。关于这种说法，我认为，假如自己是在宗教精神领域成就较高的人，即使放牧这种贫苦的生活方式，也不是贫困的。对于贫困的概念，人们的想法是不一样的。像我自己这种，和普通人一样，自己只是普通的信众，不知道佛，不知道经文在说什么，不理解自己的信仰，如果这样，你再问我这种生活是不是贫困的，那我会认为自己是贫困的。牧民在精神上可以达到活佛那样的境界，精神上是富裕的，得到了满足的，便不觉得自己的物质生活是贫困的……
>
> 藏族人很少规划 20 年以后要做什么，有可能明天人就不在了。所以藏族人关于未来很少有寄托和期望，因而很少在经济上去计划五年以后要挣到多少钱。每年有什么每年都要花完，明年有没有无所谓。藏族人觉得死是很平常的事情，很少有对死亡的恐惧，人不可能不死，也许明天就死了。

多彩乡拉日村的牧户 AJY 大妈家，原本生活就不富裕，后来因为她老伴生病、去世，家里不仅请喇嘛来家诵经、超度外，还给寺庙供奉了20 来头牦牛（自家只剩下几头牛），这些牦牛按现在的市场价格计算每头价值万元以上（当时只有几千元），它们的所有权现在属于寺庙，但仍然由她家牧养，尽管按照传统她家可以获得这些牦牛的畜产品，主要是牛毛、牛奶和牛犊，但只能满足基本的家庭物质生活需要，没有多少现金收入来应付各种生产生活风险，整个的家庭生活处于贫困的边缘。AJY 大妈有 4 个儿子一个女儿，其中三个儿子都已经成家独立，小儿子和女儿与AJY 大妈生活在一起，都是普通牧民。AJY 大妈向我们诉说了她家的生活境况：

现在，除了牛粪和水，你只要动一下身子就要花钱。我家去年的主要支出是，买粮食（面、米、糌粑）和副食大约 2000～3000 元，买衣服没花太多钱，不记得具体金额了。因为老伴去年（即 2012 年——笔者注）生病、过世，花费了不少钱，具体多少也不记得了，包括请贡萨寺的喇嘛来超度 49 天，供奉到寺院一些牛，具体多少不记得了（我们后来访谈她的一个儿子时，才弄清楚是 20 多头——笔者注）。反正去年我家欠了 1 万多元外债。这 1 万多元外债都是找亲戚朋友借的，不要利息。

我家比较穷，平时一般不向寺院供奉牛、钱，只有家里有病人了，或有人过世了，才会请寺院的人来诵经、超度，也只有这时我家才会向寺院供奉牛。正因为家里比较困难，去年供奉给寺院的牛，现在仍然寄养在我家，这些牛所产的牛毛、牛犊、牛奶等都归我家。

前述 DZ 先生关于宗教生活与家庭经济生活的关系的看法，其实也不一定是治多县所有牧民的共识。在多彩乡拉日村进行实地调研时，我们访谈了村党支部书记。支书 2013 年时 52 岁，家里有 6 口人，包括支书夫妇以及三男一女四个孩子。女儿已经结婚，准备搬迁到治多县城居住生活。家里承包 6 人份草场，养有 200 多头牦牛、400 多只羊，还有 4

匹用于放牧的马。他家养殖的牦牛，每年自家食用 5~6 头；出售 7~8 头，出售牦牛的收入在 2013 年及以前大概是 5 万~6 万元（2013 年以后牦牛价格一度猛涨，现在 1 头牦牛的市场价就在 1 万元以上），另外，每年还有 1 万多元的牛毛出售收入。当然，作为村支书，他每年还能得到近 1 万元的职务补贴。值得一提的是，支书家每年自用和出售的牦牛数量，相当于家庭养殖牦牛的年度自然新增数，可见支书本人确实是一个有一定经营头脑的人，已经在一定程度上走出了传统观念的影响。支书家有自建土房 3 间，还有一套 60 平方米的游牧民定居房，2008 年购买了一辆价值四五万元的皮卡和一辆草原人常用的摩托车，电视、冰箱等耐用家电齐全，供电主要靠太阳能电池，除了政府提供的一套（治多县政府给每一个牧户都提供了一套，属于外部援助）外，支书家还自己花钱购置了四套，总价值 5000 多元。综合来说，支书家算得上是拉日村的"首富"了。

在拉日村，家庭经济条件较好的牧户，都有着明显的不断扩大家庭生产和经济规模的意愿和行动。在拉日村四队，大约有 10 个经济条件比较好的牧户，他们靠的就是扩大家庭畜牧业生产规模，为此，他们都转租了其他牧户的草场，每年每户支付的草场租金就有 2000~3000 元。其中最富一个牧户，自家有 3 人份的承包草场，后来又从其他牧户转租到 4 人份的草场，靠着承包和转包到的这些草场，该牧户在我们做实地调研时光养殖牦牛就有 200 多头。

拉日村四队的 ZG 队长家又是另一番气象。ZG 先生 2013 年时 47 岁，不仅担任四队队长，还兼任拉日村村民委员会副主任。他生有一女，已婚，女婿也是拉日村的人。ZG 先生本人带着妻子和外孙女搬到县城游牧民定居点居住，女儿女婿继续在村里从事牧业生产，ZG 先生自家有 90 多头牦牛，寄养在女婿家，但 ZG 先生和他的妻子在每年的牧业繁忙季节有两个月住到牧区放牧自家牛羊。ZG 先生家每年的经济收入来源有多个渠道：每年出售牦牛 2 头左右，收入上万元；出售曲拉、酥油，收入 5000~6000 元；采挖虫草，收入 2 万~3 万元；在牧区开办一个小卖部，ZG 先生在牧区的 2 个多月里，自己照看小卖部，不在牧区的时候交给女儿照看，因为牧区牧户居住分散，小卖部的年营业额不会很大，但每年收入几千元是没有问题的；ZG 先生担任村组干部，每年有 8000 元的职务津贴；他家还有 3 人份的承包草场，每年可以从国家得到草场生态奖补金1 万元左右（每人份的承包草场有草场生态奖补金3000 元左右，在不同的村组，每人份的草场生态奖补金不同，主要原因是在不同的村组，每人份的承包草场面积是不一样的）。这样，ZG 先生家在 2013 年时的总收入可以达到5 万元左右，扣除各种成本，净收入不会少于 4 万元，夫妻二人的人均年净收入不低于 2 万元。

综合上述实地调研发现，我们可以得到这样一个结论：在治多县牧区，牧户家庭经济状况越好，其受传统观念的影响和束缚就越小；相反，牧户家庭经济条件越是不好，或者说越是贫困，其受传统观念的影响和束缚就越大。

（七）公共产品和服务供给不足

治多县牧区属于高海拔地区，地广人稀，牧民居住分散，交通不便，公路、水、电、广播、电视、通信等公共产品和服务供给严重不足。许多牧民居住生活的地方不仅远离公共服务机构，无法享受更多的公共物品和公共服务，这也是治多县牧区部分牧民贫困的重要原因。而且，因为相关基础设施和公共服务供给不足，治多县牧区牧民与外部市场经济体系之间呈现隔离状态，他们难以更多地参与外部经济交流并通过这种交流来推进其家庭经济发展，他们的贫困状况就可能会被进一步固化，以致长期处于贫困之中。

治多县扶贫办官员 ZHF 先生对治多县的公共服务状况做了如下的分析：

> 治多县地广人稀，在 8.022 万平方公里的土地上，大小河流遍布，尤其是夏季季节性河流成为阻挡群众出行的障碍之一，部分季节性河流夏季只能依靠淌水，车辆无法通行。冬季形成冰坎，车辆行驶十分危险，稍有不慎就会发生车毁人亡的事件。尽管各乡镇都通公路，但路况极差。其基本特点是，均为简易公路且多数是单行道，乡镇到县城的距离在 19 公里至 264 公里之间；村组到乡镇的路线大多

在几百公里以上，且为季节性通车，夏有沼泽滩阻、冬有冰封，有的村组甚至不通路，老百姓至今没有摆脱牛驮马背的历史，部分地区群众要想出外办事都需要花上几天的时间。而且通信条件落后，乡、村电话不通，牧民群众了解外界基本依靠口传耳受，居住在偏远地区的群众对县城的事件基本上在 1~2 个月以后才知晓。更无从谈起对外界的了解。

2009 年全县牛羊绒、绵羊毛、酥油、曲拉、牛绒、山羊绒等产量和产品的市场供给状况有了较大幅度的增长，但由于交通不便、信息不灵等因素的约束，产品无法及时有效地输出，甚至部分偏远村组群众的畜产品因交通等因素的制约根本无法出售，不能将资源优势变为经济优势。

我们在治多县进行的牧户问卷调查，也设计了有关公共基础设施和服务供给的问题。调查数据显示，许多公共基础设施对牧区牧户的可及性都不够高。在调查中，有 107 人回答了关于其住处与最近公路的距离，其平均距离达到 11.25 公里，最远距离有 60 多公里。有 190 人报告了家庭通电情况，其中没有通电的牧户有 125 户，占比达到 65.8%。190 人回答了家庭通电话的情况，其中有 110 户没有通电话，不过手机的普及率越来越高，可在某种程度上弥补有线电话普及率低的缺憾（但与此同时，很多地方没有手机信号，这与治多县牧区的地理环境相关）。同样有 190 人报告了家庭是否通电视信号的情况，其中 104 人表示，他们家没有电视信号，占比为 54.7%。可见，治多县牧区的公共基础设施和服务的普及率确实不高。当然，这是 2013 年时的情况，这两年治多县下大力气推进公共基础设施建设，情况应当有所改变。

特别值得注意的是，金融业发展滞后，信贷服务严重不足，是治多县公共服务严重不足的一个重要表现，对治多县牧区牧民发展生产和提高应对生产生活风险的能力有着很大的不利影响。在治多县，一部分牧区牧民陷入贫困，不能从贫困中走出来，一个很重要的原因就是在面临一些关键风险时不能得到正规和规范的信贷服务支持。从我们在实地调查中了解到的情况来看，治多县牧民的信贷需求和其他金融服务需求长期得不到有效满足，其后果比较严重。

第一，治多县牧区金融空白在乡镇普遍存在。治多县牧区所有乡镇都没有金融机构，是金融服务空白区。甚至在治多县县城，也是最近几年才有中国农业银行进入。但是，广大牧民居住分散，到县城中国农业银行机构获取金融服务很不便。实际上，在2013年及以前，除了在治多县实施"四配套"工程的时候，需要牧民自筹的5000元配套资金是由当地政府事先帮助牧民到农业银行申请并获得贷款外，牧户家庭和牧民个人从未在国家正式的金融机构获得过贷款，但这并不是因为他们没有贷款需求，而是因为这里此前就没有正规的金融服务供给。

第二，治多县牧区牧民资金互助组织发展滞后，在2012年以前也是空白。在中国的一些农牧区，正规金融机构难以满足农牧民的金融服务需求，一些社会机构或农牧民自己成立的农村资金互助组织因此得以发展起来，致力于解决当地农牧民的信贷需求问题。早在2007年，中国农村金融新政刚刚破茧而出，青海省西宁市乐都县雨润镇就率先成立了形乐农村资金互助社，这是全国第一家设在乡镇的农民资金互助社。此后，农民资金互助合作组织在全国各地蓬勃发展，很好地弥补了农村银行信贷等正规金融服务供给不足的缺憾。① 在治多县进行实地调研的过程中，我们特别考察了当地牧区的金融服务供给问题，了解到当地金融服务严重不足与农牧民对金融服务需求有很大的矛盾，通过特别的渠道筹集了一笔资金，于2012年在多彩乡拉日五队成立了一个社区发展基金，以填补当地的金融服务空白，这也是我们的一个扶贫行动试点。该基金已经运行一年后，2013年我们再赴治多县调研时发现其深受当地牧民的欢迎。

第三，在正规金融机构服务缺位的同时，治多县牧区的非正规金融活动却比较活跃，民间借贷普遍存在，而且高利贷现象相当普遍，一些不得已借高利贷的牧户因此而陷入贫困。如上所述，治多县牧民不仅在发展生产的时候没有正规途径获得贷款，而且在家庭遭遇紧急情况（如家中有

---

① 王曙光：《告别贫困——中国农村金融创新与反贫困》，中国发展出版社，2012。

人生病）时也没有正式途径可以借贷以渡难关。在这种情况下，治多县牧区的民间借贷现象非常多见。这里的民间借贷有两种途径，一是亲友之间的借贷，这种借贷一般没有利息问题；二是非正规的地下借贷，这种借贷的年利率高达 20% ~30%，有时候超过 30%。在一些特殊时期，例如采挖虫草季节，这种地下借贷的利率更是高得惊人，借 1000 元，一个月内还款的月息是 300 元，相当于年利率 360%。当然，一般而言，采挖虫草的牧户会在虫草出售之后立即还本付息，但如果虫草收入少，或者在采挖虫草的过程中发生什么变故，借钱的牧户就会得不偿失，放贷人会毫不客气地把借贷人家里的财物牲畜搬走迁走，而且作价很低，能有市场价的一半就不错了。在当地牧民看来，这就是高利贷。一旦亲友借贷不能满足需要，有的牧民别无选择，只能冒险借高利贷，最终为此付出惨重代价。

在治多县牧区进行实地调研的时候，不少被访牧民都会谈到借贷问题尤其是高利贷问题。上文提到的 CR 先生就认为，在牧区，许多牧民都有借钱的需求。他说，牧民们在家里继续用钱的时候，要么找亲友借钱，这种借贷一般是无息的；要么找那些放高利贷的人借钱，高利贷的利息很高。CR 先生自己每年就要借钱 1 万元左右来给家人治病，其中有无息的亲友间借贷，也有年利率高达 30% 的高利贷，他自己、他妻子还有他的两个女儿都有这样那样的疾病，他的小女儿已经得到医疗救助去西宁治病，在上文中我们已经提及此事。

CR 先生的儿子 BD 先生，2013 年时 46 岁，20 多岁时成家独立，分到不多的牛羊；后来与前妻分手（谈不上离婚，因为当初他们就没有登记结婚，没有结婚证），有一个儿子，BD 先生与前妻分手时名义上跟随前妻生活，但实际上更多时间与 BD 先生生活在一起。2011 年，BD 先生搬到县城，在县城移民区买了一套三间带院子有水井的住房，花了 2 万元。BD 先生在牧区已经没有牛羊了，也没有其他稳定工作。2013 年他向我们建立的社区发展基金借了 5000 元钱，想做点小生意，原本是想开小卖部或者收购虫草，但是做这些生意需要的本钱多达五六万元，从社区发展基金借到的这 5000 元根本不够。2013 年刚好分到游牧民定居房指标，他就用这 5000 元钱付了定居房的自筹款。BD 先生家的收入包括 1400 元低保金，采挖虫草收入 1.5 万元（为了去虫草产区采挖虫草，他把自己的摩托车卖掉了，用所得的钱交草皮费）。家里还有负债，而且是高利贷，总计 2 万元，因为没钱还债，一旦有高利贷到期，他就向别的高利贷放贷者借钱去还。这样借来借去，然后利滚利，BD 先生陷入高额高利贷债务陷阱的风险很大，陷入长期贫困的可能性也很大。CR 先生担心，BD 先生迟早有一天会被高利贷害死。

BD 先生是个中年人，但是，用他的父亲 CR 先生的话说，他有点游手好闲，没有正经寻找工作，目前的贫困处境多少与他自己不够努力有关。而那些年事已高、身体状况不是太好的牧民，自己体弱没有多少劳动能力，相关社会保障也不健全，难以充分起到政策托底的作用，往往因此陷入贫病交加的困境。有些人生病了，家里没钱看病，又没有合适的正规的借钱途径，便也只好去借高利贷以解燃眉之急。但高利贷不是那么好借的，不仅利率高，而且一旦到期还不上，放贷人就会把借贷者家里的财物或者牛羊拉走抵债，而放贷人给算的价钱往往只有市场价的一半甚至更低。这对于借贷人来说无疑是雪上加霜，他们的贫困会因此而严重加剧。

在治多县县城定居点实地调研时，我们上门拜访了一位老大爷，2013 年他已经 80 岁。原来在牧区的时候，他家是一个大家庭，儿女多，养殖的牛羊也不少，算是比较富裕的牧户。后来，儿女们各自成家分立，家里的牲畜按家庭原有人口平分，承包的草场也按这一原则平分，因此，老大爷名下的牲畜和草场就不多了。2010 年前后，老大爷卖掉牲畜，搬到县城居住生活，并用卖牲畜的收入在定居点自建了住房。老大爷没有其他收入，就靠一份最低生活保障金生活，每年 2000 多元，也就是说每人每年 1000 来元，每月 100 元左右，过得比较艰难，按照老人自己的说法，他们只能吃吃面食，没钱吃肉。要知道，在牧民的正常生活方式中，肉食才是主食，没有肉吃的生活，在牧民看来就是艰难的生活了。即便如此，老人更加担忧的还不是他们自己的生活，而是患病儿子 CW 先生家的处境。2013 年时，CW 先生 37 岁，身患肺结核病，和老人住在一起。CW 先生得病已经两三年了，去过两次西宁看病，花费 2 万多元，没把病治好。治病的钱是借来的，其中高利贷 1 万多元，年利率 30% 左右，到我们调查时也还没有还上。CW 先生也结过婚，生有一女，现在离婚了，① 女儿跟他过。

在治多县，对于高利贷及其祸害，有时甚至连寺庙里的僧人也避不过。贡萨寺是治多县境内最大的佛教寺庙，CNDJ 先生是贡萨寺的一名僧人。我们在拜访贡萨寺时，访谈了 CNDJ 先生。他的胃部和肺部生病，曾经去西宁治病，花费 11 万多元，已经通过"新农合"报销了 50% 的医疗费用。他看病的钱主要是借贷得来的，其中有寺庙借款 3 万多元，还向亲友借了一部分钱，差额部分就是靠借高利贷填补了。他借的高利贷的年利率也是 30% 左右。CNDJ 先生还是能够还贷的，因为作为僧人，他可以通过给牧户家做法事得到一些收入，但要还清借贷也不容易，外出做法事，也不是牧户来请僧人自己就能去，还要由寺庙分派。

CR 先生的弟弟、多彩乡拉日村的五保户 QM 先生关于高利贷的看法，可以说是对治多县正规金融服务供给严重不足、地下金融祸害不浅的现状的一个很好的总结：

> 亲戚朋友之间借钱的有，但比较少。主要是因为亲戚朋友之间经济状况差不多，都比较穷，没有多少余钱可以借。治多县的东三乡是虫草区，那里的人比较富裕，他们有些人就放高利贷。另外，县上有钱的大老板，也在放贷。
>
> 现在政府政策这么好，大家的生活应该会有改善。但就因为高利贷，如果牧民到期还不上债，放贷的就会将牧民家的牲畜以低价抵债。牧民被抵债的牲畜远远低于市场价，受到了损失，还因为牲畜的减少，减少了他家以后的收入。

---

① 治多县移民搬迁工程的一个"意外"的社会后果是，移居治多县城的牧民中离婚率非常高。老人们的解释是，以前在牧区，各家各户相距很远，不同牧户的男男女女之间接触和交流很少，也就难以引发婚变了。移居县城以后，大家既没有稳定工作，又相互住得近，接触交流难免增加，大量的婚变也就在这样的社会转型变迁中发生了。也许这也是一种社会变迁的代价吧。

2010 年进入治多县的农业银行，曾经因为牧区牧民在为游牧民定居工程建房筹措配套资金而在政府担保下向其贷款之后不还贷的问题，而非常担心因为牧民不还贷而出现坏账风险，所以在定居工程结束之后，直到我们在 2013 年前往治多县进行实地调研之时，几年的时间里，该行未向治多县普通牧民提供任何贷款。但实际情况可能并非全然如此。我们在多彩乡拉日村五队设立的社区发展基金运行就还不错。2013 年我们与社区发展基金管理小组成员一起座谈时，管理小组成员对该基金的运行情况做了如下总结：

> （社区发展基金）具体的运作方式主要按照规章制度进行。原本牧民借钱只能通过私人高利贷，这个基金对牧民帮助很大，效果明显，有一个牧户得了很严重的病，从这里借了钱，就立马能去西宁看病。村民参与的积极性很高，还款的积极性也高，到 7 月 1 日，没有人催就主动来还款了。但是目前的困难主要有：由于资金额度小，需要资金的牧民多，不能每个人都借到；同时额度小对发展生产也有限制……

因此，关键的问题可能在于建立一套适合治多县牧区经济社会发展条件的金融服务供给制度，在有效预防风险的同时，为有需要的牧户提供适当的借贷服务，从而最低限度能够帮助牧民避免因在急需时借高利贷而陷入困境，然后还能帮助牧户发展牧业和其他产业，形成一定的发展潜力和发展动力，通过发展来消除贫困。

三　治多县的扶贫开发与成效

治多县的扶贫开发工作是有成效的。据统计，"十二五"以来，治多县农村贫困人口有了较大幅度的减少。2008 年，治多县农村按当年贫困标准计算有贫困户 2649 户，贫困人口 11101 人，贫困人口占该县总人口的比重为 50.3%。到 2012 年，按 2010 年贫困标准计算，治多县贫困人口数减少为 8817 人，占全县总人口的 32.6%，贫困发生率下降了 17.7 个百分点。① 值得注意的是，2010 年贫困标准大大高于 2008 年的贫困标准，如果按这个标准测量 2008 年的贫困发生率，会比 50.3% 高出很多。

（一）治多县的相关扶贫开发工程项目

治多县的扶贫开发工作是通过一系列重要的扶贫开发工程来展开和推进的。"十一五"以来，引人注目的扶贫工程包括"整村推进工程"、"易地搬迁工程"（也就是生态移民工程）、"劳动力培训转移工程"、"贫困地区基础设施建设工程"、"生态建设工程"、"特色优势产业建设工程"以及"贫困地区社会事业建设工程"。总的来说，这些扶贫开发建设工程，大都是围绕着治多县贫困的诸多成因来设计和实施的，能够取得一定的成效也是理所应当的事。下面，我们分别对这些工程项目进行简要考察，并对它们的减贫成效进行初步的评估分析。

1. "整村推进"工程

"十一五"规划之前，治多县牧区几乎所有村庄的基础设施都比较落后，社会事业发展比较缓慢，而基础设施落后是治多县牧民难以脱贫的重要因素之一。因此，治多县为了完善贫困村②基础设施，提升贫困牧民自我发展能力，实现贫困牧民脱贫致富的目的，从 2005 年起，在全县 5 乡 1 镇的 20 个贫困村实施"整村推进"扶贫项目。2005～2009 年，在保护环境、恢复生态的基础上，治多县共投资 1247 万元，实施"整村推进"项目 18 个，共计为这 18 个村购买生产母牛 300 头，购买小四轮车 40 辆，购买户用太阳能电源 3450 套，铺设简易砂石路 254 公里，培训项目户劳动力 2500 人，并在县城修建商业铺面 17 间，交给贫困村经营（主要是出租和收取租金），总计扶持贫困牧民 2178 户 7448 人。2010 年，在剩下的两个贫困村也完成了"整村推进"项目实施计划。至此，治多县"十一

---

① 根据玉树藏族自治州统计局编《玉树州统计年鉴·2008》和《玉树州统计年鉴·2012》提供的数据计算。

② 贫困村是指没有解决温饱或初步解决温饱但不稳定的贫困人口多，扶持难度大，扶贫开发任务重的行政村。依据是，2009 年人均年纯收入 1500 元（含 1500 元）以下，参考人均拥有羊单位数量，水、电、路基础设施和教育、科技、文化、卫生等社会事业发育程度，并且必须是经民政部门确定的行政村，而不是自然村（治多县扶贫开发办公室：《治多县"十二五"扶贫开发规划》）。

五"整村推进扶贫工作完成。整村推进项目的实施，加快了治多县贫困村基础设施建设进程，加大了对贫困地区生产的扶持力度，有力地推动了贫困村的发展和贫困人口的增收。

为了巩固"十一五"期间"整村推进"扶贫工作的成效，治多县将"十一五"期间首批实施"整村推进"项目的18个贫困村中相对更加贫困和扶贫难度更大的5个村的贫困人口，列为"十二五"期间"整村推进"扶贫工作回头看的对象，继续实施"整村推进"的扶持。这5个村分别为索加乡牙曲村，涉及189户647人；索加乡君曲村，涉及190户652人；扎河乡智赛村，涉及213户729人；扎河乡口前村，涉及214户733人；多彩乡拉日村，涉及241户823人；总计涉及1047户3584人。而且，在总结以往实施整村推进扶贫工作经验的基础上，并且经这5个村的牧委会、乡（镇）政府认真筛选，县扶贫办实地调研，征求行业部门意见汇总后，治多县调整了"整村推进"扶贫工作内容，确定"整村推进"回头看项目2个，一是优良畜种繁育基地建设项目，二是劳动技能培训项目，两个项目总投资估算为1916.75万元。优良畜种繁育基地建设项目的内容包括养殖基地建设、购买牲畜和饲草基地建设，劳动技能培训项目的主要内容包括饲养技术人员培训、饲草料种植技术人员培训和防疫人员培训。预计项目完成后，将带动1047个贫困牧户和3584人脱贫。另外，为了更好地实现"整村推进"扶贫项目的扶贫效果，治多县还将该项目的资金与其他部分涉农项目资金整合在一起，以进一步加强牧业基础设施建设，提高牧场的减灾避灾能力，以摆脱靠天养畜的被动局面。2013年我们前往治多县调研时，"回头看"项目还在实施之中，初步见到了一些成效，最终效果如何，有待继续观察。从"整村推进"项目在"十一五"期间的实施情况来看，凡是涉及资金投入和有形建设的扶贫开发项目，都能够按期落实完成。

2. 易地搬迁工程

易地搬迁工程实际上也就是生态移民工程。前文已经说过，治多县贫困人口多居住在海拔4100～4400米，自然环境恶劣、生态环境脆弱的"不适合人类居住"地域内。这些地方的公路和电力供应极为匮乏，基础设施条件很差；草场退化、沙化严重，牲畜承载率下降，这些不利因素都在制约着治多县牧区的畜牧业发展空间。在这种外部环境下，贫困牧民想要依靠传统畜牧业增加收入，提高生产生活水平，近似于缘木求鱼。不仅如此，频发的自然灾害，多发的地方病，也使居住在这些地域的牧民非常脆弱，容易陷入长期性、整体性的贫困之中，难以就地脱贫。为了解决这部分贫困牧民的脱贫问题，保护和恢复他们所在地区的草原生态系统，治多县根据本县"十一五"期间实施扶贫开发易地搬迁工程的经验，制定了《治多县"十二五"扶贫开发易地搬迁规划》，从 2011 年起开始实施。

治多县"十二五"易地扶贫搬迁工程项目实施的目标是仍居住在海拔 4100 ~ 4400 米、生存环境恶劣、难以就地脱贫的 1064 户 5164 人的贫困群体。该工程以五年为期，将这些分布于治多县五乡一镇的 20 个牧民委员会分期分批实施易地搬迁。到我们 2013 年到治多县调研时为止，该项工程的 2011 ~ 2012 年实施计划已经基本完成，2013 年实施计划正在进行之中。

按照治多县"十二五"易地安置工程的规划，并不是全部将目标牧户迁移他处安置，而是为需要安置的牧户提供了两个选择，一是迁移到所属乡镇政府驻地安置，二是就地安置。实际实施的安置结果是，安置在所属乡镇政府驻地的搬迁户共计 368 户，就地集中安置牧户共计 696 户，后者主要分布在索加乡、扎河乡、多彩乡和治渠乡，立新乡和加吉镇的搬迁户全部安置在所属乡镇政府驻地。无论是安置在乡镇政府驻地，还是就地集中安置，政府都在安置点为搬迁户提供住房，并建设所需的水、电、路和环卫设施，同时还努力为搬迁牧户打造后续产业。我们在已经完成的部分安置点进行了考察，发现安置计划承诺的建设项目确实得到了落实，尽管从较高标准来看这些建设项目的质量可能不尽如人意，但对于那些安置户的生产生活来说，还是一种明显的改善。

移民搬迁后续产业的发展关系到安置牧户的收入增长和家庭生活水平提高。为了达到搬迁牧民能够"迁得出、稳得住、能致富"的目标，治多县各级政府鼓励移民以自主创业、搞多种经营、创办经济实体等相结合的方式发展后续产业。为此，治多县加大了贫困牧户劳动力培训工作的力度，力争让每个安置牧户至少有 1 人掌握一项技术，并且对搬迁的贫困家庭开展有组织的野生藏药材采摘和土特产品采挖，以尽快增加牧民的采集业收入；同时加大对牧民专业合作组织和牧业产业化龙头企业的扶持力度，以此增强安置牧户的创业能力，使更多的安置牧户能够就业创业。我们在实地调研中看到，在安置牧户中，确实有部分牧户参加了有组织的虫草采挖，他们原来需要支付的草皮费也被免除。但这项工作的持续性如何，覆盖面有多大，我们尚不清楚。

3. 劳动力培训转移工程

在扶贫开发过程中，治多县一直注重劳动力培训和就业转移。劳动力培训转移工程包括三个项目。一是劳动力技能培训项目，培训内容为牧业生产技能，涉及 5 乡 1 镇 20 个牧委会的牧民家庭。二是劳动力实用技术培训，主要培训家电维修、机器维修、汽车驾驶、民间手工艺制作等技术。"十一五"期间已经进行过多次培训，"十二五"期间，计划培训实用技术人员 1000 人，扶持贫困群众 3425 人，投资规模为 3425 万元。三是县乡级扶贫干部培训项目。这个项目是"十二五"计划实施的，是对全县扶贫干部的业务培训，主要培训内容为扶贫工作业务知识，计划每年培训干部 40 名，5 年完成，每年投资 20 万元，共投资 100 万元。

4. 贫困地区基础设施建设工程

针对治多县基础设施建设落后的局面，治多县一直注重基础设施建设。在开展其他扶贫建设工程的同时，一般都会注意搞好项目地的基础设施建设。例如，在实施"整村推进"扶贫项目的过程中，基础设施建设一直贯穿始终。为了更好地提升贫困地区的基础设施，治多县实施了"贫困地区基础设施建设"专项工程，包括三个项目。一是人畜饮水工程项目。人畜饮水涉及全县 5 乡 1 镇 20 个牧委会的所有牧民，虽然自"十一五"以来，治多县一直在实施这个工程，但遗留的问题仍很多。"十二五"期间，治多县继续实施人畜饮水工程项目，以解决群众、牲畜饮水困难问题，计划投资 870.4 万元，新建人畜饮水工程 272 处，满足 5080 人和 25.58 万头（只）牲畜的饮水需求。二是乡村道路综合整治工程项目。自"十五"以来，治多县一直在实施这个工程，但仍有一些乡村道路不通。"十二五"期间，治多县继续实施乡村道路综合整治工程，涉及全县 5 乡 1 镇 20 个牧委会，计划投资 4302 万元，对现有乡村简易道路进行综合整治维修。要达到 60% 以上牧户通车需求的目标，需要整修现有乡村简易道路 732 公里，新修乡村简易公路 4 条 112 公里，届时将有 7158 户 25524 人受益。三是乡村通信工程项目，治多县乡村通信状况很落后，有鉴于此，"十二五"期间，治多县决定实施乡村通信工程项目，投资 78 万元，在全县 5 乡 1 镇 20 个牧委会牧民居住集中区域建立通信塔 26 处，解决群众通信难的问题，打通群众与外界联系渠道，届时将有 7158 户 25524 人受益。

5. 生态建设工程

自 2003 年以来，治多县就实施了多项生态建设工程。按照治多县的"十二五"发展规划，治多县计划投入资金 2004.24 万元，继续实施草原生态环境保护项目，项目覆盖全县 5 乡 1 镇 20 个牧委会，以黑土滩综合治理、鼠虫害治理、封山育草（林）、生态移民为主要内容，同时结合三江源生态综合治理项目，实施草原生态环境保护工程建设。届时，将有 7158 户 30994 人从中受益。换句话说，生态建设工程的实施，是要惠及全县的。

6. 特色优势产业建设工程

自"十一五"时期以来，在扶贫开发的过程中，治多县开始探索、实施特色优势产业建设工程扶贫。尤其是"十二五"时期以来，治多县从八个方面实施优势产业建设工程。

一是优良畜种繁育基地项目，建设地点为扎河乡口前村、智赛村，索加乡君曲村、牙曲村，以及多彩乡拉日村。项目以养殖和繁育优质混血牦牛、优质藏系绵羊为主，解决全县牲畜近亲繁殖致使品种退化的问题。养殖项目采取以集中养殖为主、家庭分散养殖相结合的模式来实施。计划投资 1916.75 万元，建立九处养殖繁育基地，购置混血牦牛 4575 头和优质藏系绵羊 8320 只，以出售混血种公畜和优质畜产品为主，从而带动全县畜牧业产业化发展，扶持贫困牧户 1047 户 3584 人。2013 年已经基本完成基地建设，并开始运行。

二是中、藏药材生产基地建设项目，建设地点定在立新乡岗察村，结合黑土滩综合治理项目，计划投入 150 万元，实现户均种植芜根、大黄、木香、藏茵陈等藏药材 30 亩，共计 2250 亩，扶持贫困群众 75 户 255 人。到 2013 年我们前往该县调研时，基地建设已经部分完成，正在进行完善。

三是人工种草基地项目，涉及立新乡扎西村、叶青村、岗察村，治渠乡同卡村、江庆村，多彩乡当江荣村、聂恰村，加吉博洛镇日青村、改查村。项目以建设冬储牧草种植基地为主，以集中连片种植为发展方向。计划投入资金 270 万元，建设 7150 亩冬储牧草种植基地，扶持贫困群众 3169 户 10978 人。从 2011 年开始建设，到 2013 年已经部分完成。

四是畜种改良工程项目，建设地点定在治渠乡同卡村和加吉博洛镇的日青村、改查村。项目计划投入 5400 万元，整合草场 12 万亩，建立牲畜育肥基地 3 处，购进牲畜 12000 头（只），购置颗粒饲料 600 吨，进行半舍饲牲畜育肥，适时出售。项目实施之后，将能扶持贫困群众 1321 户 4391 人。该项目从 2012 年开始实施，进展顺利。

五是畜产品加工基地项目，建设地点定在治渠乡的同卡村。项目计划利用该村的地理优势，投资 243 万元，建立一处拥有奶牛 500 头、草场 8000 亩的牦牛奶基地，主要出产鲜奶和奶制品，扶持贫困群众 441 户 1455 人。2011 年开始建设，进展顺利。

六是民族手工业建设项目，包括玛尼石刻项目和民族服装和饰品加工项目。玛尼石刻项目涉及多彩乡聂恰村、治渠乡治加村和扎河乡智赛村。项目计划投入 121 万元，新建石刻经文加工点 3 处，各建设加工厂房 200 平方米，以及各项附属设施设备一套，扶持贫困群众 1041 户 3779 人。2012 年开始建设，2013 年已经基本完成。民族服装和饰品加工项目的实施地点定在县城，计划投资 153.6 万元，建设民族服装和饰品加工车间各一处，面积为 500 平方米，购置设备设施各一套，建设服装和饰品出售门面房屋 80 平方米，扶持移民搬迁到县城的贫困群众 80 户 274 人。2011 年开始建设，2012 年已经基本完成。

七是高原特色旅游业建设项目，具体包括四个子项目，即扎河乡七渡口景点项目，贡萨寺景点项目，长江沿岸风景旅游区项目，以及甘珠尔石刻景点旅游项目。扎河乡七渡口景点项目的建设地点定在扎河乡玛赛村，七渡口为茶马古道重要隘口之一，项目计划投入 176 万元，建设遗址和藏区风情园一处，面积 2500 平方米；修建购物中心一处，建设 10 间房屋，面积 300 平方米，扶持贫困群众 401 户 1505 人。2011 年开始实施该项目，2012 年已经基本完成。贡萨寺景点项目的建设地点在多彩乡聂恰村，该景点为国家 AA 级旅游景点，拥有世界最高殿内佛像。项目计划投入 136 万元，项目建设以景点纪念品和民族工艺品出售点以及附属旅游设施建设为主，并在县城建设游客住宿、餐饮场所一处，面积 800 平方米，项目完成后，可扶持贫困群众 405 户 1440 人。该项目 2011 年开始建设，到 2012 年已经基本完成。长江沿岸风景旅游区项目涉及立新乡岗察村、叶青村，计划投入 512 万元，以长江沿岸综合旅游开发建设为主体，修建景点砂石道路 39 公里，宣传标牌 20 个，同时辅以民族风情特色观光基础设施建设，并期待能够带动当地餐饮业、服务业的发展，届时可扶持贫困群众 578 户 1881 人。该项目于 2011 年开始建设，到 2012 年已经基本完成。甘珠尔石刻景点旅游项目实施地点在治渠乡治加村，甘珠尔石刻景点已经被上级文物部门列为重点文物保护单位。该项目计划投入 1614 万元，重点是修建向驻地到景点道路 47 公里，在乡政府驻地建设餐饮、住宿场所 500 平方米以及附属设施。届时该项目可扶持贫困群众 235 户 834 人。2012 年开始建设该项目，到 2013 年已经基本完成。

八是其他建设项目，主要是畜产品购销体系项目。建设地点为扎河乡，计划筹资 300 万元，对临近村社畜产品进行统购统销，组织有经济头脑、懂市场经营的能人，组成畜产品联合营销会，解决扎河乡、索加乡、治渠乡、多彩乡 4 乡 11 村畜产品滞销问题。该项目期望能够扶持贫困群众 3582 户 13098 人。2011 年开始实施该项目，到 2012 年已经基本完成。

7. 贫困地区社会事业建设工程

治多县不仅经济发展比较落后，社会发展也很滞后。因此，在扶贫开发过程中，在加强贫困地区基础设施建设、拓宽贫困人口增加收入渠道的同时，治多县也在实施相关社会事业建设工程。尤其是 2011 年开始执行"十二五"规划以来，治多县先后实施了七个方面的社会事业建设工程。

一是县民族文化保护开发项目。建设地点设在县城，计划投入 120 万元，建设治多县民族文化展馆一处，展馆内部设施完全配套。

二是县灾害应急预防基地建设项目。建设地点定在县城、扎河乡乡政府驻地、索加乡乡政府驻地三处。计划总计投入 219 万元，分别在县城建设抗灾物资储备库，面积 300 平方米；在扎河乡和索加乡各建设抗灾物资储备库一座，面积皆为 200 平方米，并储备相应抗灾物资，主要是储备牲畜过冬所需青贮饲料，届时可以为 7158 个牧户提供帮助。

三是残疾人、低保户扶贫保障项目。该项目覆盖全县 5 乡 1 镇 20 个牧委会，计划投入 204 万元，在各村建设一处 60 平方米的残疾人、低保户救济中心，设立以国家投资、民间筹资、个人捐赠相结合的救济基金会，用以救济残疾人、低保户。

四是乡村卫生室新扩建项目。该项目覆盖 5 乡 1 镇 20 个牧委会，计划投入 288 万元，对现有的乡级卫生院进行改扩建，以达到乡级卫生院标准；对村级卫生室进行新建，达到群众"小病不出村，一般病不出乡"的目的。乡级卫生院建设主要为房屋修建、医疗设备购置、常备药品储备以及专业人员培训；村级卫生室建设主要为房屋修建、基本医疗设备购置、常备药品储备以及村医培训。该项目期待为 3425 个牧户 11715 人提供医疗卫生服务。该项目进展顺利，我们 2013 年在治多县牧区做实地调研时，已经看到由该项目建设起来的乡级卫生院和村级卫生室，建设质量可以满足当地需要。遗憾的是，这些卫生院和卫生室存在医疗卫生服务人员不足的问题。

五是特殊贫困村互助基金项目。该项目涉及 5 乡 1 镇 20 个牧委会，计划投入 90 万元，建设县贫困村互助基金联合会，设立以国家投资、民间筹资、个人捐赠相结合的救济基金会，用于 5 乡 1 镇贫困村建设扶持工作。

六是社会帮扶工程项目。计划利用社会帮扶资金、物资，每年帮助 53 个贫困牧户解决生产、生活困难问题，使贫困牧民的生活达到温饱水平。以每户 1 万元计算，共需投资 265 万元。

七是在治多县全县范围内建立、健全和逐步完善牧区社会保障制度。从 2003 年起，治多县全面建立新型农村牧区合作医疗制度，此后逐步建立新型农村牧区养老保险、五保供养、最低生活保障、医疗救助、灾害救助、临时救助等社会保障制度。到 2013 年时，这些社会保障制度已经基本建成，对全县牧民实现了社会保障制度全覆盖。我们在实地调研时也看到，当地牧民遇到各种风险冲击（包括年老、疾病、自然灾害等）的时候，各种社会保障制度的确减轻了各种风险对他们的冲击，对那些抗风险能力弱的贫困牧民的帮助更加突出。正是在这个意义上，社会保障制度整体上也具有扶助贫困人口的作用。

（二）治多县扶贫开发工程项目的扶贫成效

总的来说，上述多项扶贫工程项目的实施，对治多县的减贫工作起到了明显的推动作用。尤其是"十一五"规划实施以来，治多县扶贫工作成效显著，突出表现在以下五个方面。

一是贫困人口逐年减少。"十一五"规划实施之初，治多县全县有贫困牧民 4926 户 17240 人，2009 年底，全县有贫困牧民 3425 户 11715 人，贫困牧民分别减少 1501 户 5525 人，减少率分别为 30.5% 和 32%。到 2012 年，在扶贫标准提高的情况下，治多县贫困牧民减少到 3115 户 8817 人，贫困人口比重进一步下降。

二是贫困人口收入快速增长，增收渠道不断扩展。"十一五"期间，治多县加快了基础设施建设步伐，不断发展壮大生产性项目，带动了贫困牧民的收入快速增长，牧民增收渠道逐渐多元化。2009 年底，贫困牧民人均收入为 1796.65 元，比 2003 年的 979 元增加了 817.65 元，增幅达 83.52%。增收渠道也从原来的单一畜牧业转变为畜牧业、采集业等多元并举的格局。值得一提的是，为了保护生态环境，转变畜牧业生产方式，促进牧民增收，使草原生态保护和畜牧业发展步入良性轨道，2011 年国家建立了草原生态保护补助奖励机制。从 2012 年起，治多县牧民人均获得草原生态保护补助奖励 2800 元左右。牧民人均收入迅速提高，2013 年达到了 4012.83 元/人。

三是贫困村基础设施明显改善。"十一五"初期，治多县全县不通路、不通电的贫困牧委会分别有 14 个和 20 个。"十一五"期间，治多县修建简易公路 78 公里，购买户用太阳能电源 3450 套。到 2009 年底，全县不通路、不通电的贫困牧委会分别下降到现有的 4 个和 20 个。到 2013 年时，治多县基本实现村村通路，绝大多数村通电。

四是社会事业发展水平得到提升。"十一五"期间，通过 5 年艰苦扎实的扶贫开发工作，治多县社会事业发展水平得到提升。2009 年，治多县贫困村适龄儿童入学率达到 98.5%，全县贫困村青壮年人口中非文盲率不断提高。贫困乡村医疗设施进一步完善，缺医少药的状况显著改善。全县贫困村每年培训贫困牧民 25000 人次，掌握一定技术技能的贫困人口逐年增加。已通电的贫困村大部分已实现通广播电视的目标，群众的文化生活得到改善，精神面貌发生了较大变化。

五是牧区社会保障制度逐步建立、健全，保障水平逐年提高。许多五保户、低保户等贫困牧户得到了社会保障制度的有效支持。在治多县，五保户和低保户的医疗费用几乎百分之百能够报销，一般是新型农村合作医疗保险给予报销一部分，县民政部门报销剩余部分。2013 年，为彻底解决特困户、五保户"看病难"的问题，治多县新型农村合作医疗管理办公室认真调查研究，创出具有治多县特点的新农合"两报一减免"制度，实现了特困户、五保户在指定医院住院治疗疾病，享受全免医疗费用的愿望。治多县人力资源和社会保障局新型农村合作医疗管理办公室还根据《青海省新兴农村合作医疗补偿办法》的要求，统一提高五保、低保对象的住院补偿比例，并与县人民医院和县藏医院达成协议，对本县特困户、五保户在该院住院治疗疾病的，由县人民医院、藏医院直接给予报销，减轻他们往返报销等烦琐事项。

不过，我们在实地调研中也发现一些影响新农合的合理有效运行的问题。一些非低保户的牧民，私下借用低保户的相关凭证去看病买药，并获取相关报销待遇，政府对这种具有骗保性质的行为也进行了查处，但似乎屡禁不止。一些牧民感觉报销不易，或者因为可以借用低保户的低保证，所以不愿意参保，即便每年新农合缴费的自缴部分仅为每人 20 余元，部分牧民还是选择不参保或退保；相应地，参保人数减少导致政府根据参保人数提供的配套资金也随之减少，治多县的新农合基金面临着难以为继的巨大风险。在不少牧民看来，新农合是国家政策，应该由国家出钱，他们报销不了，是地方政府的责任。我们访谈到的一些牧民几乎异口同声，认为国家政策很好，就是地方政府有问题。而接受我们访谈的治多县政府相关部门官员在谈到这个问题时，也是哭笑不得，感觉在这些牧民面前有理也讲不通，他们反复向牧民解释，牧民自己不参保，国家就不可能提供配套资金，但一些牧民就是不信，反倒认为是地方政府官员"贪污"了国家给他们的钱。

治多县的新型农村养老保险制度建设成效也非常显著。2010 年，治多县开始启动新农保制度建设，实现 60 岁以上老人不用缴纳新农保保费，无条件参合，并每月领取养老金，养老金从 2010 年的 55 元，上涨到 2013 年的 85 元。2010～2013 年，通过各级政府的大力宣传，治多县牧民参加新农保的积极性也不断提高，参保率稳步提升。2010 年，治多县参加新农保牧民只有 4992 人；2011 年增加到 10744 人，参保率达 73%；2012 年参保牧民增加到 1.3 万人，参保率提高到 92%。治多县是玉树州新农保工作做得最好的县，2012 年该县牧区的新农合参保率不仅高于玉树州的 71%，也高于青海省的平均水平 89%。

治多县牧区"五保"已经做到应保尽保，2012 年，五保供养对象为 555 人，其中集中供养 121 人，分散供养 434 人。按照青海省有关五保户的供养标准，集中供养的按照上一年度牧民人均纯收入的 80%，分散供养的按照上一年度牧民人均纯收入的 70% 左右（大约 2000 元）作为五保供养标准，这些标准要求在治多县基本都得到了落实。而且值得一提的是，治多县的五保集中供养工作在玉树州、青海省都是做得算很好的，不仅有设施齐全的敬老院，还有由财政供养的专业管理人员。另外，治多县五保对象的新农合缴费由民政部门专款支付，五保的新农合报销比例几乎是 100%，不仅解决了五保对象的基本生活问题，还解决了他们看病的问题。

农村最低生活保障制度是对家庭人均收入低于最低生活保障标准的农村贫困人口按最低生活保障标准提供差额补助的制度。自 2007 年以来，治多县全面启动农村最低生活保障制度建设工作，并根据实际情况不断完善农村低保制度，此外还制定了与低保制度配套的医疗、教育、住房、取暖等救助措施。随着农村低保标准的逐年提高，治多县最低生活保障制度救助的牧区贫困人口也逐年有所增加，2007 年，全县有 4300 人享受低保，低保标准为每人每年收入低于 720 元；2009 年低保救助牧民增至 4453 人；2011 年增至 5251 人，低保标准提高到每人每年收入低于 1320 元。2012 年，治多县根据低保对象的不同情况，制定了不同补贴措施，其低保补助支付标准分为四档，特困一档的补助支付额是每人每年 1200 元，覆盖 1574 人；特困二档的补助支付额是每人每年 1000 元，覆盖 1685

人；特困三档的补助支付额是每人每年 800 元，覆盖 1852 人；特困四档补助支付额是每人每年 640 元，覆盖 140 人。2013 年，治多县农村低保标准再次提高到每人每年收入低于 1800 元。另外，与低保制度相配套的措施，还有免除低保对象的新农合、新农保保费，由民政专项资金代缴；低保对象被确定为医疗救助的重点对象，其新农合报销比例比普通牧民的要高 10% ~ 15%，等等。自 2012 年起，治多县给予那些长期卧病的、单亲家庭的或 60 岁以上的低保对象每年每人多发 100 元的特殊救助，涉及 2383 人。

四　治多县扶贫开发的问题、难点和建议

从 1950 年到现在，60 多年过去了，中央及各级地方政府为治多县的经济、社会发展做了大量的工作，治多县人民生活水平逐步提高。尤其是 1986 年以来，在玉树州的统一部署下，治多县按照中央和青海省的相关政策和精神，有组织、有计划地开展了大规模的扶贫开发工作，取得了一定的成绩。但是，治多县扶贫开发的效果并不是那么尽如人意，究其原因，主要有以下六个。

一是治多县恶劣的自然环境及频发的自然灾害使得牧民的生存环境太过脆弱，极易受到冲击，脱贫成果难以巩固。

二是治多县贫困牧民劳动力素质低，即使是通过几次简单的劳动力培训转移工程的实施，贫困牧民自我发展能力仍然不足。

三是基础设施薄弱。总体表现为基础设施建设的力度仍然滞后于经济社会发展的需要，底子较薄，投入不足，特别是交通、电力、通信和水利基础设施总量和规模较小、水平较低，基本设施及配套的功能陈旧、老化、落后的问题比较明显，等级化、现代化、综合化、系统化程度较低，抗御大灾大害的能力和对经济发展的承载力较弱。

四是扶贫开发投入资金仍然不足。扶贫开发投入资金不足，集中办大事、搞建设能力弱，对一些产业扶贫开发、基础设施建设显得力不从心。近年来生活物资价格上涨，加上贫困群众居住偏远、分散，运输距离长等因素的影响，治多县的扶贫开发成本上升，扶贫投入资金远远不够，不能

满足需要，影响了贫困牧民的脱贫步伐。

五是扶贫开发工程在实施过程中，更注重工程本身的实施，而对工程实施后的配套措施考虑不够。以治多县的扶贫开发易地搬迁工程为例，在实施过程中关注的是搬迁地的选择、搬迁房屋等的建设以及对搬迁本身的宣传动员，而对于移民在搬迁后的后续产业发展、城市适应等方面的需求关注不够，造成目前移民中存在相当多的问题。

六是区域发展不平衡、不协调，影响了扶贫开发工作成效。在治多县城附近乡镇，由于水、电、路、教育、卫生基础设施发展较快，相对比较完善，扶贫开发工作效益显著。而在远离县城的乡镇，例如在索加乡、扎河乡等乡镇，由于地处偏远，基础设施落后，牧民脱贫致富动力不足，劳动技能低下，加上环境更加恶劣等问题的影响，扶贫开发效益不明显，而这些地方恰恰又是治多县最贫困、最需要扶贫开发的地方。

扶贫开发不仅存在以上种种问题，进入"十二五"以后，还面临一些新形势和新难题。一是进入"十二五"以后，国家大大提高了农村贫困标准，实际上就扩大了扶贫开发的工作面。到 2011 年底，根据新的贫困标准，治多县牧业社区的低收入贫困人口仍有 16715 人，以连片的形式分布于高海拔偏远地区。二是扶贫对象、扶贫方式和主要任务要求发生转变，增加了扶贫开发工作难度。从 2011 年起，中央要求扶贫对象扩面。过去扶贫工作主要针对绝对贫困人口，同时关注低收入人口；在新阶段则要将低收入人口全部纳入扶贫政策帮助范围。① 中央还要求转变扶贫方式，提高扶贫任务要求。在扶贫方式上，要从过去以开发式扶贫为主转变为开发式扶贫和生活救助"两轮驱动"；在扶贫任务要求方面，要从过去专项扶贫比较宽泛并着重解决贫困群众温饱问题转向在解决温饱问题的同时提高贫困人口的素质和综合发展能力。这些新的要求都提高了治多县扶贫开发工作的实施难度。

---

① 这意味着扶贫对象将由绝对贫困人口转向低收入人口。虽然治多县的贫困牧民已经基本解决温饱，但是解决温饱的水平尚低，这部分低收入人口的抗风险能力极低，继续提高或维持其生产能力、生活水平的努力步履维艰，一旦遭遇较严重的自然灾害、重大或者慢性疾病、未预期的市场波动等经济、自然不利因素的冲击，其经济生活就可能濒临崩溃，将重新陷入朝升暮合的深度贫困之中。

因此，针对以往扶贫开发中存在的问题，以及进入新阶段后面临的新形势、新难点，我们认为，治多县的扶贫开发工作需要着重注意以下几点。

第一，产业开发要与生态环境保护相结合。在扶贫开发中，有大量的产业开发项目，这对于提高贫困牧民的就业范围和收入，是毋庸置疑的。但只有改善了牧区生态环境，才可能改善牧民的生产、生活环境，从而提高牧民的收入水平而实现稳定脱贫。

第二，扶贫开发要与防灾避灾相结合。自然灾害频发是导致治多县牧民贫困脆弱性的主要原因。目前单家独户的牧业生产，势单力薄，很难规避自然灾害的风险。在扶贫开发过程中，要加强合作化生产经营，加强畜牧业养殖的基础设施，以减少自然灾害的冲击。

第三，开发扶贫要与社会保障制度建设和完善相结合。这一点已经成为国内外学术界的普遍共识。① 治多县牧区的贫困具有整体性、民族性、脆弱性特征，且长期性贫困占主体，暂时性贫困比例高的特征，因此，进一步加强社会保障应该是解决贫困的重要途径。一方面，目前治多县的开发式"造血"扶贫只适合有开发能力的贫困牧民，对于那些不具有开发潜能的贫困牧民，则必须还需要辅以救济性扶贫为保障，才能保证所有贫困人口都能得到扶贫覆盖。五保供养、最低生活保障制度是直接解决缺乏劳动能力的最贫困的那一部分人的生活的，对反贫困具有重要的兜底作用。另一方面，治多县地方病高发，"因病致贫""因病返贫"成为现在牧民面临的主要风险之一。虽然治多县自2003年以来实施了新农合，但由于近年来新农合实施过程中存在的一些问题，现在新农合的实施举步维艰，这更加大了牧民"因病致贫""因病返贫"的风险。此外，治多县自然灾害频发，灾害救助不足也是治多县贫困发生率高的重要原因。目前，治多县生态环境好转，雪豹、棕熊、野狼开始在牧区出没，这些野生动物

① See Jyosna Jalan, Martin Ravallion, "Transient Poverty in Post Reform Rural China", *Journal of Comparative Economics*, No. 26, 1998, pp. 338 – 357; " Is Transient Poverty Different? Evidence for Rural China", *Economic Mobility and Poverty in Development Countries*. No. 3, 2002, pp. 82 – 100; Armando Barrientos, David Hulme, Andrew Shepherd, " Can Social Protection Tackle Chomic Poverty", *The European Journal of Development's Research*, No. 3, 2005, pp. 8 – 23.

常常攻击牧民的牛、羊、房屋，成为另一种形式的自然灾害，给贫困牧民造成很大的生产资料、物资财产的损失，缺乏相应的保险机制来保障牧民的生命财产安全。

第四，新时期治多县的扶贫工作方向应由单纯的经济发展向经济和社会统筹发展转型。在治多县较为贫困的高寒牧区，科教文卫事业发展相对滞后，低收入群体的文化观念和生产生活理念不适应新的社会经济发展形势，生产和经营能力薄弱。因此，扶贫工作的统筹发展，就是要超越以家庭的货币收入、行政村的人均货币收入等一元经济指标来衡量贫困户、贫困村的发展情况，而要在致力于帮助贫困户增收、提高贫困村经济发展水平的同时，大力发展贫困村的科教文卫事业，整合扶贫项目，协调经济和社会的同步发展，促进经济发展和社会文化发展之间的共振。扶贫开发的社会统筹发展也要体现在各乡各村之间，亦即要相对平衡在离县城较近的乡、村和较偏远的乡、村之间的扶贫开发投入，消减扶贫开发在县域内的不平衡。总之，扶贫开发的社会统筹要有利于提高贫困人口和贫困村的内生发展能力，这既有利于贫困村的长期发展，也有利于提升贫困人口的自我发展能力。实际上，这也符合国际上基于人类福祉测量对扶贫工作开展提出的新要求，即不单单关注扶贫项目对受助对象的直接的、当期的物质收入的提高作用，也关心扶贫项目对受助对象的社会资本和能力的远期改善作用，还关注受助对象对生产生活方式嬗变的主观评价。[1]

---

[1] J. A. McGregor, "Researching Human Wellbeing: From Concepts to Methodology", in I. Gough and J. A. McGregor (eds.), *Wellbeing in Developing Countries: New Approaches and Research Strategies*, Cambridge University Press, 2007.

第九章 新疆乌恰：半农半牧地区的扶贫开发实践

乌恰县是一个半农半牧县，但牧业相对更重要。2013 年，乌恰县有农耕地 35700 亩，牧草地 21835 亩。由于农耕地质量差，农业产出不能与牧业产出相比，2013 年该县农牧业产值结构中，林业产值占 1.89%，农业产值占 26.97%，牧业产值占 63.97%。该县贫困问题较为严重，是南疆三地州①集中连片特殊困难地区的最贫困县之一。大力推进乌恰县经济社会发展和扶贫攻坚工作，摆脱贫困面大的困境，关系到乌恰县全面建成小康社会目标的实现，也关系到新疆与全国同步建成全面小康社会目标的实现，具有重大的现实意义和历史意义。本专题主要分析新时期乌恰县农牧区贫困的特征及影响因素，探索加快乌恰县农牧区反贫困进程的基本路径。

一 乌恰县农牧区贫困现状与特征

（一）乌恰县概况

乌恰县位于塔里木盆地西端、帕米尔高原东部，这里是天山与昆仑山

---

① 位于塔克拉玛干沙漠西南缘的和田地区、喀什地区、克孜勒苏柯尔克孜自治州合称南疆三地州，是新疆农村贫困人口集中的地区，该区域的贫困人口占全新疆贫困人口的 80%，国务院将该三地州划定为一个集中连片特殊困难地区。乌恰县属于克孜勒苏柯尔克孜自治州（以下简称克州）管辖。

两大山系的结合部，山高峰险，四季积雪，冬季严寒而漫长，夏季凉爽而短促，年平均气温 6.5℃，属中温带大陆性荒漠气候，并具有山地气候特征。县内西北部平均年降水量为 220.3 毫米，中部为 162.8 毫米，东部为 112.4 毫米，具有典型的干旱大陆性水文特征。全县水资源总量为 21.46 亿立方米，其中地表水 21.05 亿立方米，地下水 0.41 亿立方米；人年均占有水量为 49633 立方米，仅及世界人年均水量的警戒线水平。由于热量资源较缺，该县不能生产喜温作物，只能生产耐寒作物。该县还是中国最西部的边境县，西、北部与吉尔吉斯斯坦接壤，边境线 485 公里，境内有吐尔尕特和伊尔克什坦两个国家级一类对外开放口岸，是中国连接中亚、西亚的纽带和对外开放的桥头堡。

全县总面积为 2.2 万平方公里，其中山地、戈壁、荒滩占总面积的 99.8%；有耕地 35700 亩，人均耕地 0.61 亩，是全疆人均耕地面积的 1/6；有牧草地 21835 亩，但天然草场植被稀少，多为荒漠化草场，且由于过度放牧，退化严重。[①]

2013 年，乌恰县有人口 59948 人，其中农牧业人口 32389 人，占总人口的 54.03%；非农牧业人口 27559 人，占总人口的 45.97%。县内有柯尔克孜、汉、维吾尔等 11 个民族，少数民族人口占总人口的 88.13%。乌恰县的主体民族是柯尔克孜族，其人口占总人口的 70.93%；其次是维吾尔族和汉族，两族人口分别占总人口的 16.58% 和 1.87%。[②]

乌恰县矿产资源丰富。金属矿主要有铁、铜、金、铅、锌，非金属矿主要有煤、石油、天然气、磷、陶土、天青石、石膏等，其中储量较多的是煤、铁、石膏。乌恰县耕地稀少，土壤贫瘠，由于地震、冰雹、干旱、洪水等自然灾害频发，乌恰县生态环境极其脆弱，限制了很多行业的发展，在 2000 年以前，该县经济社会发展比较缓慢。

进入 21 世纪以后，乌恰县经济发展进入快车道，主要是工业经济持续快速增长。2000~2013 年，乌恰县生产总值从 1.11 亿元增长到 15.65 亿元，按可比价计算，年均增长 16.73%，不仅高于同期全疆平均增速

---

① 乌恰县统计局编《乌恰县领导干部手册》（2014 年）。
② 乌恰县统计局编《乌恰县领导干部手册》（2014 年）。

6.4 个百分点，还高于全国平均增速近 7.1 个百分点。① 不过，乌恰县经济发展起点低，2013 年 GDP 在全疆 68 个县（自治县）的排序仍处于第 48 位。② 随着经济发展加速和自我发展能力增强，乌恰县的财政收入和财政支出逐年增长，财政自给率也逐年提高。2000～2013 年，乌恰县地方财政收入、地方财政支出分别从 478 万元、5124 万元增长到 23081 万元、124822 万元，按当年价计算，年均增长率分别为 1.35%、1.28%。财政自给率从 9.3% 上升到 18.5%。但由于发展起点低，2013 年乌恰县的财政自给率还远远低于全疆 36.79% 的平均财政自给率。③ 随着经济快速发展，乌恰县农牧民收入水平不断提高。2000～2013 年，乌恰县农牧民家庭人均纯收入从 1115 元增长到 4356 元，按当年价计算，年均增长 11.05%。

但是，与整个新疆以及全国水平相比，乌恰县农牧民的收入水平和增长速度还是相对偏低的。按当年价格计算，2000～2013 年，新疆地区农牧民家庭人均年纯收入的年均增幅为 12.28%，全国农村居民家庭人均年纯收入的年均增幅为 11.14%，都略高于乌恰县农牧民家庭的人均年纯收入的年均增幅；2000 年，乌恰县农牧民家庭人均纯收入相当于新疆农村居民家庭人均纯收入的 68.91%；到 2013 年，这一比率在波动中下降为 59.70%。④

---

① 全国和新疆 1999～2012 年数据来自国家统计局网站"国家数据"，2013 年数据来自《中国统计摘要·2014》；2013 年之前克州数据来自克州统计局编《克孜勒苏统计年鉴·2013》，2013 年数据来自许咸宜《克州经济发展分析报告》，http://www.xjkz.gov.cn/ccd67880 – 2c3f – 4dcd – b619 – 3034977217a4_ 1.html，最后访问日期：2017 年 3 月 19 日；乌恰县数据来自乌恰县人民政府办公室、乌恰县发展计划统计委员会编《乌恰县社会经济统计资料五十年（1954～2004）》以及乌恰县统计局编《乌恰县领导干部手册》（2007～2014 年）。这里根据相关数据进行了整理和计算。

② 新疆统计局编《新疆统计年鉴（2014）》，中国统计出版社，2014；乌恰县人民政府办公室、乌恰县发展计划统计委员会编《乌恰县社会经济统计资料五十年（1954～2004）》；《乌恰县领导干部手册》（2007～2014 年）。这里根据相关数据进行了整理和计算。

③ 国家统计局网站"国家数据"；新疆统计局编《新疆统计年鉴（2014）》，中国统计出版社，2014；乌恰县人民政府办公室、乌恰县发展计划统计委员会编《乌恰县社会经济统计资料五十年（1954～2004）》；乌恰县统计局编《乌恰县领导干部手册》（2007～2014 年）。这里根据相关数据进行了整理和计算。

④ 国家统计局网站"国家数据"；新疆统计局编《新疆统计年鉴（2014）》，中国统计出版社，2014；乌恰县人民政府办公室、乌恰县发展计划统计委员会编《乌恰县社会经济统计资料五十年（1954～2004）》；乌恰县统计局编《乌恰县领导干部手册》（2007～2014 年）。这里根据相关数据进行了整理和计算。

相对于全国和整个新疆而言，乌恰县农牧区的贫困问题也更加严重。2013 年，全县有 9 个乡 2 个镇 8 个居委会 34 个村，其中 9 个乡都是自治区定重点贫困乡，34 个村中的 25 个村是国定重点贫困村。全县共有贫困户 4577 户，贫困人口 17971 人，贫困发生率高达 55.48%，比同年全国农村平均贫困发生率高出 46.98 个百分点，比民族八省区农村平均贫困发生率高出 29.88 个百分点。①

综上所述，乌恰县是地域大县、人口小县、资源富县、经济穷县、贫困大县、边防大县、战略重县。乌恰县虽然地域大，但是有地无土、有场无草、有山无林，且自然生态环境十分脆弱，灾害频繁；乌恰县人口总量规模小，少数民族人口比例高；乌恰县资源丰富，但受到现有生态、环境条件制约；经济穷县，表现在经济发展起点低，经济总量小，人均量更小；贫困大县，不仅表现为贫困面广、贫困程度深、难脱贫，还表现为贫困人口的生计能力脆弱性强，他们容易返贫，一方水土难养一方人；边防大县，是指乌恰县有长达 485 公里的边境线；战略重县，表现在乌恰县境内有吐尔尕特和伊尔克什坦两个国家级一类对外开放口岸，是中国连接中亚、西亚的纽带和对外开放的桥头堡。纵向看，21 世纪以来乌恰县经济社会持续快速发展，人民生活水平不断提升，贫困程度有所降低。横向看，乌恰县的经济发展水平还处在新疆 68 个县（自治县）的第 48 位，是全国贫困问题最严峻的县之一。

（二）乌恰县农牧区贫困现状与特征

本章以下部分将利用"21 世纪初中国少数民族地区经济社会发展综合调查"中的乌恰县抽样调查数据进行定量分析，利用"新疆克孜勒苏柯尔克孜族自治州乌恰县经济社会发展综合调查"课题组 2014 年 7～8 月在乌恰县调研时获得的文献资料、农户深度访谈资料进行质性考察，在此基础上综合研究乌恰县农村贫困的现状及特征。

"21 世纪初中国少数民族地区经济社会发展综合调查"项目在乌恰县

---

① 根据《乌恰县领导干部手册》（2014 年）、国家民委经济发展司编《2013 年民族地区农村贫困情况》的相关数据整理计算，http://www.seac.gov.cn/art/2014/4/21/art_151_203095.html，最后访问日期：2017 年 3 月 19 日。

抽取了乌恰镇、黑孜苇乡的 8 个村（居委会）392 户作为入户调查样本。据乌恰县统计局编《乌恰县领导干部手册（2014 年）》，2013 年乌恰县有 2 个镇 9 个乡 8 个居委会 34 个村，分布在 2.2 万平方公里的土地上，9 个乡的人口密度为每平方公里 0.64 ~ 2.6 人，各乡人口的实际居住分布也同样分散，这给入户问卷调查带来很大的困难。此次调查选取了县城乌恰镇和离县城较近的黑孜苇乡作为调查点，分别代表乌恰县的城镇与农村，当然，这是在现实情况下做出的次优选择。① 调查问卷的内容涉及被访户的经济社会特征以及就业、收入和消费状况，也包括被访户中接受访问的个人对当地的资源环境状况、生态保护工作、公共服务以及政府管理的认知和评价等内容，为我们了解、分析乌恰县贫困状况和特征提供了重要的实证数据。

如上所述，乌恰县的县情是地域大县、人口小县、资源富县、经济穷县、贫困大县、边防大县、战略重县等多重面相的复合。从这样一种独特的县情出发，我们的实地调研表明，乌恰县农牧区的贫困同样有着多重特征。

1. 乌恰县农牧区贫困的整体性和长期性

乌恰县农牧区贫困具有整体性。这突出表现在，一方面，乌恰县农牧区仍有超过一半的人口处于贫困状态，直到 2013 年，贫困发生率仍然高达 55.48%，并且始终远高于全国农村的贫困发生率（见图 9-1）；另一方面，贫困分布十分广泛，在全县 34 个行政村中，光是自治区确定的贫困村就有 25 个，所占比重达到 73.5%，亦即接近 3/4 的行政村是自治区定贫困村。此外，实际上在其他行政村，仍有相当比例的农牧民也是贫困的。同时，乌恰县农牧区的贫困也具有长期性。据统计，2004 年，乌恰

---

① 乌恰镇为乌恰县人民政府所在地，2013 年有 13450 人，其中柯尔克孜族占 48.43%，维吾尔族占 16.11%，汉族占 33.97%，其他民族占 1%，全镇有行政事业单位 83 个。黑孜苇乡位于乌恰县中部，距县城 7 公里，交通比较便利。由于黑孜苇乡地处盆地，土层深厚，肥力较好，是乌恰县境内重要的农业区，畜牧业也是其重要的经济支柱。因此，黑孜苇乡是乌恰县比较好的农牧业结合乡。2013 年，黑孜苇乡人口 7017 人，其中柯尔克孜族占 71.33%（全县柯尔克孜族人口占比为 70.93%），农牧民人均纯收入为 4480元（全县农牧民人均纯收入为 4356 元），在 9 个乡中位于第 3 位，经济水平属于中等偏上状况。参见乌恰县统计局编《乌恰县领导干部手册》（2014 年）。

县农牧区的贫困发生率是 59.18%，到 2013 年下降为 55.48%，十年间仅下降 3.7 个百分点（见图 9 - 1），可见，乌恰县农牧区的贫困已经成为一种长期性的顽症。需要说明的是，在图 9 - 1 中，2011 年的贫困发生率超高，其原因是当年国家提高了农村扶贫标准，使得一部分原本非贫困的人口在新的标准下成为贫困人口（扶贫对象）。

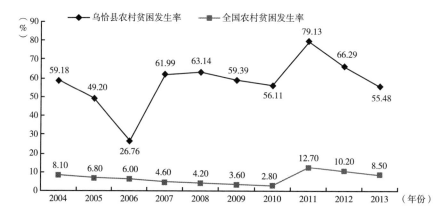

图 9 - 1　乌恰县农牧区贫困发生率及与全国农村贫困发生率比较

资料来源：乌恰县数据根据 2005 ～ 2014 年乌恰县统计局编《乌恰县领导干部手册》整理计算；全国数据中 2004 ～ 2008 年数据根据国家统计局住户调查办公室编《中国农村贫困监测报告·2011 年》的相关数据计算整理；2009 ～ 2013 年数据来自国家民委经济发展司编《2013 年民族地区农村贫困情况》，http://www.seac.gov.cn/art/2014/4/21/art_151_203095.html，最后访问日期：2017 年 3 月 15 日。

乌恰县农牧区的贫困具有整体性和长期性的原因是多方面的，而恶劣并且脆弱的自然生态环境是其中最主要的原因。乌恰县地处塔克拉玛干沙漠西南缘，自然生态条件恶劣，属于国家四大生态脆弱地带之一，在国际上也属于最差生存区域。[①] 这是乌恰县的基本县情，也是乌恰县呈整体、长期贫困的主要原因。其一，乌恰县地质构造复杂，新构造运动强烈，许多断层长期活动，导致区内地震频率高，强度大。据克州地震局统计，从 1903 年至 2012 年，乌恰县境内及附近发生 4.7 级以上地震 89 次。受地震影响，房屋倒塌，地面开裂、坍塌、滑坡、泥石流、地面塌陷等地质灾害

---

① 新疆维吾尔自治区党委政策研究室课题组编著《新疆贫困状况及扶贫开发》，新疆人民出版社，2010，第 103 页。

也相继发生。据不完全统计，到 2012 年末，乌恰县已发生地质灾害 49 起，造成 3 人死亡，直接经济损失超过 1200 万元，受威胁人口 1350 人。地质灾害不仅破坏道路、桥涵、农田、草场、水渠等，还直接威胁到农牧民生命及房屋、牲畜等财产安全，[①] 这样，一旦发生地质灾害，受影响的农牧民极易陷入贫困。其二，乌恰县面积中山地占 97.6%，除了县城所在地乌恰镇主要为平原外，其他乡（镇）主要为山区。大部分乡地处高寒山区，高山环绕，气候不仅寒冷还复杂多变，除了地震高发，冰雹、大风、霜冻、浮尘、暴雨、干旱等自然灾害也频发，属于生态环境脆弱地区。其三，特殊的生态、自然地理环境，使得乌恰县农牧区产业主要以传统畜牧业为主。相对农耕，传统畜牧业更依赖自然生态环境，脆弱的生态环境使得畜牧业生产同样脆弱，牧民靠天吃饭，缺乏抵御自然灾害的能力，丰年温饱，灾年返贫，循环往复。因此，可以说，生态环境脆弱是乌恰县农牧区整体、长期贫困并不易脱贫的主要原因。

从我们的问卷调查结果看，虽然乡镇一级的样本点选在县城和附近的乡，但在被调查的农牧户中，仍有 84.5% 的人家居住在山区，居住在平原地区的仅占 15.5%。而其中的贫困农牧户，更是集中居住在生态环境脆弱的山区地带，所占比重达到 97.0%。

2. 乌恰县农牧区贫困的分布存在民族差异和区域差异

乌恰县农牧区的贫困现象，比较集中地发生在少数民族当中，具有一定程度的民族性特征。柯尔克孜族世代居住在乌恰县，成为乌恰县的主体民族。据统计，2013 年，乌恰县总人口为 59948 人，其中柯尔克孜族为 42520 人，占 70.93%。在乌恰县一些乡镇，柯尔克孜族人口占比几乎达到 100%，例如，乌鲁克恰提乡的柯尔克孜族人口占比达到 99.95%。柯尔克孜族人口中的贫困人口数量多一些，是不难想象的。

在官方统计数据中，我们没有查阅到乌恰县农牧区贫困人口的民族分布数据，这里利用上述抽样问卷调查数据进行简要的分析（见表 9-1）。表 9-1 数据的分析单位是农牧户，而不是农牧民个人，因此，该分析结果与以个人为单位的分析结果会有所不同，但也多少反映了部分事实。从

---

① 新疆乌恰县人民政府：《新疆乌恰县地质灾害防治规划（2013~2020 年）》，2013。

表9-1看，汉族内贫困农户比重显著低于总体中的贫困户比重，而维吾尔族内部贫困户比重则明显高于总体中贫困户比重，柯尔克孜族内部贫困户比重倒是仅比总体中贫困户比重高1.89个百分点。再从被访农牧户中的贫困户的族际分布情况来看，除了汉族被访农牧户占总体的比重高于该族被访贫困户占全部被访贫困户的比重外，维吾尔族和柯尔克孜族的被访农牧户在总体中所占比重均低于两族被访贫困农牧户在全部被访贫困户中所占的比重。这些结果表明，乌恰县农牧区的贫困现象更多地集中在少数民族农牧户中，当然，相对而言，这种民族差异并不是特别突出。

表9-1 乌恰县农牧区贫困的族际分布与族内分布

单位：户，%

民族	被访农牧户的族际分布		被访贫困农牧户的族际分布		族内贫困户比重
	被访户数	比重	贫困户数	比重	
汉族	30	17.65	8	12.12	26.67
维吾尔族	27	15.88	12	18.18	44.44
柯尔克孜族	113	66.47	46	69.70	40.71
总体	170	100.00	66	100.00	38.82

注：数据来自"21世纪初中国少数民族地区经济社会发展综合调查"项目乌恰县入户问卷调查数据。以后凡是使用到该项调查数据的，不再注明。

与此同时，乌恰县的农牧区贫困分布还存在区域差异。首先，实地考察表明，在乌恰县不同乡之间，农牧户贫困发生率是不同的。其次，不仅如此，即便在同一个乡镇之内的不同行政村之间，贫困发生率也有着显著的差异。以乌恰县黑孜苇乡为例，从表9-2的数据看，该乡的六个行政村可以按贫困发生率分成三类，其中的阿依布拉克村是一类，贫困发生率最高，到2013年时仍然高达60.4%，减贫的速度也比较慢，4年时间中贫困发生率仅仅降低了4.4个百分点。叶克铁列克村和康西湾村是一类，其村内贫困发生率大致相同，比阿依布拉克村的贫困发生率低了约20个百分点，比其他三村的贫困发生率高出10~16个百分点；两个村的减贫速度都比较快，都在4年时间内降低了约20个百分点的贫困发生率。其余三个村为第三类，其村内贫困发生率均显著低于上述三村，减贫速度各有差异，4年内贫困发生率分别降低15.3个、11.5个和5.3个百分点。

表 9 - 2　乌恰县黑孜苇乡各行政村贫困发生率比较

单位：%

年　份 村　名	2010 年	2011 年	2012 年	2013 年
阿依布拉克村	64. 8	62. 5	61. 5	60. 4
叶克铁列克村	57. 6	53. 7	46. 4	39. 9
康西湾村	58. 8	52. 5	46. 8	39. 8
库拉热克村	44. 4	39. 6	32. 1	29. 1
江结尔村	40. 1	35. 8	33. 7	28. 6
坎久干村	29. 7	27. 7	26. 5	24. 4

注：根据乌恰县黑孜苇乡民宗委统计表格（内部材料）整理计算。

3. 乌恰县贫困人口依然量大面广，减贫成效呈现不稳定变化特征

由于受历史原因和自然环境制约，乌恰县基本处于"有地无土，有场无草，有山无树"的状况，经济基础薄弱，贫困问题严峻，1986 年就被国务院和新疆维吾尔自治区（本章以下部分简称为自治区）列为重点扶持的贫困县。据乌恰县县志记载，1990 年底，按当年人均收入 250 元的贫困线①测量，全县有贫困户 238 户，贫困人口 1310 人，占当年农业人口的 5.48%。1994 年乌恰县制定《乌恰县"八七"扶贫攻坚计划》，在

---

① 1990 年乌恰县将农村贫困线定为 250 元，是低于当年全国的绝对贫困标准（300 元）的。全国绝对贫困标准本身就是低标准，乌恰县贫困标准比当年全国绝对贫困标准低 50 元，这说明乌恰县 1990 年的贫困标准是相当低了。下面说明中国扶贫实践中贫困线及其确定方式。中国的农村贫困标准有两条，其一是绝对贫困标准，其二是低收入标准。从测算方法看，绝对贫困标准是一种生存标准或极端贫困标准，低收入标准是一种温饱标准，这两条贫困标准均代表了特定的生活水平。从相对与绝对的概念看，都属于绝对贫困范畴。在中国的扶贫实践中，是按照马丁法估计的农村绝对贫困线，1984 年农村绝对贫困线为家庭人均年收入 199.6 元，此后根据物价指数逐年调整，1990 年、1995 年分别调整为 300 元、530 元，1998 年、1999 年分别调整为 635 元和 625 元，2001 年为 670元。2000 年，新疆根据本自治区农牧民的饮食结构、冬季时间长等因素，将贫困线调整到比全国标准略高，如农村绝对贫困标准高于国家标准 35 元，低收入标准高于国家标准 5 元，为 870 元。另外，2007 年以前，中央政府一直采用绝对贫困标准作为扶贫工作标准，用于确定扶贫对象、分配中央扶贫资金，低收入标准在一些较发达地区作为地区扶贫工作的参考依据。2008 年，根据十七大关于"逐步提高扶贫标准"的精神，我国正式采用低收入标准作为扶贫工作标准，用低收入标准衡量的贫困规模和程度成为分配中央扶贫资金及低保资金的重要依据。国家统计局住户调查办公室编《中国农村贫困监测报告·2011 年》，中国统计出版社，2012，第 11 页；阿班·毛力提汗等：《新疆农村贫困问题研究》，新疆人民出版社，2006，第 23～26 页。

中央、自治区以及社会多方力量的共同扶持和帮助下，在乌恰县人民的不懈努力下，乌恰县扶贫开发取得很大成就，据乌恰县县志记载，1994～2000 年，共使 1380 户 6128 人脱贫（见表 9 – 3），成绩显著。但由于乌恰县因病返贫、因灾返贫现象比较严重，随着贫困标准逐年上调，尤其是从2007 年后开始实施全国低收入贫困标准，贫困人口规模大幅提高，贫困人口及贫困发生率呈现波动变化（见图 9 – 1）。2013 年，乌恰县 9 个乡均为重点贫困乡，34 个村中有 25 个村为重点贫困村，共有贫困户 4577户，贫困人口 17971 人，贫困发生率为 55.48%，可以说乌恰县贫困人口依然量大面广。

表 9 – 3　1990～2010 年乌恰县贫困人口脱贫趋势

单位：户，人

年份	脱贫户数	脱贫人数	年份	脱贫户数	脱贫人数	年份	脱贫户数	脱贫人数
1990	71	296	1997	116	487	2004	1222	5329
1991	137	934	1998	109	518	2005	260	1012
1992	159	810	1999	262	1359	2006	271	1211
1993	85	365	2000	312	1310	2007	90	405
1994	125	525	2001	526	2209	2008	115	535
1995	186	781	2002	382	1604	2009	150	675
1996	270	1150	2003	1000	2048	2010	168	725

注：转引自乌恰县地方志编纂委员会编《乌恰县志（1990～2010 年）》，终审稿。

从前述图 9 – 1 可以看出，2004～2013 年乌恰县贫困人口、贫困发生率变化情况可以分三个阶段考察。2004～2006 年是第一阶段，其间乌恰县贫困人口逐年减少，贫困发生率逐年降低，贫困发生率与全国的差距也在逐年减小，说明这一阶段乌恰县扶贫效果显著。2007～2010 年为第二阶段，其间乌恰县贫困人口从 2007 年突然大幅提高，然后波动中有所缩小，贫困发生率同样从 2007 年突然大幅提高，然后波动降低。说明这一阶段，相对全国贫困水平，乌恰县的贫困状况有所恶化。2011～2013 年是第三阶段，2011 年由于国定农村贫困线大幅提高到 2300 元（2010 年不变价），乌恰县贫困人口大幅增加到 25650 人，随后逐年降低；相应地，贫困发生率在 2011 年达到超高的 79.13%，然后逐年降低，贫困发生率与全国的差距也逐年缩小。说明这一阶段乌恰县扶贫成果显著，并得到一定程度的巩固。概言之，由于乌恰县农牧区脆弱的生态环境及脆弱的农牧业，农牧民受自然灾害和农牧产品市场波动的双重压力冲击较大，在风调雨顺和农牧产品尤其是畜产品价格平稳年景，农牧民贫困程度就有较大缓解，贫困发生率就会降低；如果遭遇自然灾害或农牧产品价格下降，因灾返贫、因市场波动导致收入减少而返贫的农牧民就会增多，贫困人口就会增加，贫困程度也会加剧。因此，乌恰县农牧区贫困呈现波动、不稳定变化特征。

4. 乌恰县农牧区基础设施和公共服务不足

乌恰县农牧区基础设施和公共服务严重不足，农牧民生产、生活条件差，反过来又影响农牧业发展。到我们在乌恰县开展实地调研之时，乌恰县农牧区水利、交通等基础设施仍然薄弱，缺乏控制性水利工程，全县尚有 3 个乡 10 个村未被电网覆盖到，尚有 20 个牧民定居点不通电话，有 2.54 万农牧民的饮水不安全，有 1 个乡 15 个村不通柏油路，其中 5 个村常年道路不畅。部分贫困群众还存在就医难、上学难、社会保障水平低等困难。①

从我们的问卷调查数据分析结果来看，全部被访农牧户家庭住处与最近县城之间的距离平均为 7.27 公里，其中贫困户住处与最近县城的平均距离是 10.97 公里；全体被访农牧户家庭住处与最近小学校之间的距离平均为 1.30 公里，其中贫困户的平均距离是 2.16 公里；全体被访农牧户住处与最近邮电所之间的距离平均为 4.53 公里，其中贫困户的平均距离是 5.46 公里；全部被访农牧户与最近储蓄网点之间的距离平均为 0.53 公里，其中贫困户的平均距离为 0.87 公里。相对于非贫困户来说，贫困户更加远离城镇、学校、邮电所、金融服务网点。其他公共服务的供给情况与此类似，从表 9-4 看，除了供水情况外，其他公共服务的供给水平有些偏低，而且同样除了供水情况外，供电服务、电视电信服务、网络服务以及交通客运服务供给对贫困户的可及性明显低于对非贫困户的可及性。

① 乌恰县扶贫开发办公室：《新疆维吾尔自治区克孜勒苏柯尔克孜自治州乌恰县区域发展与扶贫攻坚实施规划（2011～2015 年)》，2013。

表9-4　乌恰县被调查农牧户的公共服务可及性

单位：%

公共服务		总体	贫困户	非贫困户
本社区自来水供应普及率	有自来水且全年正常供水	80.3	84.9	68.7
	有自来水但经常停水	19.7	15.1	31.3
	没有自来水	0	0	0
本社区供电情况	从不停电或极少停电	64.8	65.7	73.6
	有时停电,不频繁	29.0	34.3	26.4
	经常停电	6.2	0	0
本社区电视、网络(手机)信号情况	较好	79.8	58.2	88.7
	一般	20.2	41.8	11.3
本社区宽带网络接入情况	有	80.3	68.7	84.9
	没有	19.7	31.3	15.1
本社区是否有通向外面的公共汽车(客运,包括小型私人客运)	有	80.3	68.7	84.9
	没有	19.7	31.3	15.1

总而言之，与非贫困户相比，贫困户更加集中地分布在基础设施薄弱、公共服务不足、基本生产生活条件差的社区。

5. 贫困农牧民家庭人口规模大、劳动力负担更重

我们的问卷调查结果表明，2013 年，乌恰县被调查农牧户的家庭人口平均为 4.22 人，同期全国农村住户平均人口数为 2.98 人，[1] 前者是后者的 1.42 倍；乌恰县被调查农牧户的家庭总抚养比平均为 68.75%，同期全国农村住户的家庭总扶养比平均为 35.30%，[2] 前者是后者的 1.95 倍。可见，与全国农村住户的平均情况相比，乌恰县农牧户的家庭人口规模更大，劳动力的负担也更重。

调查数据还显示，与乌恰县农牧区非贫困户相比，贫困户的家庭人口规模更大，家庭劳动力的抚养负担更重。具体来说，2013 年，乌恰县被访贫困户的家庭人口规模平均为 5.39 人，而非贫困户的家庭人口规模平均为 3.50 人，前者是后者的 1.54 倍。同期，被访贫困户的家庭抚养系数平均为 88.54%，而非贫困户的家庭抚养系数平均为 47.57%，前者是后

---

① 国家统计局：《中国统计年鉴 (2014)》，中国统计出版社，2014。

② 国家统计局：《中国统计年鉴 (2014)》，中国统计出版社，2014。

者的1.86倍。概言之，乌恰县贫困农牧户显著具有家庭人口多、家庭负担重的特征。

6. 农牧区经济发展资源匮乏，且存在区域差异

经济发展资源是一个地方发展和减少贫困现象的重要基础。乌恰县农牧区经济发展资源匮乏，一方面表现为在全县2.2万平方公里的总面积中，山地、戈壁、荒滩占总面积的99.8%。另一方面，在可供利用的土地面积中，荒漠性草场近1600万亩，耕地不足3万亩。因此，乌恰县农牧区的特征是"有地无土、有场无草、有山无林"，匮乏的可耕地、草场资源，造成农牧业经济发展缓慢，主要依赖农牧业生产的农牧民收入水平较低。

乌恰县地域较广，各乡自然地理条件不同，生产条件不同，经济发展水平、贫困程度也不同。即使是在同一个乡，各村在土地、草地、人力资源等生产条件不同的状况下，其经济发展水平、农牧民收入及贫困程度方面也存在一定的差异。我们仍然以黑孜苇乡为例（见表9-5），可以看到，各村在人均耕地、人均草地、劳动力等方面都存在一定差异，这也使得各村的农牧民人均纯收入也存在一定差异。

表 9 - 5　乌恰县黑孜苇乡各村生产条件比较

村庄	年份	人均耕地（亩）	人均草地（亩）	年末总人口数（人）	劳动力总人数（人）	外出务工劳动力占比（%）	劳务输出总收入（万元）	农牧民人均纯收入（元）
阿依布拉克村	2010	1.1	155.2	997	300	93.33	290	2200
	2011	1.0	149.6	1034	315	89.84	300	2800
	2012	1.0	147.4	1050	320	90.63	310	3450
	2013	1.0	144.7	1069	354	84.75	350	4450
江结尔村	2010	3.7	0.6	324	200	60.00	200	2500
	2011	3.6	0.6	335	230	65.22	210	3000
	2012	3.5	0.6	341	224	73.66	221	3500
	2013	3.4	0.6	357	231	82.25	230	4500
坎久干村	2010	1.1	21.4	1076	575	34.80	260	2400
	2011	1.1	21.2	1085	609	46.00	290	2900
	2012	1.1	21.1	1091	613	53.80	310	3400
	2013	1.1	20.8	1107	711	52.00	320	4400

续表

村庄	年份	人均耕地（亩）	人均草地（亩）	年末总人口数（人）	劳动力总人数（人）	外出务工劳动力占比（%）	劳务输出总收入（万元）	农牧民人均纯收入（元）
康西湾村	2010	1.2	21.4	1072	355	45.10	160	4400
	2011	1.2	21.2	1086	400	50.00	205	4400
	2012	1.2	21.1	1097	432	60.20	270	4400
	2013	1.1	20.8	1132	459	65.40	320	4400
库拉热克村	2010	1.6	13.3	1398	430	81.60	600	2400
	2011	1.7	12.5	1487	462	75.50	950	2800
	2012	1.8	11.3	1644	493	78.30	980	3500
	2013	1.8	11.3	1648	500	80.00	1000	4500
叶克铁列克村	2010	1.5	16.7	1078	320	93.80	300	2259
	2011	1.5	16.4	1097	332	90.40	300	2550
	2012	1.5	16.3	1105	335	95.50	350	3450
	2013	1.5	15.9	1127	337	94.70	370	4400

注：根据乌恰县黑孜苇乡民宗委统计表格（内部材料）整理计算。

二 乌恰县扶贫开发的成效和问题

1986 年就被国家和自治区定为贫困重点县的乌恰县，自国家大规模实施扶贫开发以来，坚持开发式扶贫的大方针，着眼于稳定脱贫，实施了一系列扶贫开发项目，扶贫工作取得了一定成效。

（一）乌恰县的扶贫开发实践

乌恰县的扶贫开发历程和国家、自治区基本保持一致，也经历了四个阶段，目前进入第五阶段。第一阶段是依靠体制改革推动反贫困阶段（1978～1985 年）；第二阶段是大规模开发式扶贫阶段（1986～1993 年）；第三阶段是扶贫攻坚阶段（1994～2000 年）；第四阶段是扶贫工作综合推进阶段（2001～2010 年）；第五阶段是全面建成小康社会扶贫攻坚新阶段（2011～2020 年）。[1]

---

① 刘小珉：《滇桂黔石漠化区扶贫开发成效研究》，《云南农业大学学报》2014 年第 5 期。

"十一五"时期以来，乌恰县根据国务院扶贫办制定的"一体两翼"扶贫开发战略，紧紧围绕解决贫困人口温饱和增加贫困人口收入这一目标，按照"一个瞄准，三个重点"的工作思路，坚持以贫困村为主战场，以贫困户为主要对象，以整村推进、产业化扶贫和贫困劳动力培训为重点，努力改善贫困地区农村基础设施，提高贫困人口综合素质，提振其自我发展能力，以最终实现解决贫困村民温饱并逐步实现脱贫致富为社会的共同理想。遵循这样一些原则和理念，乌恰县实施了一系列扶贫工程。

1. "整村推进"扶贫工程

乌恰县贫困山村的经济社会比较落后，尤其是在 15 个边境贫困村和 10 个山区贫困村，很多村民长期处于贫困状态。为了改善贫困村的生产、生活条件，提升贫困村民自我发展能力，加强贫困人口的"造血"功能，稳步增加贫困家庭的经济收入，从"十一五"扶贫计划开始实施起，乌恰县按照"富民安居、经济发展、增产增效、脱贫致富"的工作思路，紧紧围绕县域主导产业，以重点乡、重点村的贫困户为主攻对象，积极实施整村推进工作，取得了阶段性成果。

一是在财政扶贫项目资金投向上向"整村推进"倾斜，从而加快"整村推进"进程。例如，2009 年自治区下达乌恰县财政扶贫项目资金共计 640 万元，其中"整村推进"投入项目资金 490 万元，占总资金的 77%。在认真抓好财政扶贫项目的同时，还整合以工代赈、兴边富民、抗震安居等项目资金约 7000 万元，加大对贫困村的投入。2009 年底，"整村推进"项目基本完成验收，改善了实施项目贫困乡村的基础设施建设和贫困农户生产生活条件。[①]

二是自治区确定 2011～2015 年乌恰县实施"整村推进"项目村为 25 个，其中边境村 15 个，山区村 10 个。2013 年投入财政专项扶贫资金 2858 万元，实施"整村推进"项目 35 个，重点解决了贫困村的基础设施建设和产业发展制约性问题。按照自治区规定的"九通、九有、九能"整村推进验收标准，新建扶贫安居房 944 套，牲畜棚圈 1130 座，同时加

---

① 乌恰县扶贫开发办公室：《乌恰县 2009 年扶贫开发工作总结及 2010 年工作计划》，内部文稿，2009 年 12 月 6 日。

快 3 个边境项目村与 10 个山区项目村水、电、路等配套设施的建设。①

2. 产业化扶贫工程

产业化扶贫是扶贫开发的重点工程。"十一五"扶贫规划实施以来，乌恰县认真贯彻国务院扶贫办制定的"一体两翼"扶贫开发战略，立足县情，深入调查研究，依托广袤的荒滩戈壁，强力推进设施农业、特色林果业、特色养殖业，实施产业化扶贫工程，进而推进产业结构调整。

（1）设施农业。为了让农牧民特别是贫困农牧民改变生产、生活方式，克服种地无土、放牧无草、海拔高气候恶劣等实际困难，走定居脱贫、致富之路，乌恰县委、县政府依托广袤的戈壁和试验成熟的少土栽培技术，把发展设施农业作为农民增收、脱贫的重要任务来抓。按照"十一五"期间建设大棚 1000~3000 座、"十二五"期间新建蔬菜大棚达到 8000~10000 座、2020 年达到 15000 座、农牧民户均 1 座棚的目标，在黑孜苇、玛依喀克等区域一期计划投资建设 1000 座少土栽培蔬菜、瓜果大棚。到 2011 年，共新建大棚 511 座，其中玛依喀克新建大棚 214 座，各乡镇 46 座，县城周边新建大棚 307 座，栽培的作物有茄果类、瓜类、叶菜类、根茎类、矮化果树、豆类等。同时，引进了大连客商利用温室大棚进行食用菌项目开发，引进了山东客商进行花卉种植。所生产的瓜果、蔬菜销往喀什市、2 个口岸及县内各工岸及县内各工矿企业。安排了 400 名农牧民、下岗职工、回乡大学生分别在城郊农业科技示范园、玛依喀克设施农业基地学习土栽培技术，每人每月发放 600 元劳务报酬，从而提高农牧民发展设施农业的技能和积极性。在此基础上，注重抓好阿魏菇生产，使阿魏菇品质得到进一步提升，产品销往周边县市及远销乌鲁木齐市场，深受广大消费者青睐。2011 年，全县设施农业共销售各类蔬菜 350 吨，销售收入 70 万元；生产鲜菇 15 吨，销售收入 21 万元；生产干菇 1 吨，销售收入 40 万元。经统计，全县设施农业共销售收入 131 万元，实现利润 70 万元。

（2）特色林果业。根据乌恰县特殊的气候，乌恰县在实施特色林果

---

① 乌恰县扶贫开发办公室：《乌恰县扶贫开发 2013 年工作总结暨 2014 年工作计划》，内部文稿，2013 年 9 月 30 日。

产业上重点抓好以晚熟水果为主的特色林果业种植，并注重经济效益、生态效益相结合。2009 年完成林果种植总面积 3.5 万亩，其中经济林 2.3 万亩，生态林 1.2 万亩，种植的林果苗木有桃树、沙枣、大果沙棘、核桃、红枣、山杏、海棠果、酸梅等 170 余万株。目前林果苗木成活率为 85%。节水滴灌、喷灌面积由 2008 年的 2000 亩增加到现在的 1.25 万亩（阿克 4500 亩、康西湾 6000 亩、黑水河喷灌地 2000 亩）。

（3）特色养殖业。实施"十一五"扶贫规划以来，乌恰县不断创新扶贫开发工作思路，在加快发展戈壁大棚种植业的同时，大力发展戈壁养殖业，并把特色养殖业作为农牧民增收、脱贫的重要产业来抓。同时，乌恰县注重突出地域优势，实现产业布局合理化。规范孵化育幼基地建设，依靠科技、加强管理，形成"孵化→育雏→饲养→加工→销售"一条龙的产业发展模式和"企业参与、小群体合作、千家万户养特禽"的格局。为了减少牧民、减少牲畜以保护、恢复草原生态，乌恰县先后在全县范围内划分了 10 个特色养殖区、4 个养殖育肥良种繁育区、4 个育雏中心，新建了 2 个年供苗能力 40 万羽的禽类孵化繁育基地、2 个畜牧科技示范园，为每个乡组建了 2~3 个农牧民养殖育肥销售协会，申请注册了斯姆哈纳系列的畜禽商标；2010 年，全县养殖禽类 50 万羽，并依托肉联厂的投产建设 4 个养殖中心、20 个合作社、1500 个养殖专业户，使农牧民禽类养殖户均达到 50 羽以上。2011 年，全县养殖特禽 25 万羽（只），每只特禽平均纯利润 5~20 元，创收 300 余万元，农牧民人均创收 300 元。[①]

3. 劳动力培训工程

贫困劳动力培训是政府主导的开发式扶贫的重要工程。劳动力培训工程的主要目的是提高贫困人口的综合素质，特别是加快贫困人口思想观念的转变和对劳动技能的掌握，促进贫困劳动力的转移，增加贫困人口的经济收入。为此，乌恰县有针对性地开展了适用劳动技能培训和文化培训，

---

① 乌恰县扶贫开发办公室：《乌恰县 2009 年扶贫开发工作总结及 2010 年工作计划》，内部文稿，2009 年 12 月 6 日；乌恰县扶贫开发办公室：《乌恰县 2011 年扶贫开发工作总结及 2012 年工作计划》，内部文稿，2011 年 10 月 13 日；乌恰县扶贫开发领导小组办公室：《新疆维吾尔自治区乌恰县贫困村整村推进扶贫开发规划（2011~2015 年）》，2011 年 3 月。

使贫困劳动力适应产业开发需要和增强外出务工适应能力。另外，还注重对贫困村党政组织领导人及党员的培训，使其更好地成为当地脱贫致富的带头人。劳动力培训工程包括四个方面。

（1）产业化技能培训。培训内容为草场利用保护知识、动物疫病防治技术、牛羊育肥技术、果树嫁接技术、病虫害防治技术、大棚无土栽培技术等设施农业技术。2009年，开展了动物疫病防治技术、草场利用保护知识、牛羊育肥技术等培训班，培训人数达250人。2010年，开办3期农业实用技术培训，培训农牧民600人次；开办1期畜牧业实用技术培训，培训疫病防治人员50人次。2013年，开展扶贫培训12期（其中开展林果标准化管理栽培技术培训3期、家禽养殖饲养技术培训3期），培训贫困农牧民725人次。

（2）劳动力转移培训。主要目的是增强贫困劳动力外出务工能力。为了让贫困牧民走下马背、走出大山、转变观念、提高素质、拓宽增收渠道，乌恰县委、县政府充分调动各类培训资源，强化职业技能培训。通过开展扶贫培训，促进了乌恰县劳务经济发展。2009年，先后举办电焊、厨师、农机驾驶等各类实用技术培训班41期，培训农牧民6000余人次。全县转移农村富余劳动力9587人，劳务创收3284万元，务工人员人均创收3425元，农牧民人均创收959元。2010年，举办农牧民汽车维护修理、民族传统手工艺、厨师、农艺师、美容美发、汉语等劳动力转移技能培训4期，培训农牧民300人次。2011年，共开展泥瓦工技能，传统民族手工刺绣，双语知识、法律常识，护边基本知识等劳动技能培训班8期，培训贫困农牧民700人，完成劳务输出9521人，劳务创收4425.32万元，人均创收4700元。2012年，自治区下达乌恰县财政扶贫培训项目5个，财政扶贫资金48万元，共开展扶贫培训班13期，培训贫困农牧民2090人次，主要对他们进行了边境护边、汽车维修、双语知识、建筑技能等扶贫培训。2012年全县实现劳务输出10618人次，劳务创收达到7086.68万元，人均创收6673元。2013年，进一步建立完善《农村实用人才培训管理办法》《农村实用人才职称考评》《农村实用人才奖励办法》等培训机制，充分利用县乡两级培训阵地、远程教育空中课堂、创业就业基地、人才孵化基地、县域企业实习岗位等平台，积极实施"万人素质提升工程"。结合援疆省市与当地企业岗位用工需求，认真组织开展双语知识、边境护边、汽车修理、建筑技能等实用技术培训，举办各类技能培训班 40 余期，培训农牧民 13303 人次，有 3000 余名农牧民取得了"技术员等级资格证"。2013 年全县实施财政专项扶贫培训项目 5 个，投入财政扶贫资金 48 万元，开展扶贫培训 12 期（其中开展手工刺绣培训 2 期、电焊工技能培训 2 期、边境护边员培训 2 期），培训贫困农牧民 725 人次。2013 年，全县完成劳务输出 10400 人左右，劳务创收 1 亿元。2014 年上半年，全县各类培训机构共开办农牧民订单式培训 60 余期，培训内容涉及农技、驾驶、建筑、刺绣、厨师、设施农业等多个领域，实训农牧民 8689 人（次），实现劳务输出 5955 人（次），劳务创收 3416.49 万元，同比增长 34.41%。

（3）边境护边培训。近年的各种扶贫培训中，基本都包括了针对边境山区农牧民的护边、适用技术培训。兹不赘述。

（4）贫困村扶贫干部培训项目。这个项目是对乌恰县贫困村扶贫干部的业务培训。如 2009 年，在冬季农闲时期开展"科技之冬"培训及劳动力转移等培训，对重点贫困乡、重点贫困村参与扶贫开发的各级干部、贫困农牧户、农技人员等进行了培训。①

4. 基础设施建设工程

乌恰县农牧区的基础设施都比较落后，15 个边境贫困村及 10 个山区贫困村的基础设施状况尤其如此。这些贫困村中有些村不通公路、不通电，不能保证人畜饮水安全，很多牧民长期处于生产、生活极为不便的贫困状态。上文已经分析了基础设施落后是乌恰县农牧区贫困特征之一。因此，为了完善贫困村的基础设施，提升贫困村民自我发展能力，实现贫困

---

① 乌恰县扶贫开发办公室：《乌恰县 2009 年扶贫开发工作总结及 2010 年工作计划》，内部文稿，2009 年 12 月 6 日；乌恰县扶贫开发办公室：《乌恰县扶贫开发 2010 年上半年工作总结及下半年工作计划》，内部文稿，2010 年 6 月 23 日；乌恰县扶贫开发办公室：《乌恰县 2011 年扶贫开发工作总结及 2012 年工作计划》，内部文稿，2011 年 10 月 13 日；乌恰县扶贫开发办公室：《乌恰县扶贫开发 2012 年工作总结暨 2013 年工作计划》，内部文稿，2012 年 12 月 20 日；乌恰县扶贫开发办公室：《乌恰县扶贫开发 2013 年工作总结暨 2014 年工作计划》，内部文稿，2013 年 9 月 30 日；《2014 年 5 月 2 日行风热线》，乌恰县政府网，http：//www. xjwqx. gov. cn/info. aspx？ id = 2110，最后访问日期：2017 年 3 月 15 日。

村民脱贫致富的目标，乌恰县在扶贫的过程中，一直把基础设施建设放在优先发展的位置。在开展其他扶贫建设工程时，一般都会同时加强项目地的基础设施建设。比如在整村推进扶贫项目实施过程中，基础设施建设一直贯穿始终。

而且，在不同的阶段，乌恰县有不同的基础设施扶贫战略。如，2010年，乌恰县扶贫办提出的"整村推进"验收村5个及巩固提高村15个。其重点村整村推进是根据"基础设施建设、公益事业发展、贫困户生产生活条件改善提高"等三项内容进行验收，这三项内容概括为"五通、五有、五能"（五通：通水、通电、通路、通电话、通广播电视；五有：有学上、有医疗保障、有科技文化室、有集体经济收入、有强有力的村级领导班；五能：能用上安全饮用水、能用上电、能有一项以上稳定收入来源的生产项目、能有经济适用房居住、能及时得到培训和获得信息）。①2012年，整村推进验收标准从"五通、五有、五能"提高为"九通、九有、九能"（九通：通水、通电、通路、通电话、通广播电视、通信息、通邮政、通暖气、通客运班车；九有：有办公场所和强有力的班子、有稳定增收产业、有集体经济收入、有垃圾投放点、有卫生室、有文化室、有双语学前教育场所、有文体活动场所、有惠农超市；九能：能用上安全饮用水、能用上电、能用上暖、能有住房、能有卫生厕所、能有清洁能源、能有学前教育、能有基本社会保障、能得到培训）。②

2009年以来，尤其是在2014年，乌恰县实施了一大批农牧区基础设施建设工程项目。这些工程项目大致可以分成两大类，一是农牧业生产性基础设施建设，二是农牧民生活基础设施建设。③

---

① 乌恰县扶贫开发办公室：《乌恰县扶贫开发2010年上半年工作总结及下半年工作计划》，内部文稿，2010年6月23日。

② 乌恰县扶贫开发办公室：《乌恰县扶贫开发2012年工作总结暨2013年工作计划》，内部文稿，2012年12月20日。

③ 乌恰县扶贫开发办公室：《乌恰县2009年扶贫开发工作总结及2010年工作计划》，内部文稿，2009年12月6日；乌恰县扶贫开发办公室：《乌恰县2011年扶贫开发工作总结及2012年工作计划》，内部文稿，2011年10月13日；乌恰县扶贫开发办公室：《乌恰县扶贫开发2012年工作总结暨2013年工作计划》，内部文稿，2012年12月20日；乌恰县扶贫开发办公室：《2014年乌恰县扶贫办（移民管理）上半年工作总结》，内部文稿，2014年6月10日。

一是农牧业生产性基础设施建设，主要有以下几个项目：

——2009 年，为方便农牧民进行农牧产品交易，乌恰县在城南投资 214 万元新建了一座 15000 平方米的农牧产品交易市场，加快了农牧产品的销售渠道；

——2014 年，自治州下达饲草料地建设补助资金 136 万元，乌恰县分别在特别有需要的 3 个行政村建设饲草料地共计 2720 亩；

——2014 年，自治区下达低质土地整治项目补助资金 100 万元，乌恰县在黑孜苇乡的 3 个行政村实施土地整治工程共计 2000 亩；

——2014 年，自治区下达边民物资供应站项目补助资金 60 万元，乌恰县在托云乡托云村建设边民物资供应站 1 座；

——2014 年，自治州下达防渗渠项目资金补助 675 万元，在 7 个行政村修建防渗渠 67.5 公里；

——2014 年，乌恰县投入 30 万元，在黑孜苇乡库勒阿日克村建设 3 公里排碱渠。

二是农牧民生活基础设施建设，主要有以下几个工程项目：

——2011 年，乌恰县投资 800 万元，在膘尔托阔依乡的两个边防村建设边民安居房 100 套；

——2012 年，乌恰县投入安居房建设资金 740 万元，新建安居房 1200 套；

——2013 年，乌恰县利用自治区下达的边境扶贫项目建设安居房 100 套，利用山区特困村项目建设安居房 300 套；

——2014 年，乌恰县再次投入 759 万元，建设安居房 292 套；

——2014 年，乌恰县利用自治州下达的购置太阳能照明设备项目资金 50 万元，共计采购太阳能照明设备 144 台，发放给各乡；

——2014 年，乌恰县实施水电入户项目，投入资金 45 万元，为 450 个贫困户安装水电；

——2014 年，乌恰县投入 85 万元，为 4 个有迫切需要的行政村购置暖气炉 170 套。

5. 贫困村"互助资金"项目和贴息贷款工程

缺乏金融资本，是贫困农牧民致贫的因素之一。为了支持贫困农牧民发展生产，增强贫困农牧民的自我发展能力，2011 年，乌恰县全面启动贫困村"互助资金"项目试点工作。当年，乌恰县黑孜苇乡也克铁热克村、吉根乡斯木哈纳村、巴音库鲁提乡巴音库鲁提村被自治区确定为贫困村"互助资金"试点村，自治区为这三个试点村各提供 15 万元启动资金。到 2011 年 10 月底，注册互助合作社 3 个，组建互助小组 3 个，加入互助合作社农户有 150 户，其中贫困户 128 户，累计发放互助资金 30 万元，借款人次达到 130 人次，借款平均占用费率 6‰。①

2013 年，乌恰县确定阔依乡的阿合奇村和乌鲁克恰提乡的克孜勒库鲁克村为新增互助资金试点村，给每村下拨互助试点专项资金 15 万元。根据村级互助资金"民有、民管、民借、民还，持续使用，滚动发展"的原则，项目坚持以帮助贫困农牧民增收为核心目标，组织开展村级发展互助资金试点工作。截至 2013 年底，注册村级互助合作社 2 个，组建互助小组 4 个，加入互助合作社农户 83 户，其中贫困户 63 户，累计发放借款 30 万元，借款达到 45 人次，借款年平均占用费率 6‰。

2013 年，在实施贫困村"互助资金"项目的同时，乌恰县开展扶贫到户贴息贷款工作。截至 2013 年末，通过农村信用社发放到户贴息贷款94.6 万元，给予财政贴息 5.25 万元，使 108 户农户受益。②

6. 定点帮扶工程

乌恰县定点帮扶工程有三个层次，一是对口支援省（市）、中央直属单位援建扶贫，二是自治区对口扶贫，三是克州州直单位和乌恰县县直单位对口扶贫。

（1）对口支援省（市）、中央直属单位援建扶贫。根据中共中央〔1996〕7 号文件精神，经中央组织部、国家人事部、新疆维吾尔自治区的安排，由江西省对口支援克州，主要是人才援疆。从 1997 年 7 月到 2005 年7 月，江西省连续派四批援疆干部到乌恰县。援疆干部主要是管理干部和专业技术人员，管理干部分别担任县党政副职和局委办副职，专业技术人员

---

① 乌恰县扶贫开发办公室：《乌恰县 2011 年扶贫开发工作总结及 2012 年工作计划》，内部文稿，2011 年 10 月 13 日。

② 乌恰县扶贫开发办公室：《乌恰县扶贫开发 2013 年工作总结暨 2014 年工作计划》，内部文稿，2013 年 9 月 30 日。

如医师、教师到县医院、学校工作。在此期间，江西省共派送了18名管理干部和专业技术人员到乌恰县工作，同时赠送五十铃小货车一辆、江铃面包车一辆，支援资金120万元，并为乌恰县培训干部50多人次。[1]

根据中办发〔2005〕15号文件要求，从2005年开始，辽宁省对口支援克州，该省大连市对口援助乌恰县。从2005年7月至2009年7月，大连市共选派了二批26名党政干部和专业技术人员到乌恰县工作。在此期间，大连市无偿捐助资金、物资6085万元，培训干部124人，建成援建项目21个。[2]

2010年，中共中央、国务院召开新疆工作座谈会，深刻分析新疆工作面临的形势和任务，提出未来十年内将举全国之力把新疆建设得更加美好。按照中央部署，新一轮援疆是经济援疆、干部援疆、人才援疆、教育援疆、科技援疆协同推进的全方位援疆，重点更突出，覆盖面更广，影响也将更深远。根据中央新一轮援疆工作安排，对乌恰县定点帮扶的援助省市是江苏省常州市，国家定点帮扶企业是华电集团。江苏省常州市和华电集团对乌恰县的对口扶贫力度显著加大，2011～2013年，援建项目资金分别高达9264万元、5872万元与6182万元。[3]

（2）自治区对口扶贫。1990年，克州人民政府决定，将自治区建设厅、煤炭厅的对口扶贫点放在乌恰县，这是自治区在乌恰县实施对口扶贫的肇始。此后，自治区煤炭厅、新疆水泥厂、自治区地震局、自治区劳动就业保险管理局、新疆天山建材集团有限责任公司、自治区高等级公路管理局、国家开发银行新疆分行、中国石油天然气运输公司新疆分公司、乌鲁木齐海关、自治区劳动社会保险局、天山毛纺织（集团）有限责任公司等单位均先后对口支援过乌恰县。

自治区对口扶贫，按照"联系到县，定点到乡，帮扶到村，受益到

①　乌恰县地方志编纂委员会：《乌恰县志（1990～2010年）》，终审稿。

②　乌恰县地方志编纂委员会：《乌恰县志（1990～2010年）》，终审稿。

③　乌恰县扶贫开发办公室：《乌恰县2011年扶贫开发工作总结及2012年工作计划》，内部文稿，2011年10月13日；乌恰县扶贫开发办公室：《乌恰县扶贫开发2012年工作总结暨2013年工作计划》，内部文稿，2012年12月20日；乌恰县扶贫开发2013年工作总结暨2014年工作计划》，内部文稿，2013年9月30日；乌恰县地方志编纂委员会：《乌恰县志（1990～2010年）》，终审稿。

户"的总体要求，直接定点乌恰县的乡村，由对口支持单位确定帮扶项目，并对重点贫困户给予生活方面的资助。2002～2004年，自治区高等级公路管理局对口扶贫波斯坦铁列克乡，在此期间，投入扶贫资金40多万元，引进优良品种，加大品种改良力度，提高畜产品的市场竞争力，并在2003～2004年接收劳务输出人员605人。2005年，自治区煤炭工业管理局为巴音库鲁提乡36户贫困户捐赠面粉和清油，价值7200元，并为该乡捐赠电视机17台。国家开发银行新疆分行为乌鲁克恰提乡贫困户抗震安居工程捐款3.8万元，为40名贫困学生捐款1.2万元，赠送书包700个。乌鲁木齐海关为铁列克乡承建7套抗震安居房，并给7户贫困户每户捐赠10只山羊。在1996～2010年的五年间，自治区对口帮扶单位共捐款360.04万元，捐赠煤炭、大米、面粉、电脑等物资价值51万元。2011～2013年，自治区对口扶贫单位继续向乌恰县提供款物捐赠，总计价值204万元。①

（3）克州州直单位和乌恰县县直单位对口扶贫。从1994年起，克州州直单位开始对乌恰县贫困户实施定点帮扶行动。先后有自治州武警边防支队、自治州动物检疫站、自治州卫生防疫站、自治州商品检疫站、克孜勒苏军分区、自治州人大常委会办公室、自治州人民法院、自治州审计局、自治州建设局、自治州环保局、自治州计生委、自治州口岸管委会、自治州海关、自治州经贸委、自治州人大办公室、自治州地震局、自治州文体局、自治州联通公司、自治州外经局、自治州扶贫办、伊尔克什坦口岸管委会和吐尔尕特口岸管委会、海关等单位参与对口扶贫乌恰县的行动。自治州直属单位主要帮扶到乡，1994～2010年，克州对口帮扶单位为乌恰县捐款捐物合计价值143.41万元。②

乌恰县县直单位自1994年起，确定定点帮扶各贫困乡的行政村（作为联系点）。具体帮扶方式是，县直单位派出人员到联系点蹲点，与农牧民同吃同住同劳动，了解他们的生产生活情况，解决他们生产生活上的实

---

① 乌恰县地方志编纂委员会：《乌恰县志（1990～2010年）》，终审稿；乌恰县扶贫开发办公室：《乌恰县2011年扶贫开发工作总结及2012年工作计划》，内部文稿，2011年10月13日；乌恰县扶贫开发办公室：《乌恰县扶贫开发2012年工作总结暨2013年工作计划》，内部文稿，2012年12月20日；乌恰县扶贫开发办公室（移民管理局）：《乌恰县扶贫开发2013年工作总结暨2014年工作计划》，内部文稿，2013年9月30日。

② 乌恰县地方志编纂委员会：《乌恰县志（1990～2010年）》，终审稿。

际困难，并为他们捐款捐物。从 2007 年起，乌恰县县直单位定点帮扶工作推行"一二二一"工作机制，即干部包乡包村包户。具体就是，一名县四套班子主要领导联系一个村，二名县级干部联系一个乡，二个县直部门联系一个村，一个机关干部承包支持一个贫困户，联系十户农牧民。为全县贫困户建立扶贫档案，做到一户一卡，一村一册。在此基础上，做到三个明确，即帮扶对象明确，帮扶措施明确，脱贫期限明确。同时，对贫困户实行"三免、四优先"制度，"三免"即免去贫困户的农牧业特产税、水费、子女入学的学杂费；"四优先"即优先安排贫困户参加各类科技培训，优先安排生产资料，优先安排贫困户劳动力到第二、三产业就业，优先给予贷款。包村单位每年都要购买大米、清油、衣物等生活物资资助贫困户，解决他们的生活困难问题。1994 ~ 2010 年，全县捐款捐物总计价值 803.47 万元。[①]

2011 年以后，克州州直单位、乌恰县县直单位继续实施对口扶贫行动。2011 年，克州州直帮扶部门、乌恰县县直单位分别为帮扶联系点捐款捐物 10 万元。2012 年，克州 25 家帮扶单位与乌恰县 25 个重点村建立帮扶关系，乌恰县 108 个县直单位落实帮扶 9 个乡的 34 个行政村，22 名县级领导联系 11 个乡（镇），县委常委兼任 8 个社区的名誉书记，实现了贫困农牧民对口帮扶全覆盖。在这一年，州直和县直帮扶单位向帮扶联系点捐款捐物总计价值 121 万元。2013 年，克州帮扶单位提供帮扶资金 22.61 万元，乌恰县县直单位提供帮扶资金 75.35 万元。

综上所述，各种形式的对口帮扶在项目、资金、技术等方面给乌恰县的反贫困事业提供了大量实际的支持，帮助乌恰县提升和完善其城乡基础设施，提高各级干部发展县域经济、开展扶贫工作的能力和水平，提高当地农牧民的文化教育水平，为乌恰县的扶贫开发事业的进步做出了贡献。

（二）乌恰县扶贫开发实践的主要成效和面临的问题

1. 乌恰县扶贫开发实践的主要成效

（1）基础设施建设取得明显进展，县域经济社会发展条件逐渐改善。

---

① 乌恰县地方志编纂委员会：《乌恰县志（1990 ~ 2010 年）》，终审稿。

在广泛全面实施扶贫开发的实践过程中，乌恰县建设了一大批水利、交通、电力、城建、农牧产品交易市场、饲草料基地、土地整治等重大基础设施，逐步改善了县域经济社会发展的基础条件，促进了县域经济社会快速发展，带动了贫困农牧民的收入增长。"十一五"以来，乌恰县新建水库1座、除险加固水库1座、实施3万亩节水灌溉、修建防渗渠道68公里、新修田间渠道111.9公里、治理水土流失面积5平方公里，解决了2.1万农村人口的饮水安全问题。乌恰县累计建设戈壁大棚1911座，建设定植蔬菜大棚1526座，建设完成玛依喀克、城郊农业科技示范园、戈壁产业园三大蔬菜生产基地。注重技术引进，新建4200平方米的智能育苗温室，成立高原有机绿色蔬菜物流配送中心。农村公路建设、交通网络建设逐步升级，行政村通公路率达100%，建成G3013高速公路乌恰县路段，全县公路里程总计达到1716.29公里。县乡村电网改造工程基本完成，托云无电乡项目已基本完成。解危解困住房、"三无"人员住房、富民安居房、棚户区改造等事关民生的安居工程实施进展顺利，建成1715套富民安居房。①

（2）各项社会事业加快发展，民生保障体系不断增强和完善。通过多年开展扶贫开发工作，乌恰县农牧区社会事业发展速度加快，服务和保障水平得到提升。教育事业较快发展，"两基"攻坚项目圆满完成，全面落实"两免一补"政策，全面实现普及九年义务教育目标，到2013年，学龄前儿童两年入园率达到93.2%，全县义务教育巩固率达到100%，小学升学率达到100%，初中升学率达到94%。文化事业也得到发展，完成规划建设项目柯尔克孜文化产业园、乡（镇）村文化广场、文化站（室）、图书室，实施"东风工程""西新工程""环天山体育长廊建设工程"，已通电自然村实现广播电视"村村通"百分之百覆盖。基本公共卫生服务工作全面铺开，群众健康意识和保健水平明显提高，全年各类疫苗接种率均达到95%以上。农村社保全覆盖，新型农村养老保险参保率达到了100%，新农合参合率为99.2%，县财政再投入100万元为3.2万参合农牧民及特困群体购买大病商业补充医疗保险。城乡最低生活保障制度

----

① 乌恰县扶贫开发领导小组办公室：《新疆维吾尔自治区乌恰县贫困村整村推进扶贫开发规划（2011～2015年）》，2011年3月。

实现应保尽保。

（3）农业结构调整取得一定成效。产业化扶贫工程的实施，加快了乌恰县农业结构调整步伐，特色优势产业渐成规模，不仅为乌恰县主要农产品供给提供了有力保障，而且为贫困农牧民脱贫致富开拓了道路。具体而言，乌恰县特色优势产业发展形成了以设施农业、现代畜牧业、特色林果业、戈壁草料业为特色的"戈壁产业"。其一，近年来，乌恰县建设了设施农业科技示范园，新建大棚约2000座，结束了长期全靠外调蔬菜的历史，促进了农牧民生产方式的根本性转变。2013年，设施农业产量3340吨，实现产值2672万元，棚均效益8000元以上。其二，特色林果业得到进一步发展。2013年，利用戈壁温室大棚试种并成功推广红提、油桃等果蔬品种；利用高效节水滴灌技术在康苏、阿克、吾合沙鲁等地新植林果5000亩40万株、生态林1.02万亩131万株，在玛依喀克试种大果沙棘180亩20万株。其三，现代畜牧业得到显著发展。2013年，建设养殖育肥小区16个，发展合作社8个，养殖改良牲畜13万头（只），养殖育肥牛羊19万头（只），引进多浪羊1987只，建立了"种羊繁育、肉羊生产、示范推广"三位一体的肉羊养殖基地。同时，采取"基地＋公司＋合作社＋养殖户"的模式，大力发展特色养殖业，建设特禽养殖基地7个，全年养殖特禽80余万羽（只）。

（4）农牧民收入增长加快，增收渠道逐渐多元化。近年来，乌恰县在实施扶贫开发过程中重点实施的各项工程项目，包括整村推进、产业化扶贫、劳动力培训、基础设施建设、对口帮扶等，在推动县域经济社会发展的同时，也为乌恰县农牧民增加收入、扩展收入来源渠道创造了条件，贫困的农牧民同样从中受益。据乌恰县扶贫办统计，2012年，乌恰县农牧民人均纯收入3418元，比上年增长43.4%（现价，下同），其中，通过发展现代农业增收150元，发展现代畜牧业增收200元，发展特禽养殖增收60元，发展劳务输出增收600元。① 2013年，乌恰县农牧民人均纯

---

① 乌恰县扶贫办统计的2012年农牧民人均纯收入数据与乌恰县统计局公布的数据（3300元）有所不同。为了说明农牧民增收渠道，此处使用乌恰县扶贫办的数据。乌恰县扶贫开发办公室：《乌恰县扶贫开发2012年工作总结暨2013年工作计划》，内部文稿，2012年12月20日；乌恰县统计局编《乌恰县领导干部手册（2014年）》。

收入达 4356 元，比上年增长 32%，其中，发展现代农林业增收 98 元，发展现代畜牧业增收 290 元，发展农村第二、三产业增收 65 元，发展劳务输出增收 603 元。[①]

（5）温饱成果得到巩固，贫困程度明显缓解。按照当年扶贫标准，2008～2010 年，乌恰县贫困人口从 19773 人下降到 18001 人，贫困发生率从 63.14% 下降到 56.11%。2011 年国家大幅提高扶贫标准，乌恰县贫困人口相应大幅增加，但随着扶贫力度加大，2011～2013 年，乌恰县贫困人口从 25650 人下降到 17971 人，贫困发生率从 79.13% 下降到 55.48%。显然，乌恰县贫困程度得到明显缓解。

2. 乌恰县扶贫开发面临的问题、难点

1986 年以来，乌恰县有组织、有计划地开展了大规模的扶贫开发工作，取得了一定的成绩。但是，乌恰县的扶贫开发工作还面临一些问题和难题。直到 2013 年，乌恰县农村仍有贫困户 4577 户，贫困人口 17971 人，农村贫困发生率 55.48%，比全国农村平均贫困发生率高出 46.98 个百分点。乌恰县农村贫困农牧民的收入水平虽然在逐年提高，但与新疆和全国农村居民家庭人均纯收入相比，差距仍然很大。2000～2010 年，这一差距总体上呈扩大趋势（见图 9-2），2011 年才又开始缩小这种差距，2013 年，乌恰县农牧民家庭人均纯收入相当于新疆农村居民家庭人均纯收入的 59.7%，比 2010 年时的 39.8% 提高了约 20 个百分点，但仍未回归到 2000 年时的水平；与全国农村居民家庭人均纯收入差距的变化也呈现相似的趋势。这种状况当然也不利于乌恰县贫困现象的减少。

分析起来，乌恰县反贫困面临的主要问题和难题，突出表现在以下几个方面。

（1）乌恰县地处高寒山区，恶劣的自然环境及频发的自然灾害使得贫困农牧民的生存环境脆弱，极易受到冲击，脱贫难返贫易。实际上，乌恰县农牧区多分布于交通不便、自然环境较差地区。特别是乌恰县 15 个边境重点贫困村与 10 个山区重点贫困村，分布在远离城镇的偏僻地区，

[①] 乌恰县扶贫开发办公室：《乌恰县扶贫开发 2013 年工作总结暨 2014 年工作计划》，内部文稿，2013 年 9 月 30 日。

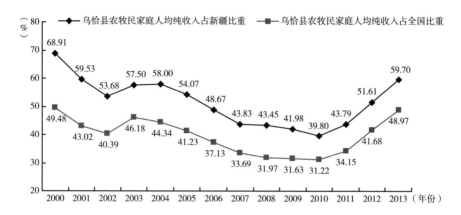

图 9 - 2 乌恰县农牧民人均纯收入与新疆及全国平均水平的比较

说明：根据乌恰县统计局编《乌恰县领导干部手册》（2005～2014 年）及国家统计局网站"国家数据"中的相关数据整理计算。

生态环境十分脆弱，土地和草场都相当贫瘠，基础设施条件比较薄弱，要在短期内改变这种状况难度很大，在这些地区开展扶贫开发的反贫困工作的难度也同样巨大。

（2）扶贫开发是政府主导，贫困农牧民参与不够。一方面，乌恰县扶贫开发计划的制订、实施主要依赖当地政府。乌恰县政府在制订本县扶贫开发计划时，一般都是跟着国家及自治区在当时制订的扶贫计划走，可这样制订出来的扶贫计划可能与乌恰县农牧区反贫困的实际需要不完全匹配。一些扶贫工程项目可能更加适合家庭条件相对较好的贫困农牧户，而不适合那些没有能力参与其中的深度贫困户，其扶贫效果因此就要打折扣。另一方面，从乌恰县历年的扶贫开发实践来看，各级政府基本上是靠政府投入来推动贫困户脱贫（政府和对口扶贫单位的人力物力财力投入，往往是一些具有强制性的任务），而不是以政府投入为手段启动和引导贫困户脱贫。给予性扶贫政策较多，引导性扶贫措施较少；短期性扶贫措施较多，长期性扶贫措施较少。这样的扶贫政策缺乏调动贫困农牧民自主努力脱贫主动性的诱导作用，反而在一定程度上助长了部分贫困农牧民"等、靠、要"的依赖思想。[1]

---

[1] 阿班·毛力提汗等：《新疆农村贫困问题研究》，新疆人民出版社，2006，第 44～45 页。

（3）扶贫项目分配方式存在问题，导致贫困户在扶贫项目分配中没有受到优待，扶贫项目的减贫效果大大降低。据我们调查了解，在乌恰县实施产业扶贫开发时，如在实施设施农业、特色林果业、特色养殖业的产业化扶贫工程项目时，那些有种植、养殖技术，有足够的劳动力的非贫困家庭或贫困程度相对不深的家庭获得的项目支持更多一些，而特别需要扶贫支持的贫困家庭却得不到或较少得到扶贫项目和资金。这就可能严重影响扶贫效果。

（4）虽然近年来扶贫开发力度不断加大，但扶贫开发的资金投入仍显不足。一方面，乌恰县每年通过申请财政扶贫资金改善重点村生产生活条件、解决农民生产发展中的困难，对增加农民收入起到了一定的作用。但由于扶贫资金有限，有限的扶贫资金在基础设施建设和社会公益事业方面投入不是很大，基本上是因地制宜利用各村现有基础，配套一些简单设备而已，基础设施建设、社会公益事业发展还比较欠缺。[①] 另一方面，乌恰县 15 个边境重点贫困村、10 个山区重点贫困村基本分布在高寒、分散的牧区，修路架线等基础设施建设的成本远高于平原地区，维护这些基础设施的成本也远高于平原地区，因此乌恰县扶贫成本相对较高，目前的扶贫资金仍显不足。由于资金短缺，一些最基本的迫切需要完成的瓶颈项目迟迟不能完成，直接影响到扶贫效益的发挥。[②]

（5）部分农牧民的综合素质差，文化水平低下，不愿走出大山谋发展。近年来，虽然部分青壮年走出大山，实现了劳动力就业转移，但还有部分农牧民固守传统生产、生活观念，依旧过着传统的扬鞭放牧生活，脱贫难度大。从我们在乌鲁克恰提乡做实地调研时了解到的情况看，部分牧民夏季转场到夏季牧场，其他季节在定居点放牧、生活，很多年都不曾出山，过着传统的游牧生活，一直在低收入水平状况徘徊。

（6）劳动力转移培训质量不高。一方面，劳动力转移培训师资短缺；另一方面，劳动力转移培训针对性不强、与市场脱节。主要表现为劳动力

---

① 乌恰县扶贫开发办公室：《波斯坦铁列克乡依买克村整村推进扶贫开发规划（2011～2015 年）》，2011 年 3 月。

② 乌恰县扶贫开发办公室：《乌恰县 2009 年扶贫开发工作总结及 2010 年工作计划》，内部文稿，2009 年 12 月 6 日。

培训通常是一般技能培训，针对目前企业用工需求的培训很少，因此，目前在各村外出转移劳动力中，粗活工、普通工过剩，熟练工、技术工、管理人员短缺。当然，这也与农牧民语言障碍、文化水平低相关。

三　乌恰县扶贫开发的对策建议

针对乌恰县扶贫开发中存在的问题，我们认为，乌恰县今后的扶贫开发工作应着重注意以下几点。

第一，在今后的扶贫开发过程中，应将改善生态环境和加强基础设施建设放在首位。扶贫开发中，有部分产业开发项目，这对于提高贫困农牧民的就业范围和收入，是毋庸置疑的。但只有改善了贫困地区生态环境以及基础设施，才可能改善贫困农牧民的生产、生活环境，从而提高贫困农牧民的收入水平而实现稳定脱贫。另外，自然灾害频发是导致乌恰县贫困人口脆弱性的主要原因。因此，一方面，乌恰县应切实抓好"四个一万"牧民工程，[①] 除了扶持1万名守边护边牧民仍留在牧区从事传统畜牧业外，要引导其他农牧民到城镇定居、从事其他产业发展。要尽一切可能实现生态移民。另一方面，由于目前单家独户从事农牧业生产，势单力薄，很难规避自然灾害的风险，因此，对于还留在农牧区从事农牧业生产的农牧民，应引导他们加入专业合作社，以增强抵抗自然灾害的能力，尽量减少自然灾害的冲击。

第二，在扶贫开发中，应该扩大扶贫到户和扶贫到人的政策范围。中国的扶贫政策从瞄准贫困县到瞄准贫困村，减贫效果已经大大提高。考虑到即使是以贫困村为主的整村推进项目，也因为政策实施过程中没有优先考虑最应该扶贫的贫困群体，而使得贫困户在整村推进项目的实施中受益不多，特别有必要进一步缩小瞄准对象，出台针对贫困户、贫困人口的扶

---

① 新一轮扶贫开发工作启动以来，乌恰县因地制宜实施了"四个一万"牧民工程，即：1万名牧民采取联牧方式守边护边从事传统产业，1万名牧民走出大山退出传统产业从事劳务经济，1万名牧民进城定居从事第二、第三产业，1万名牧民进城老人养老、学生上学。刘威：《边陲族扶贫牧民乐——乌恰大力实施"四个一万"牧民工程加快脱贫步伐》，《克孜勒苏报（汉）》2015年1月9日，第4版。

贫项目。

第三，在扶贫开发过程中，应该区别对象，分类指导、分类扶持。譬如，在实施"四个一万"牧民工程时，对于1万名守边护边牧民，应利用边境重点贫困村扶贫项目对他们给予充分的公共服务和产业扶持，农牧区社会保障尤其是低保救助应向他们倾斜。他们不仅支撑着传统畜牧业的发展，还在那么恶劣的自然环境下坚守，肩负着保家卫国的重任。对于青壮年贫困人口，要加大力度实施培训转移就业，引导他们中年轻、有文化、有技能的转移到县城或者县外从事以设施农业、现代畜牧业、特色林果业、戈壁草料业为特色的"戈壁产业"以及第二、第三产业。让年老的牧民、上学的孩子到县城定居，在养老、上学方面给他们提供方便，从而使不同的贫困人口均能参加扶贫项目并从中受益，实现扶贫项目先扶贫且稳定扶贫的目标。

第四，随着国家财力不断增强以及地方经济快速发展，应当继续扩大扶贫资金投入规模，对项目进行追踪支持。在扶贫开发项目实施的过程中，给予项目地综合配套支持，引导项目地建立合作社、引进龙头企业，使得扶贫项目实施一个、成功一个，尽可能提高扶贫项目的减贫效果。

第五，进一步提高贫困地区、贫困人口的人力资本水平。2014年6月中央决定在南疆三地州实现高中免费教育，也就是12年免费义务教育，这一举措对南疆的经济发展和社会稳定意义深远。在保证12年制义务教育贯彻实施的基础上，一方面要提高义务教育的质量，并适当提高"内高班"的比例。另一方面，应加快职业高中等职业技术学校的发展，并将职业高中教育视同普通高中教育，享受同样的免费教育待遇，以提升乌恰县青年劳动力的职业技能，提高他们进入劳动力市场的竞争力。另外，为了增加贫困农牧民的收入，让他们更多地参与到劳动力输出队伍中，应加强劳动力转移培训项目的实施力度，提高效率，让他们在进入劳动力市场之前得到有针对性的技能培训。而对于那些固守边疆的农牧民，应该为他们提供更多有关畜种、防病防疫等畜牧业先进技术的培训。

第六，在扶贫开发中，要加强社会保障体系建设。乌恰县农牧区的贫困具有整体性、长期性和民族性的特点，长期性贫困占一定比例，暂时性贫困比例较高。有鉴于此，进一步加强和完善社会保障制度应该是解决贫困的一个重要措施。首先，目前，乌恰县强调的"造血"扶贫方式只适合有参与能力的贫困农牧民，对于那些劳动能力欠缺或年老体弱的贫困农牧民必须以救济性扶贫为保障予以扶持，这样才能保证所有贫困人口都能得到扶贫措施的帮助。五保供养制度、最低生活保障制度是直接解决缺乏劳动能力的最贫困人口的生活问题的关键所在，对反贫困具有重要的兜底作用，因此要下大力气做好农村最低生活保障制度与扶贫开发政策的有效衔接。其次，乌恰县农牧区地方病、慢性病高发，"因病致贫""因病返贫"成为贫困人口面临的主要风险之一。乌恰县的扶贫工作应当加大农牧区新型合作医疗制度建设，提高保障水平，让贫困农牧民看得起病，尽可能地减少"因病致贫""因病返贫"的现象发生。最后，乌恰县农牧区自然灾害频发，灾害救助不足也是贫困人口长期贫困的重要原因，因此，包括灾害救助、临时救助在内的社会救助，应该予以加强。

第七，应加快城乡一体化进程，协调城乡发展以及各乡镇之间的发展，弱化城乡差距、区域差距拉大带来的新的致贫作用。在促进经济增长和农牧民收入增长以实现减贫的目标的同时，也应当关注收入分配状况的变化。目前收入差距的扩大在较大程度上抵消着经济增长的减贫效应。缩小收入差距，一方面，需要增强转移支付的再分配功能，使之在目标瞄准上更加有利于农村贫困人群；另一方面，应该注重提高贫困人群的自我发展能力，增加他们的就业机会，使他们能够有效地参与经济增长过程，分享经济社会发展的成果。

第十章　浙江景宁：东部地区的
精准扶贫实践

一　引言

　　"确保到 2020 年农村贫困人口实现脱贫，是全面建成小康社会最艰巨的任务"。党的十八大以来，中央把扶贫开发工作纳入"四个全面"战略布局，作为实现第一个百年奋斗目标的重点工作，摆在更加突出的位置，推进扶贫开发战略创新，逐步形成了精准扶贫战略这一科学的理论体系。习近平总书记指出："精准扶贫是解决扶贫开发工作中底数不清、目标不准、效果不佳等问题的重要途径。在实际工作中，应对贫困村、贫困户进行精准化识别、针对性扶持、动态化管理，扶真贫、真扶贫。"[1] 在目前全面建成小康社会的关键时刻，精准扶贫是实现扶贫资源优化配置与脱贫攻坚目标的新的扶贫方略。

　　精准扶贫战略思想是中国共产党继承和吸纳中国既有减贫思想的时代创新。自 20 世纪 80 年代以来，中国通过农村改革解放社会生产力，释放政策活力，贫困人口逐年减少。然后，从"三西"[2] 建设起步，在全中国范围开始组织以政府主导的大规模有计划的开发式扶贫，进而连续实施国

---

　　① 刘永富：《打赢全面建成小康社会的扶贫攻坚战——深入学习贯彻习近平同志关于扶贫开发的重要讲话精神》，《人民日报》2014 年 4 月 9 日。

　　② "三西"指甘肃省定西地区、河西地区和宁夏西海固地区。1982 年国家组织实施了"三西"扶贫开发计划，这标志着中国开始组织以政府为主导的大规模、有计划的开发式扶贫。

家"八七扶贫攻坚计划"、《中国农村扶贫开发纲要（2001－2010 年）》和《中国农村扶贫开发纲要（2011－2020 年）》。在国民经济高速增长的驱动下，在中国政府主导的开发式扶贫战略推进下，农村贫困人口显著减少，剩余贫困人口的贫困程度得到有效减缓。

但是，截至 2015 年底，按照现行国定农村扶贫标准测算，中国农村仍有贫困人口 5575 万人。[①] 当前中国的反贫困事业仍然面临一些问题和挑战。其一，在国民经济持续快速增长的过程中，中国地区、城乡、阶层之间的不平等程度仍然较大，对农村反贫困实践仍有不可忽视的不利影响。据统计，2015 年中国城乡居民家庭人均可支配收入之比为 2.73∶1，相比2008 年时的 3.33∶1，城乡居民收入差距确实有比较明显的缩小，但与世界上许多国家的城乡收入差距相比，中国的这一城乡差距仍然过大，按照这样的速度，中国要想让城乡收入差距收缩到国际上比较公认为可接受的1.5～1.7 倍，需要相当长的时间。其二，以往中国农村扶贫实践在瞄准方面存在比较严重的漏瞄和溢出问题，[②] 部分扶贫资金和资源未能瞄准贫困地区和贫困人口的需要。[③] 可以说，以往的很多扶贫项目，不管是基于地区的扶贫项目（如贫困县摘帽、整村推进），还是基于贫困人口的扶贫项目（如产业化扶贫、扶贫贴息贷款、科技扶贫、劳动力培训扶贫等），普遍面临的挑战都是抵达贫困人口和低收入群体的能力不足，贫困人口尤其是极端贫困人口难以从扶贫开发项目中直接受益，从而降低了扶贫开发的减贫效果。[④] 其三，中国农村扶贫已陷入"内卷化"的总体性困局，即虽然扶贫资源总量持续稳定增长，但是由"救济式"扶贫向"开发式"扶贫的

---

① 国家民族事务委员会：《2015 年民族地区农村贫困情况》，http：//www.seac.gov.cn/art/2016/4/11/art_ 31_ 251389.html，最后访问日期：2017 年 3 月 9 日。

② 叶初升、邹欣：《扶贫瞄准的绩效评估与机制设计》，《华中农业大学学报》（社会科学版）2012 年第 1 期。

③ 许源源：《中国农村扶贫瞄准问题研究》，博士学位论文，中山大学，2006。

④ 例如，2009 年，在有劳动能力的贫困户当中，获得扶贫资金的还不到 3%。参见国家统计局住户调查办公室《中国农村贫困监测报告·2010 年》，中国统计出版社，2011。究其原因，一是贫困农户自身经济参与能力较弱，二是扶贫项目分配方式存在问题。由于扶贫开发投入资金不足，扶贫项目补助资金的比例过低，导致贫困户难以获得扶贫项目的支持。帅传敏：《中国农村扶贫开发模式与效率研究》，人民出版社，2010；刘小珉：《滇桂黔石漠化区扶贫开发成效研究——以贵州黔东南凯里为例》，《云南农业大学学报》2014 年第 8 期。

转型目标却一直难以真正实现。[①] 正是基于目前扶贫开发工作中存在的"底数不清、目标不准、效果不佳"等现实问题，提高扶贫的精准化程度，实施精准扶贫、精准脱贫战略，成为中国扶贫开发工作的根本出路。

有研究指出，要解决中国现行扶贫开发中由于瞄准偏差、投资漏出率高等原因而出现的扶贫效率低、资金投入渠道单一等问题，必须提高政策弹性与差异性。[②] 因此，顺应扶贫攻坚新形势，创新扶贫机制势在必行。目前，一种认可度较高的措施是，在传统的单纯依靠政府扶贫的组织模式中引入市场机制，将市场意识、市场化操作方式导入扶贫脱贫行动，使较为封闭的贫困地区与外部大市场连接起来，通过市场机制增强贫困人口适应市场经济变化的能力来开展扶贫工作，可以增强贫困地区内生动力和自我发展能力，培育内在增长机制，有利于遏制脱贫后"返贫"现象的发生，实现稳定脱贫。[③] 而且，提高农户市场参与程度是降低其陷入贫困的概率的必要条件。[④] 可以说，创造农村经济发展的原动力的关键在于授予贫困人口市场经济思想，并让贫困人口作为治贫脱贫的主角。[⑤]

景宁县是中国唯一的畲族自治县，由于"九山半水半分田"的自然禀赋，自然条件比较恶劣，经济社会欠发达，是浙江省重点欠发达县及扶贫开发的主阵地。党的十八大以来，景宁县把"消除家庭人均年收入4600元以下的贫困现象"[⑥] 作为第一民生工程，针对农村贫困短板，瞄准

① 方劲：《中国农村扶贫工作"内卷化"困境及其治理》，《社会建设》2014 年第 2 期。

② 张新伟：《扶贫政策低效性与市场化反贫困思路探寻》，《中国农村经济》1999 年第 2 期；匡远配：《中国扶贫政策和机制的创新研究综述》，《农业经济问题》2005 年第 8 期；郭劲光：《我国贫困人口的脆弱度与贫困动态》，《统计研究》2011 年第 9 期。

③ 陆小华：《反贫困与市场导入》，《中国贫困地区》1997 年第 5 期；徐月宾、刘凤芹、张秀兰：《中国农村反贫困政策的反思——从社会救助向社会保护转变》，《中国社会科学》2007 年第 3 期；徐志明：《扶贫投资低效率与市场化反贫困机制的建立》，《乡镇经济》2008 年第 9 期；檀学文、李成贵：《贫困的经济脆弱性与减贫战略述评》，《中国农村观察》2010 年第 5 期；张童朝、颜廷武、何可、张俊飚：《基于市场参与维度的农户多维贫困测量研究——以连片特困地区为例》，《中南财经政法大学学报》2016 年第 3 期。

④ 章元、万广华、刘修岩、许庆：《参与市场与农村贫困：一个微观分析的视角》，《世界经济》2009 年第 9 期。

⑤ 余明江：《我国农村反贫困机制的构建——基于"政府—市场"双导向视角的研究》，《安徽农业大学学报》（社会科学版）2010 年第 5 期。

⑥ 4600 元（2010 年价）是浙江省指定的农村扶贫标准。

贫困人口，根据不同致贫原因和发展条件，全面实施精准扶贫精准脱贫战略，创新扶贫模式，在政策扶贫、产业扶贫、易地扶贫搬迁、金融扶贫、教育扶贫、社会保障兜底扶贫等方面进行探索实践，取得显著成效，在扶贫工作的许多方面走在民族地区前列。通过扶贫模式的创新和实践，培养和引导贫困农户增强了市场经济理念，提高了他们的自我发展能力和参与市场竞争的能力，初步构建起贫困农户收入增长的长效机制。深入研究和总结景宁县精准扶贫精准脱贫的模式和实践经验，可为其他贫困民族地区乃至全国贫困县创新扶贫机制、提高扶贫工作效率提供借鉴、示范，具有重要的理论及实践意义。

二 景宁畲族自治县经济社会发展现状及农村贫困特征

（一）景宁畲族自治县概况

景宁畲族自治县（以下简称景宁县）在地理、经济、社会和政治等方面具有多重身份，它是一个山区县和革命老区县，是华东地区唯一的少数民族自治县和全国唯一的畲族自治县，也是闽浙两省边界县和浙江省欠发达县，属于"老、少、边、山、穷"地区。该县在浙江属于整体相对欠发达的丽水市，地理位置相对偏僻，距离浙江省会杭州市259多公里，距离温州市170多公里。景宁县辖区面积为1950平方公里，呈现"九山半水半分田"和"两山夹一水，众壑闹飞流"的地貌格局。1986年，景宁县被定为全国第一批重点扶持的301个贫困县之一，也是当时浙江省六个贫困县中最贫困的一个。"八七扶贫攻坚计划"实施以后，景宁县被摘掉了国家贫困县的帽子。但是，相对于浙江其他地区来说，景宁县经济社会欠发达，贫困问题相对严重，2005年仍被列入浙江省26个欠发达县序列。2011年，景宁县作为浙江经济发展最滞后、生态保护任务最繁重、群众生活最困难的地区，被列为浙江省6个重点欠发达县之一，得到浙江省政府重点扶持。可以说，景宁县一直是浙江扶贫开发的前沿阵地。

景宁县是以畲族为主体的少数民族聚居地区。据统计，2015 年景宁县总人口为 17.2 万人，其中，畲族人口 1.91 万人，约占全县人口的 11.1%，全县有 7 个民族工作重点乡镇、46 个民族村。畲族文化源远流长，畲族歌舞、服饰、语言、习俗都别具特色。境内留存着古色古香的木拱廊桥 41 座，是畲乡引人注目的标志性建筑。一年一度的"中国畲乡三月三"系列节庆活动精彩纷呈，品牌知名度和影响力不断扩大。

景宁县自然资源丰富，生态环境优良，生态经济发展势头良好。景宁县属亚热带季风气候，四季分明、温暖湿润、雨量充沛。景宁县是浙江省 8 个重点林业县之一，森林覆盖率达 78.2%。县内有海拔千米以上山峰 779 座，生物物种十分丰富，栖息着 500 多种珍稀动植物和 40 多种国家一、二级保护动物，还有望东洋、大仰湖、仰天湖三个湿地。该县生态环境质量连续多年保持全国及全省领先水平，是"国家绿色能源示范县""省级生态县"，创建出国家级生态乡镇 2 个、省级生态乡镇 17 个。基于良好的自然资源、生态环境，景宁县生态农业、生态林业、生态工业、生态旅游业发展势头良好，惠明茶、高山蔬菜、食用菌、笋竹、中药材、油茶等无公害、绿色农产品等基本形成品牌。小水电、竹木制品、绿色食品加工等发展成为地区特色产业，以畲乡生态旅游业为龙头的第三产业发展迅速。基于这些行业和产业的发展，景宁县先后荣获"中华茶文化之乡""中国名茶之乡""中国香菇之乡""中国农村水电之乡""中国畲乡之窗"等称号。

景宁县的经济社会发展进入工业化初期阶段和城镇化中期阶段。2000～2015 年，景宁县三次产业增加值结构由 32.68∶33.16∶34.16 调整为 14.88∶29.06∶56.06，第一产业比重降低 17.8 个百分点，第二产业比重降低 4.1 个百分点，第三产业比重提高 21.9 个百分点。根据发展经济学家库兹涅茨（S. Kuzndets）、钱纳里（H. Chenery）等有关产业结构演变与发展阶段理论，目前景宁县仍处于工业化初期。[①] 2015 年，景宁县城镇化率为 48.9%，比全国平均水平低 7.2 个百分点，比浙江省平均水平低

---

① H. 钱纳里等：《工业化和经济增长的比较研究》，吴奇等译，上海三联书店、上海人民出版社，1989；库兹涅茨：《各国的经济的增长》，常勋等译，商务印书馆，1999；王树华：《关于我国工业化发展阶段的评估》，《先驱论坛》2008 年第 29 期。

16.9 个百分点。总体上，景宁县的城镇化进程处于中期阶段。另外，景宁县的经济增长对第三产业的依赖越来越大，但目前该县的第三产业大多还是低层次的服务业，如小商小贩小宾馆等，较高层次的现代服务业发展受到县域整体经济社会发展水平的限制。

景宁县经济社会发展在近几年速度较快，但总体发展水平仍然相对较低，县内农民收入水平仍然不高，自我发展能力不强。据统计，2000~2015年，景宁县常住人口的人均生产总值从 5431 元增长到 41756 元，年均实际增长 12.05%，比同期全国平均增速高出 3.05 个百分点，比同期浙江省平均增速高出 2.42 个百分点；其人均生产总值与浙江省人均生产总值之比，也从 40.48% 上升到 53.78%，但差距还是很明显。[①] 另外，随着经济快速发展，近年来景宁县农民收入水平确实有大幅的提高，与浙江省农民收入平均水平的相对差距有所缩小，但总体来说还是相对较低的。据统计，2000~2015 年，景宁县农村居民人均纯收入从 2250 元增长到 13663 元，年均实际增长 9.14%，比同期浙江省农村居民人均收入的实际年均增幅高出 1.01 个百分点；与浙江省农村居民人均收入的比率从 52.89% 上升到 64.68%。[②] 再者，随着县域经济发展，景宁县地方财政收入、地方财政支出逐年增长，但财政自给率却在波动中下降，表明景宁县财政自给能力较低，自我发展能力有待提高。据统计，2000~2015 年，景宁县地方财政收入、地方财政支出分别从 5309 万元、16478 万元增长到 54514 万元、261269 万元，按当年价计算，年均增长率分别为 16.65%、20.02%；支出增长明显快于收入增长，导致财政自给率从 32.22% 波动下降到 20.87%。[③]

---

① 根据景宁畲族自治县统计局编《景宁县统计年鉴》（2005 年、2012 年、2015 年）、国家统计局网站"国家数据"、《中国统计年鉴》（2000~2015 年）、《浙江统计年鉴》（2015）及 2015 年浙江省及全国经济社会统计公报的相关数据整理计算。从统计数据可以发现，景宁县常住人口少于户籍人口，这与景宁县包括"三小经济"（小宾馆、小超市、小水电）在内的外出经商务工形成了一定规模有关。

② 根据景宁畲族自治县统计局编《景宁县统计年鉴》（2005 年、2012 年、2015 年）、国家统计局网站"国家数据"、《中国统计年鉴》（2000~2015 年）、《浙江统计年鉴》（2015）及 2015 年浙江省及全国经济社会统计公报的相关数据整理计算。

③ 根据景宁畲族自治县统计局编《景宁县统计年鉴》（2005 年、2012 年、2015 年）的相关数据整理计算。

（二）景宁畲族自治县农村贫困的主要特征

浙江省是中国东部发达地区经济最发达的省份之一，其反贫困的步伐也走在全国的前列。1997 年，浙江成为全国首个消除国定贫困县的省份。截至 2015 年，浙江农村居民收入连续 31 年居全国各省区市前 3 位，全面小康指数达到 95% 以上，全面消除了家庭人均年收入 4600 元以下的绝对贫困现象，成为全国第一个率先打赢脱贫攻坚战的省份。也就是说，从1997 年起，浙江省的欠发达县的贫困状况与中西部贫困地区的贫困存在一定的差异。尤其是近年来，随着浙江经济社会的快速发展，包括景宁县在内的浙江省欠发达县的反贫困已经从以解决低层次的温饱问题为特点的消除"极端贫困""绝对贫困"，转变为以缩小收入差距为特点的消除"转型性贫困"①、"相对贫困"。为此，2011 年浙江省建立了与其经济社会发展水平相适应的农村扶贫标准 4600 元（2010 年不变价），大大高于全国的扶贫标准 2300 元（2010 年不变价）。

因此，现阶段景宁县农村贫困的第一个特征是，其农村贫困主要是所谓"转型性贫困"与"相对贫困"。景宁县农村的贫困不是缺衣少食的"绝对贫困"，是发展能力不足导致的"相对贫困"。也就是说景宁县反贫困已经从以实现温饱、巩固温饱为主要任务的阶段转入提高发展能力、缩小发展差距的新阶段，进入一个更加注重基本公共服务均等化，更加注重提高贫困群体自我发展能力，更加注重解决制约发展的突出问题的新时期。这可能也是景宁县将贫困农户（人口）称为"低收入农户（人口）"的原因。基于本章的研究目的，我们用"新型贫困"来表示所谓的"转型性贫困"或"相对贫困"，用"新型贫困农户/人口"来表示浙江省各级政府所说的"低收入农户/人口"。另外，景宁县在动态管理低收入农户的时候，不仅考虑收入因素，也考虑健康、房屋、资

---

① 改革开放以前，受自然、地理、历史、体制等方面制约，中国农村贫困地区大都处于绝对贫困的状态。改革开放以后，一些地区工业化、城镇化进程较快，而另一些自然条件等相对较差的地区，工业化、城镇化进程缓慢，就变得贫困了。可以说这种贫困是由经济转型（工业化、城镇化）的缓慢造成的，是"转型性贫困"。赵强社：《扶贫模式演进与新时期扶贫对策探析》，《西部学刊》2013 年第 2 期。

产、灾害等多维因素。[①] 即从动态管理贫困户的要求出发，景宁县政府所说的农村贫困，已经从单维贫困（收入贫困）转变为多维贫困。

第二，景宁县农村的新型贫困人口量大面广。按照 2011 年浙江省制定的农村扶贫新标准，2013 年景宁县农村扶贫的具体年度标准为农民家庭人均纯收入 5500 元，据此测算，景宁县农村的新型贫困人口有 47740 人，新型贫困人口发生率为 33.6%。

第三，景宁县农村新型贫困人口的分布呈现"大分散、小集中"的趋势。全县 21 个乡镇（街道）都有一定比例的新型贫困人口，但主要分布在该县沙湾镇、英川镇、红星街道、东坑镇、鹤溪街道、渤海镇、九龙乡、大地乡等 8 个经济欠发达的山区乡镇，这 8 个乡镇共有新型贫困农户 8952 户 26264 人，分别占全县新型贫困农户、新型贫困人口的 54.7%、55%。

第四，景宁县农村新型贫困人口分布存在一定的民族差异。大多数民族村自然地理条件比较恶劣，少数民族群众生产生活条件较差，收入相对较低，因而，少数民族村及少数民族居民的新型贫困问题比较突出。据统计，景宁县现有 254 个行政村，其中有扶贫重点村 148 个，占比为 58.3%；在全部行政村中，有民族村 46 个，其中又有 35 个属于扶贫重点村，扶贫重点民族村占民族村的比重为 76.1%，比全部扶贫重点村在行政村总体中所占比重高出 17.8 个百分点。另据统计，2013 年，按照当年浙江省的农村扶贫标准，景宁县新型贫困人口有 47740 人，占该县户籍人口总数的 27.5%；少数民族新型贫困人口有 6237 人，占该县少数民族户籍人口总数的 31.7%，比该县户籍总人口中的贫困发生率高出 4.2 个百分点。[②]

---

① 《景宁畲族自治县人民政府办公室关于切实做好原"4600 元以下"低收入农户动态管理工作的通知》，景政办发明电〔2016〕31 号。

② 此处户籍人口数采自景宁县统计局编《景宁畲族自治县 2013 年统计年鉴》，贫困人口数采自景宁畲族自治县扶贫办编《景宁畲族自治县 2013 年扶贫工作总结和 2014 年工作思路》。需要指出的是，上文提到，景宁县农村新型贫困人口发生率为 33.6%，其统计口径与此处不同，采用农村户籍人口数作为基数进行计算。由于我们在景宁县统计数据中查到该县少数民族农业户籍人口总数，因此这里的计算统一采用户籍人口数作为基数计算相关新型贫困人口的发生率。考虑到景宁县的城镇化已经达到 48.9%，这里计算的景宁县农业户籍新型贫困人口发生率（包括少数民族农业户籍新型贫困人口发生率）无疑低估了实际的农村新型贫困人口发生率，但我们计算所得数据应当还是能够大致反映景宁县农村新型贫困人口发生率的民族间分布格局的。

第五，景宁县农村贫困主要分布在自然生态环境较为恶劣、经济发展区位不佳的乡村地区。国内外研究表明，地理条件和经济区位是影响社会经济发展的重要因素，贫困与生态环境脆弱经常是伴随的。① 景宁县有扶贫重点村 148 个，其中，革命老区村 65 个，少数民族村 35 个。这些扶贫重点村多处高山、远山、深山、库区边，地理位置偏远，交通不便，环境封闭落后，位置分散，自然条件恶劣，抵御自然灾害的能力低下。在 148 个扶贫重点村内共有贫困农户 10562 户 31632 人（其中低保户 2690 户 4958 人，五保户 224 户），分别占全县贫困农户总数的 79.5%、人口总数的 66.3%。② 景宁县山多地少，坡度在 25 度以下的山地仅占全县面积的 8.28%，2.5 万农民住在偏远高山，这也是上述景宁县农村贫困人口量大面广的主要原因。

第六，景宁县农村贫困村、贫困群体人力资本不足。扶贫重点村的劳动力综合素质较低，使许多农村贫困家庭陷入了"贫困—受教育程度低—知识技能少—创业能力弱—贫困"的恶性循环。在新型贫困农户中，大多数人没有受到良好的教育，文盲、半文盲和小学文化程度的占新型贫困人口总数的 57.02%。他们大都缺乏适应市场需求的知识和技能，即使外出务工，也只能从事一些廉价、危险的体力活，仅能维持本人在外的生活开支，难以形成自身资金积累，也很少有钱能够邮寄回家；大多数人则困守在山区，从事简单的农业劳动。③

第七，景宁县农村新型贫困群体主要经营传统农业，收入结构单一。扶贫重点村的经济基本上是小农经济，其新型贫困农户大多从事传统农业，由于地理环境不利以及这些农户的观念变化跟不上社会发展进程等问题的影响，他们的农业生产模式大多为小规模种植，农产品主要用于满足家庭生活所需，商品率较低。这些都是导致扶贫重点

① 戴维·皮尔斯、杰瑞米·沃福德：《世界无末日——经济学·环境与可持续发展》，张世秋等译，中国财政经济出版社，1996；魏小文、朱新林：《环境资源视角下西藏农牧民反贫困研究》，《技术经济与管理研究》2012 年第 2 期。
② 景宁畲族自治县农办（扶贫办）：《景宁畲族自治县扶贫重点村状况调查分析报告》，内部报告，2013 年 8 月 8 日。
③ 景宁畲族自治县农办（扶贫办）：《景宁畲族自治县扶贫重点村状况调查分析报告》，内部报告，2013 年 8 月 8 日。

村经济发展落后、新型贫困农户收入结构单一、收入水平低的重要因素。[①]

三　景宁县精准扶贫模式

扶贫模式，是以减缓贫困为目标，扶持农村贫困地区、贫困人口摆脱贫困的反贫困方式和机制的总称。[②] 景宁县的精准扶贫模式是基于景宁县情、新型农村贫困的新特点而采取的与景宁县精准扶贫目标任务相适应的一系列反贫困实践活动的概括。

总结起来，景宁县扶贫模式的成立，首先有五个重要的支撑点，这就是"政府主导、社会参与、自力更生、开发扶贫、全面发展"。这五个支撑点，也是五种相互有机联系、相互支撑的扶贫机制，尤其是在贫困现象面广量大、相对集中的地方，要成功实现扶贫工作的整体推进，并且产生长期效应，这五种机制的一体化建构，形成一个完整的统领扶贫工作的实践逻辑，是十分重要的。在现阶段，这五个支撑点或者扶贫机制的建构，并不是什么陌生的事情，但在很多地方，这五个支撑点并不能够真正被建构起来，或者很难形成有机联系，很难形成一种具有整体性、可持续性的扶贫战略和行动体系，从而形成"一加一大于二"的整体合力。相反，往往只有其中一两个点能够发挥作用，特别是"政府主导"，可能是最容易被实施的一种扶贫机制，其他支撑点或机制的建构，很可能是被强行建构起来配合"政府主导"的过程，因而自身不具有行动"主体性"和可持续性，与这些机制相关的扶贫行动者是把相关行动视为一种"任务"（甚至是"政治任务"），很少觉得作为一方行动者能够从完成这种任务的过程中有任何收益，因此很难形成内在的驱动力。这些问题，在景宁县的扶贫过程中，都在不同程度上得到了解决。

其次，在整体建构这五个支撑点或机制的过程中，各方行动者都具有比较先进的理念。例如，在"政府主导"这个维度，景宁县政府的许多

[①] 景宁畲族自治县农办（扶贫办）：《景宁畲族自治县扶贫重点村状况调查分析报告》，内部报告，2013 年 8 月 8 日。

[②] 赵强社：《扶贫模式演进与新时期扶贫对策探析》，《西部学刊》2013 年第 2 期。

做法中，其实都有意无意地贯穿着一种思路，这就是，不仅把扶贫开发当作解决本县农村新型贫困人口的贫困问题的工作，更是把这当成促进县域经济社会发展的途径和机会，不是为了扶贫而扶贫，而是为了县域经济社会整体发展而扶贫，这就把县内农村扶贫开发变成了县域经济社会发展的一个有机组成部分。反过来，扶贫工作就变得更加易于推动了，效果也会更好。

最后，景宁县扶贫模式的形成和发挥作用，也有其独特的地方优势。景宁县所在的浙江省整体发展水平较高，周围地区经济社会的较快发展，对景宁县的发展形成了辐射带动效应；反过来，这也意味着，与其他民族贫困地区相比较而言，景宁县与外部市场的距离近得多，只要景宁县能够主动融入周边地区比较发达的市场经济体系，它就能够获得更加充分的市场发展空间和机会，促进自身经济社会发展。同时，只要能够真正落实各项扶贫措施，为贫困农村人口创造更多的机会，并帮助他们形成相应的自我发展能力，便能够更加有效地把贫困人口带入市场化发展的场域，真正实现自力更生的发展，从而稳定地摆脱贫困。当然，与市场体系的距离远近可能并不是绝对的阻力或助力，关键在于能否在整体扶贫机制中引入市场化的理念，包括把握市场的真正需求和本地区贫困人口的能力条件，寻找其间的契合点，或者在了解市场需求的基础上通过培训和教育贫困人口，主动建构贫困人口与市场需求之间的契合点。景宁县的农村扶贫开发模式有丰富的相关经验。

景宁县扶贫开发模式的上述特色，充分体现在该县的几乎所有形式的具体扶贫开发实践过程之中。下面，我们将从以下几个方面来考察景宁县农村扶贫开发模式的具体内容和实践逻辑。

（一）政策扶贫

对许多贫困县来说，政策扶贫的关键资源和机会，都是由中央、省、市三级政府提供的。对景宁县来说，情况也是如此。中央、浙江省和丽水市对景宁县提供了大量的转移支付，专项扶持及财政、税收优惠等支持，这些支持都意味着资源和机会。然而，更关键的是，贫困县是如何有效动员自身的资源和各种有利条件，使得上级政府提供的这些资源和机会融入自身的发展动力体系和行动结构，达到相互放大其作用的。也就是说，通过更加完善自身的发展动力体系和行动结构来放大上级政府政策扶持的作用，同时利用上级政府提供的政策支持来完善自身的发展动力体系和行动结构，激发自身潜力。景宁县的农村扶贫开发实践，在这方面做了很有效的尝试。

景宁县的诸多做法中的一个重点，就是充分利用"民族牌"，将中央、浙江省对景宁县的各扶持政策从普惠政策上升到特殊政策。景宁畲族自治县成立以来，一直得到浙江省委、省政府的特别关怀和政策上的全方位倾斜照顾。2008 年，浙江省委、省政府出台《关于扶持景宁畲族自治县加快发展的若干意见》。2012 年，浙江省委、省政府再次出台《关于进一步加大力度扶持景宁畲族自治县加快发展的若干意见》，对景宁县实施两轮共 10 年期的特别帮扶。同时，2011 年景宁县被列入浙江省 6 个重点欠发达县序列，2011～2013 年、2014～2016 年连续两轮享受浙江省每年 2 亿元的特别扶持项目。2014 年，浙江省委、省政府还把景宁县纳入全省重点山区县，给予每年 1000 万元的产业扶持政策待遇。此外，丽水市委、市政府在丽水划出了 4 平方公里的工业"飞地"——丽景民族工业园，专门拨给景宁县用于发展工业，该园被国家民委列为易地扶贫开发试验区。据不完全统计，2008 年以来，景宁县获上级专项扶持资金总额累计达 80 多亿元。[①]

正是以上重磅政策，奠定了景宁县经济社会全面发展的基础，开始走出发展困境，走向全面小康。更加重要的是，这些专项扶持资金的使用与景宁县县域经济社会发展紧密结合，与扶贫开发紧密结合，起到了推动县域经济社会发展和扶持农村新型贫困人口发展的双重作用，为该县到 2015 年便实现消除 4600 元以下贫困现象的目标奠定了扎实的基础。更准确地说，景宁县的政策扶贫体系切实起到了为农村扶贫开发打牢整体性扶贫基础的作用。

[①] 中共景宁畲族自治县委副书记、县长蓝伶俐：《在全国人大专题调研座谈会上的汇报材料》，2016 年 6 月 3 日。

（二）社会扶贫

景宁县的社会扶贫也做得有声有色。在社会扶贫中，最主要的是"结对帮扶"，即浙江省发达地区及省、市（丽水市）、县（景宁县）机关、事业单位与景宁县扶贫重点村、贫困户结对进行帮扶。结对帮扶模式实施的主体是浙江省、丽水市、景宁县政府机关事业单位等，受体是景宁县贫困村、贫困农户，方法是多种多样的，有资金支持、智力支持、经济合作、人才培训，等等。

其一，落实省市结对帮扶。景宁县实行省市县三级联动的结对帮扶政策，通过建立"三级指导、三级帮扶"的机制，积极推动结对单位发挥最大的帮扶效益。根据《中共浙江省委办公厅浙江省人民政府办公厅关于做好新一轮扶贫结对帮扶工作的通知》文件精神，新一轮省级结对景宁县的帮扶成员单位为：浙江省发展改革委、省财政厅、浙江广电集团、浙医一院、鄞州区（10个乡镇），共与景宁县65个扶贫重点村结对。市领导和市级部门（市委办、市纪委、市水利局、市建设局等17个单位）与景宁县28个扶贫重点村结对。

其二，落实县级结对帮扶。景宁县委县政府为进一步完善挂钩联系制度，出台结对帮扶文件，重点加大对省市结对外的扶贫重点村的帮扶力度。目前，"结对帮扶"已经实现贫困村全覆盖。

其三，景宁县还发动社会各界广泛参与本县农村扶贫帮困工作。在我们看来，这其实才是真正的"社会扶贫"或扶贫的"社会参与"，扶贫行动主体不是来自政府及其部门，而是来自政府之外的社会；扶贫资源不是来自政府财政，而是来自社会中的个人、非公有制企业和民间组织；扶贫行动不是出自政府安排的任务而是出自社会行动者的志愿。在这方面，景宁县也还是处于发展阶段，但已初见成效。例如，景宁县利用"山海协作"机制，按"共建共管共享"的原则，不断加强与发达县的联系与合作；创新社会扶贫方式，实施"企业联农""景商回归"等工程，动员联系更多工商企业、社会团体和慈善组织等社会力量以多种方式参与扶贫开发。2016年，浙江省侨商会在景宁县开展了"十百千"帮扶活动，即帮助10所农村学校改善学生生活条件和设施，帮扶100户困难家庭脱困包括产业帮扶、就业帮扶、救济帮扶和为困难户学生设立励志奖，帮助1000个农村劳动力转移就业。侨商会在这个过程中获得了良好的社会声誉，实现了他们报效家乡的价值。

（三）产业开发

产业开发扶贫是景宁县专项扶贫工作的重要组成部分，是提高贫困人口自我发展能力，实现脱贫致富的主要途径。近年来，基于景宁县农村新型贫困群体主要经营传统农业、收入结构单一的现状，景宁县大力推进以种养业为主的农村传统产业体系向三次产业并举的农村现代产业体系转变，以此带动贫困村、贫困农户脱贫致富，取得较好成效。

其一，以贫困村为重点，充分利用资源优势，扶持发展特色产业。重点扶持毛竹、茶叶、香榧、高山蔬菜、食用菌、中药材、养殖等有一定基础和良好发展前景的主导产业项目，带动贫困农户参与实现脱贫致富。2013年，投入贫困农户发展资金7244万元，发展特色农作物2.35万亩、水产0.13万亩、畜类0.84万头、禽类6.19万只、食用菌45万袋，其中许多产品在市场上非常畅销，参加项目的新型贫困农户普遍实现了收入增长，取得良好减贫效果。

其二，抓好专业合作社、家庭农场、种养殖大户等经营主体发展，发挥龙头的示范带动作用。2013~2015年，投入省级低收入农户发展资金691.1万元，扶持农业专业合作社245家，养殖大户41户，带动农户6576户，其中低收入农户3184户。

其三，发展农村来料加工、乡村旅游等第二、第三产业，带动贫困人口脱贫。景宁县生态环境优良，景宁县利用这一优势资源，大力发展包括农家乐在内的乡村旅游，逐步实现"绿水青山就是金山银山"，通过旅游业的关联带动，实现贫困群体脱贫致富的目标。基于县内大量青壮年外出务工、农村留守妇女多的实际，景宁县加快发展来料加工业发展壮大"留守经济"。截至2015年，全县形成来料加工专业村20个，培育发展来料加工经纪人155人，参与来料加工劳动力1.45万人，发放加工费9137万元。

（四） 劳动力培训扶贫

贫困劳动力培训是政府主导的开发式扶贫的重要内容和措施。根据农村贫困村、新型贫困群体人力资本不足的问题，景宁县有针对性地实施了各种劳动力培训工程。其中，最重要的培训工程有以下几项。

其一，农村劳动力素质培训。景宁县扶贫办（农办）以提高包括贫困群体在内的农民自身素质和就业创业技能为导向，多渠道、多层次、多形式地开展农村劳动力素质培训。2013～2015 年，全县累计培训 18294 人，其中农村实用人才培训 3680 人，转移就业技能培训 3336人，普及性培训 11278 人。这些培训极大地提高了农村劳动力的农业专业技能和就业技能水平，为包括新型贫困群体在内的广大农民创业、就业开辟了新门路，由此涌现出了一批农民脱贫致富典型和务工创业典型。

其二，建立县级农民培训实训基地。为深入实施包括新型贫困群体在内的农民素质提升工程，大力推进农村新型贫困劳动力资源开发，提升相关劳动力培训项目的针对性和有效性，景宁县建立了浙江奇尔茶叶有限公司（茶叶实训基地）、澄照乡金丘村（香榧实训基地）、浙江春意竹业开发有限公司（毛竹实训基地）、大漈乡茶林村（高山蔬菜实训基地）、大自然食品有限公司（食用菌实训基地）、山山商城（电子商务实训基地）、东坑镇根底岘村（农家乐实训基地）、景宁县来料加工中心（来料加工实训基地）等八个农民培训实训基地。

其三，重点打造农民培训品牌。培训品牌做得比较有特色的是"畲乡茶师"和"畲乡月嫂"培训。"畲乡月嫂"培训项目尤其成功。在此之前，主营月嫂培训业务的"睿合培训"机构已经进入景宁县，但经营艰难，甚至无法进入乡村。景宁县扶贫办从扶贫开发的需要出发，向该机构提供了支持，带着该机构的员工进乡村，帮助其在景宁城乡打开局面。自国家实施新的二孩政策以来，一些城市尤其是一线城市对月嫂的需求与日俱增，做月嫂成为一个很有前景的职业，"畲乡月嫂"供不应求。目前，"畲乡月嫂"培训平台已经有初级育婴师 2000 余人，她们的保底月薪已经达到了 6000 元，最高月薪达到 26000 元，[①] 一个月嫂一年可以接 6 ~ 7 单生意，按照最低月薪计算，一年可以获得报酬 4 万元左右，与一般的农民工不同的是，作为月嫂，她们的食宿都完全由雇主提供。毫无疑问，这 2000 多位"畲乡月嫂"的家庭完全能稳定脱贫。随着市场需求更加旺盛，"畲乡月嫂"还有更大的发展空间。

（五）易地扶贫搬迁

易地扶贫搬迁是在一方水土养不活一方人，缺乏水土资源的高山远山及地质灾害区，有计划、有步骤、分期分批地转移当地居民安置到水土资源比较丰富的地区。作为一种扶贫方式，易地扶贫搬迁的优势在于，可以通过易地搬迁，实质性地改善贫困农户的基本生产生活条件。

在景宁县，同样有一批农村贫困人口居住在自然生态环境恶劣、区位不佳的地区，组织他们实施搬迁，是帮助他们解决贫困问题的重要选择。2013 ~ 2015 年，浙江省扶贫办补助景宁县易地搬迁资金 4572 万元，景宁县实施搬迁 3802 人，其中高山远山搬迁 2629 人，地质灾害搬迁 1173 人，集中安置 3536 人，分散安置 266 人。易地扶贫搬迁促进了山区新型城镇化的推进，促进了"中国畲乡、小县名城"建设的成功。

（六）教育扶贫

消除贫困，最重要的环节之一是阻断贫困的代际传递。教育对于阻断贫困的代际传递起着关键的作用。景宁县积极探索教育扶贫，采取若干切合本县实际的措施。

其一，基于新一轮（2014 ~ 2016 年）特别扶持政策，景宁县组织实施贫困农户学生食宿特别资助和因学致贫农户教育特别救助等 2 个项目，对贫困农户学生提供食宿特别资助，对因学致贫农户学生提供教育特别救助，每年救助学生人数超过 1000 人，确保贫困农户子女不因家庭经济困难而辍学。建立贫困农户（低收入农户）教育救助基金，全面改善贫困

---

① 毛华庆：《在"乡村建设·精准扶贫"研讨会上的发言》，第二届中国畲族发展景宁县论坛，2016 年 11 月 27 日。

农户子女就学条件，激励贫困农户子女勤奋学习，建立"就学最后防线"。

其二，从 2015 年起，景宁县贯彻落实浙江省扶贫办公室、浙江省教育厅、浙江省人力资源社会保障厅《关于支持特困低收入农户家庭 新成长劳动力接受职业教育的通知》，进一步引导和支持低收入农户（也就是我们所说的新型贫困农户）家庭新成长劳动力接受职业教育，加大教育扶贫力度，对于"家庭人均年收入 4600 元以下低收入农户"（含低保户），且其家庭子女在校接受中、高等职业教育的，每生一次性给予 3000 元的助学补助（包括顶岗实习）。

其三，针对少数民族相对汉族贫困问题更加严重的现实，同时也是为了提升少数民族教育水平，对少数民族教育实施特殊扶持政策。首先，实行少数民族学生"十五年"（从幼儿园到高中）基础教育免费制度。其次，给予县内就读的少数民族初、高中学生每学年不少于 500 元、小学生每学年不少于 300 元的生活补助。最后，对在县城租房就读、学校不具备寄宿条件且在城市公交车服务范围以外的农村少数民族贫困小学生，给予每人每学年 1500 元的租房补助。另外还设立了"少数民族学生贫困助学和奖励基金"，对少数民族特困生给予一定的奖补。对考上大学的少数民族学生进行奖励，对考上重点大学（985、211 重点院校）的奖励 30000 元，考上普通本科院校的奖励 5000 元，考上专科学校的奖励 2000 元。总之，通过教育扶贫，贫困家庭或低收入家庭学生学习环境得到改善，学习权利得到保障，"因学致贫""因贫辍学"现象基本被消除，教育均衡化、公平化得到较好的体现。

（七）金融扶贫

金融扶贫是景宁县扶贫实践中最有特色的扶贫措施。近年来，景宁县抓住丽水市设立扶贫改革试验区的契机，积极推进金融扶贫机制创新，努力满足贫困农户贷款需求，解决贫困农户生产条件落后、自我发展能力弱等问题，不断增强贫困农户创业增收活力。

其一，首创专门针对贫困群体的"政银保"金融扶贫机制，即政府贴息、银行贷款、保险投保相结合的新型小额扶贫贷款机制。从 2011 年制订出台《低收入农户发展扶贫贷款项目实施意见》，到 2016 年 11 月，景宁县利用特别扶持项目资金和新型小额扶贫贷款机制，已经为全县 8083 户发放累计 3.9 亿元的无息贷款，其中"4600 元以下"新型贫困农户获得贷款 2870 万元；累计发放"丰收爱心卡"16057 张，其中"4600 元以下"新型贫困农户获得 4501 张。① 不少农户获得贷款以后，往往会自筹部分资金，开展自主创业。总的来说，景宁县的贴息资金、贷款规模、实施效果在全国首屈一指。

其意义主要有四个方面。一是作为扶持资金，解决了贫困户、贫困边缘户实际的资金获得难题。以前，贫困户、贫困边缘户原始积累不够，丧失了很多的发展机会。有了"政银保"无息贷款，贫困户、贫困边缘户可以更好地发展生产，快速提高收入。二是为贫困户、贫困边缘户提供创业资金，帮助他们实现跨越式发展。"政银保"可以循环使用，具体而言，经过第一阶段贷款、还款后，贫困户、贫困边缘户可以继续申请无息贷款且可以凭借信用等级的提升而提高贷款规模。因此，贫困户、贫困边缘户不仅可以用贷款资金扩大农业生产规模，还可以拿一部分资金参股"三小经济"等其他经济体，获得资产性收益，甚至找准机会自己创业，获得更高的经营性收入，实现脱贫致富。三是帮助大部分贫困户、贫困边缘户增加投资机会，包括他们对自身能力建设的投资。四是培养贫困户、贫困边缘户的市场经济观念和市场经济能力。贫困户、贫困边缘户经过融资—发展生产—按时还款、再融资—扩大生产规模、参股—还款、再融资—创业等的过程，不仅实现了"就业—创业—脱贫—致富"的良性发展，还培养了他们的信用意识、市场观念，增加了他们的市场参与能力。

其二，推广"三权"抵押贷款工程。根据景宁县出台的《景宁畲族自治县人民政府办公室关于印发农村金融改革扶贫小额信贷贴息项目实施方案的通知》《关于加快推进农村产权制度改革暨金融创新工作实施的意见》，逐步向全县推广实施"三权"（林权、农房、土地流转经营权）抵

---

① "丰收爱心卡"是浙江省农信联社和扶贫办联合打造的创新金融产品，其贷款授信期限在 3 年以内，随用随贷、随时归还、循环使用，贷款利率一般执行基准利率，县级财政对贷款期限和授信额度内的扶贫小额贷款按 3% 年利率予以贴息补助。该卡同时具有丰收借记卡的扶贫小额信贷、扶贫资金代付结算等功能。

押贷款工程，有效拓宽了"三农"融资渠道，助推产业发展，提高农民收入。截至2015年末，景宁县共发放林权抵押贷款4.31亿元，农房抵押贷款2.1亿元，土地流转经营权抵押贷款3310万元，受益农户2774户。

其三，发展村级资金互助组织，多途径满足贫困农户资金需求。近年来，景宁县制定出台了《村级资金互助组织示范点建设项目实施方案》，安排省特别扶持政策补助资金以及原有渠道资金等，扶持贫困村筹建村级资金互助组织，缓解贫困农户资金短缺问题，创新金融扶贫机制。2015年底，全县发展村级资金互助组织共58个。

总之，景宁县的金融扶贫，一定程度上解决了贫困农户生产、创业过程中存在的资金瓶颈问题，促进了贫困农户的收入增长，为景宁县的稳定、持续脱贫奠定了金融基础。

（八）"互联网＋创业者＋参与者＋政府"扶贫新机制

这一扶贫新机制的主要思路是，政府扶持建立一个"互联网＋"新型农村服务平台，把农业龙头企业、合作社与贫困农户、贫困边缘户用政策整合在一起，以提高农村劳动生产率，提高贫困农户的农产品商品化程度，从而带动贫困农户增加收入脱贫致富。目前已经发展成型的有"畲森山"及"山山商城"平台。

"畲森山"尤其有特色，该平台主要通过与景宁县部分乡村及农业种植养殖合作社、农户（包括贫困农户）签订蔬菜种植、家禽肉蛋生产、农产品收购等协议，实现畲乡特色生态农产品从选种、种养、收购、加工、包装、销售、配送的一体化发展，从而提升景宁县农产品的竞争力，提高农户的农业经营水平，实现包括贫困群体在内的农户的农业经营收入。"畲森山"被丽水名牌战略推进委员会评为"2015年丽水名牌产品"。2015年，该公司实现销售收入2300万元，较2014年增长了35%，直接带动景宁县沙湾片区1000多农户3000余人就近就业，使农户年人均收入增加7000余元。

（九）社会救助兜底扶贫

社会救助是指国家和其他社会主体对于遭受自然灾害、失去劳动能力或者其他低收入公民给予物质帮助或精神援助，以维持其基本的物质和精神生活需求，保障其最低生活水平的各种措施。1996 年，浙江省在全国率先推行城乡最低生活保障制度；2014 年颁布《浙江省社会救助条例》，建立健全完整的社会救助制度；2015 年，浙江农村基础养老金最低标准提高到每人每月 120 元，所有县的农村低保标准提高到 4600 元以上，实现保基本、保民生。景宁县抓住机会，在县内逐年建立健全社会保障制度体系。2013 年，按照浙江省当年的低保标准，景宁全县享受低保救助4599 户 7616 人。

为了落实精准扶贫战略要求，景宁县先后出台了《关于做好 4600 元以下低收入农户"一户一策一干部"结对帮扶的通知》和《关于家庭人均纯收入 4600 元以下农户产业扶贫项目申报的通知》等政策，建立了家庭年人均收入 4600 元以下的低收入农户"一户一策一干部"帮扶机制。同时，围绕保障贫困群众基本生活，景宁县民政局在建立健全城乡低保、农村五保和孤弃儿童社会保障制度的同时，进一步完善医疗救助、临时救助、阳光助学和流浪未成年人救助等保障制度，切实维护困难群体的生活保障权益。2015 年，景宁县进一步提高各项保障标准，将农村低保标准提高到 4752 元/年/人，基本实现扶贫线、低保线的"两线合一"，能够保证所有贫困群体顺利脱贫。

值得一提的是，景宁县对 4600 元以下贫困农户的动态管理也走在全国贫困地区的前列。对于如何精准识别、动态管理低保群体，如何在政府购买社会服务时引进第三方中介机构进行调研、评估，景宁县都做出了积极的探索。通过这些方面的探索创新，景宁县政府初步做到了跳出具体事务，专门从事政策制订、引导、监管和考核等工作，既可保障低保兜底的政策效果，又符合建设服务型政府的总体要求。

四 景宁县精准扶贫的主要成效、经验和启示

综上所述，可以认为，景宁县的精准扶贫、精准脱贫实践取得了显著的减贫脱贫成效，形成了一些具有独到价值的经验，其中一些经验对其他贫困民族地区的扶贫、脱贫工作具有重要借鉴意义。

（一）景宁县精准扶贫的主要成效

1. 贫困人口收入大幅增长，脱贫成效显著。2015年，景宁县全面完成"消除家庭人均年收入4600元以下的贫困现象"工作，"4600元以下"新型贫困农户4501户、10512人实现脱贫。据统计，2015年，景宁县农村常住居民人均可支配收入13663元，增长9.9%，其中新型贫困农户人均可支配收入8567元，增长20.8%，高于全县农村居民平均增长速度10.9个百分点，圆满完成景宁县的"低收入农户倍增计划"预期目标。

2. 城乡统筹发展水平明显提高。精准扶贫、精准脱贫促进了景宁县贫困山区的基础设施建设，易地扶贫搬迁促进了山区新型城镇化的推进，"中国畲乡、小县名城"建设取得明显成效。包括贫困人口在内的农村居民生产生活环境明显改善，城乡居民差距逐渐减小，农村教育、卫生、文化、科技等社会事业发展水平明显提高，景宁县经济、社会整体稳步协调发展，县域经济综合竞争力在全国民族自治县中的排位更进一步，2013年名列第八。

（二）经验与启示

1. 以"大扶贫"统揽经济社会发展全局

景宁县在实施精准扶贫时，构建"大扶贫"格局，将精准扶贫、精准脱贫作为政府重要的政治任务，以"大扶贫"统揽经济社会发展的全局。

其一，景宁县高度重视精准扶贫、精准脱贫工作，建立了县委、县政府主要领导亲自抓、分管领导具体抓的领导体制和相应的工作机制，把促进包括贫困农户在内的农民增收工作摆到重中之重的位置，举全县之力抓增收、稳脱贫。2013年，景宁县成立了以县委办副主任、农办主任为组长的新一轮低收入农户和扶贫重点村调查认定工作领导小组，启动实施"低收入农户收入倍增计划"，实施"重点欠发达县2014～2016年特别扶持政策"（即第二轮特别扶持政策）。2014年，出台《景宁畲族自治县人民政府办公室关于印发农村金融改革扶贫小额信贷贴息项目实施方案的通知》《关于加快推进农村产权制度改革暨金融创新工作实施的意见》等政策；根据《中共浙江省委办公厅 浙江省人民政府办公厅关于做好新一轮扶贫结对帮扶工作的通知》文件精神，实行省市县三级联动的结对帮扶政策，通过建立"三级指导、三级帮扶"的机制，积极推动结对单位发挥最大的帮扶效益。此外，景宁县借民族自治县优势，提振区域经济，促进减贫，先后制定实施《关于进一步加强新形势下民族工作，深化少数民族经济社会发展扶持工作的若干意见》《加强少数民族经济和社会事业发展扶持意见》等一系列地方政策。

其二，"大扶贫"成为加快景宁县经济社会发展的主要抓手。景宁县的"大扶贫"，包括用最大、最好的政策支持"三农"加快发展，坚持统筹城乡发展的总体要求，同步推进"四化"，全面深化农村改革，千方百计促进包括贫困农户在内的农民收入"持续、普遍、较快"增长。例如，近年来，景宁县委、县政府围绕"增加农民收入、提升民生水平、改善生态环境、增强内生功能"的总体目标，扎实实施两轮特别扶持项目建设。其中第二轮特别扶持资金用于"三农"和扶贫领域的比例高达81%，超过其他特别扶持项目县30%以上。具体而言，安排了3000万小额贷款贴息资金、2700万山区经济发展资金、1亿多元美丽乡村建设资金以及近5000万元的产业发展资金。大量特别扶持项目的实施，从根本上改变了景宁县农村基础设施落后面貌，使农民生产生活条件得到了极大改善。同时，一大批扶贫类、产业类、民生类项目的实施，也让包括贫困农户在内的广大农民得到了最直接的实惠。

其三，围绕精准脱贫、稳定脱贫，实现2020年农民收入"破2万元"的阶段目标，景宁县全面启动促增收"十大行动计划"，努力营造"党政引导、部门帮扶、人人参与、合力增收"的良好氛围。"十大行动计划"包括现代农业产业培育行动计划、农民持股行动计划、农村劳动力资源开发行动计划、农民创业促增收行动计划、农民技术增收行动计划、金融助农增收行动计划、万名农民城区易地搬迁行动计划、新兴产业助农发展行动计划、"十百千"示范工程创建行动计划、低收入农户收入翻番行动计划。大力实施这十大行动计划，让农村居民特别是农村贫困群体有了实实在在的获得感。

2. 实施精准扶贫、精准脱贫战略需要处理好几个关系

一是要处理好区域整体发展与精准扶贫、精准脱贫的关系。按照精准扶贫的要求，衡量贫困地区发展质量的关键，在于区域整体发展是否带动了贫困群体自我发展能力的提高，最终是否实现脱贫致富。[①] 从景宁县的实践来看，区域发展与"大扶贫"的目标基本一致，并被有机地统一到同一过程之中，区域发展带动了贫困群体自我发展的能力，实现了有效脱贫。同时，精准扶贫、精准脱贫各项工程项目的实施，盘活了贫困乡村的存量资源，激发了贫困乡村的活力，形成了景宁县经济发展的新引擎，支撑着景宁县经济的新一轮发展。例如，景宁县实施产业扶贫、易地扶贫搬迁等，促进了景宁县生态农业、乡村旅游的高速发展，进一步推进了景宁县的整体发展。

二是要处理好典型带动与整体推进的关系。精准扶贫的核心是精准识别、精准扶持。景宁县在实施精准扶贫时，将148个扶贫重点村作为扶贫开发主战场，并在基础设施建设、产业扶贫、易地扶贫搬迁、结对帮扶、金融扶贫、社会救助等方面向扶贫重点村倾斜。对于畲族贫困村、畲族贫困群体，更是在政策上、扶持力度上进一步予以倾斜。在聚焦扶贫重点村、特殊贫困群体的同时，景宁县跳出扶贫重点村、贫困群体的限制，对非贫困村的项目发展给予一定的扶持，或允许跨村发展，提高了景宁县反贫困的整体进程。

三是要处理好政府、市场与农民（包括贫困群体）协同的关系。精准扶贫是一项复杂的系统工程，脱贫攻坚，要处理好政府、市场与社会的关系，最大限度地发挥各自的功能。在实施精准扶贫战略时，景宁县针对实际县情创造了以政府和市场共同为主导的"政府—市场"双导向扶贫机制。在此机制下，政府的功能主要是提高公共基础设施和公共服务的供给和服务水平，为贫困群体参与市场竞争创造良好的条件，赋予贫困人口参与发展、摆脱贫困的机会和权利，最终通过市场的作用使得贫困人口脱

---

① 黄承伟、叶韬主编《脱贫攻坚省级样板——贵州精准扶贫精准脱贫模式研究》，社会科学文献出版社，2016。

贫致富。① 例如，景宁县搭建的以"政银保"为核心的金融服务平台，为贫困农户提供了贴息贷款，不仅解决了贫困农户实际的资金困难，增加了贫困农户的投资机会，还提高了农户进入市场的机会与能力，使贫困农户的收入得到稳定增长，特别值得一提的是，这些措施培养了景宁县新型贫困农户的现代信用意识，百分之百能够到期还款，全县小额贴息贷款的不良贷款率为零。关键的激励机制是，景宁县的"政银保"平台规定，贫困农户准时还款，可以继续申请贷款；还款表现越好，后续贷款额度越大。第一次贷款的额度是 5 万～10 万元，具体可贷多少，视平台对申请贷款者进行信用评级的结果而定。信用评级结果在每个村公布，这样既起到激励作用，也起到监督作用。

四是要处理好外援帮扶与自我发展的关系。一般而言，一个区域的发展动力主要来自两个方面，一是地区内部要素驱动，二是外来要素推动。② 与全国其他地区一样，随着经济社会快速发展、扶贫开发工作持续推进，浙江省农村的剩余贫困人口主要分布在远离经济发达、区位条件和交通状况相对较好地区的山区、生态脆弱区、民族聚居区、革命老区等地区，形成农村贫困相对集中在少数相对封闭地区的孤岛现象。③ 因此，像景宁县这样的欠发达地区，一般被认为存在内部发展动力不足，缺乏经济发展的要素条件和活力等问题，外援帮扶推动景宁县的发展是必不可少的。这种外部推动包括中央、浙江省乃至丽水市向景宁县注入资金，帮助景宁县加大基础设施建设力度，提高公共服务水平，引进先进地区发展模式，促进景宁县加速实现现代化。当然，外援帮扶只是手段与过程，最终要靠景宁县政府及各族人民在内部寻找发展的源泉和根本动力，提升自我发展能力，实现全面建成小康社会的目标。

五是要处理好"输血"与"造血"的关系。在扶贫模式上，景宁县改变单纯以生活救济为主的"输血式"扶贫，或单纯以扶贫开发为主的

---

① 余明江：《我国农村反贫困机制的构建——基于"政府—市场"双导向视角的研究》，《安徽农业大学学报（社会科学版）》2010 年第 5 期。

② 赵强社：《扶贫模式演进与新时期扶贫对策探析》，《西部学刊》2013 年第 2 期。

③ 刘彦随、周杨、刘继来：《中国农村贫困化地域分异特征及其精准扶贫策略》，《中国科学院刊》2016 年第 3 期。

"造血式"扶贫，强调"输血"与"造血"的"有效衔接"，形成"两轮驱动"的新机制。特别值得一提的是，景宁县在识别、扶持贫困人口时，实施精准识别及分类施策的方法，对于具有劳动能力，但受制于资金缺乏、机会欠缺、技能不足等的贫困人口，以高强度政策支持、项目扶持和金融服务，为他们创造尽可能多的就业、创业机会；对于丧失劳动能力者、五保户和孤弃儿童等特殊群体，施以社会救助。此外，景宁县不断探索创新精准识别、动态管理低保对象的工作机制，采用政府购买社会服务的办法，引进第三方中介机构评估低保对象，比以往更加客观公正，减轻了政府部门的事务压力，更大程度地避免了"人情保""腐败保"，减少了干群矛盾。同时，景宁县还逐年提高低保标准，提高低保覆盖面，努力实现应保尽保、应助尽助。景宁县的整体扶贫战略实现了扶贫开发与社会救助相结合，从而实现了对所有农村贫困人口的全覆盖。

六是农村扶贫开发是一个长期的过程，在处理好上述关系的同时，还要注意随着经济社会发展和人民生活水平不断提高，不断拓宽扶贫范围，逐步提升扶贫层次，保证脱贫人口实现更稳定、更持续的脱贫。景宁县在实现《中国农村扶贫开发纲要（2011－2020年）》（以下简称《纲要》）"两不愁、三保障"目标任务的大背景下，一方面，按照《纲要》提出的各地要"因地制宜制定扶贫政策"的要求，将扶贫标准、低保标准逐年提高，目前的扶贫标准是国家扶贫标准的2倍。扶贫标准及低保标准的调整，将贫困群体和低收入群体都统一纳入景宁县新时期反贫困的对象范围，为更多亟须帮助的新型贫困群体能够得到政府扶持提供了保证。这表明，新时期景宁县的反贫困不再仅仅局限于脱贫目标，而是要实现贫困人口在脱贫基础上稳步致富。另一方面，景宁县进一步探索精准界定扶贫对象的本土工作经验，放弃以往根据收入绝对值这一单维贫困标准识别贫困人口的做法，开始考虑健康、房屋、资产、灾害等多维因素，并让村党支部和村民委员会通过特定程序评出不少于全村总户数的1/3作为贫困农户，再把这1/3中的近1/3农户作为特别扶持对象（即原"4600元以下"低收入农户）。同时，基于景宁县贫困存在民族差异的情况，以及扶持少数民族发展的目标需要，在实际操作中把所有畲族村和畲族群众都视为扶贫重点村和贫困农户予以重点扶持。这些做法说明，景宁县反贫困工作的重心开始向缩小差距、保障公平分配以及给予贫困群体更有尊严的生活转变。

综上所述，景宁县的精准扶贫、精准脱贫实践确实取得了显著的减贫脱贫成效，形成了一些具有推广意义的经验，其中有些对其他贫困民族地区在未来一段时间的扶贫开发中有所借鉴和参考。其最主要的启示是，农村脱贫必须靠发展，而发展必须从培养、提高贫困农户的自我发展意识、自我发展能力着手。为此，政府要提高公共基础设施和公共服务供给水平和质量，构建促进贫困人口融入经济社会正常循环体系的机制，让贫困群体共享经济发展成果，实现贫困群体的可持续脱贫。

当然，目前景宁县的精准扶贫、精准脱贫也还面临一些困难和挑战，其中最重要的挑战来自强大的市场极化作用，这种影响不仅使景宁县大量农村出现"老人妇女儿童三留守"现象以及部分农村"空心化"和农村人口"老龄化"等一系列问题，而且景宁县城和中心镇也面临人口减少的威胁，① 致使一些产业扶持项目因为缺乏高素质人才实施而削弱扶贫效果。这些问题需要在未来的经济社会发展和扶贫开发实践中探索解决。

---

① 毛华庆：《在"乡村建设·精准扶贫"研讨会上的发言》，第二届中国畲族发展景宁县论坛，2016 年 11 月 27 日。

主要参考文献

一 外文文献

Agrawal, Arun and Kent H. Redford: "Conservation and Displacement: An Overview", *Conservation and Society*, 2009, Vol. 7 (1).

Alkire, Sabina and James E. Foster: "Counting and Multidimensional Poverty Measurement", *Journal of Public Economics*, 2010, Vol. 95 (7).

Allegrezza, Serge, Georges Heinrich and David K. Jesuit: "Poverty and Income Inequality in Luxemburg and the Grande Région in Comparative Perspective", *Socio-Economic Review*, 2004, Vol. 2 (2).

Angermeier, Paul L.: "The Natural Imperative For Biological Conservation", *Conservation Biology*, 2000, Vol. 2.

Atkinson, A. B.: *Horizontal Equity and the Distribution of the Tax Burden.* Washington D. C.: Brookings Institution, 1980.

Barrientos, Armando, David Hulme and Andrew Shepherd: "Can Social Protection Tackle Chronic Poverty", *The European Journal of Development's Research*, 2007, Vol. 17 (1).

Bjorn, Gustafsson, and Q. H. Deng: "Social Assistance Receipt and its Importance for Combating Poverty in Urban China", *IZA Discussion Paper*, 2007.

Bourguignon, F., Satya R. Chakravarty: "The measurement of

multidimensional poverty", *Journal of Economic Inequality*, 2003, Vol. 1 (1).

Burton, Philip J., et al.: "The Value of Managing for Biodiversity", *Forestry Chronicle*, 1992, Vol. 68 (2).

Cernea, Michael M.: "For A New Economics of Resettlement: A Sociological Critique of the Compensation Principle", *International Social Sciences Journal*, 2004, Vol. 55 (175).

Chambers, Robert: "What Is Poverty? Who Asks? Who Answers?" in *International Poverty Centre: Poverty in Focus*, December 2006.

Cheli, Bruno, Achille Lemmi: "Totally Fuzzy and Relative Approach to the Multidimensional Analysis of Poverty", *Economic Notes*, 1995, Vol. 24 (1).

Cotton, Walter: "Resolving conflicts between humans and the threatened Louisiana black bear", *Human-Wildlife Conflicts*, 2008 (2).

DeFina, R. H., K. Thanawala: "International Evidence on the Impact of Transfers and Taxes on Alternative Poverty Indexes", *Social Science Research*, 2004, Vol. 33 (2).

Ehrlich, Paul R.: "Human Natures, Nature Conservation, and Environmental Ethics", *Bioscience*, 2002, Vol. 52 (1).

Feldstein, Martin: "On the theory of tax reform", *Journal of Public Economics*, 1976, Vol. 6 (1).

Foster, James E., Joel W. Greer, and Erik Thorbecke: "A Class of Decomposable Poverty Measures", *Econometrical*, 1984, Vol. 52 (3).

Gao Qin, Irwin Garfinkel and Fuhua Zhai: "Anti-Poverty Effectiveness of the Minimum Living Standard Assistance Policy in Urban China", *Review of Income and Wealth*, 2009, Vol. 55 (1).

Gertler, P. J.: *The Impact of Progresa on health.* Washington, DC: International Food Policy Research Institute, 2000.

Hölsch, Katja, and M. Kraus: "European Schemes of Social Assistance: an Empirical Analysis of Set-ups and Distributive Impacts", *International Journal of Social Welfare*, 2006, Vol. 15 (1).

Jalan, Jyosna and Martin Ravallion: "Transient Poverty in Post Reform

Rural China", *Journal of Comparative Economics*, 1998, Vol. 26 (2).

Hoddinott, J.: "Conditional Cash Transfer Programs". Washington, DC: International Food Policy Research Institute, 2000.

Kai, Schmidt Soltau: "Is Forced Displacement Acceptable in Conservation Projects?" Id21 Development Research Reporting Service, 2004.

Kakwani, N. C.: "On the Measurement of Tax Progressivity and Redistributive Effect of Taxes with Applications to Horizontal andVertical Equity". *Advances in Econometrics*, 1984, Vol. 3.

Lugo, Maria Ana, and E. Maasoumi: "Multidimensional Poverty Measures from an Information Theory Perspective", *Working Papers*, 2008.

Morvaridi, Behrooz: "Resettlement, Rights to Development, and the Ilisu Dam, Turkey", *Development and Change*, 2004, Vol. 35 (4).

Mcgregor, J. A.: "Researching Human Wellbeing: From Concepts to Methodology", in Gough, I. and J. A. Mcgregor (eds): *Well-Being in Developing Countries: New Approaches and Research Strategies*, Cambridge University Press, 2007.

Parker, Susan W., E. Skoufias: "The Impact of Progresa on Work, Leisure, and Time Allocation", Washington, DC: International Food Policy Research Institute, 2000 (10).

Plotnick, Robert: "A Measure of Horizontal Inequity", *The Review of Economics and Statistics*, 1981, Vol. 63 (2).

Ramos, Xavier, J. Silber: "On the Application of Efficiency Analysis to theStudy of the Dimensions of Human Development", *Review of Income and Wealth*, 2005, Vol. 51 (2).

Rawlings, Laura B.: "A New Approach to Social Assistance: Latin America's Experience with Conditional Cash Transfer Programmes", *Social Science Electronic Publishing*, 2004, Vol. 58 (2 − 3).

Rozelle, Scott, Albert Park, Vincent Benziger, Changqing Ren: "Targeted Poverty Investments and Economic Growth in China World Development", *World Development*, 1998, Vol. 26 (12).

Wells, Michael and Thomas Mcshane: "Integrating Protected Area Management with Local Needs and Aspirations", *Ambio-Journal of the Human Environment*, 2004, Vol. 33 (8).

West, Paige, James Igoe and Dan Brockington: "Parks and peoples: The social impact of protected areas", *Annual Review of Anthropology*, 2006, Vol. 35 (25).

Worthy, F. R., J. M. Foggin: "Conflicts between Local Villagers and Tibetan Brown Bears Threaten Conservation of Bears in a Remote Region of the Tibetan Plateau", *Human-Wildlife Conflicts*, 2008, Vol. 2 (2).

World Bank: *Social Safety Nets in OECD Countries*, http://siteresources. worldbank. org/safetynet – sandtransfers/Resources/281945 – 1124119303499/ SSNPrimer – Note25. pdf.

Yap, Yoon Tien, G. Sedlacek and P. F. Orazem: *Limiting Child Labor through Behavior-based Income Transfers: An Experimental Evaluation of the PETI Program in Rural Brazil, Child Labor and Education in Latin America.* Palgrave Macmillan US, 2002.

二 中文文献

专著:

M. P. 托达罗:《第三世界的经济发展》,于同申等译,中国人民大学出版社,1988。

W. W. 罗斯托:《富国与穷国》,王一谦等译,北京大学出版社,1990。

阿班·毛力提汗等:《新疆农村贫困问题研究》,新疆人民出版社,2006。

阿玛蒂亚·森:《贫困与饥荒》,王宇、王文玉译,商务印书馆,2011。

阿玛蒂亚·森:《以自由看待发展》,任赜、于真译,中国人民大学出版社，2012。

阿瑟·塞西尔·庇古：《福利经济学》，金镝译，华夏出版社，2013。

奥斯卡·刘易斯：《桑切斯的孩子们——一个墨西哥家庭的自传 – 50周年版》，李雪顺译，上海译文出版社，2014。

白光润：《地理科学导论》，高等教育出版社，2006。

保罗·克雷·罗伯尔茨：《供应学派的革命》，杨鲁军等译，上海译文出版社，1987。

布兰查德、费希尔：《宏观经济学》，刘树成等译，经济科学出版社，1998。

陈健生：《生态脆弱地区农村慢性贫困研究——基于 600 个国家扶贫重点县的贫困监测证据》，经济科学出版社，2009。

陈良谨：《社会保障教程》，知识出版社，1990。

陈全功、程蹊：《少数民族山区长期贫困与发展型减贫政策研究》，科学出版社，2014。

程丹峰：《中国反贫困——经济分析与机制设计》，北京经济科学出版社，2000。

戴维·皮尔斯、杰瑞米·沃福德：《世界无末日——经济学·环境与可持续发展》，张世秋等译，中国财政经济出版社，1996。

多吉才让：《新时期中国社会保障体制改革的理论与实践》，中共中央党校出版社，1995。

樊胜根、邢鹂、陈志刚主编《中国西部公共政策和农村贫困研究》，科学出版社，2010。

樊胜根、张林秀、张晓波：《经济增长、地区差距与贫困——中国农村公共投资研究》，中国农业出版社，2002。

《反杜林论》，载《马克思恩格斯选集》第 3 卷，人民出版社，1972，第 233 页。

《哥达纲领批判》，载《马克思恩格斯选集》第 3 卷，人民出版社，1972，第 9 页。

葛寿昌：《社会保障经济学》，复旦大学出版社，1990。

国务院新闻办公室编《中国农村扶贫开发的新进展》，人民出版社，

2011。

郝时远、王延中：《中国农村社会保障调查报告》，方志出版社，2009。

华中师范大学、中国国际扶贫中心：《中国反贫困发展报告·2012》，华中科技大学出版社，2013。

黄承伟、叶韬主编《脱贫攻坚省级样板——贵州精准扶贫精准脱贫模式研究》，社会科学文献出版社，2016。

金峰峰：《在发展中反贫困——相对发达地区农村反贫困财政政策选择》，上海三联书店，2005。

康晓光：《中国贫困与反贫困理论》，广西人民出版社，1995。

李克强、龙远蔚、刘小珉：《中国少数民族地区经济社会住户调查（2013）》，社会科学文献出版社，2014。

李强：《中国大陆的贫富差别》，中国妇女出版社，1989。

李瑞华：《贫困与反贫困的经济学研究——以内蒙古为例》，中央编译出版社，2014。

李扬主编《经济蓝皮书夏季号：中国经济增长报告（2015～2016）：结构性改革与经济二次转型》，社会科学文献出版社，2016。

列宁：《列宁全集》第17卷，人民出版社，1959。

《马克思恩格斯全集》第25卷，人民出版社，1982。

《马克思恩格斯全集》第42卷，人民出版社，1979。

《马克思恩格斯选集》第2卷，人民出版社，2012。

《马克思恩格斯选集》第46卷，人民出版社，1980。

《马克思恩格斯选集》第3卷，人民出版社，1972。

马歇尔：《经济学原理》，朱志泰译，商务印书馆，1991。

缪尔达尔：《世界贫困的挑战：世界反贫困大纲》，顾朝阳译，北京经济学院出版社，1991。

缪尔达尔：《亚洲的戏剧：南亚国家贫困问题研究》，方福前译，商务印书馆，2015。

纳克斯：《不发达国家的资本形成问题》，谨斋译，商务印书馆，1972。

世界银行:《从贫困地区到贫困人群,中国扶贫议程的演进》,2009。

世界银行:《2000/2001 年世界发展报告》,中国财政经济出版社,2001。

世界银行:《1980 年世界发展报告》,中国财政经济出版社,1980。

帅传敏:《中国农村扶贫开发模式与效率研究》,人民出版社,2010。

速水佑次郎:《发展经济学:从贫困到富裕》,李周译,社会科学文献出版社,2009。

托马斯·马尔萨斯:《人口原理》,陈小白译,华夏出版社,2012。

汪三贵:《贫困问题与经济发展政策》,农村读物出版社,1994。

王梦奎:《反贫困与中国儿童发展》,中国发展出版社,2013。

王小林:《贫困测量理论与方法》,社会科学文献出版社,2012。

王延中主编《中国社会保障发展报告 (2012)》,社会科学文献出版社,2012。

西奥多·W. 舒尔茨:《论人力资本投资》,吴珠华等译,北京经济学院出版社,1990。

谢东梅:《农村最低生活保障制度分配效果与瞄准效率研究》,中国农业出版社,2010。

亚当·斯密:《国民财富的性质和原因的研究》(下卷),王亚南、郭大力译,商务印书馆,1994。

杨栋会、樊胜根、沈素平:《民族"直过区"收入差距和贫困研究——基于云南勐海县布朗山乡农户调查数据的分析》,载樊胜根、邢鹂、陈志刚主编《中国西部公共政策和农村贫困研究》,科学出版社,2010。

杨一鸣:《从儿童早期发展到人类发展》,中国发展出版社,2011。

杨颖:《中国农村反贫困研究——基于非均衡发展条件下的能力贫困》,光明日报出版社,2011。

叶普万:《贫困经济学研究》,中国社会科学出版社,2004。

玉树藏族自治州地方志编纂委员会编《玉树州志》,三秦出版社,2005。

张文彤、钟云飞:《IBM SPSS 数据分析与挖掘实战案例精粹》,清华大学出版社，2013。

张新伟：《市场化与反贫困路径选择》，中国社会科学出版社，2001。

郑秉文、和春雷：《社会保障分析导论》，法律出版社，2001。

郑长德：《中国少数民族地区经济发展报告（2014）》，中国经济出版社，2014。

郑长德：《中国少数民族地区经济发展报告（2013）》，中国经济出版社，2013。

郑功成：《社会保障学》，商务印书馆，2000。

中国发展研究基金会：《在发展中消除贫困》，中国发展出版社，2007。

中国发展研究基金会：《中国发展报告 2010——促进人的发展的中国新型城市化战略》，人民出版社，2010。

朱玲：《减贫与包容——发展经济学研究》，中国社会科学出版社，2013。

庄天慧：《西南少数民族贫困县的贫困和反贫困调查与评估》，中国农业出版社，2011。

《资本论》第 3 卷，人民出版社，1975。

论文：

阿卜杜伟力：《和田地区贫困与反贫困调查研究》，《中国软科学》2000 年第 7 期。

安树伟：《秦巴山区贫困与反贫困问题研究——以陕西省柞水县为例》，《经济地理》1999 年第 10 期。

白人朴：《关于贫困标准及其定量指标的研究》，《农业经济问题》1990 年第 8 期。

曹清华：《德国社会救助制度的反贫困效应研究》，《德国研究》2008 年第 3 期。

曹清华：《瑞典现代社会救助制度反贫困效应研究》，《社会主义研究》2008 年第 2 期。

曹清华：《英国现代社会救助制度反贫困效应研究》，《河南师范大学学报（哲学社会科学版）》2010 年第 5 期。

陈光金：《中国农村贫困的程度、特征与影响因素分析》，《中国农村观察》2008 年第 9 期。

陈全功、李忠斌：《少数民族地区农户持续性贫困探究》，《中国农村观察》2009 年第 5 期。

陈绍华、王燕：《中国经济的增长和贫困的减少——1990～1999 年的趋势研究》，《财经研究》2001 年第 9 期。

陈忠文：《山区农村贫困机理及脱贫机制实证研究——一个交易成本视角》，博士学位论文，华中农业大学，2013。

程厚思、邱文达、赵德文：《边缘与"孤岛"——关于云南少数民族地区贫困成因的一种解释》，《中国农村观察》1999 年第 6 期。

达瓦次仁、次仁、由元元、仓木啦、旦增、方晓玲：《略论西藏扶贫搬迁与生态移民间的关系》，《西藏研究》2014 年第 5 期。

戴维：《内蒙古牧区社会保障问题研究——以西乌珠穆沁旗为例》，《内蒙古财经学院学报（综合版）》2009 年第 3 期。

戴卫东：《农村最低生活保障制度的财政支出分析——基于负所得税法和差额补助法的比较》，《河南社会科学》2010 年第 5 期。

丁赛：《农村汉族和少数民族收入差异的经验分析》，《中国劳动经济学》2006 年第 4 期。

丁士军、陈传波：《贫困农户的能源使用及其对缓解贫困的影响》，《中国农村经济》2002 年第 12 期。

丁子钺、谷佳：《新时期扶贫开发整村推进的认识与思考》，《经济视角》2012 年第 6 期。

杜宝虎：《西北农村贫困恶性循环的结构分析与依法治理》，《开发研究》1998 年第 4 期。

杜志雄、詹琳：《实施精准扶贫新战略的难题和破解之道》，《中国发展观察》2015 年第 8 期。

方劲：《中国农村扶贫工作"内卷化"困境及其治理》，《社会建设》2014 年第 2 期。

费孝通：《反思·对话·文化自觉》，《北京大学学报》1997 年第

3 期。

冯贺霞、王小林、夏庆杰：《收入贫困与多维贫困关系分析》，《劳动经济研究》2015 年第 3 卷第 6 期。

冯素洁、陈朔：《论经济高速增长中的相对贫困》，《现代财经》2006 年第 1 期。

高艳云：《中国城乡多维贫困的测度及比较》，《统计研究》2012 年第 11 期。

辜胜阻：《贫困地区发展的特征及其反贫的战略思考》，《经济评论》1991 年第 5 期。

郭冬梅：《加强内蒙古农村牧区社会保障体系建设》，《实践：思想理论版》2012 年第 8 期。

郭建宇、吴国宝：《基于不同指标及权重选择的多维贫困测量——以山西省贫困县为例》，《中国农村经济》2012 年第 2 期。

郭劲光：《我国贫困人口的脆弱度与贫困动态》，《统计研究》2011 年第 9 期。

郭伶俐：《贫困村贫困原因及对策研究》，《农村经济》2003 年第 7 期。

郭熙保、罗知：《贸易自由化、经济增长与减轻贫困——基于中国省际数据的经验研究》，《管理世界》2008 年第 2 期。

韩林芝、邓强：《我国农村贫困主要影响因子的灰色关联分析》，《中国人口资源与环境》2009 年第 4 期。

何晖、邓大松：《中国农村最低生活保障制度运行绩效评价》，《江西社会科学》2010 年第 11 期。

何晓琦：《长期性贫困的定义与特征》，《贵州财经学院学报》2004 年第 6 期。

胡鞍钢、胡琳琳、常志霄：《中国经济增长与减少贫困（1978—2004 年）》，《清华大学学报》2006 年第 5 期。

胡鞍钢、童旭光、诸丹丹：《四类贫困的测量：以青海省减贫为例（1978~2007）》，《湖南社会科学》2009 年第 5 期。

胡兵、胡宝娣、赖景生：《经济增长、收入分配对农村贫困变动的影响》，《财经研究》2005 年第 8 期。

黄敬宝：《从根本上解决农村贫困问题——以人力资本投资打破我国农村贫困的恶性循环怪圈》，《财经问题研究》2004 年第 5 期。

黄群慧：《中国的工业化进程：阶段、特征与前景》，《经济与管理》2013 年第 7 期。

贾俊民：《贫困文化：贫困的贫困》，《社会科学论坛》1999 年第 5 ~ 6 期。

姜玉琴：《浅谈青海省农牧区社会保障问题》，《科技创新导报》2010 年 32 期。

孔炜莉：《宁夏吊庄移民问题研究综述》，《宁夏社会科学》2000 年第 6 期。

匡远配：《中国扶贫政策和机制的创新研究综述》，《农业经济问题》2005 年第 8 期。

李广舜：《新疆农村最低生活保障制度改革思考》，《辽东学院学报（社会科学版）》2008 年第 10 期。

李鹍：《论精准扶贫的理论意涵、实践经验与路径优化——基于对广东省和湖北恩施的调查比较》，《山西农业大学学报（社会科学版）》2015 年第 8 期。

李盛基、吕康银、朱金霞：《农村最低生活保障制度的减贫效果分析》，《税务与经济》2014 年第 3 期。

李世平、江美丽、孙寒冰：《失地农民贫困现状缘于中国农民权利贫困——换个角度谈征地补偿制度》，《农村经济》2006 年第 1 期。

李小云、董强、刘启明：《农村最低生活保障政策实施过程及瞄准分析》，《农业经济问题》2006 年第 11 期。

李燕凌、曾福生：《农村公共品供给农民满意度及其影响因素分析》，《数量经济技术经济研究》2008 年第 8 期。

李周、孙若梅：《生态敏感地带与贫困地的相关性研究》，《农村经济与社会》1994 年第 5 期。

廉桂萍：《内蒙古社会保障制度改革的回顾与思考》，《内蒙古大学学报（哲学社会科学版）》2008 第 11 期。

林毅夫：《贫困、增长与平等中国的经验与挑战》，《中国国情国力》2004 年 8 期。

刘红梅：《影响云南农户对扶贫项目满意度的因子分析》，《昆明理工大学学报（社会科学版）》，2010 年第 5 期。

刘明宇：《分工抑制与农民的制度性贫困》，《农业经济问题》2004 年第 4 期。

刘小珉：《滇桂黔石漠化区扶贫开发成效研究——以贵州黔东南凯里为例》，《云南农业大学学报》2014 年第 8 期。

刘小珉：《民族视角下的民族地区农村贫困问题比较研究——以广西、贵州、湖南为例》，《民族研究》2013 年第 4 期。

刘小珉：《农户满意度视角的民族地区农村扶贫开发绩效评价研究——基于 2014 年民族地区大调查数据的分析》，《民族研究》2016 年第 3 期。

刘彦随、周杨、刘继来：《中国农村贫困化地域分异特征及其精准扶贫策略》，《中国科学院院刊》2016 年第 3 期。

卢子敏：《浙江省养老机构服务人员工作满意度影响因素的最优尺度回归》，《经济师》2015 年第 2 期。

鲁溪：《增长未必能减少贫困——驳 2001 年世界发展报告》，《国外理论动态》2001 年第 5 期。

陆小华：《反贫困与市场导入》，《中国贫困地区》1997 年第 5 期。

罗先成：《贫困山区冲破"贫困恶性循环"的思路——湘西凤凰县经济发展的启示》，《经济评论》1994 年第 5 期。

毛燕：《民族地区实现"十三五"时期　全面脱贫的对策思考——以云南省宁蒗彝族自治县为例》，《西南民族大学学报（人文社会科学版)》2016 年第 4 期。

牛勤：《论我国西部地区农村最低生活保障问题与对策》，《安徽农业科学》2011 年第 10 期。

潘久艳、周红芳：《"全国援藏"：改革路径与政策回应》，《中共四川省委省级机关党校学报》2010 年第 2 期。

钱彦敏：《贫困山区农村经济的启动与发展研究——浙江泰顺县仙稔

乡经济考察》，《中国农村观察》1991 年第 4 期。

《青海省扶贫开发局正式成立》，《西海农民报》2009 年 4 月 24 日。

青海省民政厅办公室冯武辉：《青海省调整提高农村牧区五保供养标准五保对象生活水平随经济发展自然增长》，《要情 15》2012 年 2 月 2 日。

青海省民政厅办公室冯武辉：《青海省 2.27 万农村五保对象"老有所养"》，《要情 122》2013 年 6 月 27 日。

青海省统计局：《青海省 2012 年国民经济和社会发展统计公报》，2013 年 2 月 20 日。

曲玮，涂勤等：《贫困与地理环境关系的相关研究述评》，《甘肃社会科学》2010 年第 1 期。

撒玛：《试论现阶段西藏农牧区社会保障对策研究》，《西藏科技》2009 年第 4 期。

檀学文、李成贵：《贫困的经济脆弱性与减贫战略述评》，《中国农村观察》2010 年第 5 期。

童成荣：《青海扶贫工作的回顾与展望》，《青海社会科学》1999 年第 1 期。

童万亨：《福建省全面实施农村居民最低生活保障制度的调查与思考》，《农业经济问题》2005 年第 1 期。

童星、林闽钢：《中国农村贫困标准线研究》，《中国社会科学》1993 年第 3 期。

汪三贵：《扶贫投资效率的提高需要制度创新》，《林业经济》1997 年第 4 期。

王朝明：《中国农村 30 年开发式扶贫：政策实践与理论反思》，《贵州财经学院学报》2008 年第 6 期。

王宏杰、冯海峰、李东岳：《贫困地区农村人口对农业产业化扶贫政策的满意度分析——基于湖北省松滋市 208 位农村居民的调查》，《老区建设》2015 年第 8 期。

王宏杰、冯海峰、李东岳：《贫困地区农村人口对"雨露计划"转移培训扶贫政策的满意度分析——基于湖北省松滋市 241 位农村居民的调查》，《经济论坛》2015 年第 3 期。

王建武：《土地退化与贫困相关性研究》，博士学位论文，中国社会科学院研究生院，2003。

王丽华、孟湘泓：《反贫困视觉下的我国社会救助制度安排》，《甘肃社会科学》2012 年第 2 期。

王萍萍、徐鑫、郝彦宏：《中国农村贫困标准问题研究》，《调研世界》2015 年第 8 期。

王小林、Sabina Alkire：《中国多维贫困测量：估计和政策含义》，《中国农村经济》2009 年第 12 期。

王小林：《消除一切形式的贫困：内涵和政策取向》，《地方财政研究》2016 年第 8 期。

王延中、江翠萍：《农村居民医疗服务满意度影响因素分析》，《中国农村观察》2010 年第 4 期。

王艳慧、钱乐毅、段福洲：《县级多维贫困度量及其空间分布格局研究——以连片特困区扶贫重点县为例》，《地理科学》2013 年第 12 期。

王耀盛：《贫困山区人口的特征——景宁畲族自治县的人口调查》，《浙江社会科学》1989 年第 5 期。

王永平、陈勇：《贵州生态移民实践：成效、问题与对策思考》，《贵州民族研究》2012 年第 5 期。

王越：《中国农村社会保障制度建设研究》，博士学位论文，西南农业大学，2005。

王增文：《农村最低生活保障制度的济贫效果实证分析》，《贵州社会科学》2009 年第 12 期。

王志伟、阮平南：《"全国援藏"发展模式的演进历程》，《区域经济》2012 年 12 期。

王稚文、华小琴：《低水平均衡陷阱与临界最小努力理论模型探析》，《西北成人教育学报》2012 年第 3 期。

魏小文、朱新林：《环境资源视角下西藏农牧民反贫困研究》，《技术经济与管理研究》2012 年第 2 期。

魏众、古斯塔夫森：《中国农村贫困机率的变动分析——经济改革和快速增长时期的经验》，《中国农村观察》2000 年第 2 期。

文雯：《中国城市低保制度的减贫——与再分配效应研究》，博士学位论文，南开大学，2013。

向玲凛、邓翔：《西部少数民族地区反贫困动态评估》，《贵州民族研究》2013 年第 1 期。

谢东梅：《国际最低收入保障计划转移效果研究及启示》，《未来与发展》2009 年第 1 期。

新疆维吾尔自治区财政厅：《扶贫攻坚成效显　天山南北展新颜——财政推动新疆扶贫开发》，《中国财政》2015 年第 18 期。

熊丽英：《中国贫困文化研究》，《湖南农业大学学报（社会科学版）》2000 年第 2 期。

徐礼来、闫祯、崔胜辉：《城市生活垃圾产量影响因素研究的路径分析——以厦门市为例》，《环境科学学报》2013 年第 4 期。

徐友浩、吴延兵：《顾客满意度在政府绩效评估中的运用》，《天津大学学报（社会科学版）》2004 年第 4 期。

徐月宾、刘凤芹、张秀兰：《中国农村反贫困政策的反思——从社会救助向社会保护转变》，《中国社会科学》2007 年第 3 期。

徐志明：《扶贫投资低效率与市场化反贫困机制的建立》，《乡镇经济》2008 年第 9 期。

许飞琼：《中国贫困问题研究》，《经济评论》2000 年第 1 期。

许源源：《中国农村扶贫瞄准问题研究》，博士学位论文，中山大学，2006。

杨栋会：《少数民族地区农村收入差距和贫困研究——以云南布朗山乡住户调查数据为例》，博士学位论文，中国农业科学院，2009。

杨国涛：《宁夏农村贫困的演进与分布研究》，南京农业大学博士学位论文，2006。

杨国涛、王广金：《中国农村贫困的测度与模拟：1995～2003》，《中国人口·资源与环境》2005 年第 6 期。

杨军昌：《略论贵州农村的贫困与反贫困问题》，《农村经济》2000 年第 10 期。

杨立雄：《争论与分歧——对社会保障最新研究的综述》，《中国人口科学》2003 年第 2 期。

杨龙、汪三贵：《贫困地区农户的多维贫困测量与分解——基于 2010 年中国农村贫困监测的农户数据》，《人口学刊》2015 年第 2 期。

杨夏林：《农户参与贫困村互助资金试点项目满意度的实证分析——基于对甘肃 399 户农户的调查》，《农村金融研究》2014 年第 4 期。

杨晓光、王传胜、盛科荣：《基于自然和人文因素的中国欠发达地区类型划分和发展模式研究》，《中国科学院研究生院学报》2006 年第 1 期。

叶初升、邹欣：《扶贫瞄准的绩效评估与机制设计》，《华中农业大学学报（社会科学版）》2012 年第 1 期。

殷洁、章京祥：《贫困循环理论与三峡库区经济发展态势》，《经济地理》2008 年第 7 期。

余芳东：《发展中国家"治贫"之策》，《中国国情国力》2002 年第 3 期。

余明江：《我国农村反贫困机制的构建——基于"政府—市场"双导向视角的研究》，《安徽农业大学学报（社会科学版）》2010 年第 5 期。

曾莉：《基于公众满意度导向的政府绩效评估》，《学术论坛》2006 年第 6 期。

张春霞：《福建造福工程农户满意度及搬迁意愿研究——基于农户的视角》，博士学位论文，福建农林大学，2013。

张立群：《连片特困地区贫困的类型及对策》，《红旗文稿》2012 年第 22 期。

张全红：《中国多维贫困的动态变化：1991～2011》，《财经研究》2015 年第 4 期。

张全红、周强：《中国多维贫困的测度及分解：1989～2009 年》，《数量经济技术经济研究》2014 年第 6 期。

张童朝、颜廷武、何可、张俊飚：《基于市场参与维度的农户多维贫困测量研究——以连片特困地区为例》，《中南财经政法大学学报》2016 年第 3 期。

张新伟：《扶贫政策低效性与市场化反贫困思路探寻》，《中国农村经济》1999 年第 2 期；

章元、万广华、刘修岩、许庆：《参与市场与农村贫困：一个微观分析的视角》，《世界经济》2009 年第 9 期。

章元、万广华：《市场化与经济增长成果的分享：来自中国和印度尼西亚的微观证据》，《农业技术经济》2010 年第 1 期。

赵强社：《扶贫模式演进与新时期扶贫对策探析》，《西部学刊》2013 年第 2 期。

赵文甫：《贫困山区农村经济发展缓慢的原因及对策》，《农村经济》2007 年第 10 期。

赵玉亮、邓宏图：《制度与贫困：以中国农村贫困的制度成因为例》，《经济科学》2009 年第 1 期。

周怡：《贫困研究：结构解释与文化解释的壁垒》，《社会学研究》2002 年第 3 期。

朱霞梅：《反贫困的理论与实践研究——基于人的发展视角》，博士学位论文，复旦大学，2010。

子宜、孙世成：《青海省扶贫开发已形成"四位一体"大扶贫格局》，《青海日报》2013 年 5 月 22 日。

邹德斌：《西藏新时期社会扶贫工作思考》，《新西藏》2014 年第 12 期。

邹薇、方迎风：《关于中国贫困的动态多维度研究》，《中国人口科学》2011 年第 6 期。

左停：《精准扶贫战略的多层面解读》，《国家治理》2015 年第 36 期。

统计年鉴：

国家统计局：《中国统计年鉴（2005）》，中国统计出版社，2005。

国家统计局：《中国统计年鉴（2006）》，中国统计出版社，2006。

国家统计局：《中国统计年鉴（2007）》，中国统计出版社，2007。

国家统计局：《中国统计年鉴（2008）》，中国统计出版社，2008。

国家统计局：《中国统计年鉴（2009）》，中国统计出版社，2009。

国家统计局：《中国统计年鉴（2010）》，中国统计出版社，2010。

国家统计局：《中国统计年鉴（2011）》，中国统计出版社，2011。

国家统计局：《中国统计年鉴（2012）》，中国统计出版社，2012。

国家统计局：《中国统计年鉴（2013）》，中国统计出版社，2013。

国家统计局：《中国统计年鉴（2014）》，中国统计出版社，2014。

国家统计局：《中国统计年鉴（2015）》，中国统计出版社，2015。

国家统计局：《中国统计年鉴（2016）》，中国统计出版社，2016。

国家统计局：《中国统计摘要（2012）》，中国统计出版社，2012。

国家统计局：《中国统计摘要（2013）》，中国统计出版社，2013。

国家统计局：《中国统计摘要（2014）》，中国统计出版社，2014。

国家统计局：《中国统计摘要（2015）》，中国统计出版社，2015。

国家统计局：《中国统计摘要（2016）》，中国统计出版社，2016。

国家统计局农村社会经济调查总队：《中国农村贫困监测报告·2000年》，中国统计出版社，2000。

国家统计局住户调查办公室：《中国农村贫困监测报告·2010 年》，中国统计出版社，2011。

国家统计局住户调查办公室：《中国农村贫困监测报告·2011 年》，中国统计出版社，2012。

国家统计局住户调查办公室：《中国农村贫困监测报告·2015 年》，中国统计出版社，2016。

《中国扶贫开发年鉴》编委会编《中国扶贫开发年鉴·2011》，团结出版社，2011。

《中国扶贫开发年鉴》编委会编《中国扶贫开发年鉴·2012》，团结出版社，2012。

《中国扶贫开发年鉴》编委会编《中国扶贫开发年鉴·2013》，团结出版社，2013。

《中国扶贫开发年鉴》编委会编《中国扶贫开发年鉴·2014》，团结出版社，2014。

《中国扶贫开发年鉴》编委会编《中国扶贫开发年鉴·2015》，团结出版社，2015。

民政部：《中国民政统计年鉴–2012年（中国社会服务统计资料)》，中国统计出版社，2012。

民政部：《中国民政统计年鉴–2013》，中国统计出版社，2013。

青海省统计局：《青海统计年鉴·2007》，中国统计出版社，2007。

青海省统计局：《青海统计年鉴·2008》，中国统计出版社，2008。

青海省统计局：《青海统计年鉴·2009》，中国统计出版社，2009。

青海省统计局：《青海统计年鉴·2010》，中国统计出版社，2010。

青海省统计局：《青海统计年鉴·2011》，中国统计出版社，2011。

青海省统计局：《青海统计年鉴·2012》，中国统计出版社，2012。

青海省统计局：《青海统计年鉴·2013》，中国统计出版社，2013。

玉树州统计局：《玉树州统计年鉴·2006》，2007年4月。

玉树州统计局：《玉树州统计年鉴·2007》，2008年4月。

玉树州统计局：《玉树州统计年鉴·2008》，2009年4月。

玉树州统计局：《玉树州统计年鉴·2009》，2010年4月。

玉树州统计局：《玉树州统计年鉴·2010》，2011年4月。

玉树州统计局：《玉树州统计年鉴·2011》，2012年4月。

玉树州统计局：《玉树州统计年鉴·2012》，2013年4月。

治多县统计局：《治多县2006年统计年鉴》，2007年4月。

治多县统计局：《治多县2007年统计年鉴》，2008年4月。

治多县统计局：《治多县2008年统计年鉴》，2009年4月。

治多县统计局：《治多县2009年统计年鉴》，2010年4月。

治多县统计局：《治多县2010年统计年鉴》，2011年4月。

治多县统计局：《治多县2011年统计年鉴》，2012年4月。

治多县统计局：《治多县2012年统计年鉴》，2013年4月。

新闻：

《广西农村扶贫开发"十二五"规划中期评估报告出炉》，《广西日报》2013年12月23日。

韩萍：《青海省出台试行办法村干部养老保险有补贴》，《法制日报》2012年7月23日。

胡晓蓉、庄俊华:《产业扶贫铺就致富路》,《云南日报》2015 年 5 月 11 日。

刘永富:《打赢全面建成小康社会的扶贫攻坚战——深入学习贯彻习近平同志关于扶贫开发的重要讲话精神》,《人民日报》2014 年 4 月 9 日。

刘增兵:《全国扶贫主战场的贵州答卷——贵州扶贫开发工作综述》,《贵州日报》2015 年 10 月 18 日。

《民政厅:青海省将制定完善一系列低保政策》,《青海法制报》2012 年 10 月 20 日。

《宁夏精准扶贫和整村推进工作综述》,《宁夏日报》2015 年 1 月 11 日。

《青海城乡居民低保补助金提高部分 7 月底前全额发放》,中广网西宁,2013 年 6 月 27 日。

《青海特殊贫困类型与扶贫开发探索》,《西海都市报》2007 年 5 月 18 日。

《青海提高全省低保标准》,《西海都市报》2010 年 9 月 14 日。

《青海 23 万农牧民享受农村低保制度》,人民网,2007 年 2 月 6 日。

《22 省份扶贫考核引第三方评估》,《北京晨报》2016 年 2 月 17 日。

《我省补发低保提标补助金惠及全省 63.17 万城乡低保对象》,青海新闻网,2012 年 9 月 28 日。

《小财政托起大民生——青海统筹城乡养老保险工作纪实》,中国劳动保障新闻网,2013 年 9 月 18 日。

于洋:《对口援疆:看得见摸得着(新疆跨越 60 年)》,《人民日报》2015 年 9 月 12 日。

于洋:《"疆外来"携手"本土造"(新疆跨越 60 年)——新一轮对口援疆工作纪实》,《人民日报》2015 年 9 月 12 日。

《中国式扶贫进入第五阶段:主攻 14 片区,最难的是跨省协调》,《东方早报》2012 年 7 月 5 日。

后　记

　　本书的研究和写作，历时七年，现在终于得以完成和付梓。七年来，本书的研究工作得到了来自许多方面的支持和帮助。他们的帮助、支持、批评和指导，至今历历在目，让我难以忘怀。

　　七年来，我先后在青海省玉树藏族自治州和该州的治多县，贵州省黔东南苗族侗族自治州和该州的凯里市，新疆维吾尔自治区克孜勒苏柯尔克孜自治州和该州的乌恰县，湖南省湘西土家族苗族自治州和该州的凤凰县，浙江省丽水市景宁畲族自治县、四川省凉山彝族自治州甘洛县，云南省迪庆藏族自治州和该州的香格里拉县、德钦县，云南省普洱市澜沧县，宁夏回族自治区中卫市、固原市，广西壮族自治区百色市，内蒙古自治区呼伦贝尔市以及西藏自治区拉萨市曲水县和山南市进行实地调研，走访了这些地方相关的党和政府部门，包括一些州县的党委宣传部、农委和政府办公室，所有州县的政府所属部门如发展和改革委员会、扶贫办公室、民政局、统计局、人力资源和社会保障局、农牧局（畜牧局）、旅游局、民宗局等。我访问的所有这些党委政府部门的领导和工作同志，都对我的调研工作给予了热情的接待和大力的支持，为我提供相关资料，并就相关问题介绍情况和他们自己的分析研究成果。在我深入这些地方的农牧区进行入户调研的过程中，他们也尽力提供方便，创造条件，没有他们的这些支持和帮助，我很难想象如何能够完成我的实地调研。

　　在深入上述地区农牧区进行入户访谈调研的过程中，这些地方的村民委员会和牧民委员会，无不热情接待，全面介绍村情村貌，包括历史和现状、发展成就和面临的问题以及对未来的发展设想，同时积极联络我们通过抽样选择的农牧户，引导我们入户访谈。我们访谈的所有农户和牧户，同样极其热情又不厌其烦，一边回答我们提出的各种问题，一边拿出家中最好的东西招待我们。他们的信任和好意，让我深为感动。我多么期望，我的调查研究和有关民族地区农村反贫困问题的学术研究和政策思考，能够对得起他们的无私帮助。

中国社会科学院科研局提供的帮助和支持，是我得以启动和持续进行本项研究的根本保障。2010年，批准我主持中国社会科学院国情调研重点项目"西南少数民族地区的贫困和社会保障状况的调查"；2013年，批准我主持中国社会科学院国情调研重大项目"长江源牧区的贫困和社会保障状况调查——以治多县为例"；2016年，又批准我主持中国社会科学院国情调研特大项目"精准扶贫精准脱贫百村调研"的子项目"一个苗族贫困村的精准扶贫实践：以凤凰县腊尔山镇追高来村为例"；2016年，还给予本书中国社会科学院哲学社会科学创新工程学术出版资助。此外，国家民族事务委员会科研项目管理办公室给予本研究项目"2015年度国家民委民族问题研究项目"后期资助，并鉴定本书为"国家民委民族问题研究项目"优秀成果。

社会科学文献出版社对于本书的出版也给予了巨大的支持。2016年，我跟出版社接触协商本书出版之事，出版社给予了积极的回应，谢寿光社长和邓泳红分社长亲自过问和操持相关事宜，王展编辑负责本书的编辑工作，在编辑本书的过程中，提出了许多非常有价值的意见和建议。

中国社会科学院民族学与人类学研究所所长王延中、党委书记方勇、副所长尹虎彬对我的调研工作给予了充分的支持，我的同事龙远蔚、陈建樾、刘正寅、张继焦、管彦波、色音、刘泓、马骍、吴兴旺、王剑峰、刘晓春、杜发春、张世和等人多年来一直关注、支持我的研究工作。特别是我的同事和朋友丁赛教授，在工作、生活中给予我各种支持和关怀，认真地跟我讨论相关的学术问题，给了我许多有益的启示。

当然，本书的最终完成，还饱含了我先生陈光金、儿子陈心之的支持，在我写作的过程中，他们不仅给予了热情的鼓励，还提出了大量宝贵的意见和建议。

在本书即将付梓之际，我在这里一并向上述机构、领导、同事、家人和接受我访谈的农牧户朋友表示最衷心的感谢！

刘小珉

2017 年 3 月 9 日

图书在版编目（CIP）数据

贫困的复杂图景与反贫困的多元路径／刘小珉著
. ——北京：社会科学文献出版社，2017.4
（中国减贫研究书系．专题研究）
ISBN 978 - 7 - 5201 - 0537 - 8

Ⅰ.①贫…　Ⅱ.①刘…　Ⅲ.①扶贫 - 研究 - 中国
Ⅳ.①F124.7

中国版本图书馆 CIP 数据核字（2017）第 063318 号

中国减贫研究书系·专题研究
贫困的复杂图景与反贫困的多元路径

著　　者／刘小珉

出 版 人／谢寿光
项目统筹／邓泳红
责任编辑／郑庆寰　王　展

出　　版／社会科学文献出版社·皮书出版分社（010）59367127
　　　　　地址：北京市北三环中路甲 29 号院华龙大厦　邮编：100029
　　　　　网址：www.ssap.com.cn
发　　行／市场营销中心（010）59367081　59367018
印　　装／三河市东方印刷有限公司

规　　格／开　本：787mm×1092mm　1/16
　　　　　印　张：22　字　数：346 千字
版　　次／2017 年 4 月第 1 版　2017 年 4 月第 1 次印刷
书　　号／ISBN 978 - 7 - 5201 - 0537 - 8
定　　价／79.00 元